国家电网公司
电力科技著作出版项目

建设新型能源体系
——从理论到实践

罗必雄　裴爱国　张　力　等　编著

Building New Energy System:

From Theory to Practice

中国电力出版社
CHINA ELECTRIC POWER PRESS

内 容 提 要

党的二十大报告首次做出关于"加快规划建设新型能源体系"的重要指示，为新时期我国能源体系发展提出了新要求和新任务，是新时代党的创新理论在能源领域的具体体现，具有重大的现实意义和深远的历史意义。

本书紧扣建设新型能源体系的主题，深入分析我国建设新型能源体系的可行性，不仅为建设新型能源体系的道路选择提供了理论支持，也为建设新型能源体系的实施路径提供了可供借鉴的方案、操作模型与实践支撑。本书内容系统全面、技术前瞻性强、引用数据可信，尤其注重实际操作，通过理论结合实际，能帮助行业相关人员准确把握新型能源体系建设的思路和方法，助力能源发展稳步绿色低碳转型。

本书可作为能源相关专业人员的技术参考书，也可作为高校相关专业师生、行政管理人员和决策者的参考书。

图书在版编目（CIP）数据

建设新型能源体系：从理论到实践 / 罗必雄等编著. -- 北京：中国电力出版社，2025. 6. -- ISBN 978-7-5198-9896-0

Ⅰ. F426.2

中国国家版本馆 CIP 数据核字第 2025EG3290 号

出版发行：中国电力出版社
地　　址：北京市东城区北京站西街 19 号（邮政编码 100005）
网　　址：http://www.cepp.sgcc.com.cn
责任编辑：刘汝青（010-63412382）　安小丹
责任校对：黄　蓓　常燕昆
装帧设计：赵姗姗
责任印制：吴　迪

印　　刷：北京顶佳世纪印刷有限公司
版　　次：2025 年 6 月第一版
印　　次：2025 年 6 月北京第一次印刷
开　　本：787 毫米×1092 毫米　16 开本
印　　张：27.25
字　　数：450 千字
印　　数：0001—2500 册
定　　价：218.00 元

《建设新型能源体系——从理论到实践》

编　委　会

主　编　罗必雄　裴爱国　张　力

副主编　田　昕　刘世宇

编　委　（排名不分先后）

潘　军　饶建业　付兆辉　张国生

崔　旻　康　义　傅　旭　何志强

范永春　钱亚杰　朱　滨　赵耀华

蒋云松

编 写 组

成　员（按章节排序）

刘建伟	王　凯	徐逸清	王耀萱	李雨田	徐英新
张文俊	赵路正	马　凌	余雅峰	赵　娟	伍文城
熊　涛	余欣梅	孙　健	周　野	魏　欣	曾湘俊
文　腾	叶　睿	郭经韬	潘　华	刘　畅	章雪萌
陈海焱	张云晓	罗　超	孙　沛	罗志斌	李　伟
刘晓鸥	冯　勇	郭　睿	朱乾浩	李金泽	黄擎宇
梁英波	张志强	胡　斌	蔡春荣	孙　潇	朱占友
王　雷	付　灏	胡　烨	虞伟君	夏　凯	冯琰磊
曹　昊	李小雨	李飞科	杨利鸣	张宗艺	李　颖
陈杨明	蒋　上	陶玉洁	郭智琳	曹传宇	张天龙
刘　哲	贾俊川	万振东	王丽君	刘　广	黄家运
韦晓丽	谢胤喆	许世雄	裴一乔	温梓珩	邱清爽
王琼芳	黄　佩	陶嘉琦	王绩蓉	张　苏	蒋贵丰
甘俊文	高　佳	陈　雷	徐峰达	徐　展	陈　丽
朱克勤	王于勤	马建中	刘浩然	王　莹	王　琨
戴　琪	张　毅				

审 稿 委 员 会

谢秋野　彭开军　郭晓克　张国良　吴敬坤　叶勇健

梁言桥　林廷卫　朱　军　汤晓舒　沈又幸

编 制 单 位

中国能源建设集团有限公司

中国电力工程顾问集团有限公司

电力规划设计总院

煤炭工业规划设计研究院

中国石油勘探开发研究院

中国电力工程顾问集团华东电力设计院有限公司

中国电力工程顾问集团中南电力设计院有限公司

中国电力工程顾问集团西北电力设计院有限公司

中国电力工程顾问集团西南电力设计院有限公司

中国能源建设集团广东省电力设计研究院有限公司

中国能源建设集团浙江省电力设计院有限公司

中国能源建设集团安徽省电力设计院有限公司

中国能源建设集团湖南省电力设计院有限公司

序

能源是人类社会发展的基石，是世界经济增长的动力。作为全球最大的能源生产与消费国，中国能源体系的转型升级关乎民族复兴伟业，牵动人类可持续发展进程。当前，百年变局持续深化，地缘冲突引发能源安全警钟长鸣，气候变化挑战倒逼低碳转型提速。构建清洁低碳、安全高效的新型能源体系，既是破解资源环境约束的必然选择，更是抢占全球能源治理制高点、培育新发展动能的关键举措。

在"双碳"目标与能源安全新战略的交汇点上，党中央高屋建瓴提出"加快规划建设新型能源体系"的时代命题，这既是对全球气候变化与地缘政治变局的战略回应，更是立足新发展阶段、贯彻新发展理念、构建新发展格局的系统性重构。作为生态文明建设的核心战场和高质量发展的重要支撑，新型能源体系建设已成为中国式现代化新征程的关键变量，承载着保障国家能源安全、推动绿色低碳转型、培育经济增长新动能的三重使命。新型能源体系建设需要统筹安全与转型、兼顾效率与公平、平衡当前与长远。尽管构建新型能源体系的必要性已达成共识，但新型能源体系的核心内涵、具体要求和演化路径等关键问题仍需深入研究。能源转型技术路线丰富，应用场景多元，新技术、新设备层出不穷，应用场景不断扩充丰富，亟需整理形成可指导实践的技术路线及方案。此外，支撑新型能源体系发展的政策体系需要不断完善，需要为高质量、可持续发展建立适宜的政策和市场环境。

在此背景下，作为能源电力领域的排头兵，中国能源建设集团有限公司特推出《建设新型能源体系——从理论到实践》一书，旨在为我国能源电力转型发展的战略规划、政策制定、技术布局、市场建设、落地实施提供参考。该书紧扣建设新型能源体系的主题，从我国能源转型的总体趋势出发，围绕形势、理论、技术、市场、实践等方面展开，从宏观着眼，从微观入手，深入分析我国建设新型能源体系的可行性，不仅为建设新型能源体系的道路选择提供了理论支持，也为建设新型能源体系的实施路径提供了可供借鉴的方案、操作模型与实践支撑。

该书直接面向新型能源体系，从认识论、方法论、实践论三个维度，系统论述新型能源体系的提出背景、内涵定位、发展方向、关键技术、典型模式、市场机制、业务布局、工程实践，既有新型能源体系发展的战略分析，也有建设新型能源体系的主要技术方向和市场机遇预测，更有新型能源体系建设实践与探索。该书的出版，既是践行党的二十大精神的生动实践，也是新型能源体系建设从"规划图"向"施工图"转化的关键路标。

该书兼具学术理论和专业工具的属性，在建设新型能源体系战略层面，全方位分析了国际及我国能源发展形势，展望了我国未来能源系统形态的变化趋势，提出了我国能源体系发展目标；在建设新型能源体系战法层面，提出了新型能源体系建设路径及技术发展方向，对行业未来发展方向起到了引领作用；在建设新型能源体系战术层面，该书内容翔实、数据丰富，对主要能源品类的市场机遇及市场空间进行了预测，对我国能源电力企业市场布局方向提供了参考。我相信该书的出版，将能帮助广大读者开阔视野、汲取经验、寻找定位，进而采取切实行动，共同助力我国新型能源体系构建！

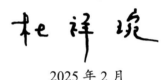

2025 年 2 月

前　言

当今世界正经历百年未有之大变局，能源体系的深刻变革既是全球气候治理与可持续发展的核心议题，也是中国经济高质量发展和"双碳"目标实现的关键支撑。党的二十大报告明确提出"加快规划建设新型能源体系"，为我国能源革命指明了方向。在此背景下，中国能源建设集团有限公司立足理论探索与实践创新，编写《建设新型能源体系——从理论到实践》一书，旨在系统梳理新型能源体系的构建逻辑、技术路径与实施策略，为行业提供兼具前瞻性与实操性的参考指南。

全书共九章，从新型能源体系建设的发展基础与形势、面临的问题与挑战，新型能源体系特征、目标与建设路径，主要的技术方向与配套的市场机制，工程建设的市场机遇与做法实践等层面开展分析研究。

第一章系统阐述了我国能源发展的重要理论基础，着重从能源安全、能源绿色低碳发展及中国式现代化对能源体系的要求等方面进行论述，并对能源供给、消费、技术、体制机制、国际合作等方面取得的成就进行梳理。

第二章从国际、国内两个维度，阐述了我国新型能源体系建设面临的形势。

第三章从能源转型的"立"与"破"、能源流与产业流协同、能源技术创新、能源体制机制匹配、外部环境影响等多个角度总结了建设新型能源体系面临的主要问题与挑战。

第四章从时代背景入手，提出了新型能源体系的六大内涵、六大特征及五大发展方向。

第五章对能源系统形态的发展趋势进行推演，提出了建设新型能源体系的总体目标、分阶段目标及实施路径。

第六章从能源供应、输配、消费，储能，氢基能源，碳捕集、利用与封存，能源系统数智化等多个方面，系统论述了能源领域现有技术发展情况及未来发展方向。

第七章梳理了国内能源市场的基本情况，提出了新型能源体系下的市场机制发展方向，并对绿证、氢基能源、碳市场等新兴市场的发展趋势进行了分析。

第八章基于对主要能源品类的未来需求预测，通过供需平衡研究，提出了相应的工程建设市场空间规模与分布。

第九章针对沙戈荒大型风光基地、煤电清洁高效利用、流域水电基地开发、海洋清洁能源综合开发利用、远距离大规模能源输送、分布式能源开发利用、能源系统数字化应用等多种模式下的新型能源体系建设典型案例进行了梳理解析。

新型能源体系构建是全局性、系统性的，本书从认识论、方法论、实践论三个维度，系统论述建设新型能源体系的范式设计与落地执行，涉及行业和领域众多，其中内容难免存在疏漏与不足之处，诚恳希望广大读者和专家批评指正。

在此，向所有关心、支持、参与本书编撰工作的领导、专家、学者和编辑出版人员表示衷心的感谢！同时，本书的编写得到了煤炭工业规划设计研究院、中国石油勘探开发研究院的大力支持，特此感谢！

编著者

2025 年 2 月

目 录

CONTENTS

第一章

新型能源体系的
发展基础

第一节 理 论 基 础

一、能源安全引领我国能源体系理论演进

党的十八大以来，党中央高度重视能源发展，作出了一系列重要决策部署。我国能源体系理论的发展紧密围绕"四个革命、一个合作"的能源安全新战略，结合"双碳"目标和高质量发展要求，逐步形成了系统化的理论与实践路径，总体可以划分为以下四个阶段。

（一）能源安全新战略，推动能源革命

2012 年 11 月，党的十八大报告提出"推动能源生产和消费革命"。这是党中央首次提出能源生产和消费革命的概念，也是后续提出"四个革命、一个合作"能源安全新战略的基础。2014 年 6 月，中央财经领导小组第六次会议指出，"能源安全是关系国家经济社会发展的全局性、战略性问题，对国家繁荣发展、人民生活改善、社会长治久安至关重要。要抓紧制定 2030 年能源生产和消费革命战略。"这次会议对我国能源发展面临的形势、取得的成绩、存在的问题进行了精准深入的"把脉"，并创新性地提出了"四个革命、一个合作"能源安全新战略，其具体内容是：第一，推动能源消费革命，抑制不合理能源消费；第二，推动能源供给革命，建立多元供应体系；第三，推动能源技术革命，带动产业升级；第四，推动能源体制革命，打通能源发展快车道；第五，全方位加强国际合作，实现开放条件下能源安全。

党的十八大报告是"四个革命、一个合作"能源安全新战略的基础。"四个革命、一个合作"能源安全新战略，是对党的十八大报告"能源生产和消费革命"的创新丰富和内容完善，并成为后续我国能源发展一以贯之的根本遵循和实施路径。

（二）清洁低碳、安全高效的能源体系，维护国家能源安全

党的十八大之前，党中央就已经对我国能源体系进行过阐述。国务院印发的《能源发展"十二五"规划》中提出，"推动能源生产和利用方式变革，调整优化能源结构，构建安全、稳定、经济、清洁的现代能源产业体系"。

党的十八大之后，遵循"四个革命、一个合作"的战略思想，《中华人民共和国国民经济和社会发展第十三个五年规划纲要》深刻阐释了创新、协调、绿色、开放、

共享的新发展理念，并首次提出"建设清洁低碳、安全高效的现代能源体系"。

《能源发展"十三五"规划》阐明了"十三五"时期我国能源发展的指导思想、基本原则、发展目标、重点任务和政策措施，并在指导思想中再次强调，"遵循能源发展'四个革命、一个合作'的战略思想，……，全面推进能源生产和消费革命，努力构建清洁低碳、安全高效的现代能源体系，为全面建成小康社会提供坚实的能源保障"。《中华人民共和国国民经济和社会发展第十四个五年规划纲要》和《"十四五"现代能源体系规划》都再次重申了"推进能源革命，建设清洁低碳、安全高效的能源体系"的相关表述。

"清洁低碳、安全高效的能源体系"是党中央对创新、协调、绿色、开放、共享的新发展理念在能源领域的具象化描述，是能源领域落实新发展理念的具体要求。"四个革命、一个合作"能源安全新战略是实现这一目标的实施路径和根本遵循。

（三）深化能源革命，促进新时代新能源高质量发展

党的十九大以来，世界正在经历百年未有之大变局，党中央统筹国内国际两个大局，作出了碳达峰碳中和的重大战略决策。2020 年 9 月 22 日，习近平总书记在第七十五届联合国大会一般性辩论上发表重要讲话，提出中国将提高国家自主贡献力度，二氧化碳排放力争于 2030 年前达到峰值，努力争取 2060 年前实现碳中和。

2021 年 3 月 15 日，中央财经委员会第九次会议指出，"十四五"是碳达峰的关键期、窗口期，要构建清洁低碳安全高效的能源体系，控制化石能源总量，着力提高利用效能，实施可再生能源替代行动，深化电力体制改革，构建以新能源为主体的新型电力系统。

遵循"双碳"目标，2021 年 12 月中央经济工作会议提出，要正确认识和把握碳达峰碳中和。传统能源逐步退出要建立在新能源安全可靠的替代基础上。要立足以煤为主的基本国情，抓好煤炭清洁高效利用，增加新能源消纳能力，推动煤炭和新能源优化组合。

推进碳达峰碳中和是党中央经过深思熟虑作出的重大战略决策，是我国对国际社会的庄严承诺，也是推动经济结构转型升级、形成绿色低碳产业竞争优势、实现高质量发展的内在要求。在能源安全新战略的指引下，新能源高质量发展是实现"双碳"目标的重要保证。以新能源高质量发展破解发展制约，有力保障能源高水平安全。

（四）加快规划建设新型能源体系，确保能源安全

2022 年 10 月，党的二十大报告提出，积极稳妥推进碳达峰碳中和。深入推进能源革命，加快规划建设新型能源体系，确保能源安全。"加快规划建设新型能源体系"是党的二十大报告对我国能源发展作出的重大理论创新和战略部署。当前，我国能源发展在安全、绿色、创新等方面仍面临挑战，需要着力构建支撑现代化发展的新型能源体系。"加快规划建设新型能源体系"是党中央立足当前形势与未来发展需要，对能源工作提出的重大行动要求。

二、中国式现代化对能源体系建设提出新要求

习近平总书记指出："正确认识党和人民事业所处的历史方位和发展阶段，是我们党明确阶段性中心任务、制定路线方针政策的根本依据，也是我们党领导革命、建设、改革不断取得胜利的重要经验。"党的二十大报告强调："从现在起，中国共产党的中心任务就是团结带领全国各族人民全面建成社会主义现代化强国、实现第二个百年奋斗目标，以中国式现代化全面推进中华民族伟大复兴"。中国式现代化的本质要求是：坚持中国共产党领导，坚持中国特色社会主义，实现高质量发展，发展全过程人民民主，丰富人民精神世界，实现全体人民共同富裕，促进人与自然和谐共生，推动构建人类命运共同体，创造人类文明新形态。推进中国式现代化必须把握坚持和加强党的全面领导、坚持中国特色社会主义道路、坚持以人民为中心的发展思想、坚持深化改革开放、坚持发扬斗争精神五个重大原则。这既是理论概括，也是实践要求，是我们党对社会主义建设规律认识的新飞跃，为我国迈上发展新阶段、全面建成社会主义现代化强国、实现中华民族伟大复兴指明了一条康庄大道，也赋予了作为国民经济和社会发展血脉的能源新的历史定位。新时代新征程，必须坚持围绕中国式现代化的中国特色、本质要求，明确对新时代能源高质量发展的原则和要求。

（一）人口现代化需要能源保障

我国人均用能远低于发达国家，人均能源消费量仅为 G7 国家平均水平的 1/2，人均石油消费量仅为美国的 1/5，人均天然气消费量不到美国的 1/10、约为欧盟的 1/4，人均用电量仅不到美国的 1/2，人均生活用电量仅有美国的 1/5。同时，第七次全国人口普查数据显示，我国总人口约为 14.43 亿，超过现有发达国家人口总和，

经济发展与人民生活的能源需求量巨大。随着现代化国家建设全面推进，未来一段时期我国能源消费仍将保持刚性增长，现代化建设的艰巨性和复杂性前所未有。在此背景下，我们必须从实际国情出发，更好地统筹发展和安全，充分发挥煤炭、煤电兜底保障作用，持续加大油气资源勘探开发和增储上产力度，建设好风、光、水、核等清洁能源供应体系，着力提升非化石能源安全替代能力，不断提升电力保供能力，大力加强能源储备应急体系和预测预警体系建设，以大概率思维应对小概率事件，扎实做好经受风高浪急甚至惊涛骇浪重大考验的准备，坚决把能源的饭碗牢牢端在自己手里。

（二）共同富裕现代化需要能源高水平服务

能源是支撑全体人民共同富裕的重要物质基础，民生用能水平是衡量现代化程度的重要标准。进入新时代，我国沿海发达地区的城乡能源不平等现象已经明显缓解，但西部地区能源不平等问题仍然突出，相较城市、低密度乡村，乡村聚集区人均能源消耗水平显著偏低；此外，东北、西北农村地区冬季清洁取暖面临较大经济压力。为实现全体人民共同富裕的现代化，必须持续推进能源民生工程建设，因地制宜增加清洁能源供应，加快推动农村能源革命，不断提高人民群众生产生活用能的普及性和便利性。

（三）物质精神文明现代化需要能源高质量供给

能源是国民经济的血液和动力，是社会主义物质文明的重要基础，能源发展方式是发展理念的重要体现。我国能源发展已逐步跨越以"用得够不够"为重点的阶段，迈入"用得好不好"的阶段，供给消费的质量成为关注的重点，需要加强能源供需协同优化提升。一方面，要进一步深化能源供给侧结构性改革，加强创新引领，持续提升能源供给能力和质量，在确保能源供给充裕的基础上，实现能源供给清洁化和智能化水平的提升；另一方面，要加快能源消费方式转变，牢固树立社会主义生态文明观，增强全民节能意识、环保意识、生态意识，以低碳化、数字化、智能化技术，持续推动生活方式和能源消费模式向简约适度、绿色低碳、文明健康的方式转变，通过高质量需求牵引和催生优质供给。

（四）和谐共生现代化需要能源绿色支撑

能源领域既是二氧化碳的主要排放源，也是粉尘、硫化物、氮氧化物等污染物的重要排放源。为建设美丽中国，实现中华民族永续发展，必须坚定走能源绿色低碳转型发展的道路。在供给侧，积极推进传统能源的新型利用，全面推动风光新能源的优化利用，加快推动新型能源安全有序向主体能源演进；在消费侧，持续引导终端能源消费向电、氢集聚，积极打造并推广能源与交通、工业、建筑融合的零碳解决方案，加强能源需求侧响应能力，加快提升终端能源消费效率及清洁化、低碳化水平。

（五）和平发展现代化需要能源国际合作

当前，世界百年未有之大变局加速演进，全球能源转型发展和应对气候变化等面临诸多新问题、新挑战。构建更加绿色、包容的能源未来，可以共同维护国际能源资源产业链供应链安全，积极应对全球气候变化，有效促进世界各国经济社会绿色低碳发展。我国是第一大能源贸易国，以能源国际合作支撑人类命运共同体构建，是我国大国责任担当的体现。一方面，应以加强能源合作为重要内容，推进新型全球化，以倡导能源命运共同体为价值感召，共同维护世界各国能源安全稳定供应和产业链供应链安全；另一方面，以能源为积极应对气候变化等议题的主战场，积极推广绿色低碳能源技术，在新能源资源开发利用、绿色金融、绿色科技等领域不断加强协作，共建绿色低碳能源生态圈，共同加强对各国居民环保的认识和意识，推动形成绿色低碳的发展方式和生活方式，最终实现全球气候变化控制目标。

三、落实碳达峰碳中和目标，加快能源绿色低碳发展

实现碳达峰碳中和是以习近平同志为核心的党中央经过深思熟虑作出的重大战略决策。我国能源活动二氧化碳排放约占总排放量的 86%（见图 1-1），能源领域是落实"双碳"目标的主战场。实现"双碳"目标要求能源全领域、各环节加快低

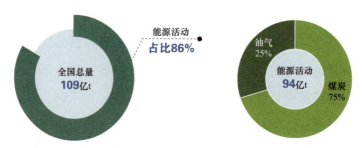

图 1-1　我国二氧化碳排放来源示意图

注：数据来源于 2018 年国家温室气体清单。

碳发展，这将对能源体系、产业体系、经济体系产生深远影响，迫切需要建立与之相适应的新型能源体系。

（一）践行习近平生态文明思想，推动实现碳达峰碳中和目标

推进碳达峰碳中和是践行习近平生态文明思想的内在要求。中央财经委员会第九次会议强调，把碳达峰碳中和纳入生态文明建设整体布局。实施碳达峰碳中和与推进生态文明建设是相辅相成的：一方面，实现碳达峰碳中和目标的根本前提是生态文明建设。碳中和意味着经济发展要与碳排放脱钩，从根本上改变高碳发展模式，从强调工业财富的高碳生产和消费，逐步转变到物质财富适度和满足人的全面需求的低碳新供给；另一方面，实现碳达峰碳中和是一场广泛而深刻的经济社会系统性变革，为我国提供了一个中长期愿景、综合性目标和系统实施平台，成为加快生态文明建设的系统性抓手。

能源绿色低碳发展是实现碳达峰碳中和目标的关键举措。能源领域是落实碳达峰碳中和目标的关键领域和主战场。中央财经委员会第九次会议强调，要"以经济社会发展全面绿色转型为引领，以能源绿色低碳发展为关键"。中共中央、国务院《关于完整准确全面贯彻新发展理念做好碳达峰碳中和工作的意见》提出"以能源绿色低碳发展为关键"，明确了能源绿色低碳发展在碳达峰碳中和战略全局中的关键作用。国务院印发的《2030年前碳达峰行动方案》把实施能源绿色低碳转型行动作为"碳达峰十大行动"之首，把能源体系建设、能源结构调整优化、能源利用效率提高作为2030年前实现碳达峰的主要目标。

新型能源体系建设是推动能源绿色低碳发展的重要保障。中共中央、国务院《关于完整准确全面贯彻新发展理念做好碳达峰碳中和工作的意见》提出，通过积极发展非化石能源、严格控制化石能源消费、大幅提升能源利用效率、深化能源体制机制改革等举措，加快构建清洁低碳安全高效能源体系。可见，能源全领域、各环节低碳发展将对能源体系、产业体系乃至经济体系产生深远影响，需要统筹能源安全、低碳转型、产业发展、政策完善等多个方面，加快规划建设新型能源体系，保障能源绿色低碳发展顺利实施。

（二）兼顾能源供需，稳妥推进转型

新型能源体系建设是一个复杂的系统工程，需要从能源生产、供应、传输、消费、储备等各环节科学规划、统筹推进，在供需各环节有序推动"两个替代"。

供应环节需推动非化石能源逐步替代化石能源。通过发展风、光、核等清洁能源替代传统的煤炭、石油、天然气等化石能源，逐步提升非化石能源消费比重。到2060年，预计非化石能源发电量占比将从2023年的近40%提升至90%左右。渐进转型过程中，需要相应逐步调整各类电源在电力系统中的定位及价格等政策机制，推动新旧能源安全可靠替代。

消费环节需推动电氢等清洁能源高效利用。通过工艺流程再造，用电能或绿氢等清洁能源替代化石能源消费，终端电气化水平快速提升，以电为基础，电、气、冷、热、氢等多种用能形式可灵活转化，能效水平持续提升。到2060年，预计我国非化石能源消费比重将从2023年的18%提升至80%以上，电能占终端能源消费比重将达到75%左右。

（三）统筹处理好能源发展"三个关系"

制造业是我国经济体系的重要支撑，不同区域的能源资源禀赋、产业模式存在很大差异。因此，新型能源体系建设要统筹处理好能源安全和低碳转型、整体和局部、短期和中长期等多方面关系。

统筹处理好能源安全和低碳转型的关系。习近平总书记强调，"传统能源逐步退出要建立在新能源安全可靠的替代基础上""要立足以煤为主的基本国情，推动煤炭和新能源优化组合"。可见，推进能源绿色低碳转型不是一蹴而就的，转型过程要确保能源安全保障，坚持"先立后破"。推动新能源开发利用，确保能"立得住"；保障新能源的安全稳定供应，确保"立得稳"；推进新能源科技创新与产业升级，确保"立得好"。

统筹处理好整体碳达峰碳中和与局部能源转型路径的关系。推进碳达峰碳中和是一项全局性系统性工程。党中央强调要坚持全国一盘棋，强化顶层设计，根据各地区实际分类施策。能源生产和消费、经济水平、产业结构等地域差异明显，各地区、各领域、各行业能源绿色低碳转型路径要充分考虑局部发展不平衡、不充分的实际情况，锚定整体目标合理制定局部方案，以局部有序突破服务整体发展。

统筹处理好短期安排和中长期发展战略的关系。能源绿色低碳转型是一项长期性艰巨性任务，要立足当前、着眼长远。从中长期看，要坚定绿色低碳发展的大方向，遵循事物发展的科学逻辑，统筹谋划分阶段进度安排。从短期看，能源绿色低碳转型难免会遇到波动和阵痛，稳定供应的压力可能会加大，经济成本也可能会上升，要先立后破、循序渐进，坚决杜绝"运动式减碳"和"碳冲锋"。

第二节 实 践 基 础

一、经济与技术基础持续强化完善

（一）我国经济发展形势良好

2023 年，我国国内生产总值（GDP）增长 5.2%，达到 126 万亿元，按年平均汇率折算约为 18 万亿美元。第二产业增加值为 48.2 万亿元，同比增长 4.7%，占 GDP 的比重为 38.3%；工业增加值达到 39.9 万亿元，比上年增长 4.2%。其中，装备制造业增加值比上年增长 6.8%，占规模以上工业增加值的比重为 33.6%；高技术制造业增加值增长 2.7%，占规模以上工业增加值的比重为 15.7%。第三产业增加值为 68.8 万亿元，同比增长 5.8%，增速比上年提升 3.5 个百分点。第三产业增加值占 GDP 的比重为 54.6%，比上年增加 1.2 个百分点。

（二）能源市场体系逐步完善

健全现代化煤炭市场体系，搭建煤炭交易平台，发展动力煤、炼焦煤现货交易。建立健全油气"X+1+X"市场体系，提高油气资源配置效率。深化油气勘探开采体制改革与矿产资源管理改革，实施探采合一制度，允许符合条件的市场主体参与常规油气勘探开采。完善油气进出口管制体系，支持符合条件的企业开展原油非国营贸易进口业务。建设全国统一电力市场体系，有序放开发用电计划，全面推广中长期交易，在 8 个地区开展电力现货试点，在 5 个区域电网、27 个省级电网推进电力辅助市场建设。2023 年，全国市场化交易电量 5.7 万亿 kWh，约占全社会用电量的 61.4%。

（三）能源价格形成机制不断加强

逐步实现非公益性电力价格市场化，允许电力用户或售电主体与发电企业通过市场化方式确定交易价格。燃煤发电上网电价机制改革，实行"基准价＋上下浮动"的市场化价格机制。新建风电、光伏发电项目上网电价通过竞争性招标方式确定。跨省跨区送电价格通过协商或市场化方式形成。成品油和天然气价格形成机制不断完善，天然气价格市场化改革持续推进。全面推行居民阶梯电价、阶梯气价制度，并合理制定电网、天然气管网输配价格。强化输配气价格监管，开展成本监审，构建天然气输配领域全环节价格监管体系。

（四）我国能源科技创新持续推进

习近平总书记指出，新质生产力特点是创新，关键在质优；新质生产力本身就是绿色生产力。我国持续推动传统能源产业转型升级，在化石能源开发利用、发电、电网等领域取得了一系列科技创新成果；大力培育新能源产业发展壮大，形成了全球领先的清洁能源产业体系，光伏、风电已成为我国具有国际竞争优势的产业；储能、氢能技术突飞猛进，锂离子储能关键性能指标不断提高，压缩空气储能、压缩二氧化碳储能系统关键核心技术设备取得突破，建成不同技术路线的一系列示范项目，低能耗兆瓦级质子交换膜制氢装置、海水直接制氢技术、大型氢液化装置等氢能技术取得新进展。

（五）能源技术合作务实开展

我国成为全球最大的清洁能源市场和装备制造国，贡献了全球近70%的光伏产能，风电机组产能占全球的60%以上。以新能源汽车、锂电池和光伏产品为代表的"新三样"备受国际市场欢迎，2023年出口增长近30%。

二、能源安全保供能力不断增强

我国基本形成了煤、油、气、电多轮驱动的能源生产体系，能源安全保障能力不断增强。

（一）能源供应能力持续增强

我国能源生产供给能力大幅提升，新型能源体系加快构建。2023年，我国一次能源生产总量达48.3亿tce，较2013年增长34.5%，能源生产总量稳居世界首位，能源自给率长期稳定在80%以上，供需关系持续向好；非化石能源供应占比20.8%，煤炭供应量占比67.0%，十年来分别增加9个百分点和下降8.4个百分点，能源供应结构清洁低碳转型趋势明显。

（二）电力供应保障能力持续提升

我国建成了全球规模最大的电力系统，2023年我国发电总装机容量为29.2亿kW，总发电量为9.3万亿kWh、占全球总发电量的比重超过30%，连续多年位居世界第一，较2013年增长超过70%。2013—2023年我国发电量及同比增速、发电量结构分别见图1-2、图1-3。

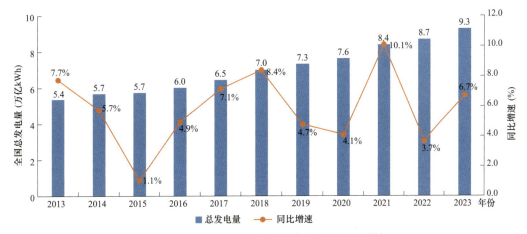

图 1-2　2013—2023 年我国发电量及同比增速

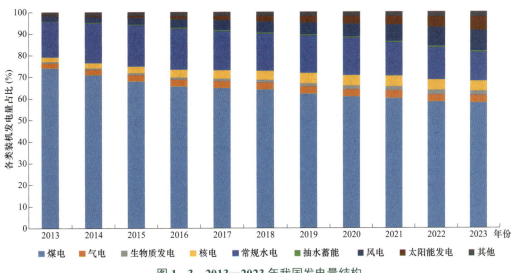

图 1-3　2013—2023 年我国发电量结构

（三）化石能源高效开发利用

充分发挥煤炭兜底保障作用，煤炭产量稳步提升。2023 年，我国原煤产量达 47.1 亿 t。加快油气增储上产，自 2019 年油气行业增储上产"七年行动计划"开展以来，原油产量连续回升，2023 年我国原油产量为 2.09 亿 t，年产量稳定在 2 亿 t 以上；天然气连续多年增产超百亿立方米，2023 年产量为 2324 亿 m³。

（四）能源储备应急体系建立健全

我国煤炭储备体系在探索中建设，形成煤炭"资源—产能—产品"三级储备体系，为煤炭安全稳定供应奠定基础。石油储备方面，已初步建立政府储备、企业社会责任储备和生产经营库存有机结合、互为补充的石油储备体系。天然气产供储销体系建设稳步推进，储气设施建设步伐加快。截至 2023 年底，我国在役储气库（群）29 座，储气调峰能力 230 亿 m^3，占国内天然气消费量的 5.9%，调峰和稳定供气能力进一步增强。

（五）新型电力系统建设夯实电力保障

近年来极端天气频发，电力负荷需求保持高速增长，尖峰特征显著，叠加新能源不稳定出力，电力系统保供难度大。我国统筹绿色低碳转型和安全保供需求，全面加快推进新型电力系统建设，电网数字化智能化水平不断提高，充分释放互济潜力，在历年迎峰度夏、迎峰度冬等用电高峰期间取得良好成绩，确保电力供应满足负荷需求。

三、能源结构低碳转型稳步优化

（一）能源绿色低碳转型稳步推进

2023 年，我国非化石能源消费占比提高至 17.9%，重点领域节能降碳工作持续推进，扣除原料用能和非化石能源消费量后，当年单位 GDP 能耗强度比上年下降0.5%，工业、建筑、交通等领域节能降碳加快推进。累计完成煤电机组"三改联动"超过 7 亿 kW。全国可再生能源装机容量突破 13 亿 kW，首次超过煤电。推动形成了煤、油、气、核及可再生能源多轮驱动的能源供应保障体系。

（二）电力绿色低碳转型深入推进

我国电源结构持续优化，形成电力多元供应体系。全国可再生能源发电量突破3 万亿 kWh，约占全社会用电量的 1/3，较 2013 年增长了近 2 倍。更多终端能源消费向电力消费转移，终端消费电气化水平不断提高。2023 年，我国电能占终端能源消费比重由 2013 年的 21.3% 增至 28%，增长了 6.7 个百分点。预计到 2025 年，电能占终端能源消费比重将提升至 30% 左右。

（三）产业结构持续优化升级

重点领域绿色低碳发展成效明显。能源、工业、建筑、交通等重点领域积极推进节能提效改造升级。发布重点行业、重点用能设备能效标杆水平，严把新上项目碳排放关，坚决遏制高耗能、高排放、低水平项目盲目发展。"十四五"前三年，完成煤电节能降碳改造、灵活性改造、供热改造合计超 7 亿 kW，火电平均供电煤耗降低 0.9%。钢铁、电解铝、水泥、炼油、乙烯、合成氨等行业能效标杆水平以上产能占比平均提高 6 个百分点。新技术、新产业、新业态加快布局，绿色生产方式广泛推行，2022 年新建绿色建筑面积占比由"十三五"末的 77% 提升至 91.2%；大力发展战略性新兴产业，以新能源汽车、锂电池和光伏产品为代表的"新三样"成为新的外贸增长极，2023 年"新三样"产品合计出口金额突破万亿元大关，达到 1.06 万亿元，比上年增长 29.9%。

四、能源消费方式变革成效显著

（一）能源消费总量稳步提升

我国是世界最大的能源消费国。2013—2023 年，我国能源消费总量由 41.7 亿 tce 增长至 57.2 亿 tce，我国以年均 3.2% 的较低的能源消费增速支撑了年均近 6% 的国民经济增速。2013—2023 年我国能源消费总量及同比增速见图 1-4。

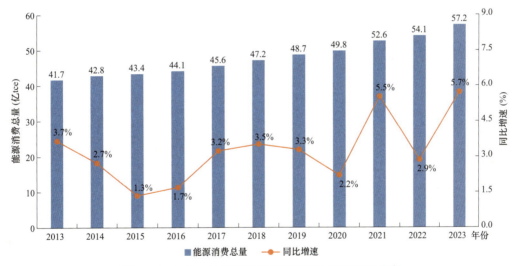

图 1-4　2013—2023 年我国能源消费总量及同比增速

（二）能源消费结构不断优化

能源消费结构显著优化。煤炭消费占比持续下降，2023 年我国煤炭消费占比为 55.3%，比 2013 年下降 12.1 个百分点。非化石能源消费量占比持续提升，2023 年我国非化石能源消费占比为 17.9%，比 2013 年提高 7.7 个百分点。2013—2023 年我国能源消费结构见图 1-5。

图 1-5　2013—2023 年我国能源消费结构

（三）能源利用效率持续提升

我国经济稳中有进，工业化、城镇化快速发展，持续推进节能降耗，能源利用效率大幅提升。我国以较低的能源消费增速支撑经济的中高速增长。2023 年，扣除原料用能和非化石能源消费后，全国单位 GDP 能耗为 0.48tce，与 2013 年相比下降 22.6%，能源利用效率显著提高。

（四）终端消费电气化水平不断提高

我国全社会用电量快速增长。2023 年，我国全社会用电量达 9.2 万亿 kWh，较 2013 年增长 73.6%。

五、能源技术创新动能持续提升

（一）化石能源聚焦增强能源安全保障能力

围绕煤炭绿色智能开采、重大灾害防控、分质分级转化等重大需求，形成煤炭绿色智能高效开发利用技术体系；开展油气精细化勘探、智能化注采等关键核心技术攻关，提升低渗透老油田、高含水油田以及深层油气田等陆上常规油气田的采收率和储量动用率，推动深层页岩气、非海相非常规天然气、页岩油和油页岩勘探开发技术攻关；突破输运、炼化领域关键技术瓶颈，提升油气高效输运技术能力；此外，积极布局整体煤气化联合循环发电（IGCC），整体煤气化燃料电池发电（IGFC），煤电机组耦合碳捕集、利用与封存（CCUS）等低碳发电技术研发示范。

2023 年，我国在煤矿智能化建设、煤层气提氦、深层智能化钻井等技术领域取得新的突破，为化石能源绿色高效开发提供了必要的技术手段，新型高效快速流化床催化裂解反应器建成投运，为我国炼厂转型升级提供了科技支撑；亚洲最大煤电 CCUS 投产，将助力我国煤电行业转向低碳发展。

（二）发电技术创新不断突破

风电领域，围绕大容量风电机组、漂浮式海上风电平台等开展技术创新和工程示范。太阳能发电领域，围绕高效晶硅光伏电池量产技术、钙钛矿及叠层电池技术等开展技术创新，开展海上漂浮式光伏电站等工程示范。水电领域，围绕适应高海拔地区的高水头大容量水轮发电机组技术等开展技术创新，开展水电工程减灾防灾技术应用。火电领域，围绕重型燃气轮机关键部件研发等开展技术创新，开展重型燃气轮机联合发电等工程示范应用。核能领域，四代核电技术、多用途模块式小型堆技术加快发展，以先进核能技术、可控核聚变等为代表的新技术是未来科技创新的热点。

2023 年，我国在水电、风电、核电等多个发电技术领域取得技术突破。建成深远海漂浮式风电项目，首个半潜式海上光伏发电平台实现了低成本和高可靠性平衡；漂浮式波浪能发电装置标志着我国兆瓦级波浪能发电技术正式进入工程应用阶段；"中国环流三号"再次刷新我国磁约束聚变装置运行纪录，是我国核聚变能开发进程中的重要里程碑。

（三）输电领域技术创新助力新型电力系统建设

围绕大容量、远距离、高效率输配电技术装备和电力系统安全稳定运行技术等重点领域开展技术创新，重点突破超高压大容量 GIS 开断技术、绿色环保电工装备制造技术、新一代大功率半导体电力电子装备制造技术，布局高比例新能源直流组网送出技术、分布式电源并网及电压协调控制技术、源网荷储灵活互动技术、电网安全稳定风险辨识及预防控制技术。

2023 年，我国在构网型变流器技术、新型可控换相换流器（CLCC）技术、大规模电力系统电磁暂态仿真技术、新一代直流稳控技术等多项输电技术领域取得突破。

（四）新型储能聚焦长时间、大规模、安全性技术创新

重点围绕促进新能源大规模开发消纳、支持电网安全稳定运行、保障用户灵活

高效用电方面，朝着高效率、高储能密度、高安全性、高可靠性、高集成化、低成本方向多元化发展。当前重点推进锂离子电池储能、全钒液流电池储能、压缩空气储能、飞轮储能等新型储能技术的规模化应用；布局钠离子电池、压缩二氧化碳储能、重力储能、超级电容器等储能技术的试验示范；突破金属空气电池、水系电池、全固态电池、超导储能、热泵储电等前沿储能技术。

2023 年，我国锂离子储能电池关键性能指标不断提高，在成组技术、电芯装配、液冷技术、构网型储能等系统集成方面取得持续进步；压缩空气储能、压缩二氧化碳储能系统关键核心技术设备取得突破；建成了不同技术路线的一系列示范项目，为各类新型储能技术规模化发展积累了宝贵经验。

六、能源体制机制改革深入推进

自 2014 年习近平总书记提出"四个革命、一个合作"能源安全新战略以来，我国能源体制机制改革纵深推进，实现了全方位、深层次、根本性转变，从夯基垒台、立柱架梁到全面推进、积厚成势，再到系统集成、协同高效，为经济社会高质量发展提供了坚强保障。

（一）油气资源增储上产，守住能源安全红线

2017 年，中共中央、国务院印发了《关于深化石油天然气体制改革的若干意见》，针对石油天然气体制存在的深层次矛盾和问题，深化油气勘查开采、进出口管理、管网运营、生产加工、产品定价体制改革和国有油气企业改革，释放竞争性环节市场活力，提升资源接续保障能力。我国油气行业经过深入改革，已在上游勘探开发领域实现有序开放，进口原油"双权"逐步放宽。石油天然气交易中心的建立和主干管网资产整合的完成，加快了"全国一张网"格局的形成。管网运营机制改革取得突破，管输与销售业务成功分离，油气价格市场化步伐加快，有效提升了油气行业的健康发展和资源配置效率。

（二）煤价市场化形成机制不断完善

为有效应对国内煤价飙升、价格波动、市场保供严峻压力，国家发展改革委印发《关于进一步完善煤炭市场价格形成机制的通知》，重申充分发挥市场在资源配置中的决定性作用，并提出煤炭价格合理区间，实现了在合理区间内煤价、上网电价、用户电价通过市场化方式实现"三价联动"，保障能源安全稳定供应，推动煤、电上

下游协调高质量发展。2023 年 12 月，国家发展改革委发布《关于建立煤矿产能储备制度的实施意见（征求意见稿）》，就建立煤矿产能储备制度向社会公开征求意见。这是我国首次提出建立煤炭产能储备制度，有效完善了已建立十余年的煤炭储备体系，确保煤炭供给保障和价格稳定。

（三）电力市场化改革全面纵深推进

2015 年，《关于进一步深化电力体制改革的若干意见》发布，新一轮电力体制改革按照"管住中间、放开两头"总体要求正式开启，电力市场化改革不断深化。市场建设方面，发布《关于加快建设全国统一电力市场体系的指导意见》，明确全国统一电力市场化体系构建的总体目标。山西、广东、山东、蒙西电力现货市场已先后转入正式运行，试点地区市场不断优化，非试点区域积极探索，总体呈现"全面发力、多点开花"趋势。价格机制方面，《关于进一步深化燃煤发电上网电价市场化改革的通知》建立了"能跌能涨"的市场化电价机制；在发电侧，燃煤发电电价市场化，以"基准价＋浮动"形成上网电价；在用电侧，有序放开工商业用户用电价格，取消工商业目录电价，实行市场定价购电；输配电价监管周期已至第三轮，按照"准许成本＋合理收益"原则核定输配电价。

（四）碳市场价格发现作用日益显现

全国碳排放权现货市场自 2021 年 7 月 16 日正式上线交易启动以来，运行稳健，活跃度提升，价格发现功能逐步显现。2024 年发布的《碳排放权交易管理暂行条例》，首次以行政法规的形式明确了碳排放权市场交易制度，发挥市场在碳排放资源配置中的决定性作用。我国正在积极推动钢铁、建材、有色、石化、化工、造纸、航空等高排放行业尽早纳入全国碳排放权交易市场。碳市场作为新型要素市场尚处于起步阶段，存在多体系并存、交易规模较小、活跃度低、与关联市场衔接性弱等问题。

七、国际能源合作关系不断深化

在"四个革命、一个合作"能源安全新战略布局下，我国致力于能源领域的贸易与投资合作，秉承共商共建共享原则，推动互利共赢，加强国内外市场资源的联动，提高能源合作的质量和水平，持续拓展国际能源合作新格局。

（一）保障能源安全条件下坚持开放

我国积极与能源资源国开展互利合作，强化与能源生产国、过境国及消费国的协同，提升海陆能源运输保障能力。通过"一带一路"倡议，深化与沿线国家的能源合作，巩固西北、东北、西南和海上四大油气进口通道，显著增强能源安全。我国不断拓展能源进口新渠道，推进进口多元化，加强境外能源项目监测和风险预判，维护海外能源利益安全。在煤炭贸易方面，与俄罗斯、蒙古国、澳大利亚等国家合作，保障国内煤炭供应稳定。中缅油气管道、中俄东线天然气管道的投产，有效拓展了油气进口来源。我国已在中东、非洲、美洲、欧洲等超过 28 个国家建立贸易营销网络，资源配置能力提升，油气贸易人民币结算规模扩大，确保国内油气需求得到满足。

（二）着力加强清洁能源合作

支持发展中国家能源转型，灵活实施贸易、工程、投资和技术合作，实现多方清洁能源项目合作。充分发挥我国清洁能源全产业链优势，加强投资开发工程建设、装备制造、咨询设计和金融保险等环节的联动，深化清洁能源合作。中国作为全球风电和光伏产品最大出口国，与 200 多个国家和地区建立了贸易合作关系，为全球气候行动作出了积极贡献。我国正推动全球清洁能源转型，构建合作伙伴关系，提升清洁能源在全球能源结构中的地位。此外，我国在海外可再生能源项目投资不断增长，尤其在菲律宾、巴西、澳大利亚等国家，电力能源网络的建设和运营进一步扩大了我国在国际能源领域的影响力。

（三）构建国际能源合作战略

我国在全球能源治理中扮演着积极角色，与 90 多个国家、地区和国际组织建立了双边能源合作机制。通过中国—东盟、中国—阿盟等区域能源合作平台，我国在海上风电、光伏等清洁能源领域深入开展课题研究。同时，与 100 多个国家和地区在绿色能源项目上开展合作，与国际能源署、国际可再生能源署在机制建设上持续开展务实合作。

第二章

新型能源体系
建设形势

第一节 国 际 形 势

一、国际能源发展形势

"十四五"以来，全球进入了新一轮动荡变革期，国际局势深刻演变，新冠疫情、地缘政治冲突、气候变化危机等因素对全球能源供需形势、贸易流向、市场价格造成了深远影响，全球能源安全风险持续加大，世界各国进一步认识到了能源安全的重要性。

（一）能源供需形势发生深刻变革

在地缘政治复杂的大背景下，全球供需矛盾加剧，能源资源利用方式发生根本性转变，叠加多种因素影响，全球能源供需形势正经历深刻变革。

首先，地缘政治的复杂性加剧了区域间的能源供需矛盾，俄乌冲突致使全球出现了能源危机，打破了全球能源供需格局，影响了全球能源供需平衡；其次，为应对气候变化危机，能源绿色低碳转型已成为国际社会广泛共识，全球能源体系正逐步从依赖煤炭、石油等传统化石能源的传统格局向以太阳能、风能等可再生能源为主导的新能源供需格局转型，这不仅代表着能源生产和消费模式的转变，也代表着衡量国家或地区能源资源的标准发生了根本性变化，部分国家已开始从"需求"角色向"供应"角色转变。

（二）能源贸易流向的政治色彩更加强烈

俄乌冲突引发巨大能源效应，促使长期以来主要由经济因素塑造的全球能源贸易一体化格局发生重要转变，同时地缘政治格局的演变速度显著加快。据国际货币基金组织（IMF）分析，以美国、欧盟为代表的西方发达国家与以中国、俄罗斯为代表的发展中国家之间的贸易增长已从俄乌冲突前的 3% 下降至 −1.9% 左右，国际直接投资（FDI）项目流动开始集中在地缘政治结盟的国家。

全球贸易开始沿着地缘政治的边界出现分化，能源已经成为美国、欧盟、俄罗斯等国家或地区斡旋博弈的重要筹码，全球能源贸易格局进入深度调整期，能源在兼具商品、金融、政治等多重属性外又平添了道德和制裁标签。在地缘政治格局调整的推动下，全球能源贸易流向开始由"逆时针"转向"顺时针"，即欧洲油气"脱俄倚美"，俄罗斯油气出口"转东向南"，既有能源供应链被"政治化"重构，新的能源贸易格局逐步形成，"阵营合作"逐步成为各国推进能源贸易自由化的替代选择。

（三）能源市场震荡短期内仍将延续

俄乌冲突的爆发，对国际能源市场的影响程度之深、破坏之大、持续时间之长，远超出市场预期，叠加极端天气、产能制约等现实因素，全球能源价格一路飙升。2022 年 6 月，全球原油价格达到近十年价格峰值，布伦特原油、迪拜原油、美国西得克萨斯州中间基原油（WTI 原油）的月度价格环比增长均超过 60%；同年 8 月，欧洲天然气价格达到了 1960 年以来的最高值，美国亨利枢纽（Henry Hub）天然气价格达到了近十五年价格最高值，环比增长 117%，如图 2−1 所示。2023 年，随着国际局势的缓和以及能源供需矛盾的缓解，全球传统能源市场进入短期平衡，国际能源价格趋向稳定、逐步回归，但是不稳定因素依然存在。

以美国为代表的非欧佩克产油国与"欧佩克＋"的产能联盟，短期内会围绕俄罗斯撤退后留下的能源市场份额展开竞争，传统能源市场仍将出现短期波动，甚至频繁地剧烈震荡。未来，随着全球新能源规模不断扩大，并逐步替代传统化石能源，全球能源市场博弈将从传统油气领域不断拓展到新能源以及与新能源密切相关的产业和矿产领域，此时传统化石能源的市场价格将趋于长期稳定。

（四）能源安全战略上升到全新高度

在全球气候变化危机背景下，世界各国对能源转型必要性与紧迫性的共识与日俱增，但能源供需形势变革、能源价格暴涨等因素，再一次证明了能源三元悖论（也称"能源不可能三角"）无法打破，迫使许多国家对其能源发展战略进行重新调整。

在不确定时代下，简单的能源安全预案越来越难以维系，能源安全的内涵也不再局限于化石能源供应和价格安全，而是拓展到确保普遍获得可负担、可靠、可持续的现代能源，演变成为体系性、全方位安全，并具备应对不确定性、提升抗冲击能力与恢复能力的韧性特征。能源安全韧性治理已成为实现能源转型的前提性、基础性问题。

（五）能源清洁转型与科技创新为大势所趋

在全球能源供需形势的深刻变革下，各国能源安全独立意识开始觉醒，为应对气候变化危机，全球逐步进入清洁能源时代，能源供应本土化成为国际主流趋势，即全球能源系统将从传统的跨区域、远距离、大规模输送模式，调整到更多的本地化、多元化、低碳化供给模式。

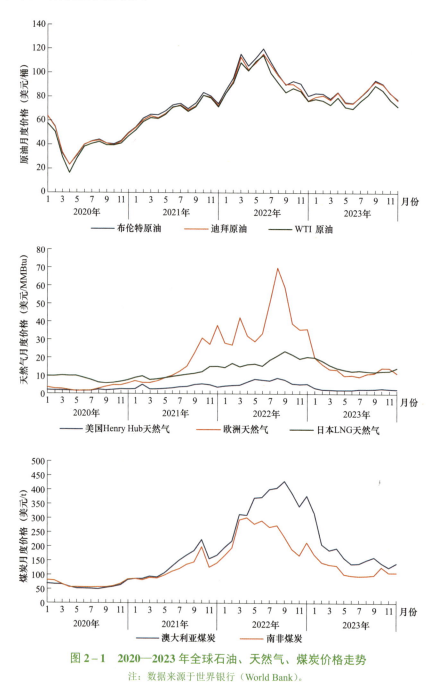

图 2-1 2020—2023 年全球石油、天然气、煤炭价格走势
注：数据来源于世界银行（World Bank）。

在此背景下，世界各国开始大力发展清洁能源，形成独立自主的清洁能源供应体系，清洁能源、分布式能源、长效储能系统、综合能源服务和智能用能模式受到广泛关注；同时，国家或地区能源资源的衡量标准也逐步由化石能源的"地质主导"向清洁能源的"地理主导、技术主导"转变，太阳能、风能等"地理型"资源和氢能、生物质能、核能等"技术型"资源，均可通过技术创新提升资源利用效率，人才、科技要素已超越资源要素成为首要发展因素，科技主权成为新时代下各国能源主权的基础。

二、国际主要经济体能源战略布局

在上述国际能源发展形势与变化趋势下，世界主要经济体围绕安全独立、科技创新、节能提效等方面，加速自身能源战略调整，以美国、欧盟等为代表的经济体更加重视能源独立的重要性，多措并举推动能源自给水平提升；以俄罗斯为代表的经济体在创新驱动上开始下"真功夫"，全力补齐自身科技短板；以德国为代表的经济体逐步转变能源转型思路，收起能源转型"激进步伐"；以日本为代表的经济体立足自身资源条件，强化能源提质增效，全球已进入注重能源转型与安全并重的新阶段。

（一）欧盟加速"能源独立战略"

面对能源安全危机和气候变化危机的双重考验，欧盟为努力摆脱对俄罗斯等外部能源的依赖，大力进行能源改革，频繁出台相关能源政策和措施，提高自身能源独立性。

2022 年 5 月，欧盟正式发布《重振配置能源计划》（REPowerEU），以应对因俄乌冲突导致的能源危机冲击，并加速能源的绿色转型。该文件从节能提效、多元供应、能源转型、投资改革等方面明确了重点任务，并在"Fit for 55"等计划的目标基础上进一步加码，制定了 2025 年、2030 年两阶段的发展约束目标。其中，在节能提效方面，提出将"2030 年能效目标由 9% 提高至 13%"；在能源转型方面，提出将"2030 年欧盟可再生能源占比目标由 40% 提升至 45%"，同时聚焦太阳能、风能、热泵三个领域供应链建设，关注氢能和生物质能领域技术研发。

2023 年 2 月，欧盟发布《绿色协议产业计划》（The Green Deal Industrial Plan，GDIP），从政策环境、融资渠道、技术提升、贸易协定四个方面采取了系列措施，为欧洲工业的孵化发展创造了有利环境。同年 5 月，欧盟发布《净零工业法案》（Net-Zero Industry Act）提案，作为 GDIP 政策环境的关键部分实行，文件提出"确保到 2030 年欧盟至少 40% 的包括风力涡轮机、电池、热泵、太阳能电池板、可再生氢等在内的清洁技术需求在欧洲本土制造",进一步强化了欧盟能源独立的决心与行动力。2024 年 5 月,《净零工业法案》正式通过,在《欧盟官方公报》上公布后开始实行。

(二)美国实施"能源联盟战略"

俄乌冲突爆发后,美国开始全面推行能源联盟战略,对内推动能源安全独立和能源产业保护,对外建立多边供应链协作框架,形成产业合作联盟化网络。

2022 年 2 月,美国能源部发布《实现美国清洁能源转型的供应链保障战略》,确定了 11 个关键能源技术供应链,加速绿色能源供应链体系的本土化进程;制定《太阳能攻关计划》和《能源攻关计划》,明确了能源领域未来关键技术的集中攻关方向。同年 3 月,美国与欧盟成立联合能源安全工作组,助力欧盟脱离俄罗斯的能源依赖,加速形成了以"政治联盟"为边界的能源供应合作链。

2022 年 8 月,美国正式出台《通胀削减法案》(Inflation Reduction Act),拟投入近 3700 亿美元用于气候变化和能源安全,通过税收抵扣或补贴等方式,激励太阳能、风能、储能、碳捕集和清洁氢、电动汽车等清洁能源技术或产品的研发与生产,但在税收抵扣或补贴的实施范围中,美国以产品本地化水平作为刚性标准进行衡量,对外展开限制竞争。

(三)俄罗斯推行"能源科技战略"

国际环境变化中的安全压力与技术竞争,为俄罗斯科技发展带来巨大的现实驱动力。2022 年 4 月,俄罗斯总统签署《关于宣布俄罗斯联邦科学技术十年》,将 2022—2031 年定为俄罗斯"科学技术十年",不断强化与重视科技创新的社会推动作用。2023 年 10 月,俄罗斯总统在第六届"俄罗斯能源周"国际论坛上发言,指明了未来俄罗斯能源领域转变的四个主要方向,涵盖市场、产业、科技、合作等方面。在科技方面,再一次强调要"提高俄国产机器设备、技术和应用软件的研发、生产和使用,在该领域形成具有完全主权的技术、人才和财政投资""加快油气和石化行业的标准化和认证从外国体系过渡到国内体系"等要求,以科技创新驱动加速国家能源发展。

(四)德国反思"能源转型战略"

作为全球能源转型的先行者,德国过于激进的能源转型战略使其陷入了两难境地。德国对俄罗斯能源的高度依赖,使其在俄乌冲突中陷入了安全与价值观利益同现实经济能源利益的矛盾之中。

俄乌冲突引发的欧洲能源危机，打乱了德国能源转型进程，其能源供给缺口迫使德国政府反思并调整能源发展战略。一是全力加速可再生能源部署，缩短转型过渡期。2022 年 4 月，德国通过了旨在摆脱化石燃料、加速清洁能源发展的一系列立法草案，集中提出了对多项能源法案的修订建议，将"80%可再生能源供电"目标从 2040 年提前至 2030 年，并增加了"2035 年争取实现 100%可再生能源供电"目标。随后，德国又先后出台了《德国光伏战略》《陆上风能战略》《第 8 期能源研究计划》等政策法令，为德国的能源转型与体系构建进一步明确了重点任务、实施路径、细化目标。二是延长煤电、核电运行寿命，继续发挥"压舱石"作用。2022 年9 月，德国通过两项法令"续命"煤电，计划延长燃煤机组运行，并进一步扩大煤炭用量以填补俄罗斯天然气缺失造成的电力供应缺口；同年 10 月，德国又下令延长剩余核电站的运行时间，以进一步强化本地能源支撑作用。

（五）日本强化"能源节约战略"

长期以来，日本受制于能源资源禀赋条件，高度重视能源节约，围绕节能、提效、降碳等重点方向，以技术持续驱动日本能源转型；同时，以重大能源、环境、气候问题为契机，先后修订《关于合理使用能源的法律》（又称"节能法"）10 余次，不断扩充或更新节能降碳相关内容，为自身能源安全与低碳发展付出了诸多努力。

2023 年 2 月，日本通过了《GX 实现基本方针》，在节能提效、可再生能源、核能等领域制定了系列路线图；同年 7 月，日本在《GX 促进法》基础上，制定了《GX推进战略》，继续将"全面促进节能"任务放在首位，提出"以专项补助增加对中小企业节能提效的支持、加强对节能住房的支持"等细化措施，进一步强化了"能源节约"战略地位；与此同时，常态化提出了加快可再生能源开发利用、保障安全前提下推动核能利用等措施。2024 年 5 月，日本宣布将制定《GX 2040 愿景》，并对《能源基本计划》进行修订，围绕数据中心等产业集群，提出扩大可再生能源和核电等"脱碳电源"的发展措施。

三、国际形势下我国新型能源体系的建设意义

全球能源发展正经历全方位的挑战及变化，深入了解世界主要经济体加速能源转型与发展的战略关键词，可以看到"安全、低碳、独立、创新、节约、高效"正

成为全球能源发展新阶段的背景色。

目前，全球各国能源转型与发展的主要模式中，"美国模式"是以技术创新、产业保护等手段来推动能源转型并实现独立发展，但其边界壁垒过强，需要较好的经济基础与科技创新能力来支撑；"德国模式"是以提高能源成本为代价，大幅缩短能源转型周期，但抗风险能力不强，易受外部环境扰动；"日本模式"是以中短期的能源实际需求为导向，以节能提效为重点方向，动态调整实施路径，逐步推动能源转型，安全性高但周期较长。三者各有优劣，且适用范围有限，对于部分国家来说可复制性不强，因此，全球许多国家都在期盼"中国模式"。

党的二十大报告提出"积极稳妥推进碳达峰碳中和""深入推进能源革命""加快规划建设新型能源体系""确保能源安全"，是新时代下我国能源行业高质量发展的根本遵循。当前，我国正进入中国式现代化建设的新时期，在新的国际时代大背景下，加速构建新型能源体系意义重大。"如何构建新型能源体系"已成为未来一个时期内我国需要持续论证和深入探索的重点话题。

第二节　国　内　形　势

一、能源安全保供任务艰巨

能源是国民经济发展的重要支撑，能源安全直接影响到国家安全、可持续发展以及社会稳定。近年来，我国能源供应保障基础不断夯实，资源配置能力明显提升，能源供给能力得到有效保障。随着中国式现代化稳步推进，我国能源消费将长期维持刚性增长态势。能源电力消费结构变化叠加极端气候影响，推动能源电力负荷峰谷差进一步加大。电力、煤炭、油气供给保障受到的一些约束也亟待破除。我国能源安全保供形势严峻。

（一）能源消费需求仍将保持刚性增长

我国是世界上最大的能源消费国，消费总量约占世界的 1/4，而人均能源消费量仅为经济合作与发展组织（OECD）国家平均水平的 2/3 左右。14 多亿人口整体迈进现代化社会，规模超过现有发达国家人口总和。从人均用能水平提升角度看，未来我国能源消费仍将保持刚性增长。从产业发展看，我国产业结构偏重，近年来第二产业在 GDP 中的占比维持在接近 40% 的水平，在坚持把发展经济的着力点放在实体经济上的总方略下，预计第二产业占比将长期保持在 30% 以上。今后一段时期，步入全面建设社会主义现代化国家新征程，随着新型工业化深入推进，我国能源消费将持续增长。近年来，虽然世界经济增长乏力，但我国经济仍然保持着较高增速，随着我国经济持续回升向好，能源需求仍将保持旺盛状态。

（二）能源供应保障压力明显增大

气候变暖背景下，极端天气及洪涝、干旱等自然灾害风险日益频发，在能源转型和保障能源供应稳定方面取得平衡的难度进一步加大。电力尖峰负荷保障难度加大，伴随全社会电气化水平的不断提高，电力负荷增长快于用电量增长的特征越来越突出，电力峰谷差进一步加大，全国迎峰度夏最大电力负荷每年新增 7000 万～1 亿 kW，支撑性电源增速远低于电力负荷增速，新能源安全可靠替代能力尚未形成，电力供给裕度持续趋紧。电力企业受煤价高企、气价高且气源不稳定和碳减排约束等因素影响，建设新机组的积极性和发电意愿不强，影响电力顶峰能力。煤炭兜底保障压力增大，近年来极端天气频发趋势愈加明显，2022 年迎峰度夏期间，最极端高温、最少降雨量、最高电力负荷"三最"叠加，多个南方省份出现煤炭供应缺口。另外，煤炭生产消费区域不均衡性加剧，煤炭生产加速向晋陕蒙新集中，湖北、江西等省份调入比例超过 90%，区域性、时段性保供压力进一步加大。油气增储上产面临多重约束，油气新探明储量劣质化严重，新发现储量开发动用的经济性和采收率大幅降低。非常规资源部分勘探开发技术装备还存在不适应性。同时，受国际政治、地缘冲突、国际市场、主要通道等影响明显，油气供应的不稳定性明显增加，能源价格、金融风险上升。

二、能源绿色低碳转型压力犹存

能源绿色低碳转型是实现碳达峰碳中和的关键，也是建设新型能源体系的重要举措。近年来，我国能源结构持续优化，低碳转型成效显著。面向碳达峰碳中和目标，能源作为我国碳排放的主要领域，加快推动绿色低碳转型需求极为迫切。同时，统筹发展和安全，能源绿色低碳转型在消费侧节能降碳和供给侧清洁安全供应等方面，仍面临多重困难和挑战。

（一）实现碳达峰碳中和目标任务紧迫

实现碳达峰碳中和是以习近平同志为核心的党中央经过深思熟虑作出的重大战略决策，是一场广泛而深刻的经济社会系统性变革，事关中华民族永续发展和构建人类命运共同体。碳达峰碳中和是两个环环相扣、密切相关的目标，碳达峰是碳中和必须经历的阶段。我国从碳达峰到碳中和的碳排放强度起点高，实现时间紧。发达国家从碳达峰到碳中和一般需用 40 年以上甚至 70 年，而我国只有约 30 年时间。我国能源领域碳排放占碳排放总量的 80% 以上，能源绿色低碳转型是实现碳达峰碳中和的关键。要立足我国能源资源禀赋，以满足经济社会发展和人民美好生活需要为根本目的，统筹发展和安全，加快构建清洁低碳安全高效的能源体系，为实现碳达峰碳中和、全面建设社会主义现代化强国提供坚实保障。当前我国能源结构以高碳的化石能源为主，实现碳达峰碳中和，必须在确保能源安全的前提下，严格合理控制化石能源消费，提高清洁高效利用水平。同时，要把发展非化石能源放在突出位置，加快发展有规模有效益的风能、太阳能、生物质能、地热能、海洋能等新能源，统筹水电开发和生态保护，积极安全有序发展核电。

（二）加快能源转型面临多重挑战

煤炭消费减量降碳面临较大压力。2023 年煤炭消费达到 47.3 亿 t，同比增长 5.6%，继续保持较高增速。为适应能源消费刚性增长需要，现阶段煤炭仍需发挥重要兜底保障作用，预计 2025 年煤炭消费最高可能达到 48.5 亿 t 左右，后续控制煤炭消费压力显著增加。电力系统灵活调节能力亟待提升。煤电容量电价尚未健全，抽水蓄能建设周期长，新建机组在碳达峰前难以提供有效的灵活调节能力，新型储能价格机制亟需建立健全。部分跨省区通道输电能力有待提升，局部网架薄弱，配电网接入分布式电源承载力不足。需求响应能力需进一步挖掘，大数据中心、车网双向互动（V2G）等终端用户新业态新模式尚在发展初期，大量分散需求响应能力难以有效整合，各类灵活调节能力建设缺乏长效政策激励。新能源高质量跃升发展面临制约。新能源产业快速发展使得我国锂、钴、镍等资源需求量猛增，对境外资源依存度不断提高，相关供应链竞争风险加剧。大型可再生能源基地大规模外送面临走廊资源紧张、输电通道趋于密集、生态环保要求更严、建设成本增高、电力系统运行调节难度加大、系统运行安全风险升高等问题。分布式新能源加快发展面临土地约束趋紧、配电网改造升级成本高等制约。绿电交易范围和规模受限，可再生能源绿色价值有待进一步挖掘。

三、能源技术创新需求迫切

新一轮科技革命和产业变革最大的特征是新能源和互联网技术的紧密融合。能源科技创新已成为世界各国科技竞争的"新高地"，是未来国家科技实力的重要体现。目前，我国能源科技实力在世界创新舞台上已占有举足轻重的地位，新能源和电力装备制造能力引领全球，话语权和影响力显著提升，但也存在一些短板弱项需要进一步补齐。推动科技创新既是补短板强弱项、提高自主安全保障能力的战略举措，也是转方式调结构、推动发展转型变革的必然选择。

（一）能源创新产出水平大幅提高，国产化替代加速推进

近年来，我国能源领域深入实施创新驱动发展战略，突出问题导向和需求导向，加强能源科技自主创新，提升能源产业链供应链自主可控水平。在煤炭行业，自主创新能力大幅提升，主要煤机装备、大型粉煤气化技术、煤炭间接液化等均已实现了国产化。在油气行业，千万吨级炼油工程和液化天然气（LNG）项目成套设备已实现自主化生产。在可再生能源行业，风电、光伏技术总体居于国际领先，水电工程建设能力全球领先。在电力行业，超超临界二次再热机组实现国产化，电驱和燃驱压缩机组与 50MW 燃气轮机等核心装备和材料已实现自主化生产，百万千瓦级水电机组成套设计制造能力全球领先，输电技术全面自主可控，具有自主产权的百万千瓦级三代核电技术、自主研发的四代核电技术已商业化示范投产。为确保能源产业链供应链安全稳定、进一步提升能源科技水平，亟需充分发挥新型举国体制优势，加快健全完善"政产学研用"相结合的能源科技协同创新体系，分类推进技术自主创新，扎实开展关键技术攻关，依托工程持续推进重大能源技术和装备自主化。

（二）关键核心技术"卡脖子"问题亟待突破

建设新型能源体系，实现碳中和是一个系统性工程，涉及整个能源体系的技术创新，不仅需要突破各领域众多关键技术，而且还包括产业及能源结构的调整重构。其中，跨领域多能融合互补以及相关工艺再造的关键核心技术，是我国新型能源体系建设的重点和难点。与世界先进水平相比，我国仍有一批重大核心技术亟需攻关突破，包括 CCUS 技术、高效率低成本可再生能源发电装备、大功率柔性输变电装备、长时储能、燃料电池、大型燃气轮机、高温材料、高端电工材料、关键元器件

等支撑新型能源体系的技术、装备、材料等。

（三）能源数字化转型有待加强

首先，能源领域数字化基础设施建设有序推进，在区域和细分行业领域存在分化。随着新一代信息技术的快速发展与创新，能源行业已开启了数字化转型的征程，但在区域和细分行业上存在明显差异。数字经济布局较早的地区，更有利于能源数字基础设施建设；在能源细分行业中，煤炭数字化转型相对其他行业先行，已经在智能化综采平台、智慧煤矿等方面取得了一些进展。其次，能源技术与数字技术的耦合程度有待提升。能源数字化转型要解决能源技术与数字技术的协调融合，即两者在技术场景上要相互兼容，在技术融合保障能源安全的基础上，才能提升能源生产、调运、输配及管理的效率，以及降低经济活动的碳排放总量和强度。目前，数字技术与能源技术的融合技术水平仍达不到能源数字化转型的需求，数字技术仍不能在较复杂的能源生产环境中发挥作用，能源技术的数字化管理也需要更大的提升。再者，能源数字化转型存在数据风险等新问题，是影响能源安全的新风险。一方面，能源行业自身的发展存在运营、战略和应急三大风险，在能源行业数字化转型中，这些风险会进一步放大，形成能源安全的新挑战；另一方面，信息与通信技术（ICT）等数字技术与能源技术融合中所形成的新风险，将影响能源行业数字化转型。ICT等数字技术和能源技术均在关键核心领域技术上有瓶颈问题，会影响数据采集和集成的效果，只有双方技术均实现突破，才能成功实现数据的传输与联动；数字化互联后，企业的知识产权、商业秘密等敏感数据的暴露风险较高，需要增加一定规模的数据安全投资来进行专门的保护，进而会增加企业成本，且一旦受到攻击，将给能源行业安全生产和数字化生态构建带来较大冲击。

四、能源体制机制改革亟待加快

体制改革是能源革命的重要内容，是促进能源高质量发展、加快建设新型能源体系的重要保障。近年来，我国能源体制机制改革在重点领域和关键环节取得积极进展，能源市场化水平逐步提升，能源治理机制不断完善。同时，我国能源体制机制也还存在一些不足。国家也对能源领域改革提出了明确要求，相关改革工作亟待加快推进。

（一）能源体制机制难以完全适应能源转型和创新需要

在能源市场顶层设计上，各类市场机制仍存在壁垒，各品种能源市场与碳市场尚未顺利衔接，统一大市场建设尚处于起步阶段。价格形成机制尚不完善，新型储能价格形成机制尚未明确，储能市场化运营效率较为低下，多数新型储能电站存在"建而不用"的现象；区域范围内共享抽水蓄能的价格分摊机制尚未明确，在更大范围内实现抽水蓄能等调节资源优化配置受到制约。电力市场化改革步入深水区，电力现货市场建设亟待加速，区域电力市场建设尚处于起步阶段，电力资源亟需在更大范围内实现优化配置。油气领域市场化改革亟待推进，天然气价格市场化形成机制尚未形成，上下游价格传导尚不畅通，城市燃气企业气价倒挂导致的北方地区供暖季气荒仍有发生。

（二）能源体制机制改革方向明确

在当今全球能源格局深刻调整的宏观背景下，我国能源行业正站在一个新的历史起点上。党的二十届三中全会，作为新时代全面深化改革的重要里程碑，为我国能源行业的未来发展与变革指明了方向。2024 年 7 月 18 日，党的二十届三中全会审议通过了《中共中央关于进一步全面深化改革 推进中国式现代化的决定》，其中关于能源行业的部署，彰显了党中央对能源安全、绿色低碳发展的高度重视。全会明确提出，要深化能源管理体制改革，建设全国统一电力市场，优化油气管网运行调度机制，推进能源等领域价格改革，优化居民电价、气价制度，推进能源等行业自然垄断环节独立运营和竞争性环节市场化改革，健全监管体制机制。这些举措不仅直面能源行业痛点，也为行业的未来发展注入了新的强劲动力。同时，全会再次聚焦碳中和，明确强调要健全绿色低碳发展机制，加速规划建设新型能源体系，完善新能源消纳和调控政策措施，建立能耗双控向碳排放双控全面转型新机制，积极稳妥推进碳达峰碳中和。这标志着我国能源行业将加速向绿色低碳转型，非化石能源占比将进一步提升，能源结构将更加优化。

第三章

建设新型能源体系的问题与挑战

当前，我国能源转型发展中面临诸多瓶颈，能源流向与产业格局逆向分布、技术创新体系有待完善、创新"卡脖子"问题依然严峻，亟需从加快能源新技术创新、推进能源治理现代化、完善市场机制与价格体系、优化税收和投融资政策、强化碳排放控制等方面加速突破。同时，能源转型面临地缘政治风险不断加大、国际贸易壁垒日趋严峻，能源发展的外部环境错综复杂，如何应对这些问题与挑战，是建设新型能源体系必须要解决的问题之一。

第一节　能源转型的"立"与"破"

一、新能源的发展与消纳瓶颈

近年来，在建设新型电力系统和"双碳"目标引领推动下，我国新能源快速发展，我国已成为世界新能源装机规模最大的国家，大容量比例新能源的电网系统逐渐建立。随着风电、太阳能发电等波动性电源在电力系统中的占比逐步增长，新能源装机持续增长与消纳面临困难和挑战，电网系统受到稳定与安全的不确定性逐渐增大。

一是新能源消纳压力凸显。一方面，新能源就地消纳难。我国能源资源与用电需求呈逆向分布，80%以上的能源资源分布在西部、北部，70%以上的电力消费集中在东部、中部，空间错配较为突出。西部、北部不少地区用电市场体量小，全社会用电量增长缓慢，负荷侧当地消纳能力不足，新能源就地消纳困难问题较为突出。另一方面，分布式能源汇集并网受到制约。当前我国大部分城乡配电网存在薄弱环节，双向、有源配电网建设滞后，智能控制和灵活调度能力不足，难以满足大规模分布式光伏、分散式风电灵活接入和就地消纳的需要。在整县分布式光伏推进过程中，部分地区出现短期内并网的分布式电源超过电网承载能力现象。

二是电力系统对新能源支撑调节能力不够。其一，系统调节能力不足。新能源发电具有随机性、波动性，极热无风、晚峰无光，需要配套建设灵活调节电源保证高效消纳。我国电源结构以煤电为主，供热机组占比大，"三北"地区调峰气电等灵活调节电源占比仅6%，不到4%。各类调节性电源中，存量煤电灵活性改造积极性不高，抽水蓄能建设周期长，新型储能在技术安全性和经济性方面还存在一些问题，制约电力系统调节能力的有效提升。其二，跨省区输电通道建设滞后。电网输电工程前期手续复杂、核准周期长，工程建设周期普遍需要 2～3 年。风电光伏项目具有短、平、快的特点，建设周期仅需 1 年左右。电网、电源在规划、开发和建设层面难以实现同步建设、同步投产，不少大型风电光伏基地项目配套送出工程建设滞后，存在"项目等电网"情况。其三，电力系统安全稳定运行面临较大风险挑战。高比例新能源和高比例电力电子设备带来的"双高"特性日益明显，电力系统低惯量、低阻尼、弱电压支撑等特征凸显；中东部地区多条直流集中馈入，本地电源支撑能力弱，电压频率稳定问题严峻；河西走廊等地密集通道风险突出，长江下游过江通道资源紧张；电网交直流送受端强耦合，复杂形态下电网协调难度大，故障后易引发连锁反应，电网安全风险突出。

二、化石能源的"路径依赖"

实现碳中和目标意味着到 2060 年非化石能源在一次能源消费占比将由现在的不到 20% 提高到 80% 以上，而化石能源占比将从 80% 以上降至 20% 以下。尽管当前能源生产、运输、转化、消费相关技术通过改造、新能源车替代等方式进行绿色化转变，但主要生产过程仍然以化石能源相关技术为主，实现碳中和所需诸多技术仍处于早期研发阶段，对化石能源的技术路径依赖导致了许多"难减排部门"。

一是工业领域中，化石能源作为原料而非燃料使用依然难以替代。钢铁行业中，煤炭消费量占全国煤炭消费量的 1/4 左右，是碳排放最大的工业领域之一。在冶炼铁矿石过程中，作为还原剂使用焦炭是钢铁行业碳排放的主要来源。目前，氢能炼钢技术仍处于实验室研发阶段，距离大规模、商业化应用并对焦炭形成有效替代还需要较长时间。建材行业中，以煤炭为主的窑炉燃料占建材行业能源消费总量的约 80%，天然气窑炉和电窑炉是主要替代方式。但天然气窑炉成本相对较高，电窑炉对部分大型窑炉以及特殊工艺窑炉尚无法完全替代，且在目前电价政策下，对产品附加值较低的砖窑、水泥窑、石灰窑等尚不具备推广的经济性。氢气为解决各类窑炉高温热能需求提供可能，但目前不具备技术和经济可行性。石化化工领域中，氢能应用具有良好基础，其中合成氨、合成甲醇、炼化与煤化工是主要的传统用氢领域。但我国目前的氢气主要来自化石能源制氢与工业副产氢，绿氢目前还不具备经济可行性，技术和经济是限制石化化工领域绿氢应用的主要因素。

二是交通领域新能源和清洁能源替代任重道远。交通领域能耗和碳排放量大，且增长迅速。交通领域（含社会车辆）石油消费占我国石油终端消费的比例约为60%，2013年以来，我国交通领域碳排放量年均增速保持在5%左右，成为我国温室气体排放增长最快的领域。交通运输是居民出行和物流服务的基础支撑和保障，预计2021—2035年旅客出行量年均增速为3.2%左右，全社会货运量年均增速为2%左右，邮政快递业务量年均增速为6.3%左右。运输需求总量增长将导致交通运输用能需求持续增加。交通运输装备的新能源和清洁能源替代是交通领域碳减排的重要手段。尽管近年来新能源小型乘用车和轻型物流车技术逐步成熟，但重型货车、船舶等短期内还缺乏成熟的能源替代方案，新能源重型货车在续驶里程、有效载重方面仍存在技术瓶颈，氢燃料和氨燃料船舶在技术装备研发、安全风险防控、标准规范研究等方面尚处于起步阶段。

三是在供热、供气等涉及民生的领域，煤炭、天然气消费使用短期内难以替代。在供热领域，我国北方地区冬季集中供热仍以燃煤锅炉或热电联产为主，生物质供暖、电供暖、核能供暖等低碳供暖方式仍然受资源可获得量、经济性和地域分布限制。经过多年快速发展，天然气已成为城镇居民做饭、取暖、热水的主要能源形式。氢能由于易爆炸等安全性问题，难以直接替代居民使用的天然气；更改其他能源形式还需要改变居民用能习惯。

第二节　能源流与产业流优化联动

一、能源供需"逆向分布"

我国的能源资源分布与经济发展的地理分布存在显著不对称性，即"逆向分布"现象。这种现象不仅影响了能源的有效利用和经济发展的均衡性，而且也带来了巨大的环境压力和运输成本。

在煤炭资源方面，我国煤炭资源主要集中在山西、陕西、内蒙古等北部和西北部地区。山西是我国最大的煤炭生产基地，煤炭储量占全国总储量的近1/4，这里的煤炭质量高，开采条件好。陕西特别是陕北地区，煤炭资源丰富，主要集中在神木、府谷等地，这些地区的煤炭开采成本低，是我国重要的能源基地。内蒙古的鄂尔多斯盆地拥有丰富的煤炭资源，这里的煤炭储量巨大，是全国煤炭供应的重要来源之一。

在石油和天然气方面，我国油气资源主要集中在新疆、东北和海上油田，尤其是新疆的塔里木盆地、大庆油田和渤海油田等。

在水力资源方面，我国西部 12 个省（自治区、直辖市）水力资源约占全国总量的 80%，特别是西南地区云南、贵州、四川、重庆、西藏 5 个省（自治区、直辖市）就占了 2/3。我国水力资源富集于金沙江、雅砻江、大渡河、澜沧江、乌江、长江上游、南盘江、红水河、黄河上游、湘西、闽浙赣、东北、黄河北干流以及怒江等水电能源基地。

在风能资源方面，我国风能资源十分丰富。可开发和利用的陆地上风能储量有 2.53 亿 kW，近海可开发和利用的风能储量有 7.5 亿 kW，共计约 10 亿 kW。内陆风资源最丰富的地区包括内蒙古、吉林、辽宁、黑龙江、甘肃、宁夏、新疆及河北等；沿海及海上风资源最丰富的地区包括山东、江苏、浙江、福建、广东、广西及海南。

在太阳能资源方面，我国太阳辐射总量等级和区域分布如表 3－1 所示，西部地区的太阳能资源优于中东部地区，新疆、内蒙古、西北地区中西部、华北北部、西藏、西南地区西部等地太阳能资源最丰富。

表 3－1　　　　　　　　　　我国太阳辐射总量等级和区域分布

名称	年辐射总量（MJ/m²）	主要地区
最丰富带	＞6300	内蒙古额济纳旗以西、甘肃酒泉以西、青海 100°E 以西大部分地区、西藏 94°E 以西大部分地区、新疆东部边缘地区、四川甘孜部分地区
很丰富带	5040～6300	新疆大部、内蒙古额济纳旗以东大部、黑龙江西部、吉林西部、辽宁西部、河北大部、北京、天津、山东东部、山西大部、陕西北部、宁夏、甘肃酒泉以东大部、青海东部边缘、西藏 94°E 以东、四川中西部、云南大部、海南
较丰富带	3780～5040	内蒙古 50°N 以北、黑龙江大部、吉林中东部、辽宁中东部、山东中西部、山西南部、陕西中南部、甘肃东部边缘、四川中部、云南东部边缘、贵州南部、湖南大部、湖北大部、广西、广东、福建、江西、浙江、安徽、江苏、河南
一般带	＜3780	四川东部、重庆大部、贵州中北部、湖北 110°E 以西、湖南西北部

改革开放以来，在我国外向型经济发展战略下，国家生产力布局和投资重心向东部沿海地区倾斜，能源消费也向东部沿海集聚。我国能源需求主要集中在东南沿海，这些地区经济发达，工业化和城镇化程度高，是能源消费的主要区域。2023 年，上海、江苏、浙江、安徽、福建、广东、广西等 7 个省（自治区、直辖市）能源消费总量约占全国能源消费总量的 1/3。

由于能源资源主要集中在西部和北部，而需求主要在东部和南部，能源的长距离运输不可避免地带来了巨大的运输成本。煤炭这种大宗能源，需要通过铁路、公路和水路等方式长距离运输到需求地，增加了运输费用和物流成本。长距离运输不仅成本高，而且还面临运输压力和风险。铁路运输煤炭容易造成运输瓶颈，公路运输则增加了交通压力和安全风险。对于电力这种需要实时平衡的能源品种，建设特高压交直流输电线路，一方面需要大额的投资及土地资源，另一方面特高压交直流输电线路故障对受端电网电力保障带来极大风险。能源供需的区域性差异导致能源供应链的复杂性增加。长距离的能源输送路径容易受到自然灾害、运输中断等因素的影响，增加了能源供应的不确定性和安全风险。

二、产业转移"布局优化"

为积极应对我国能源供需"逆向分布"的挑战，近年来，我国陆续启动了重载铁路、大口径油气管网、特高压输电工程等世纪性重大能源运输基础设施建设，逐步形成了"西电东送""北煤南运"和"西气东输"的能源资源大范围调配格局。同时，我国采取了一系列措施推动能源密集型产业从东南地区向中西部及东北转移，以实现能源资源的高效利用和区域经济的协调发展。

（一）西部大开发战略

该战略实施以来，通过优惠政策和资金支持，引导东部沿海地区的企业向西部地区转移，促进西部地区的工业化和城镇化。例如，在西部地区设立经济特区和开发区，提供税收优惠和政策支持，吸引东部地区的企业到西部投资设厂，促进当地的经济发展。重点发展能源、矿产资源深加工、农产品加工、旅游等优势产业，提升西部地区的经济实力。多年来已建成多个能源化工一体化开发基地，成功将部分化工产业转移至西部地区。2019 年 3 月，习近平总书记主持召开中央全面深化改革委员会第七次会议，会议审议通过了《关于新时代推进西部大开发形成新格局的指导意见》，意见提出优化煤炭生产与消费结构，推动煤炭清洁生产与智能高效开采，积极推进煤炭分级分质梯级利用，稳步开展煤制油、煤制气、煤制烯烃等产业升级示范，支持符合环保、能效等标准要求的高载能行业向西部清洁能源优势地区集中。

（二）中部地区崛起战略

2006 年，中共中央、国务院颁布实施《关于促进中部地区崛起的若干意见》，要求将中部地区建设成为"粮食生产基地、能源原材料基地、现代装备制造及高技术产业基地和综合交通运输枢纽"（简称"三基地、一枢纽"）。近年来，中部各省份借助各自禀赋优势，在关键核心技术领域持续发力，推动了先进制造业高质量发展。2024 年 3 月 20 日，习近平总书记主持召开新时代推动中部地区崛起座谈会，提出要加强与其他重大发展战略的衔接，更好融入和支撑新发展格局。加强与京津冀、长三角、粤港澳大湾区深度对接，加强与长江经济带发展、黄河流域生态保护和高质量发展的融合联动。

（三）东北地区等老工业基地振兴战略

东北地区是中国的重要老工业基地，2003 年，党中央作出实施东北地区等老工业基地振兴战略的重大决策，中共中央、国务院出台《关于实施东北地区等老工业基地振兴战略的若干意见》，提出将东北建设成为具有国际竞争力的装备制造业基地、国家新型原材料和能源的保障基地。近年来，在各方面共同努力下，东北老工业基地振兴取得明显成效和阶段性成果，经济总量迈上新台阶，结构调整扎实推进，国有企业竞争力增强，重大装备研制走在全国前列。2023 年 9 月 7 日，习近平总书记主持召开新时代推动东北全面振兴座谈会，提出东北地区要积极培育新能源、新材料、先进制造、电子信息等战略性新兴产业，积极培育未来产业，加快形成新质生产力，增强发展新动能。

第三节　能源技术创新突破

一、能源技术创新体系有待完善

一是科技创新体系尚需完善。能源领域国家战略科技力量配置不足，政府与企业投入力度缺乏，新技术研发和试验论证等重大科技基础设施尚不健全。部分企业科研投入同质化严重，科研力量较为分散。相关单位各自为战，存在低水平重复研发问题，研发效率和研发质量有待提升。科技创新人才队伍建设力度不足，人才队伍结构有待优化，缺乏科技创新领军人才和杰出团队，青年拔尖人才不足，跨领域、复合型专家人才不足，成果转化应用以及交叉学科等方面的人才较为缺乏。科技创新活力有待进一步激发，基于创造性贡献的激励导向尚需强化，长期稳定支持科技人员潜心研究的保障机制尚不健全。国际合作有待加强，科研环境国际化程度较低，各类企业创新主体、科技协会学会、智库机构等与国外同行缺乏长期稳定的交流渠道和具有重要国际影响力的对话平台。

二是创新成果转移转化政策亟待加强。创新成果转化关键在企业，尽管国家层面已出台了首台（套）保险补偿、招投标、容错机制等一系列支持政策，但能源电力产业在与国家战略和创新需求对接、内外部科技创新资源协同、企业创新主体作用发挥等方面还存在不足，以央企为代表的用户单位对科技攻关成果和首台（套）产品仍存在"不想用""不敢用"的顾虑，用户企业创新成果转移转化政策落实还不到位，存在一线科技人员和团队的获得感、认可度与所作出的贡献不匹配问题，造成科技人员无法潜心研究、怕担责任、工作避重就轻等现象。产业链上下游科技创新资源整合不够，由企业特别是能源央企主导的融通创新生态尚未建成，科技创新产学研"散而不强"，科技投入产出效益较低，重大技术攻关、成果转化等机制尚需完善。围绕碳达峰碳中和、新能源、储能、能源大数据等新兴领域开展的国际科技创新合作不足，国际能源基础研究、交叉融合研究、能源战略研究有待拓展，以"他山之石，可以攻玉"的认知与落实亟待加强。

二、部分关键核心技术亟需突破

一是原创性引领创新能力不足。能源领域基础研究投入不足，重大原创性引领性成果缺乏，具有世界影响力的科技创新成果不多，能源领域特高压关键组部件、电力专用芯片、专用软件、基础元器件、核心材料等瓶颈仍然突出，关键核心技术受制于人。在新能源、氢能、储能等新兴领域的重大原创能力有待提升，适应大规模高比例新能源友好并网的新一代电网、储能、源网荷储衔接等关键技术和核心装备尚需突破。科技支撑新型体系规划建设的作用有待加强，原创性、引领性、颠覆性技术偏少，现有技术发展难以有效支撑能源绿色低碳转型。部分企业和科研院所在研究方向、科研任务组织实施、经费和条件配置、工作人员聘用等方面自主权较小，缺失独立核算、免于增值保值考核、容错纠错的研发准备金制度等有效措施。

二是关键核心领域存在"卡脖子"技术问题。在煤炭行业，智能化无人开采关键核心技术方面存在瓶颈，目前国内的自动化控制与生产指挥系统严重依赖德国。煤炭节能节水、提效降本的关键技术装备，智能燃料与燃烧控制技术，高效空分系统优化和膜分离与多联产集成技术，贫煤/劣质煤燃烧器设计和低氮燃烧技术等亟需突破。在油气行业，精细勘探技术、深海油气工程技术、超高温井下工具、高性能智能导钻技术、油气储层精准改造技术和地质工程一体化决策技术等仍存在"卡脖子"问题。在新能源行业，光伏在跟踪支架、光伏电池低温银浆、光伏背板薄膜、逆变器和接线盒的芯片、光伏 EVA 胶膜等方面仍存在"天花板"；风电在叶片的夹芯材料、IGBT（电力电器件）以及各类轴承部件上也有技术受限的问题。

第四节　能源体制机制协调适应

一、能源治理现代化有待加强

新型能源体系对能源体制机制提出了更高的要求，我国现行能源体制机制在诸多方面还无法适应新型能源体系的要求。党的十九大报告中提出，要"转变政府职能，深化简政放权、创新监管方式，增强政府公信力和执行力，建设人民政府满意的服务型政府"。党的十九届四中全会进一步明确了坚持和完善中国特色社会主义制度、推进国家治理体系和治理能力现代化的总体要求。2024 年 7 月 18 日中国共产党第二十届中央委员会第三次全体会议通过的《中共中央关于进一步全面深化改革推进中国式现代化的决定》中提出"进一步全面深化改革的总目标。继续完善和发展中国特色社会主义制度，推进国家治理体系和治理能力现代化"。按照党中央、国务院要求，国家能源局已经取消下放大部分行政审批事项。后续国家能源局要围绕服务能源企业发展，分领域制定全国统一、简明易行的监管规则和标准，并向社会公开，以科学合理的规则标准提升监管有效性，进一步探索建立健全能源监管新机制，有效避免放权后的失管、失控，为我国在基础行业健全监管机制、完善政府管理体制、更好发挥政府作用等方面探索出一条切实可行、行之有效的途径。

新型能源体系的建设必然涉及一系列法律法规和产业政策的落实，需要实施有效的监管执法。从世界各国的具体实践来看，监管是政府落实产业政策的重要手段之一，即为了实现特定的产业目标，政府可以提出强制性要求和规定并监督企业执行。当前我国可再生能源发展正面临着机制转换，即从之前的固定电价＋全额保障收购的机制转换为可再生能源电力消纳保障机制，这就要求有关部门对企业落实情况进行监督。例如，目前全额保障收购、电网企业投资建设可再生能源发电项目配套接网工程等都存在监管和落实不到位的情况。今后实施可再生能源电力消纳责任制，对监管提出了更高要求，当前的监管体系难以满足要求。

二、市场机制和价格体系仍未成熟

随着交易品种逐渐丰富、交易规模逐步扩大，市场交易主体不断增多，迫切要求进一步完善市场规则体系，需要独立公正的交易平台为公平竞争的市场环境提供保障，强化监管能力建设，加强对各类市场主体交易秩序、市场力、违规行为等的监管，确保交易组织和调度公平、信息发布公开透明，保障市场建设有序推进。

以电力市场为例，还原电力商品属性，实现市场优化配置资源，已成为当前电力行业发展的一项重要任务。目前我国电力市场建设尚处于过渡阶段，市场模式不够完善。一是市场规则不完善。市场准入规则、市场竞争规则和市场交易规则还不完善。特别是在高比例可再生能源情景下，对储能、负荷集成商等多元化市场主体，其市场准入规则需要进一步明确。二是各地区制定的交易规则、组建市场的模式等不尽相同，缺乏国家层面统一的市场规则。三是需要进一步完善各类交易之间的衔接。

以煤炭市场为例，近年来，煤炭价格非理性上涨背后都有资本过度投机炒作这个推手。当煤炭价格脱离基本面过度涨跌时，会有不利影响，甚至危及能源保供。比如，2015 年煤炭价格过度下跌，导致煤炭企业普遍亏损；2021 年 10 月，煤炭价格短期内大幅飙升，又导致燃煤发电行业亏损严重，影响电力供应，损害经济平稳运行。因此，完善煤炭市场价格形成机制具有重要意义：一是稳预期，遏制投机资本恶意炒作，防止价格大起大落；二是稳供应，支持煤矿稳定生产、煤电平稳出力；三是稳经济，稳定企业用电用煤成本，促进经济平稳运行。

三、税收、绿色融资机制仍需完善

按照绿色发展和建设生态文明的战略要求，我国积极推动税制的绿色化改革和绿色金融体系构建，逐步构建起具有中国特色的绿色税收、金融制度。

当前，我国绿色税收、信贷尚处在发展建设阶段，科学全面的绿色项目核算体系尚未建立，绿色信息披露仍待强化，绿色标准尚未统一，迫切需要加快完善绿色信贷服务体系，引导信贷资源加速向绿色低碳领域集聚，助推全社会绿色高质量发展。

企业环境信息披露机制亟待强化。我国现有环境信息披露体系存在着责任分散、内容零散、监管不足、信息质量差、信息获取难等问题，对于生态环境治理支撑的基础性、关键性作用未能得到有效发挥。尽管金融监管部门规定绿色信贷项目需要明确用途并提交对环境的影响评估，但详尽的企业环境、社会和治理信息披露才能更好地帮助银行全面评估其环境风险敞口。若是企业端信息披露机制不完善，银行则无法将环境风险准确纳入其风控授信体系，也无法对绿色信贷余额的整体碳排放或者环境影响做完整估算。因此，需要加快形成企业自律、管理有效、监督严格、支撑有力的环境信息依法披露制度，为精准绿色信贷和绿色发展提供有力支撑。

绿色税收、信贷标准建设亟待加强。我国绿色项目的标准制定部门包括国家发展改革委、工业和信息化部、国家能源局、中国人民银行和国家金融监督管理总局等多个部门。各个部门分别从自身部委角度界定绿色项目技术标准，全国统一的绿色项目标准没有完全统一。

绿色信贷项目成本核算体系亟待健全。从银行运营可持续角度上看，绿色信贷项目存在成本收益核算不够科学、绿色风险资产资本占用不合理等问题。目前国内绿色信贷投放过程中缺乏更为精准全面的成本收益核算机制，使得金融机构无法全面评估绿色信贷对其发展的持续助力以及对于环境效益的贡献。从社会收益角度上看，虽然贷款减排量测算体系已经相对完善，但绿色信贷的实际环境效益仍尚未反映在绿色贷款的收益率计算中。

四、碳排放双控基础能力有待提升

实行能耗双控（即能源消费总量和能源消费强度控制）是我国加强生态文明建设、推动高质量发展的重要举措。历经"十一五"至"十四五"，在以煤炭为主要能源供给的背景下，我国能耗双控制度已发展较为完善，并能助力我国超额完成向国际社会承诺的碳排放强度下降目标。"十四五"以来，我国生态文明建设进入了以降碳为重点战略方向、促进经济社会发展全面绿色转型以及实现生态环境质量改善由量变到质变的关键时期。能耗双控制度逐渐显现出一定的局限性，无法适应非化石能源供应比例提升和可再生能源综合利用提高的发展现状，难以充分激发国计民生行业低碳升级内驱力，也难以满足能源安全与低碳转型关系统筹的迫切需求。因此，我国提出进一步完善能耗双控制度，并稳步转向碳排放双控（即碳排放总量和碳排放强度控制），助力发掘非化石能源发展潜力，促进社会经济结构的全面绿色转型。

当前我国正迈入由能耗双控向碳排放双控转变的初步阶段，碳排放双控能力在多个方面还有待加强。亟需开展碳排放双控顶层制度设计的相关研究，明确具体路径。碳排放双控的制度设计与现有管理制度的衔接尚不明确，碳排放总量和碳排放强度控制的具体机制、温室气体控制种类以及相关部门职责定位和协调机制还未制定。在制定碳排放双控实施方案时，需协调各行业和地区，保障公平性，避免不合理的碳排放管控。目前，全国碳市场覆盖发电、钢铁、水泥和铝冶炼四大行业，随着碳市场的范围逐步扩大、运行逐渐成熟，如何管理未纳入全国碳市场的行业碳排放量也是值得深入思考与研究的课题。伴随经济的发展，我国碳排放增量的需求仍较大，现有管理模式重点关注增量控制，而对存量控制的措施相对缺乏。在增量管理方面，仍需进一步探究增量目标分解方式及其合理性，考虑如何与非碳市场目标分解有机衔接；在存量管理方面，需研究逐步建立存量管理标准等相关配套制度，合理协调存量与增量的关系，建立符合实际的目标分解及管理方式，以实现可持续的碳减排。

第五节 外部环境挑战

一、能源领域地缘政治风险加大

俄乌冲突加速全球能源格局调整，欧盟加快与俄能源脱钩，美国推动的以所谓"国家安全"出台的贸易保护策略和西方国家的地缘政治重构，给我国能源安全带来诸多不确定、不稳定因素。

一是石油安全依赖核心海上运输通道。我国石油对外依存度保持在70%以上高位，石油安全始终是我国能源安全的最大短板。近年来，原油进口保持在5亿t左右，其中90%通过海上进口，约80%的石油进口经过印度洋、马六甲海峡和南海等关键海域运输。在国际形势愈加复杂多变的背景下，海上运输作为全球最重要的贸易运输方式，受"黑天鹅"事件的影响越来越大，马六甲海峡、霍尔木兹海峡、曼德海峡等海上通道一旦受阻或遭到破坏，我国石油进口必然受到限制，进而伤及我国经济命脉，同时我国在海外投资的油气矿产资源权益也将受到打击，给我国石油安全保障增加了难度，能源安全供应存在巨大风险。

二是我国从境外获取关键矿产资源面临挑战。随着国内电动汽车和储能电池行业的突飞猛进，我国对镍、锂、钴等电池金属的需求迅速增长，但国内相关矿种的储量并不丰富。我国锂矿、镍矿、钴矿产量在全球占比分别为13.6%、4.1%、1.0%，远远不能满足国内需求；锂钴镍等能源关键矿产资源集中在国外少数国家，欧美国家脱钩断链的逆全球化趋势导致关键矿产资源合作形势越发复杂。一方面，2022年，美国携盟友组建"矿产安全伙伴关系"（MSP），旨在构建将我国排除在外的"金属北约"供应链。2023年，美国进一步寻求与欧盟和G7国家建立"关键矿产买家俱乐部"，旨在加固 MSP。另一方面，资源丰富国家实施垄断政策，频繁出台资源干预政策，美西方国家纷纷出台"关键矿产"战略与政策，对本土矿产资源提出更为严格的保护措施，我国获取关键矿产资源的难度进一步提升，矿产资源保障面临的形势十分严峻。

二、碳边境调节机制导致出口成本增加

贸易保护主义和资源民族主义抬头，美国的碳关税政策、欧盟的碳边境调节机制、电池法案等旨在从碳排放的角度限制我国出口，打压我国经济发展。

一是提升我国企业出口成本，降低国际竞争力。欧盟是我国制造业的重要市场，碳关税实施后，我国具有出口优势的钢铁、铝、石油加工产品、塑料制品、金属制品、纺织等高碳制造业产品将最先受到碳关税影响。为达到发达国家的碳排放标准，企业必然会增加人力、资本、技术等要素的投入，直接增加企业的生产成本，最终导致产品价格上涨、国外客户锐减、市场占有率下降。同时，低碳技术突破难度大，大多数中小企业难以在短期内攻克技术难关。从产业链角度来看，如果上游供应商因碳关税影响而供应乏力，可能会降低"中国制造"的供应链效率，影响我国在全球产业链中的地位。

二是引起的贸易摩擦可能导致我国企业面临出口环境恶化。欧美发达国家建立了符合自己利益的低碳标准和碳关税制度，其他国家也在纷纷效仿，正在逐渐形成"羊群效应"。由于我国制造业企业出口的产品多以高碳排产品为主，导致我国很可

能成为多国实行碳关税的主要受害者，从而引发我国与其他国家之间的贸易摩擦，使得我国企业面临的出口环境趋于恶化。

三是由碳关税引发的低碳需求可能会阻碍我国企业开拓国际市场。随着欧盟碳关税落地及多个发达国家的积极响应，全球范围内低碳需求效应越发明显，企业为满足低碳标准或承担低碳经营的社会责任，更加重视绿色采购，减少生产环节的高碳排产品进口。同时，随着低碳生活方式的普及，消费者更加重视绿色低碳消费，减少购买高碳排或绿色技术含量低的产品。我国产品一旦被欧美认定为"不环保"产品，可能遭受国外消费者和相关进口企业的抵制，有损我国产品和企业的国际形象，阻碍我国企业进一步拓展海外市场。

第四章

新型能源体系
内涵、特征与
发展方向

新型能源体系是党的二十大报告基于我国所面临新的国际环境，处于新时代、新发展阶段，构建新发展格局、推进中国式现代化和实现"双碳"目标的大背景，对我国能源发展提出的新命题、新任务。党的二十大报告指明了我国能源领域的工作方向，提出的"新型能源体系"是下一阶段我国能源领域开展工作围绕的核心，有必要对其内涵、特征及发展方向等进行分析研究，明确下一步工作重点和未来发展方向。

第一节　新型能源体系内涵

党的二十大报告提出，加快规划建设新型能源体系是深入推进能源革命的具体举措之一，与煤炭、油气、水电、核电等一次能源相关举措并列，有表达加快煤炭、油气、水能、核能等传统能源之外的新型能源开发利用体系建设之意。党的二十大报告全文共 13 次提及"新型"一词，主要包括新型工业化、新型农村经济、新型城镇化、新型政党制度、新型能源体系、新型国际关系等。领悟党的二十大报告全文精神，结合能源系统的基本特征，新型能源体系是指以科技创新为引领、体制改革为动力、安全充裕为前提、经济可行为基础，逐步建立以非化石能源为供应主体、化石能源为兜底保障、新型电力系统为关键支撑、绿色智慧节约为用能导向的新的能源体系。新型能源体系的内涵见图 4−1。加快规划建设新型能源体系是在"双碳"目标和"四个革命、一个合作"能源安全新战略下对我国能源体系更加科学、客观、全面的整体谋划，是我国全面建成社会主义现代化强国、实现第二个百年奋斗目标的重要组成。

图 4−1　新型能源体系的内涵

一、以安全可靠为基本前提

当前国际政治经济形势复杂多变，能源安全可靠供应是我国稳定经济增长、保障民生的基础。加快规划建设新型能源体系，必须要立足我国"富煤、贫油、少气"

的能源资源禀赋，推动清洁能源快速发展，逐步降低能源对外依存度，将能源的饭碗端在自己手里。

加快规划建设新型能源体系，保障能源安全，要坚持系统观念，处理好发展和减排、整体和局部、短期和中长期、政府和市场的关系，化解能源转型过程中的战略、运行、应急等各类安全风险。保障能源战略安全方面，应围绕能源资源长期稳定供应，避免系统性能源危机，确保能源生产供应和储备能力充足；保障能源运行安全方面，应围绕能源体系稳定运行，避免短期能源供需失衡，确保新能源更好发挥保障系统安全的作用；保障能源应急安全方面，应有效应对自然灾害、外部攻击和事故冲击等极端情况，确保紧急情况下的快速反应，增强能源系统韧性。

二、以绿色低碳为本质要求

加快规划建设新型能源体系，必须在保障发展的基础上，生产端与消费端双端发力，统筹推动绿色低碳转型发展。生产端，要以实现多元化、清洁化、低碳化为目标，坚持生态优先，推进能源低碳转型平稳过渡，推进新型电力系统建设，努力提升化石能源清洁高效利用水平和新能源安全稳定运行能力，增强能源弹性；消费端，要以实现高效化、减量化、电气化为目标，坚持低碳减排，推动碳排放总量和强度"双控"，实施重点行业和居民生活的节能降碳行动，推进化石能源清洁高效利用，提升终端用能低碳化电气化水平。

三、以加快新型能源开发利用为关键举措

加快规划建设新型能源体系，加快建设新型电力系统，必须要加快新型能源的扩大利用，协同推进传统能源的优化利用，持续加大力度规划建设以大型风电光伏基地为基础、以其周边清洁高效先进节能的煤电为支撑、以稳定安全可靠的特高压输变电线路为载体的新能源供给消纳体系，持续加快负荷中心、工业园区等具备条件地区的分散式风电和分布式光伏建设，同时大力促进海上风电以及海洋能、地热能、生物质能的开发建设，构建多元化清洁能源供应体系和多能互补综合利用模式，使加快新型能源开发利用成为"双碳"目标下能源、资源、环境、社会经济等系统深度耦合的关键举措。

四、以融合发展为主要方法

加快规划建设新型能源体系，必须要加强能源系统与互联网等技术深度融合，强化"能源＋"融合发展模式，使能源行业内部纵向贯通能源生产、输送、存储、使用各环节，横向实现煤、电、油、气、氢等多品类的协同互补，行业间注重跨界融合、要素融合、产业融合、区域融合等，通过优势互补，以及提升能源系统的灵活性、适应性、智能化和运营管理水平，大幅降低碳排放量和化石能源消耗量，提高用能效率与经济性，提供安全可靠的绿色能源供应，促进绿色能源利用最大化，环境及社会效益显著。

五、以科技创新为核心支撑

加快建设科技强国，实现高水平科技自立自强是我国的发展战略。科学技术是第一生产力，要以科技创新为核心动力，推动低碳化、电气化不断深入发展，将新型能源体系建设成为一个有硬核技术的绿色、低碳、可持续多元能源体系。

加快规划建设新型能源体系，加快推进能源科技创新，必须要着力加强能源领域关键技术攻关，围绕国家能源重大战略需求，推动前瞻性、颠覆性技术创新，形成我国新能源发展的科技创新体系，优化资源配置，为新型能源体系发展起支撑作用。

六、以体制机制为坚实保障

加快规划建设新型能源体系，需构建更加科学合理的制度体系和开放有效的市场体系，实现要素资源市场化高效配置，市场主体创新动力和能力明显提高。建立新型能源与传统能源、电网、储能、负荷的协同规划体系，促进新型能源与系统调节性资源和能源输送通道同步落实。推进源网荷储一体化调度与多能源联合调度机制建设，确保高比例新型能源系统安全可靠运行。建立适应新型能源的市场机制，鼓励分布式能源就近交易，支持储能设施、需求侧资源提供辅助服务，完善地热能、海洋能价格形成机制，探索电力市场与碳市场、绿证市场协调发展模式，充分体现能源的价值属性。

第二节　新型能源体系特征

新型能源体系的建设，必须高度契合碳达峰碳中和、能源安全新战略、现代化产业体系、新质生产力等战略部署，并围绕"清洁低碳、安全高效"核心目标，在系统形态、能源结构、运行管理、产业发展、治理体系等方面展现"新"的发展趋势，具有多能互补、供需互动、智慧高效、产业融合、开放友好、价值创造等特征，如图4-2所示。

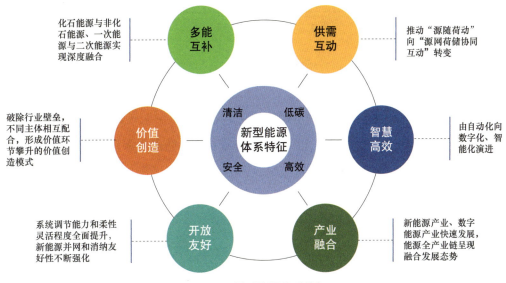

图4-2　新型能源体系特征

一、多能互补

充分整合多种能源的禀赋和优势，结合产业发展现实需求，推动化石能源与非化石能源深度融合、一次能源与二次能源循环发展，是新型能源体系最为显著的形态特征（见图4-3）。在能源供应侧，需要统筹多种能源协调开发，形成煤、油、气、风、光、水、核、生物质等在内的多轮驱动的能源供应体系，多种能源实现融合协同、互补发展，化石能源与非化石能源实现优化组合，渐进式推动能源供给侧绿色低碳发展，保障能源安全稳定供应。在能源消费侧，形成以电为主、电力与氢基协同的能源消费体系，实现风光水核、电热氢等一次能源与二次能源的灵活转化和多元融合，通过集成优化形成清洁低碳、安全高效的能源系统。

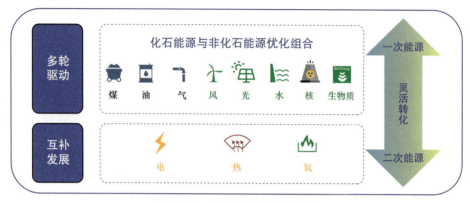

图4-3 多能互补特征示意图

二、供需互动

风能、太阳能、氢基能源等新能源加速开发将极大影响能源供需两侧的系统形态，推动分布式能源、新型储能、多元负荷快速发展，供需界限逐步呈现模糊化（见图4-4）。例如，大量配电网将从无源配电网发展成为有源配电网，电动汽车、电制氢等灵活性负荷将大量接入，以火电为主的电力供应系统中风光等新能源占比迅速

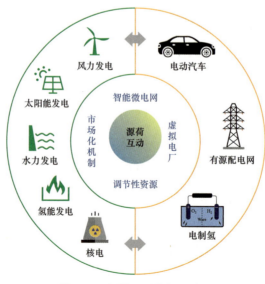

图4-4 供需互动特征示意图

提升。充分利用信息通信技术、智能计量技术、协调控制技术，结合智能微电网、虚拟电厂、市场化机制、调节性资源等手段，有机整合源、网、荷、储各类资源，推动"源随荷动"向"源网荷储协同互动"转变，实现供需柔性互动是新型能源体系的运行特征。

三、智慧高效

现代信息技术、人工智能、智能装备等前沿技术与能源系统深度融合，将推动能源系统规划、设计、调度、运行等各环节全面转型与革新，实现系统的动态平衡和多种能源的高效转化利用，提升能源系统整体效率。依托"云大物移智链边"等先进数字化智能化技术的广泛应用，推动能源系统由自动化向数字化、智能化演进，形成覆盖能源生产、加工转化、传输配送、存储消费、回收利用等各环节的智慧高效发展模式，是新型能源体系的智慧特征（见图4-5）。

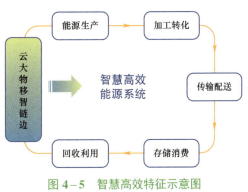

图4-5　智慧高效特征示意图

四、产业融合

新质生产力的形成与技术创新、产业变革紧密相关，将孕育新的产业赛道和发展动能，能源领域新质生产力的形成有赖于强大的科技创新能力和产业孵化能力。需要通过科技创新带动产业迭代和结构升级，实现能源科技产业互促双强；需要依托产业基础和资源禀赋，大力推动传统能源产业转型升级，加快培育壮大战略性新兴能源产业和未来能源产业，为经济发展创造源源不断的新动能；需要通过新技术、新模式、新机制交叉创新，推动能源跨领域、多业态融合发展，不断丰富能源产业形态，促进能源清洁化、高效化、数智化发展。通过科技与产业的融合发展，实现能源产业创新升级，是新型能源体系的产业特征（见图4-6）。

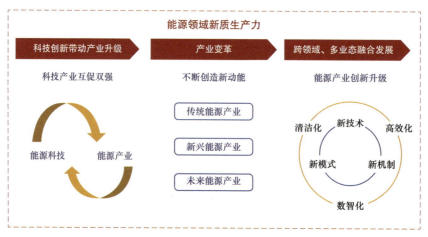

图 4-6　产业融合特征示意图

五、开放友好

新型能源体系的建设将不断丰富能源系统构成和市场模式，要求能源管理机制不断健全完善，通过开放友好的发展模式实现资源优化配置，这是新型能源体系的治理特征（见图 4-7）。一方面，各种灵活性发电技术、不同时间尺度的灵活储能技术、柔性交直流等新型输电技术广泛应用，车网互动、智慧园区、智能微网、新能源实现友好接入，系统调节能力和柔性灵活程度全面提升；另一方面，辅助服务市场、现货市场、容量市场、绿证市场等多类型市场持续完善并有效衔接融合，形

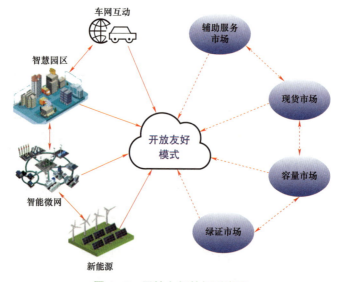

图 4-7　开放友好特征示意图

成主体多元参与、品种丰富多样的开放友好的市场模式，能源的时空属性、环境价值、金融属性得以充分体现。

六、价值创造

新型能源体系建设是一项复杂的系统工程，涉及能源产业链上下游、各能源品种、各用能领域和行业，需要破除行业壁垒、凝聚各方共识、推动各要素优化组合，实现不同主体相互配合、社会良性互动，新型能源得到充分利用，从物理层面的供需平衡逐步升级到全社会效益最优的价值平衡，助力打造智慧城市。同时，通过能源互联网发挥数字产业和能源产业的深度耦合优势，激发各类资源要素互联互通，加大数据共享和价值挖掘，形成价值环节攀升的价值创造模式，这是新型能源体系的价值特征（见图4-8）。

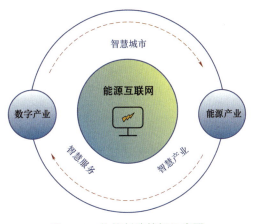

图4-8　价值创造特征示意图

第三节　新型能源体系发展方向

构建具有多能互补、供需互动、智慧高效、产业融合、开放友好、价值创造六大特征的新型能源体系，在供给侧，需要加快推动新能源向主体能源演进，在安全可靠前提下实现能源结构绿色低碳转型；在网输侧，需要加快提升传统网输体系兼容开放程度，实现能源网输体系智慧、融合发展；在消费侧，需要加快引导终端能源消费向电氢集聚，实现绿电、绿氢在能源消费终端的高效、经济消纳利用；在技术层面，需要加快推动能源科技创新形成新质生产力，有力支撑我国现代化产业体系建设；在机制层面，需要加快深化改革构建统一开放的能源体制机制，增强能源高质量发展动能和活力。

一、加快推动新能源向主体能源演进

统筹安全可靠与绿色低碳，积极推进传统能源清洁低碳利用，加快推动风光等

新能源高质量发展，因地制宜、试点先行，培育各具特色的新能源开发利用新技术新模式，加强系统灵活调节能力建设，完善能源体制机制改革，构建以新能源为主体、以传统能源为支撑的多元化新能源供应体系。

（一）强化化石能源兜底保障作用，推进化石能源清洁低碳转型

新型能源体系建设背景下，化石能源的作用和定位将由主体供应能源，逐步向支撑新能源发展、保障能源安全供应转变。应着重实现传统化石能源的绿色开发和清洁低碳供应，推动煤电向基础性保障和系统调节性电源并重转型，鼓励具备条件的煤电、能源化工项目耦合 CCUS 技术，发展先进的煤制液体燃料、煤气化等清洁低碳煤化工，优化石油和天然气的清洁转化、低碳利用技术，推进合成燃料等"新型油气"开发利用，以试点探索经验，用示范打造样板，加快传统能源低碳利用技术的应用推广。

（二）发展多元高效能源转换技术，加快新能源大规模开发利用

习近平总书记强调，"我们要顺势而为、乘势而上，以更大力度推动我国新能源高质量发展，为中国式现代化建设提供安全可靠的能源保障，为共建清洁美丽的世界作出更大贡献"。在安全可靠的前提下，应多措并举促进新能源高质量开发利用，形成灵活多元的清洁能源供应方式。持续加大力度发展新能源，坚持集中式与分布式并举、陆上与海上并举、远距离外送与就地利用并举。积极推进沙戈荒风光基地化、西南主要流域一体化、海上风电集约化开发（示例见图 4-9），形成水火风光储多能互补外送消纳开发模式。加快推动分散式风电、分布式光伏就地开发利用，拓宽分布式新能源就地消纳应用场景。结合资源禀赋特点和产业布局，全面扩大太阳能、地热能、生物质能等新能源非电利用规模，大力发展安全高效低成本的制氢技术，积极有序发展核电，稳妥推进可控核聚变技术创新突破。

（三）全面增强能源系统调节能力，提升新能源安全可靠替代水平

能源系统调节能力建设是推动新能源大规模高比例发展的关键支撑，应着力挖掘能源系统存量调节能力，加强新增调节能力和应急储备能力建设，增强能源系统韧性、弹性，助力新能源利用水平提升。加快抽水蓄能电站建设、水电扩机增容、煤电灵活性改造、光热发电建设以及新型储能项目多场景示范与应用（示例见图 4-10），加速氢能储运技术研发与示范，持续提升能源系统调节和存储能力。加快提升新能源安全可靠替代能力，大力发展风光新能源友好并网及主动支撑技术，

通过强化资源评估技术、提高功率预测水平、优化配置调节能力、实施智慧调控运行等手段，提高新能源发电事先可感知、事中可调节的能力，提升新能源涉网性能，为电力系统提供稳定支撑能力。

图 4-9　三峡新能源江苏如东海上风电场柔性直流输电工程

图 4-10　湖北应城 300MW/1500MWh 压缩空气储能电站示范工程

二、加快提升传统网输体系兼容开放程度

大力推动传统网输体系兼容新型主体，全面加快新型主体并网的标准化步伐和规模化应用，提高电网对清洁新型能源的接纳、配置和调控能力，实现远距离输电和就地平衡兼容并蓄，稳步推进多网融合集成发展，创新多式多能联运联储的新型能源储运体系，推动电网向智慧能源互联网升级发展。

（一）加快推进电网形态多元发展和双向互动，构建适应高比例新能源广域输送和深度利用的电网体系

推动电网主动适应大规模集中式新能源和量大面广的分布式能源发展，强化大电网与分布式微电网并重的发展模式，构建跨区输送与本地利用并举的电网体系，实现输电网、配电网和微电网的灵活互济、协调运行。加强跨省跨区输电通道建设，加快柔性直流输电技术发展（示例见图 4-11），支撑大规模高比例新能源可靠开发外送，助力解决沙戈荒基地向纵深开发时面临的送端网架薄弱、缺乏同步电源支撑的问题以及受端多直流集中馈入带来的安全稳定问题。发展柔直背靠背组网技术，统筹解决电源接入、电力外送卡口导致的主网架密集发展与短路电流控制之间的矛

图 4-11　乌东德水电站送电广东广西特高压多端柔性直流示范工程

盾，推动主干网架提质升级、柔性化发展。大力推进兼容大规模电力电子负荷以及分布式新能源和储能的主动配电网建设，积极发展以消纳分布式新能源为主的智能微电网，提高配电网接纳新能源和新型负荷的承载力和灵活性，提高电网的可靠性和运行效率。

（二）稳步推动多网融合发展，创新发展多能一体化储运模式

统筹谋划各类城市基础设施发展，加快建设城市综合智慧管廊（示例见图4-12），实现电力、热力、给水等基础设施的集约化布局和高效管理，提升基础设施管理效率。全面推进地热能送入城市供热管网、氢能注入天然气管网等示范工程，因地制宜发展长距离管道输氢与公路运氢。积极布局油电氢合建站，集成制氢与加氢技术，构建面向交通网的交能融合一体化解决方案。持续加强电网与煤炭、天然气等重要领域基础设施的互联互通，电网逐步从电力资源优化配置平台向能源转换枢纽升级转变。

图4-12　苏通1000kV GIL综合管廊工程

（三）加强与数智技术深度融合，推动电力系统智慧化运行体系建设

依托"云大物移智链边"数字技术以及电力系统运行控制技术的创新升级发展，建设适合新型能源体系要求的智能化调控运行体系（示例见图4-13），实现源网荷

储多要素多主体协同控制、友好互动，满足电动汽车、分布式电源、微电网、柔性负荷等新要素即插即用、灵活接入、协调运行，提升能源系统的智能化、灵活化、信息化水平。推动信息层技术支撑实现多种能源网络间的高效协同、互联互通，更好地解决因能源资源分布和需求模式时空差异巨大而导致的区域性、季节性能源供需矛盾。

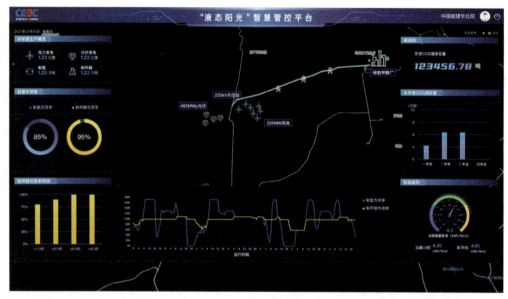

图 4-13　10 万吨级液态阳光—二氧化碳加绿氢制甲醇技术示范项目智慧管控平台

三、加快引导终端能源消费向电氢集聚

持续推进终端用能方式绿色低碳转型升级，全面推动终端领域再电气化进程，积极推广氢能在主要终端能源消费领域的低碳化应用，大力提升适应新型能源系统灵活性要求的需求侧响应能力。

（一）深入实施电能替代，稳步提升终端用能电气化低碳化水平

深入推进各领域电能替代，提升终端用能电气化水平，工业领域推广应用电锅炉、电加热、大电机驱动等技术，交通领域加快推动电动汽车、新能源船舶、港口岸电普及应用（示例见图 4-14），建筑领域积极推广建筑光伏一体化，推动居民供暖、炊事、生活热水电气化提升建设。

图 4-14　湖北宜昌秭归港港口岸电项目

（二）积极引导扩大绿氢消费范围，多元探索电氢耦合应用场景

按照宜电则电、宜氢则氢原则，通过工艺流程再造和生产生活方式变革推动重点行业和居民生活的节能降碳行动，在条件匹配场景率先实现电能、氢能替代。充分发挥氢能的原料与能源双重属性，在化工原料、重型运输、冶金还原、能源利用等领域加快探索绿氢的多元化应用场景，积极推动可再生能源制氢，拓展绿氢在化工行业的替代应用，积极引导合成氨、合成甲醇、炼化等行业向低碳工艺转变，实施绿氢对冶金领域焦炭还原剂的替代，鼓励重卡、船舶、航空器领域清洁燃料替代，推动燃料电池车及氢能"制储输用"的示范应用，带动"气电掺氢""火电掺氨"等电氢耦合技术路线的实施，实现多领域终端用能的深度脱碳。

（三）积极推广多能融合发展，提升终端用能综合效率

统筹电、氢、热、冷、气等多种能源需求的融合互补发展，积极培育电力源网荷储一体化、负荷聚合服务、综合能源服务等贴近终端用户的新业态新模式，加强能效分析、能效管理和能效服务，在消费侧就地实现多种能源的相互转换、联合控制、互补应用，提升终端用能效率、降低综合用能成本，促进绿电绿氢更加经济、高效的广泛利用（示例见图 4-15）。

风电装机225MW
光伏装机460MW

约20%上送电网

约8%购电

29000m³/h（标况）供氢
能力，满足10万t/年甲醇
合成需要

28.6万m³/h（标况）储氢

48600m³/h（标况）电解
水制氢

图4-15　绿氢替代化工园区示例

四、加快推动能源科技创新形成新质生产力

完善能源科技创新体系，深入推进国际能源技术和产业合作，加强关键核心技术和战略性前瞻性重大科技攻关，以科技创新引领战略性新兴产业发展，并赋能传统能源产业转型升级，培育壮大新质生产力。

（一）瞄准世界能源科技前沿，加强前瞻性、战略性技术攻关

聚焦能源关键前沿领域和重大需求，发挥新型举国体制优势，加强关键核心技术联合攻关，加强能源基础研究以及与大数据、人工智能、量子计算等领域的交叉融合研究，重点突破新能源先进发电及综合利用、智慧电网、能源互联网及物联网、高效氢能、新一代核能、新能源车、新型储能等一批关键核心技术和前瞻性、战略性技术，打造全球新一轮能源科技革命和产业变革创新高地，以新能源、新材料等战略性新兴产业和未来产业为主要载体，推动形成高效能的生产力。

（二）挖潜传统能源优势，以科技创新赋能传统能源产业转型升级

立足我国能源资源禀赋，加速突破化石能源绿色智能开发和清洁高效利用技术（示例见图4-16），通过工艺流程改进、技术改造、绿色产品创新，提高化石能源资源利用效率和配置效率，促进传统能源与新能源多能互补、深度融合，提升对能源低碳转型的支撑调节作用，使传统能源产业焕发新活力，为发展能源新质生产力贡献力量。

图 4-16　湖北能源襄阳（宜城）2×1000MW 超超临界燃煤机组工程项目

（三）深入推进国际能源技术和产业合作，合力培育壮大新质生产力

积极推动发挥现有国际能源组织或机制作用，以持续培育和推动能源绿色低碳领域多边科学计划等方式，深入推进能源技术及发展模式合作，推动多边科技创新要素资源整合融合，形成更强能源创新合力。以共建"一带一路"为引领，巩固拓展"一带一路"能源合作伙伴关系，进一步加强与共建国家和地区的深度合作，深度参与"一带一路"国家和地区的能源转型变革，广泛推进能源绿色低碳创新技术等方面的投资技术合作（示例见图 4-17），开辟能源新质生产力发展的广阔空间。

图 4-17　摩洛哥 Noor3 150MW 塔式熔盐项目

五、加快深化改革构建统一开放的能源体制机制

全面贯彻落实党的二十届三中全会精神，进一步深化能源体制改革，完善能源法律法规体系，有序推进能源领域全国统一市场建设，营造公平开放市场环境，完善新能源消纳和调控政策措施。

（一）推动各类各级市场衔接统一，促进要素资源高效流通配置

适应新型能源体系变革发展需求，加快制定和完善能源法律法规，强化煤、电、气、油、核、新能源、可再生能源、能源节约等行业单行法的有机衔接，形成逻辑自洽、前后衔接、左右联动、上下配套的法律规制体系，以法治引领规范保障统一大市场建设。按照《中共中央　国务院关于加快建设全国统一大市场的意见》要求，以能源安全为前提，结合碳达峰碳中和等任务，有序推进能源领域全国统一市场建设，稳妥推进天然气市场化改革，加快建立统一的天然气能量计量计价体系；健全多层次统一电力市场体系，研究推动适时组建全国电力交易中心；进一步发挥全国煤炭交易中心作用，推动完善全国统一的煤炭交易市场。根据《中共中央关于进一步全面深化改革　推进中国式现代化的决定》，深化能源管理体制改革，建设全国统一电力市场，优化油气管网运行调度机制。

（二）营造公平开放的市场环境，激发各类主体活力

严格落实"全国一张清单"管理要求，实施能源市场准入负面清单管理，推行"非禁即入"，完善公平竞争审查制度，重点清理妨碍统一能源市场和公平竞争的各种规定，坚决制止滥用行政权力排除和限制竞争行为，实现不同经营主体同台竞争，促进组织模式和科技创新，提高产业效率。破除新型能源形态及运营主体的体制机制壁垒，加快健全完善"两个一体化"、综合能源、智能微电网、虚拟电厂等能源新模式新业态政策体系，支撑能源创新技术发展。进一步扩大碳排放权交易、电力、绿电绿证等市场准入行业及主体范围，充分体现新型能源的绿色价值和碳减排权益，促进全社会各类市场主体节能减碳。

第五章

新型能源体系发展目标与建设主要路径

本章通过分析我国能源发展趋势，阐述当前我国能源消费与供应格局、结构，以及能源流向，总结新型能源体系发展目标，明确支撑中国式现代化、保障能源安全、助力"双碳"目标实现的发展方向，确定分阶段发展目标，进一步给出通过供给侧、输配侧、消费侧、源网荷储一体化、能源及碳管理、能源融合等方式构建新型能源体系的主要路径。

第一节　能源系统形态变化趋势

在社会主义现代化国家建设的进程中，我国能源转型的方向主要体现在两个方面：一是能源供应体系向更加安全、更加清洁、更加高效、更加经济的方向发展；二是能源终端消费结构从以一次能源为主向以二次能源为主转型。

展望各种类型能源发展趋势：煤炭仍将长期发挥我国能源"压舱石"作用，煤炭消费中短期微增，中长期稳中有降；石油消费未来更加注重原料属性，中短期仍将持续增长；天然气是重要的清洁能源，在传统能源向可再生能源转变过程中起着过渡补充作用，天然气消费中长期内快速增长；非化石能源方面，核电、水电保持有序开发，风能、太阳能中长期内将持续快速发展，绿电和绿氢将成为我国能源消费重要方式。

一、终端能源消费总量和结构分析预测

我国终端能源消费总量不断提高，从 2000 年的 14.0 亿 tce 增长至 2022 年的 53.1 亿 tce，年均增速逐渐放缓并趋于平稳，以相对较低的能源消费增速有效支撑了经济高速发展。从分行业终端能源消费总量上看，工业能源消费总量对经济发展贡献最大，交通运输、仓储和邮政业，以及居民生活能源消费总量增长较快，其他产业终端能源消费增速相对稳定，反映出近二十年我国交通运输、仓储物流、通信等行业实现跨越式发展，人民生活水平不断提高。从分行业终端能源消费比重上看，我国终端能源消费结构不断优化，随着能源加工、转换及回收效率的提升，我国工业终端能源消费比重降低了约 3 个百分点，居民生活终端能源消费比重稳步提升，其他行业终端能源消费比重变化幅度总体不大。从电能占终端能源消费比重上看，近二十年我国电力消费需求增长旺盛，电能替代取得明显成效，终端用能电气化水平不

断提升。2023 年我国全社会用电量突破 9.2TWh，电能占终端能源消费比重达到 28%
左右，较 2000 年提升了约 10 个百分点。

我国终端能源消费结构预测如图 5－1 所示。未来能源消费格局，工业仍然是
终端能源消费的主要构成，但终端用能结构将发生显著变化。工业领域终端能源
消费总量将率先达峰，在"十五五"末期提前进入负增长，五年年均降速预计在
5%以内。随着规模化电动汽车不断发展、电能替代不断深入，未来终端能源消费
的主要增长动力体现在建筑业和交通运输、仓储和邮政业，五年年均增速或将突破
10%。

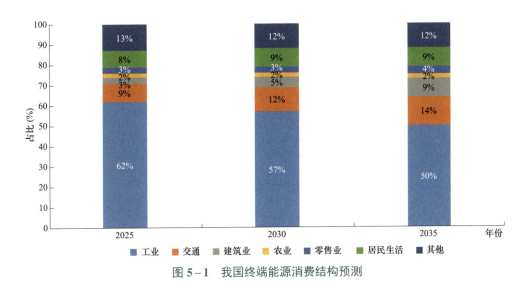

图 5－1　我国终端能源消费结构预测

研究表明，"十四五"至"十五五"期间，我国终端能源消费总量维持刚性增长，
峰值水平将超过 58 亿 tce。为着力构建有利于碳减排的产业结构，重点行业供给侧
结构性改革将不断深入，制造业、工业等绿色低碳转型行动加快。未来终端用能格
局将加速演变，建筑业，交通运输、仓储和邮政业将相继成为推动终端用能增长的
主要引擎，终端能源消费结构逐渐向均衡化发展转变。预计到 2025、2030、2035
年，工业占比分别为 62%、57%、50%；交通占比分别为 9%、12%、14%；建筑业
占比分别为 3%、5%、9%；剩余行业占比趋于稳定（农业 2%、零售业 3%～4%、
居民生活 8%～9%、其他 12%～13%）。

从终端用能电气化水平来看，预计至 2025 年我国电能占终端能源消费比重将突
破 30%，2030 年达到 35%，2035 年有望达到 45%。

二、一次能源消费总量和结构分析预测

2000—2023 年，我国一次能源消费总量从 14.7 亿 tce 上升到 57.2 亿 tce（见图 5-2），年均增速为 6.09%。能源消费结构不断优化，2023 年煤炭、石油消费占一次能源消费总量比重分别为 55.3%、18.2%，分别比 2000 年降低 13.4、3.5 个百分点；天然气消费占一次能源消费总量比重为 8.5%，比 2000 年提高 6.5 个百分点；水能、核能、风能、太阳能等非化石能源占一次消费总量比重不断提高，从 2000 年的 7.48% 提高到 2023 年的 17.9%。总体来看，我国一次能源消费结构持续优化，煤炭消费比重不断降低、清洁能源消费比重稳步提升，步伐逐步加快。

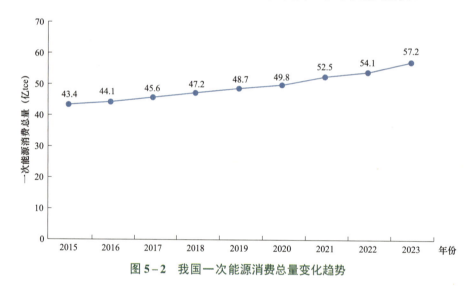

图 5-2　我国一次能源消费总量变化趋势

从一次能源消费总量来看，随着我国经济增速维持较高水平，对于一次能源的消费量仍有较大的增长空间。研究表明，统筹考虑我国经济发展、能源安全和碳减排目标，基于关键性、颠覆性能源技术发展前景研判，预计 2025、2030 年我国一次能源消费总量分别超过 58 亿、65 亿 tce，此后增速放缓，总量进入平台期。

从一次能源消费结构来看，我国能源结构处于动态调整阶段。经研究，未来我国一次能源消费结构如图 5-3 所示，其中，煤炭占比持续下降，石油占比基本保持稳定，天然气、非化石能源占比快速增长，逐步形成煤炭、油气和非化石能源三足鼎立之势，预计到 2025、2030、2035 年，我国非化石能源占一次能源消费比重有望达到 20%、25% 和 29% 左右；煤炭占一次能源消费比重分别降至 51%、45% 和 40%

左右，未来重点发挥能源安全兜底保障作用；石油占一次能源消费比重分别为19%、18%和17%左右，未来随着交通用油减少，石油将趋于"原料属性"；天然气占一次能源消费比重分别为10%、12%和14%左右，在能源转型中将发挥过渡能源的关键作用。

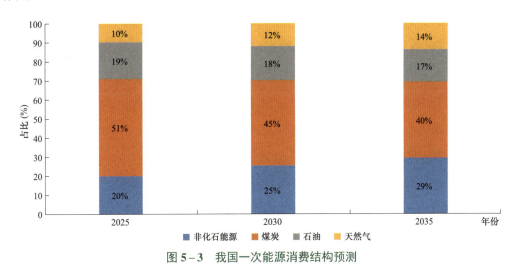

图5-3　我国一次能源消费结构预测

三、能源生产总量和结构分析预测

（一）煤炭

能源资源禀赋决定了煤炭的基础性地位，煤炭是能源安全保障的"压舱石""稳定器"。我国已探明的化石能源资源储量中，煤炭占比94%，油气等资源占比约6%。这说明，煤炭是自主保障最可靠的能源类型，担负着保障国民经济快速健康发展的重大使命。长期坚持煤炭清洁高效与可持续开发利用是应有之义。因此，做好煤炭清洁高效利用工作，发挥煤炭在极端情况下弥补油气供应缺口的战略兜底作用和对新能源发展的战略支撑作用，是我国能源转型的重要方向之一。

煤炭产量大幅提升。2000—2023年，我国煤炭产量由13.8亿t提升至47.1亿t，煤炭充分发挥主体能源作用，为我国能源安全发挥了兜底保障作用。分地区来看，煤炭开发进一步向西部资源条件好、竞争力强的地区集中，2023年晋陕蒙新原煤产量提高至38.3亿t，占全国煤炭产量的比重提高至81.3%，有效发挥了煤炭供应的"主力军"作用。大型现代化煤矿已经成为我国煤炭生产主体，矿井数量由1万多处减少到4200处左右。

煤炭绿色化智能化转型加速。我国煤炭企业绿色矿山建设步伐加快，新技术、新材料、新工艺不断出现，机械化、自动化、信息化、智能化程度不断提升，"黑色煤炭、绿色开采""高碳能源、低碳开采""节约资源、吃干榨净"的观念深入人心，绿色矿山建设日新月异，对资源和环境的保护力度越来越大，取得显著成就。十年来，矿山生态环境得到明显改善，矿井水综合利用率、土地复垦率都提高了 10 个百分点以上。煤矿智能化建设进入加速发展、纵深推进的新阶段，截至 2024 年 5 月底，我国煤矿智能化建设投资已累计完成 1120 多亿元，全国累计建成智能化采煤工作面 1993 个、智能化掘进工作面 2232 个，减人增安提效成效显著。据初步统计，我国重点煤矿企业智能化采煤工作面单班作业人员减少 6 人以上，劳动工效提高 20%以上，煤炭生产方式实现重大转变。

目前，我国一半以上的煤炭用于发电，随着新能源开发规模的增长，燃煤发电占总发电量的比重持续下降，但燃煤发电在未来相当长时期内仍是电力供应的主力，燃煤发电除继续承担保障电力供应的主体责任外，还将为新能源大比例消纳提供灵活调峰服务。

（二）石油

石油是保障国计民生不可替代的重要战略物资，发挥着保障国家能源安全的重要作用，是保障民生原料用品的"基石"。与煤炭相比，我国石油资源相对匮乏。2023 年，油气行业增储上产"七年行动计划"持续推进，全年石油新增探明地质储量约 13 亿 t，截至 2023 年底，我国石油剩余技术可采储量 38.5 亿 t，约占世界的 1.5%。2000—2023 年，我国原油产量由 1.63 亿 t 提升至 2.09 亿 t，连续 5 年实现增长，国内原油 2 亿 t 长期稳产的基本盘进一步夯实。2023 年，海洋原油大幅上产成为关键增量，产量突破 6200 万 t，连续 4 年占全国石油增产量的 60%以上。页岩油勘探开发稳步推进，新疆吉木萨尔、大庆古龙、胜利济阳 3 个国家级示范区及庆城页岩油田加快建设，苏北溱潼凹陷多井型试验取得商业突破，页岩油产量突破 400 万 t，再创新高。陆上深层超深层勘探开发持续获得重大发现，高效建成多个深层大油田，2023 年产量 1180 万 t，我国已成为全球陆上 6000m 以深超深层油气领域引领者。

随着终端用能电气化水平不断提高，我国工业结构向低能耗、高附加值转型，成品油消费需求量将大幅度降低，化工品原材料需求量正逐步上升，石油将逐步从燃料向原料转型。未来，石油作为重要化工原材料的地位将更加突出，将逐渐形成以化工需求为主、成品油需求为辅的格局。

（三）天然气

天然气的碳排放强度较低，且我国的天然气供应稳定、工业基础扎实，天然气是化石能源向非化石能源过渡阶段的最优选择之一，是高碳能源转向低碳能源的"过渡能源"。截至 2023 年底，我国天然气剩余技术可采储量 66834.7 亿 m^3，同比增长 1.7%；页岩气剩余技术可采储量 5516.1 亿 m^3；煤层气勘查新增探明地质储量 3179.3 亿 m^3，其中新增探明技术可采储量 1613.4 亿 m^3。分地区看，四川、山西、新疆天然气剩余技术可采储量合计约占全国的 60%。

从产量看，2000—2023 年，我国天然气生产量由 272 亿 m^3 提升至 2324 亿 m^3，占比提高 3.4 个百分点。截至 2023 年底，我国天然气产量连续 7 年增产超过 100 亿 m^3。四川、鄂尔多斯、塔里木三大盆地是天然气增产主阵地，2018 年以来天然气增产量占全国天然气总增产量的 70%。2023 年，我国非常规天然气产量突破 960 亿 m^3，占天然气总产量的 43%，成为天然气增储上产重要增长极。其中，致密气夯实鄂尔多斯、四川两大资源阵地，产量稳步增长，全年产量超 600 亿 m^3；页岩气新区新领域获重要发现，中深层生产基地不断巩固，深层持续突破，全年产量达 250 亿 m^3；煤层气稳步推进中浅层滚动勘探开发，深层实现重大突破，全年产量超 110 亿 m^3，成为国内天然气供应的重要补充。

天然气发电技术成熟、清洁高效、稳定灵活，能够及时补充新能源发电不稳定造成的供电缺口，既是北方区域冬季取暖以及东南沿海地区发展多能联供、替代传统煤电的"清洁选项"，也是构建新型电力系统的"灵活调节电源"，还是多场景参与多能互补智慧能源系统的"重要伙伴"。

（四）非化石能源

以构建新型电力系统为核心、以新型能源体系为指引，非化石能源是我国未来能源供应的主体。非化石能源实现跨越式发展，生产总量从 2000 年的 1.1 亿 tce 提升至 2023 年的 10.2 亿 tce，在一次能源生产总量中的占比提升 13.5 个百分点。2023 年，我国非化石能源发电量突破 3.3TWh，全国全口径非化石能源发电装机容量 15.7GW，占全国总装机容量比重首次突破 50%，达到 53.9%。

风电和太阳能发电是我国未来能源发展的重点方向，中长期内风电和太阳能发电新增装机容量持续快速增长，呈现中东南地区分布式光伏、"三北"地区集中式光伏、东部沿海地区海上风电的共同发展格局。截至 2023 年底，我国并网风电装机容量 44134 万 kW，连续 14 年稳居世界第一，约占全球风电总装机容量的 43%；全国太阳能发电装机容量 60949 万 kW，连续 9 年稳居世界第一，约占全球太阳能发电总装机容量的 42%。新增并网太阳能发电装机规模超过 2GW，成为非化石能源新增装机的绝对主力。

水电和核电等清洁电源将是实现多能互补、源网荷储高度融合不可或缺的"重要成员"。核电是清洁高效的基荷电源，优化开发空间，安全有序发展，是国家综合战略实力的体现。水电是多能互补电源容量的有力支撑，统筹生态适度开发，挖掘西部地区新能源与抽水蓄能一体化发展潜力，是丰富能源结构和优化储能配置的重要途径之一。2023 年，我国水电发电量 12858.5 亿 kWh，核电发电量 4347.2 亿 kWh，占化石能源发电量比重分别达到 38% 和 13%。

生物质发电等多种非化石能源多元推进。我国生物质资源丰富，理论资源总量每年约 4.6 亿 tce。截至 2023 年底，我国生物质发电装机容量达到 4414 万 kW，当年发电量 1993 亿 kWh。地热和海洋能等领域的发展也在不断推进。浅层地热利用技术日趋完善，中深层地热利用不断发展，干热岩地热利用技术也进入试验阶段。海洋能领域的潮汐能、洋流能以及波浪能等利用技术也有不同程度的进展。特别是在舟山建成的我国第一座洋流能电站，填补了我国洋流能发电的空白。氢能发展提上国家日程，氢能产业相关政策、法规、标准不断完善。

四、全国能源流向格局分析预测

从我国能源资源空间禀赋、主要能源消费区域看，全国区域能源供需呈现"五调入、三送出"的格局，整体流向继续保持自西向东、由北向南。其中，晋陕蒙为全国能源保障基地，向全国调运煤炭、油气、电力；西北为跨区能源外送基地，石油主运华北，电力主运华中；西南为清洁能源外送基地，外送天然气和清洁电力；华北、东北、华东、华中、华南五个地区为能源净调入地区。近中期来看，调运规模不断扩大。2035 年后，调运规模逐渐变少。随着化石能源消费渐次达峰、西部地区能源消费占比增加、中东部地区新能源快速发展，能源调运规模逐渐缩小。

（一）电力

"西电东送"是中长期电力流向的基本格局。近中期来看，"西电东送"规模将继续扩大。"十四五"至"十五五"期间，预计中东部对西部外送电量的需求继续保持刚性增长。其中，长三角、山东、河南、广东、湖南是重点受电地区，湖北随着用电需求的增长可能成为净受电省份。远期来看，"西电东送"规模可能有所减少，送电通道仍将保持较高利用率。随着技术成熟、成本降低、政策松绑，东中部分布式新能源、海上风电、沿海和内陆核电的大规模发展，2040年后，中东部对西部外送电的需求可能呈现下降趋势，预计到2060年，中东部地区对西部外来电量的需求有所下降，但仍保持较大规模。

（二）煤炭

"西煤东运、北煤南运"是我国煤炭调运的基本格局。近中期来看，煤炭调运规模进一步扩大。随着煤炭生产进一步向以晋陕蒙新为核心的西部地区加快转移，自西向东、由北向南是我国煤炭输运的基本格局。考虑到煤炭消费预计在"十五五"期间达峰，在此之前，煤炭调运规模将进一步扩大。其中，"两湖一江"地区煤炭需求继续增加，是近中期内煤炭保供的重点地区。全国形成新疆煤炭主送西北西南、晋蒙煤炭主送华北沿海和"两湖一江"、陕西煤炭主送川渝、蒙东煤炭主送东北的煤炭输运格局。短期内，"疆煤外运"通道受经济性影响，存在较大运输瓶颈。2030年后，随着煤炭消费逐渐下降和能源密集型产业逐渐西移，煤炭调运量逐渐降低。

（三）油气

石油保供维持"北油南运、西油东运、沿海内送"的输送格局，调运规模在"十五五"后逐渐下降。一是北油南运，主要是黑龙江自产原油和俄罗斯进口原油向辽宁等地运输。二是西油东运，主要是新疆自产原油和哈萨克斯坦方向进口原油向甘肃、四川等地运输。三是沿海内送，主要是环渤海、长三角海上进口原油，在沿海炼化加工，向内陆地区运输成品油。由于石油消费预计在"十五五"内达峰，预计"十五五"期间调运规模有所增加，之后逐渐下降。

天然气保供形成"海陆并举，四方来气"的输送格局，主要省区外送规模略有增加。一是西气东输，新疆天然气主要满足西北地区需求；中亚天然气主要送往华中地区，兼顾西北地区需求。二是川气东送，川气在满足本地需求的基础上送往华中、华东地区。三是陕气进京，在满足本地需求的基础上通过陕京线送往京津冀地区。四是中俄东线，主要满足京津冀鲁、东北地区需求，兼顾华东。五是 LNG 进口，主要满足东部沿海地区。由于天然气消费预计在"十七五"期间达峰，达峰后仍保持较大的消费量，且四川、陕西等主要省份的产量仍有继续提升的空间，预计2035 年前主要省份可外送规模略有增加。

第二节　新型能源体系发展目标

党的二十大报告明确提出，"高质量发展是全面建设社会主义现代化国家的首要任务"。高质量发展对深入推进能源革命、确保能源安全、推进碳达峰碳中和、规划建设新型能源体系、科技自立自强、积极参与应对气候变化全球治理等提出了新的要求。必须加强履行保障能源安全首要职责，深入推进碳达峰碳中和重大任务，加快推进改革创新，进一步推动非化石能源替代化石能源、低碳能源替代高碳能源，建设更加安全、更加清洁、更加高效、更加经济的，以新能源为主体的新型电力系统、低碳零碳的非电能源系统、化石能源零碳化利用系统"三位一体"的未来能源供需模式。

一、总体目标

（一）支撑中国式现代化

能源是经济社会发展的重要物质基础，新型能源体系是支撑中国式现代化建设的有力保障。党的二十大报告提出，中国式现代化是中国共产党领导的社会主义现代化，既有各国现代化的共同特征，更有基于自身国情的中国特色。中国式现代化是人口规模巨大、全体人民共同富裕、物质文明和精神文明相协调、人与自然和谐共生、走和平发展道路的现代化。实现中国式现代化离不开新型能源体系的建设发展。

（二）保障能源安全

当前，世界进入新的动荡变革期，各种风险因素明显增多。俄乌冲突暴露了全球能源供应的脆弱性，能源问题被政治化、工具化、武器化，国际之间能源输送受到干扰，甚至破坏，对能源安全和市场稳定造成了巨大冲击。随着我国经济的快速增长，能源需求不断增长，能源安全成为国家安全的重要组成部分。2023 年我国一次能源消费总量达到 57.2 亿 tce，生产总量达到 48.3 亿 tce，均居世界首位。未来较长时期内我国能源需求刚性增长，而我国化石能源增产空间有限：煤炭供给能力相对充足但市场存在结构性矛盾，目前的技术可开发储量低。对外依存度长期处于高位。2023 年我国石油、天然气对外依存度分别约 73%、42.3%，原油进口中约 80% 需要经过马六甲海峡，存在较大安全风险。相比之下，我国可再生能源资源丰富，目前已开发的可再生能源还不到技术可开发资源量的 1/10，可开发潜力巨大。因此，大力发展可再生能源，构建新型能源体系，提升能源供应链安全和系统韧性，是保障能源安全的必由之路。

（三）实现"双碳"目标

在全球气候变化的背景下，我国提出了"双碳"目标，目前碳排放量和化石能源消费量的上涨势头仍未得到有效控制。能源领域是实现"双碳"目标的主战场。全社会碳排放总量中，能源活动产生的二氧化碳排放量占比较大，据相关测算，能源行业引起的碳排放量在我国总碳排放量中的比重超过 70%，能源行业绿色低碳转型是实现"双碳"目标的关键。需要以安全降碳为重点战略方向推进能源清洁低碳转型，高效完成清洁能源高质量规划建设和利用消纳，提高电能替代水平，促进非化石能源直接利用。构建新型能源体系，包括可再生能源的优先、大力、有序发展，以及能源技术创新及智慧赋能，是实现能源资源优化配置、促进能源低碳化清洁化转型的关键支撑。

二、分阶段目标

基于全面建成社会主义现代化强国的"两步走"战略安排和"双碳"目标，分析能源供需模式演变发展路径，分阶段目标应包含以下内容：到 2030 年，新型能源体系建设成果初步显现；到 2035 年，新型能源体系基本建成；到 2050 年，新型能源体系成熟稳定运行；到 2060 年，新型能源体系全面建成。新型能源体系建设不同阶段整体安排如图 5-4 所示。

（一）到 2030 年，新型能源体系建设成果初步显现

为实现碳达峰目标，自现阶段到 2030 年前，我国进入全面建设社会主义现代化国家的新发展阶段，经济社会步入高质量发展模式，产业结构逐步优化升级，新型能源体系的建设呈现出积极的发展态势。其间，立足我国能源资源禀赋，坚持先立

后破，有计划分步骤实施碳达峰行动。大力提高非化石能源供应占比，化石能源兜底保障，并逐渐实现化石能源消费达峰，能源利用效率进一步提高，提升终端电能替代水平，积极发展拓宽氢能应用，持续深化重点领域节能降碳，推动各产业用能形式向低碳化发展，为实现碳达峰贡献力量。

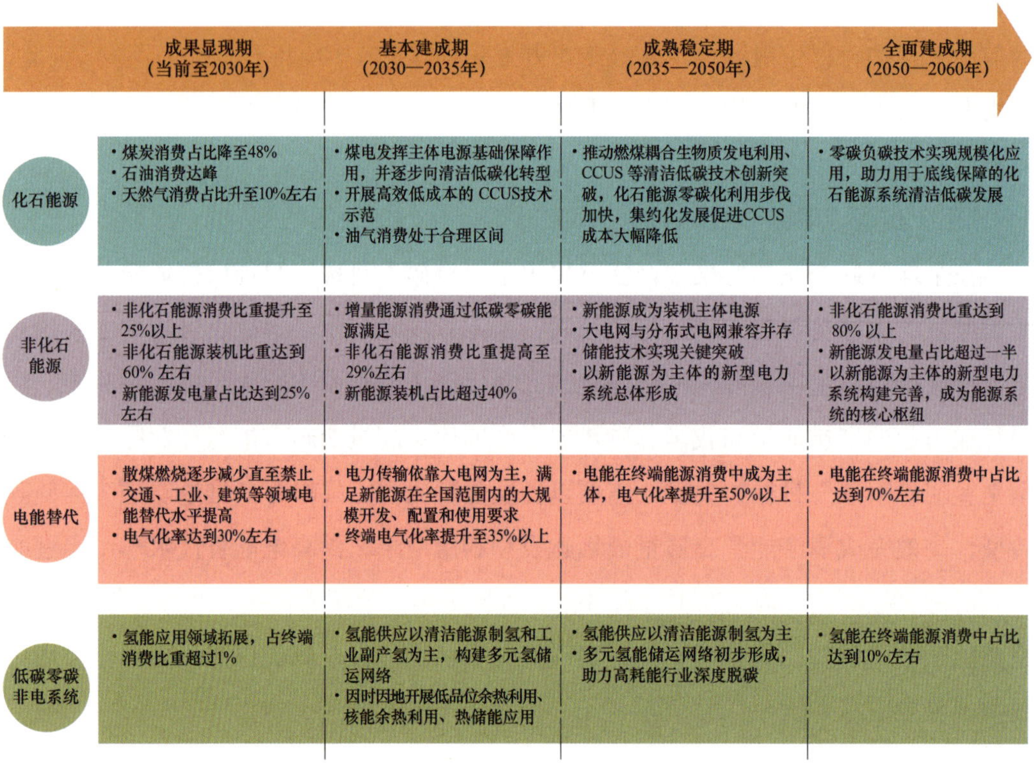

	成果显现期 （当前至2030年）	基本建成期 （2030—2035年）	成熟稳定期 （2035—2050年）	全面建成期 （2050—2060年）
化石能源	·煤炭消费占比降至48% ·石油消费达峰 ·天然气消费占比升至10%左右	·煤电发挥主体电源基础保障作用，并逐步向清洁低碳化转型 ·开展高效低成本的CCUS技术示范 ·油气消费处于合理区间	·推动燃煤耦合生物质发电利用、CCUS等清洁低碳技术创新突破，化石能源零碳化利用步伐加快，集约化发展促进CCUS成本大幅降低	·零碳负碳技术实现规模化应用，助力用于底线保障的化石能源系统清洁低碳发展
非化石能源	·非化石能源消费比重提升至25%以上 ·非化石能源装机比重达到60%左右 ·新能源发电量占比达到25%左右	·增量能源消费通过低碳零碳能源满足 ·非化石能源消费比重提高至29%左右 ·新能源装机占比超过40%	·新能源成为装机主体电源 ·大电网与分布式电网兼容并存 ·储能技术实现关键突破 ·以新能源为主体的新型电力系统总体形成	·非化石能源消费比重达到80%以上 ·新能源发电量占比超过一半 ·以新能源为主体的新型电力系统构建完善，成为能源系统的核心枢纽
电能替代	·散煤燃烧逐步减少直至禁止 ·交通、工业、建筑等领域电能替代水平提高 ·电气化率达到30%左右	·电力传输依靠大电网为主，满足新能源在全国范围内的大规模开发、配置和使用要求 ·终端电气化率提升至35%以上	·电能在终端能源消费中成为主体，电气化率提升至50%以上	·电能在终端能源消费中占比达到70%左右
低碳零碳非电系统	·氢能应用领域拓展，占终端消费比重超过1%	·氢能供应以清洁能源制氢和工业副产氢为主，构建多元氢储运网络 ·因时因地开展低品位余热利用、核能余热利用、热储能应用	·氢能供应以清洁能源制氢为主 ·多元氢能储运网络初步形成，助力高耗能行业深度脱碳	·氢能在终端能源消费中占比达到10%左右

图 5-4　新型能源体系建设不同阶段

到2030年能源消费总量将超过65亿tce，非化石能源消费比重提升至25%以上，非化石能源发电装机占比达到60%左右，新能源发电量占比达到25%左右，终端能源电气化率达到30%左右。煤炭消费量持续下降且占比降至48%以内，石油消费量达到峰值，天然气消费比重提升至10%左右，能源领域碳排放量达峰。

"十五五"时期非化石能源消费增量将超过能源消费增量，全面覆盖能源消费增长的同时还将实现对部分存量煤炭消费的安全替代，其中新能源消费增量超过能源消费增量的70%。煤炭消费比重虽会跌破50%，但仍然是保障我国能源安全的"压舱石"。天然气作为我国低碳转型道路上的过渡能源，其消费量仍将有所增长，但明显受到进口价格、进口占比和储气能力的制约。

煤炭散烧逐步减少直至禁止，交通、工业、建筑等领域电能替代全面深入拓展，"十五五"时期终端用能电气化水平将持续提升，预计到 2030 年电气化率将达到 30% 以上。氢能的示范应用除交通领域外，也开始向含氢燃料电池的微电网、化工、冶金等领域拓展，预计到 2030 年绿氢占终端能源消费的比重将超过 1%。

（二）到 2035 年，新型能源体系基本建成

根据党中央提出的全面建成社会主义现代化强国的"两步走"战略安排要求，到 2035 年我国将基本实现社会主义现代化，美丽中国目标基本实现，基本建立清洁低碳、安全高效的新型能源体系。随着社会文明达到新高度，绿色生产生活方式广泛形成，碳排放由峰值水平稳中有序降低，用能需求增速放缓，电力供应清洁化水平大幅提高，能源供应跨省跨区输送规模大幅增加，能源安全水平得到保障，为到 21 世纪中叶全面建成社会主义现代化强国奠定坚实的能源基础。

2035 年前，增量能源消费主要通过低碳零碳能源满足，非化石能源消费比重在 2030 年达到 25% 的基础上进一步大幅提高到 29% 左右，新能源逐步成为发电量主体，能源安全保障能力大幅提升，化石能源兜底安全保障能力进一步加强。

到 2035 年，新型电力系统基本建成。从电源端来看，清洁低碳趋势明显。新能源成为发电量增量主体，装机占比超过 40%；煤电基础保障与系统调节作用并重，作为系统兜底保障电源确保电力供应稳定性。从传输方式来看，电力传输以大电网为主，满足新能源在全国范围内的大规模开发、配置和使用要求。到 2035 年，终端电气化水平提升至 35% 以上。

形成较为完备的低碳零碳非电能源系统，建立工业副产氢和清洁能源制氢为主的供应体系，构建多元的氢能储运网络，拓展涵盖交通、储能、工业等领域的多元氢能、氨能、生物质应用，制氢、制氨在终端能源消费中的比重明显提升。因时因地开展低品位余热利用、核能余热利用、热储能应用。

煤电机组逐步向清洁低碳化转型。持续推进煤电机组灵活性改造和节能减排改造，显著提升煤电机组调节能力。油气消费控制在合理区间。开展 CCUS 技术研究和示范，推动 CCUS 技术高效低成本发展。

（三）到 2050 年，新型能源体系成熟稳定运行

到 21 世纪中叶，我国物质文明、政治文明、精神文明、社会文明、生态文明将全面提升，我国将建成社会主义现代化强国，经济社会发展将进入相对高级的发展

阶段，能源保障绿色低碳且能力充裕，非化石能源消费比重将显著提升，非化石能源成为主体能源，低碳零碳能源大规模替代存量化石能源，推动能源供需模式演变提速，为碳中和目标实现打下坚实基础。新型能源体系建设进入成熟稳定运行期，成为提升能源服务中国式现代化建设的重要抓手。

新能源逐渐成为装机主体电源，大电网与分布式智能电网的多种电网形态兼容并存，电能在终端能源消费中逐渐成为主体，储能技术实现关键突破，发挥对电力系统削峰填谷的关键作用，以新能源为主体的新型电力系统总体形成，终端电气化率提升至50%以上。

低碳零碳非电能源系统总体形成，建立清洁能源制氢为主的氢能供应体系，多元的氢能储运网络初步形成，交通、工业领域多元氢能、氨能、生物质燃料等业态模式大范围应用，发挥氢能等低碳零碳的非电能源作为用能终端绿色低碳转型的重要载体作用，助力交通、石化等领域实现低碳化。低品位余热利用、核能余热利用、热储能应用水平显著提高。

依托燃煤耦合生物质发电利用、CCUS等清洁低碳技术的创新突破，加快化石能源零碳化利用步伐。持续推动高耗能、高排放产业生产链条的深度脱碳，扩大碳捕集规模，初步建成碳捕集、利用与封存集群，集约化发展促进CCUS成本大幅降低。

（四）到2060年，新型能源体系全面建成

到2060年，在碳中和目标要求下，我国清洁低碳、安全高效的新型能源体系构建完成，人人享有绿色低碳能源，全面建成能源强国，有力支撑巩固社会主义现代化强国发展。非化石能源消费比重将达到80%以上，新能源发电量占比超过一半成为全国能源消费的主体，以新能源为主体的新型电力系统构建完善，成为能源系统的核心枢纽。电能、氢能在终端能源消费中占比分别达到70%和10%左右，以"电—氢"为核心的零碳低碳终端用能系统全面建立。零碳负碳技术实现规模化应用，助力用于底线保障的化石能源系统清洁低碳发展。

第三节　新型能源体系建设主要路径

新型能源体系是以清洁、低碳、可再生能源为基础，利用先进技术和系统来实

现能源的高效利用和可持续发展的能源体系。建设新型能源体系要综合考虑能源供给、能源输配、能源消费和能源协同等多个方面，既要多点突破，又要纵深推进，促进能源生产、转化、传输和利用等多方面采用新技术和新方法，以实现能源的高效、清洁和可持续发展。本节从供给侧能源高效清洁利用、输配侧能源安全稳定供应、消费侧能源灵活高效利用、源网荷储一体化协同、能源及碳管理综合服务、"能源＋"融合发展六个方面具体介绍实现新型能源体系建设的主要路径。

一、供给侧能源高效清洁利用

（一）推进煤炭清洁高效利用

1. 夯实煤炭兜底保障作用

重点控制煤炭消费总量，建立碳排放双控机制替代能耗双控机制，强化煤炭的清洁利用水平，发挥好煤炭对系统安全的兜底保障作用。充分认识煤炭在新型能源体系中的基础性保障和压舱石作用，确保稳定充足供应，有效支撑经济社会发展，保障能源系统安全。适时调整对煤炭产能和价格等相关管控，激发煤炭企业增产的内生动力，推动优质先进产能得到充分释放；进一步优化完善产能置换机制，适度放宽先进产能储备，简化核增产能审批，加强煤炭运输关键通道建设。采用先进的煤炭洗选、型煤加工和水煤浆制备技术，以及循环流化床燃烧技术和先进煤粉燃烧技术，持续推进现役煤电机组节能降碳改造、灵活性改造、供热改造"三改联动"，加快实施新上煤电机组的低碳化建设，在保障煤电在电力、热力平稳可靠供应的基础上，最大程度地提高效率、降低排放。

2. 推进煤炭分级分质梯级利用

积极推动低阶煤分级分质利用的工业化示范。加强煤炭分级分质转化技术创新，提高中低温热解等技术对不同煤种的适应度，重点突破快速热解、加氢热解等新一代技术，提高油气产品收率，推进气化热解一体化、气化燃烧一体化等技术创新。积极在技改项目中推进新技术应用，新增项目开展规模化示范，依托煤气化、低阶煤热解、油化电联产等示范工程，加快产业化进程。探索中低温热解产品高质化利用路径。加强系统优化和集成，将研究重心聚焦于热解气与煤化工合成气、焦炉煤气之间的耦合应用技术领域，深度挖掘其制备高热值气体燃料、高纯氢气以及天然气等产品的潜在技术路线。

3. 延伸提升煤化工产业链

在合理控制现代煤化工产业规模基础上，紧扣煤直接液化、间接液化以及煤制化学品等关键领域，精准发力强链、补链、延链，大力促进煤基新材料、煤基特种燃料等高附加值产品产能提升，加快降本降耗增效，持续提升产业发展韧性与核心竞争力，实现多元化、高端化。加速推进现有项目的优化升级，促使煤制油、煤制烯烃、煤制乙二醇等产业链朝下游深度拓展，产品朝高端、精细化学品及化工新材料领域延伸发展，进一步提升产业竞争力，提高附加值。以现代煤化工产业技术为引领，以百万吨煤制烯烃、煤制油气等重大项目为龙头，推动煤化工产业强链、补链、延链，挖掘上下游产业链"端点"延伸拓展新项目，加大产业协同效应，打造煤化工基地新业态。加强煤化工与火电、炼油、绿色氢氨醇油、生物质转化、燃料电池、分布式发电等相关能源技术的耦合集成，实现能量梯级利用和物质循环利用。

（二）推进石油、天然气清洁高效利用

1. 优化炼化结构工艺，强化工业用油管理

通过技术创新推动炼化行业转型升级，包括开发新的炼油催化剂、改进炼油工艺，以及采用先进的环保技术实现超低排放，加快推动传统炼化企业转型升级，防止炼化领域的"大进大出"，实现炼油化工一体化高质量发展，将精细化工领域逐渐作为未来我国石油消费的主要部门。发展工业过程高效燃烧技术，以及工业过程/流程低碳耦合关键技术，提升煤炭的能源利用效率，降低碳排放。推动石油炼化企业从"燃料型"向"化工型"转型，发展石油直接制备化学品技术。加速炼化行业原料构成的绿色化、低碳化和多元化，扩大生物质、绿色氢氨醇等原料使用，降低原料的含碳量。对非标机械设备及工业用油加强标准规范管理，建立和完善非标机械设备和工业用油的行业标准，鼓励企业进行技术创新，研发更高效、环保的工业用油产品，利用物联网、大数据、人工智能等技术，提高工业用油的智能化管理水平，实现精准润滑和状态监测，提高工业用油使用效率。

2. 同步推进天然气对煤炭和石油消费的替代

天然气作为一种重要的过渡能源，既是近中期替代存量煤炭、石油等的主体品种，又是促进高比例可再生能源发展的重要伙伴，同时也是培育氢能等新能源产业的关键支撑。在推进电能替代的同时，根据相关行业用能特点和要求，同步推进天然气对煤炭和石油消费的替代，阶段性提高清洁利用程度，改善碳排放结构。加强

天然气管网、LNG 接收站和储气库等基础设施建设，提高天然气供应的可靠性和灵活性，解决供应"最后一公里"问题，逐渐优化天然气消费构成，加大天然气在电力部门和工业部门的消费，并开展天然气制备化学品技术研究。充分发挥天然气作为灵活性电源的角色，推广使用先进的天然气利用技术，如高效燃烧技术、冷热电三联供等，提高能源利用效率，助推可再生能源高比例消纳，着重突破燃气轮机设计、试验、制造、运维检修等瓶颈技术，提升燃气发电技术水平。制定并实施支持天然气替代煤炭和石油的政策措施，包括提供税收优惠、补贴、环保激励等，以降低天然气使用的经济门槛，调整天然气价格形成机制，使其更具市场竞争力，鼓励工业园区、大用户天然气直供政策，降低工业和发电领域用气价格。

3. 聚焦增强油气的安全保障能力

提升国内油气资源的勘探和开发力度，增加经济可采储量，提高自给率；通过国际合作，多元化油气进口来源，降低对单一来源的依赖，增强供应链的稳定性。有效支撑油气勘探开发和产供销体系建设，包括智能化与精细化勘探、非常规油气资源开发、二氧化碳驱油等，重点提高油气采收率、产能和储量。建立健全的油气储备体系，包括商业储备和战略储备，提高应对市场波动和供应中断的能力；加强油气管网的建设和互联互通，优化资源配置，提高油气资源的灵活调配能力，并制定和完善应急预案，加强应急演练，提高对突发事件的快速响应和有效处置能力。加快油气勘探开发与新能源融合发展，促进油气上游智能化、绿色化发展，推进炼油产能结构优化与布局优化。

（三）推进供给侧多能互补协同优化

1. 加强化石能源与清洁能源互补

加强传统能源与新能源综合开发利用，构建"多能互补"的能源体系。以系统观念推动能源高质量发展，推进化石能源清洁高效利用，与风、光、水、核、储等高效耦合，确保能源供应安全。积极建立化石能源绿色发展长效机制，优化化石能源产能布局，推动化石能源由燃料向原料转化，有序推进高效清洁化工产业发展，推动煤炭转化向高端高固碳产品发展，大力发展煤基特种燃料、煤基生物可降解材料等，完善绿色智能煤矿建设标准体系，通过石油直接制备化学品技术及石油基与煤基原料耦合制烯烃/芳烃技术，构建石油制烯烃/芳烃等化学品的新技术体系，培育逐渐适应新型能源体系建设的低碳高效石油制品产业链。按照电力系统安全稳定运行和保供需要，加强煤电机组与非化石能源发电、天然气发电及储能的整体协同，深入开展煤炭与新能源、可再生能源协同耦合发展的新模式研究。促进新型储能多元化发展，推动热储能、氢储能、电化学储能等各类储能形式发展，支撑多能互补能源体系建设，同时创新储能产业模式，培育发展新动能。

2. 加强供给侧多能互补一体化协同

考虑到能源供应的间歇性（如风能、太阳能发电的不稳定性）和能源需求的波动性，采用供给侧多能互补一体化协同的方式能提高能源供应的多样性、可靠性、稳定性、灵活性和可持续性，并促进可再生能源的消纳。多能互补一体化协同方式主要包括风光储一体化、风水水储一体化、风光火储一体化等。

推进风光储一体化项目模式的发展，需结合新能源特性和受端系统消纳空间，优化配套储能规模，充分发挥配套储能调峰、调频作用，最小化风光储综合发电成本，提升综合竞争力。

推进风光水储一体化模式的发展，对于存量水电项目，结合送端水电出力特性、新能源特性和受端系统消纳空间，研究论证优先利用水电调节性能消纳近区风光电力、因地制宜增加储能设施的必要性和可行性，鼓励通过龙头电站建设优化出力特性，实现就近打捆。对于增量风光水（储）一体化，按照国家及地方相关环保政策、生态红线、水资源利用政策要求，严控中小水电建设规模，以大中型水电为基础，统筹汇集送端新能源电力，优化配套储能规模。

推广风光火储一体化模式的发展，对于存量煤电项目，优先通过灵活性改造提升调节能力，结合送端近区新能源开发条件和出力特性、受端系统消纳空间，努力扩大就近打捆新能源电力规模。对于增量基地化开发外送项目，基于电网输送能力，合理发挥新能源地域互补优势，优先汇集近区新能源电力，优化配套储能规模。

二、输配侧能源安全稳定供应

（一）煤炭运输

煤炭运输事关电力、钢铁、建材、化工等重要行业平稳运行和安全发展，加强重点区域煤炭运输能力建设，持续加强煤炭运输保供专项工作，加强煤炭运输多方式联运协同建设，关注煤炭供应、需求和储运的实时监测，是煤炭运输发展需要关注的重点。

1. 加强重点区域煤炭运输能力建设

为保障我国重要行业的平稳运行和正常运转，未来一段时间内，仍需要加大煤炭产能。根据我国煤炭行业"十四五"相关规划，陕晋蒙等新产区是未来煤炭产能释放的重点地区，也直接关系到未来很长一段时间内的全国能源和煤炭供应保障安全。因此，对于重点区域尤其是优质产能区域产量的释放和保障，需要加强铁路煤炭装车能力的适配和外运通道通过能力的提升。

2. 持续加强用煤高峰期的煤炭运输保供工作

在过去的一段时间内，我国针对迎峰度夏、迎峰度冬全年两个用煤高峰时期的煤炭供应保障问题，从煤炭生产、运输和储备等方面，加强政策引导，煤炭供应状况较为平稳。面对"双碳"背景下的能源供应需求，仍需要对于两个用煤高峰期加大保供力度工作，一方面需提升高峰期间的运输能力，并提高运输效率；另一方面要建立电煤保供的应急保供机制，实现煤炭及时、精准和安全运输。

3. 加强煤炭运输多方式联运协同建设

新型能源体系背景下，为充分挖掘煤炭运输潜力，需进一步加强铁路、水运、公路等多种煤炭运输方式的协同，加强政策引导，配套机制体制，促进多方式联运协同发展。此外，还需要加强煤炭运输通道和其他运输方式的配套协同，例如大秦、唐包等重点煤炭运输通道与秦皇岛、曹妃甸等北方重点港口的铁水联运通道节点的设备设施升级优化。

4. 加强煤炭供应、需求和储运的实时监测

新型能源体系背景下，新能源等清洁电源大规模发展，将会有效替代化石能源，预计煤炭需求量将有所变化，在这种能源供需格局下，煤炭产量和运量将会出现波动。同时，煤炭的供应链也存在季节性的特点，煤炭运输和储存需求均会受到影响。因此，对于煤炭的供应侧、需求侧、运输和储存等环节的实时监测较为重要，应动态掌握需求和布局变化，适应短期和中长期煤运需求。

（二）油气管网

油气管网作为油气高效率、远距离、大规模运输的主要基础设施，是油气流通运转的重要通道。在新型能源体系建设中，油气管网将继续在能源系统中起到进口通道、输送、调峰的三大基础功能，同时实现油气与其他能源形式高效融合调度，进一步拓展功能。

1. 进一步拓展油气管网功能定位

在以多能融合为新型能源体系重要特征的背景下，为推动能源领域的技术革新和效率提升，需在原有传统进口通道、输送、调峰等功能的基础上，通过技术手段将油气与其他能源品种相联结，实现不同能源品种之间的协同有效利用，促进油气与其他能源品种深度融合，从而形成一个综合、高效、多元的能源供应体。

2. 稳步提升油气管网输送能力

一是做好国内管廊带规划，联通环渤海、长三角、珠三角等油气消费中心与西北、东北等供给中心，增强跨区调配能力；二是加强油气基础设施间互联互通，做好新建油气田、储气库、LNG 接收站外输管道的规划建设，确保油气外输顺畅，持续提高设施与资源协同优化的尖峰供应能力，提升应对极端气候和突发事件的应急能力；三是积极与周边国家开展油气供应合作，有序推动实施新增油气进口管道建设，提升进口油气管网输送能力。

3. 加强技术创新提升管网效能

一是从技术上探索油气管网与电力系统、供热系统、交通运输系统等多领域的协同机制，实现综合能源网络系统的高效协同；二是提升油气管网系统的数字化、智能化技术水平，建立能源数据共享机制，建设综合能源数据平台；三是研究油气管道不同能源形式输送技术，如天然气掺氢输送、利用成品油管道输送甲醇等，挖掘油气管网效能。

4. 优化油气管网体制机制

推动全国油气管网统一市场建设，加快油气体制改革进程，打破区域壁垒。油气管网运行管理方面，进一步优化调度运行、应急保供、行业监管等核心制度，推进油气管网设施高质量公平开放；建立天然气统一的计量计价体系，统一管输油品质量标准，加快管网互联互通，打造油气"全国一张网"，深化市场化运营机制改革。

（三）供热管网

供热管网是连接热源与热用户的纽带，是供热系统的命脉。一般来说，供热管网中传递热量的热媒主要有蒸汽和热水。在建设新型能源体系和构建新型电力系统的战略统筹下，供热行业需要向新质生产力方向转型升级，大力开发太阳能、利用地热清洁低碳供热，做好源—网—荷—储全域协同、热力系统与电力系统协同、热源与热用户协调、计量与调控协同，把握好在新型能源体系中的新定位、新角色、新作用。

1. 构建新型智慧供热系统

在"双碳"目标导向下，构建以节能降碳、提升供热安全保障能力为主要目标，以供热信息化、自动化和数字化为基础，通过新一代信息技术与供热系统源—网—荷—储全过程的深度融合，实现按需供热和精准供热，构建适应新型能源体系的新型供热系统。

2. 强化技术装备研发创新

鼓励技术创新和基础研发，加快先进供热计量调控技术和智慧供热系统解决方案推广应用，完善相关技术标准体系，遴选并推广新一代全功能、长寿命、低成本、易安装维护的户用及楼宇热计量和调控集成装置，开展项目示范试点工作，实现供热系统节能效果和供热质量显著提升，形成可复制、可推广的方案。

3. 因地制宜推动供热计量

坚持以分类施策、有序实施、保障安全为原则推进供热计量工作。一是强化计量调控，注重节能实效，实际效果要达到供热系统平衡、计量和室温调控的要求。二是坚持分类施策，优先分户计量，户用热量表反映的每户的流量、温度和压力是智慧供热控制到户所需要的关键参数，是解决末端水力失衡、居民冷热不均和过供欠供问题以及未来参与碳市场、适应新型能源体系的重要支撑，对既有建筑的供热计量改造，要因地制宜，分步实施，具备安装条件且达到平衡调控要求的安装户用热量表和户用调控装置。三是推广计量收费，鼓励新建建筑和具备条件的既有建筑实行供热分户计量收费，尚不能满足分户计量条件的既有居住建筑，可以按楼栋进行计量，按面积分摊。

4. 完善供热成本疏导机制

一是坚持城镇集中供热是保障性民生工程的基本定位，坚持价格补偿和财政补偿相结合，理清企业、政府、用户的责任。二是尽快开展供热燃料价格监测和供热成本调查监审，确定合理、有效、科学的成本，确保热价在合理区间内联动，确定煤燃料供热联动启动条件、启动范围、联动程度，各环节"市场的归市场，政府的归政府"，由"暗补"变"明补"。三是尽快研究建立供热价格形成机制，健全政府投入机制，保障热力安全稳定供应。

（四）输电网

我国已形成以东北、华北、西北、华中、华东、南方六大区域电网为主体，区域电网间通过特高压交直流互联，覆盖全部省（自治区、直辖市）的大型电网。建设新型能源体系，形成新质生产力，打造数智化坚强电网，为保障能源安全、实现"双碳"目标作出积极贡献。

1. 保障清洁能源长距离外送

新型能源体系下，能源供应格局转换，清洁能源大规模替代化石能源，决定了大容量、不确定性的新能源将作为主力电源接入电力系统。在此背景下，电力系统面临着时间和空间上的不平衡问题，潮流的双向流动对电网的功率交换能力提出了更高要求。贯彻落实国家关于沙漠、戈壁、荒漠地区为重点的大型风电光伏基地开发规划的要求部署，大规模集中式新能源的开发，需要通过长距离输电解决外送问题。

2. 加强电力系统抵御扰动冲击能力

高比例新能源馈入系统，将对电网产生一定的冲击。新能源大规模并网与沙戈荒大基地输送的电源形态，给电力系统稳定运行带来了新的挑战；大电网交直流耦合运行、直流近区电压稳定风险突出。因此，要求电网应对"双高"特征下电力系统运行的随机扰动，抵御来自不同环节、不同区域、不同时域对电力系统的冲击。

3. 提高电网应对气候波动影响的韧性能力

以风电、光伏为代表的能源出力受极端气候影响持续加剧，高温干旱、寒潮等极端天气下，水电等常规电源暴露出一定的脆弱性，以往对发电侧影响较小的风速、光照等气候因素时刻影响新能源出力，台风、暴雨、冰雪等也将对新能源设施构成威胁，温度敏感型负荷规模持续扩大，我国用电负荷的尖峰化和夏冬"双峰"特征更加显著，其中空调负荷成为拉动最大负荷增长的主力之一。需要增强电网韧性，不断挖掘电网对气候变化的适应能力，增强电网与电源、电网与负荷、电网与整个电力系统的互动能力。

4. 加快建设数智化坚强电网

新型能源体系建设下，电网的功能定位将面向从电力资源优化配置平台向能源转换枢纽转变，需提升各级电网对新要素和新业态等资源汇聚融合的支撑能力。实现"云大物移智链边"等现代信息技术的全面驱动，实现源网荷储各环节各类主体的信息共享和能力互补，以更加高效的方式打造数智化坚强电网，加速构建适应高比例可再生能源输送和深度利用的能源网络。

（五）配电网

新型能源体系发展目标对于配电发展提出了更高要求，需加快推动新形势下配电网高质量发展，打造安全高效、清洁低碳、柔性灵活、智慧融合的新型配电系统。

1. 补齐电网短板，夯实保供基础

目前自然灾害频发，部分配电设施运行年限长、能耗高、标准不统一，存在设备过载、供电容量不足、抗灾能力较弱等情况，影响用户供电质量。为全面提升供电保障能力，需加快推进城镇老旧小区、城中村配电设施升级改造，科学补强薄弱环节，并提高装备能效和智能化水平。合理提高核心区域和重要用户的相关线路、变电站建设标准，差异化提高局部规划设计和灾害防控标准，提升电网综合防灾能力。

2. 提升承载能力，支撑转型发展

针对分布式新能源发展较快地区配电网承载能力到达极限的情况，为满足更大规模的分布式新能源接入，需科学评估配电网承载能力，加强配电网建设，并引导分布式新能源优化布局、合理有序开发。为解决电动汽车充电设施等新型负荷需求下地区配变容量不足的难题，需优化充电设施点位布局，并加强配电网的建设改造，引导充电设施合理分层接入中低压配电网。此外，进一步推动新型储能多元发展，以促进电力系统各类新主体和新业态健康发展。

3. 强化全程管理，保障发展质量

针对配电网规划建设存在多部门协调的问题，需统筹制定电网规划，并加强与城乡总体规划、国土空间规划的衔接，建立多部门参与的工作协调机制，协同推进配电网项目建设。在项目投资优化方面，持续加大电网公司的投资力度，并鼓励多元主体参与投资。在运行维护方面，完善调度运行机制，提升运维服务水平。

4. 加强改革创新，破解发展难题

面对新型能源体系建设下配电网发展存在的技术和体制机制难题，需大力推进科技创新，加强配电网规划方法、运行机理、平衡方式、调度运行控制方法研究。同时，健全新主体、新业态的市场交易机制，研究设计适宜的交易品种和交易规则，鼓励多样化资源平等参与市场交易，并持续优化电价机制。

三、消费侧能源灵活高效利用

（一）需求侧响应

需求侧响应是指在出现短时电力供需紧张、可再生能源电力消纳困难等情况时，通过经济激励为主的措施，引导电力用户根据电力系统运行需求自愿响应并调整用电行为，实现削峰填谷，促进可再生能源电力消纳，提高电力系统灵活性，保障电力系统安全稳定运行。从驱动方式上看，需求侧响应分为激励型需求响应和价格型需求响应。激励型需求响应基于事先签订的合同，由电力公司向用户直接发送控制信号；价格型需求响应通过价格信号引导用户自行调整用电行为。

1. 激励型需求响应

激励型需求响应是采用经济补偿或其他激励措施，引导用户调整用电行为。如在负荷高峰时段，通过电费折扣或补偿金方式引导用户降低负荷。按照负荷控制方式的不同，可细分为直接负荷控制、可中断负荷、紧急响应、需求侧竞价、容量市场和辅助服务等。

2. 价格型需求响应

价格型需求响应是指通过改变零售电的价格，引导用户主动改变消费行为或者消费习惯，从而调整用电负荷。零售电价的调整机制主要有分时电价和实时电价。其中，分时电价，即按高峰用电和低谷用电分别计算电费；实时电价，即根据实际用电情况，电价在每小时或者更短时间内发生变化。

（二）虚拟电厂

虚拟电厂是能源与信息技术深度融合的智慧能源系统，一般不以实体存在，通过集控平台将不同空间的可调节负荷、储能侧和电源侧等多种资源聚合，优化成为可协同运行的整体，参与电力系统运行和电力市场交易。从聚合资源上看，虚拟电厂可分为负荷侧虚拟电厂、电源侧虚拟电厂和源网荷储一体化虚拟电厂三大类。

1. 负荷侧虚拟电厂

负荷侧虚拟电厂是指运营商聚合其绑定的具备负荷调节能力的市场化电力用户（包括可调节负荷、可中断负荷、电动汽车等）作为一个整体（呈现为负荷状态）组建成虚拟电厂，对外提供负荷侧灵活响应调节服务。该类虚拟电厂根据合同要求按时按容量切负荷，保障电网供需平衡，并获取补贴收入。

2. 电源侧虚拟电厂

电源侧虚拟电厂是指在风光水等分布式电源发电侧建立虚拟电厂，通过整合多形式的电源，形成一个统一的整体，接受虚拟电厂协调控制中心的调度。该类虚拟电厂根据实际的电力市场需求和发电成本，通过调度多个分散式发电资源，进行集中运营和调度，参与电力市场的调度和交易，获取相应的收益。

3. 源网荷储一体化虚拟电厂

源网荷储一体化虚拟电厂是指将电源、负荷用户及储能整合，作为独立市场主体参与电力市场，原则上不占用系统调峰能力，具备自主调峰、调节能力，并可以为公共电网提供调峰、调频、备用等辅助服务。该类虚拟电厂通过先进的智能计量技术、信息通信技术、协调控制技术等把物理上不直接相连的电源、负荷、储能整合成一个整体进行控制并参与电力系统的运行，实现精准自动响应。该类虚拟电厂通过参与辅助服务交易、需求侧响应、现货交易与能效优化获取收益。

（三）消费侧节能

消费侧是现代能源体系服务保障的对象，直接决定了能耗总量，也关系到能源结构和利用效率。节约能源是"第一能源"，能源消费转型的首要原则是坚持节约优先。深入推进消费侧节能、持续提升能源利用效率，激发能源消费侧绿色活力，是推动能源消费革命、抑制不合理消费的首要任务，也是实现能源高质量发展、助力实现中国式现代化的关键路径。

消费侧节能涵盖重点行业节能、园区节能、城镇（建筑）节能、交通物流节能、农业农村节能、公共机构节能和居民生活节能。

1. 重点行业节能

我国工业领域能源消费量占全社会能源消费量的65%左右，是节能主战场之一，属于重点行业节能中的重点。重点行业节能以钢铁、有色金属、建材、石化化工等行业为重点，推进节能改造，推广节能技术，加强行业工艺革新，实施产业集群分类治理，推进新型基础设施能效提升，加快绿色数据中心建设，实现重点行业绿色升级。

2. 园区节能

工业园区是我国经济发展的重要载体。全面提升园区的能源系统优化与节能管理能力，是经济健康可持续发展的重要体现。园区节能工作包含引导工业企业向园区集聚，推动工业园区能源系统整体优化和污染综合整治，鼓励工业企业、园区优先利用可再生能源，以省级以上工业园区为重点，推进供热、供电、污水处理、中水回用等公共基础设施共建共享等。

3. 城镇（建筑）节能

在城镇（建筑）节能方面，主要建设内容包含全面推进城镇绿色规划、绿色建设、绿色运行管理，推动低碳城市、韧性城市、海绵城市、"无废城市"建设。全面提高建筑节能标准，加快发展超低能耗建筑，积极推进既有建筑节能改造、建筑光伏一体化建设。因地制宜推动北方地区清洁取暖，加快工业余热、可再生能源等在城镇供热中的规模化应用。实施绿色高效制冷行动，以建筑中央空调、数据中心、商务产业园区、冷链物流等为重点，更新升级制冷技术、设备，优化负荷供需匹配，大幅提升制冷系统能效水平。

4. 交通物流节能

交通物流节能方面，推动绿色铁路、绿色公路、绿色港口、绿色航道、绿色机场建设，有序推进充换电、加注（气）、加氢、港口机场岸电等基础设施建设。提高城市公交、出租、物流、环卫清扫等车辆使用新能源汽车的比例。加强船舶清洁能源动力推广应用，推动船舶岸电受电设施改造。提升铁路电气化水平，推广低能耗运输装备。大力发展智能交通，积极运用大数据优化运输组织模式。加快绿色仓储建设，鼓励建设绿色物流园区。

5. 农业农村节能

随着乡村振兴战略的深入实施，农业农村领域的节能空间大大增加。农业农村节能工作包括加快风能、太阳能、生物质能等可再生能源在农业生产和农村生活中的应用，有序推进农村清洁取暖。推广应用农用电动车辆、节能环保农机和渔船，发展节能农业大棚，推进农房节能改造和绿色农房建设。

6. 公共机构节能

公共机构节能工作包括加快公共机构既有建筑围护结构、供热、制冷、照明等设施设备节能改造，鼓励采用能源费用托管等合同能源管理模式。率先淘汰老旧车，率先采购使用节能和新能源汽车，新建和既有停车场要配备电动汽车充电设施或预留充电设施安装条件。

7. 居民生活节能

作为能源消费终端环节,居民行为不仅直接影响生活能源消费和碳排放的增长,同时也是建筑、交通和服务业等多领域能源消费和碳排放的主要驱动因素。实施居民消费端的节能管理措施,能够有力促进生产环节的节能转型,这对于改善我国能源消费结构、平衡能源供需状况以及实现节能减排目标具有不可忽视的作用。居民生活节能措施包含大力推广智能家电,通过优化开关时间、错峰启停,减少非必要耗能、参与电网调峰;组织电网企业定期梳理、公布本地绿色电力时段分布,有序引导用户增加消费绿色电力;完善分时电价政策,有效拉大峰谷价差和浮动幅度,引导用户错峰储能和用电。

(四)能源梯级利用

能源梯级利用是将能源利用分为不同层次,按照能量质量逐层利用,以实现能源高效利用的一种方式。一般来说,能源从高品质向低品质逐渐消耗,不能被再次利用,能源梯级利用的核心思想是将低品质能源收集,转换为高品质能源再次利用。能源梯级利用能够提高能源利用效率,减少自然资源的消耗,同时降低能源排放对环境的影响。

1. 分布式能源系统梯级利用

分布式能源是指靠近用户端的供能方式。一次能源以气体燃料为主,可再生能源为辅,包括天然气、沼气、风电和光伏等;二次能源以分布在用户端的热电冷联产为主,其他中央能源供应系统为辅。分布式能源系统通过直接满足用户多种需求的能源梯级利用,并通过中央能源供应系统提供支持和补充,实现多系统优化,将电力、热力、制冷与蓄能技术结合,实现多种能源互补,实现利用效率的最大化,降低用能经济成本。

我国分布式能源系统还处于起步阶段,尚未形成经济化的产业规模,随着政策和技术的完善与进步,具备大规模发展条件。

2. 园区能源梯级利用

园区能源梯级利用是通过合理的能源设计和布局,实现不同能源的互补和优化利用。围绕园区能源生产侧、消费侧、分配侧、调节侧等各环节,应用太阳能、风能、地热能等新能源技术,优化集成园区"电、热、冷、气、氢"等多能耦合综合能源系统,作为建设园区能源梯级利用的物理基础。应用智慧管控技术,在园区水、电、气开展梯级利用、综合利用，加快高耗能设备更新，自动采集与分析园区水、电、气等能源数据，公用工程资源合理分配、梯级利用，实现能源效率最大化。持续优化工艺和设备，深度挖掘园区装置节能减排潜力，在提产降耗、能量耦合及设备升级等方面不断提升、优化，提升能源利用效率。

3. 电池梯级利用

随着电动汽车的迅速发展，动力电池需求也呈现快速增长趋势，同时也带来动力电池老化和处理问题，当动力电池容量衰退到初始容量的 70%~80% 时，电池就要退役，但退役后的动力电池仍具有相当容量。电池梯级利用是充分利用废旧动力电池资源的重要解决方案。电池梯级利用是指根据废旧动力电池容量按照从高到低剩余程度分为多个层级重新分配和再利用，可用于光伏电站、微电网、基站、低速代步车、电动自行车和家用 UPS 等。

四、源网荷储一体化协同

源网荷储一体化通过优化整合本地电源侧、电网侧、负荷侧资源，强化源网荷储各环节间协调互动，充分挖掘系统灵活性调节能力和需求侧资源，提升系统运行效率和电源开发综合效益，构建多元供能智慧保障体系。源网荷储一体化实施路径主要包括区域（省）级、市（县）级、园区（居民区）级源网荷储一体化三种具体模式。

（一）区域（省）级源网荷储一体化

区域（省）级源网荷储一体化是在省级或区域层面推进新型电力系统的重要举措，通过建立统一调度和市场体系，形成源网荷储协同互动。其建设路径为依托区域（省）级电力辅助服务、中长期和现货市场等体系建设，公平无歧视地引入电源侧、负荷侧、独立电储能等市场主体，全面放开市场化交易，通过价格信号引导各类市场主体灵活调节、多向互动，推动建立市场化交易用户参与承担辅助服务的市场交易机制，培育用户负荷管理能力，提高用户侧调峰积极性。依托 5G 等现代信息通信及智能化技术，加强全网统一调度，研究建立源网荷储灵活高效互动的电力运行与市场体系，充分发挥区域电网的调节作用，落实电源、电力用户、储能、虚拟电厂参与市场机制。

区域（省）级源网荷储一体化需持续开展省级可调度资源库建设，结合地区资源禀赋和用能结构特点，因地制宜探索本地化方案，并将可调度资源库纳入省级电网智慧能源服务平台，实现统一分类管理、滚动更新、在线监测；同步推动省级源网荷储协调控制系统建设，实现分布式、负荷、微网等各类可控资源的可观、可测、可调和可控。

（二）市（县）级源网荷储一体化

市（县）级源网荷储一体化在重点城市以保障供电安全为主要目标，以开展坚强局部电网建设为源网荷储一体化的抓手；在北方城市，通过电力负荷和热力负荷一体化运营，实现能源高效清洁利用，减少供电压力，提高供电质量。其建设路径为在重点城市开展源网荷储一体化坚强局部电网建设，梳理城市重要负荷，研究局部电网结构加强方案，提出保障电源以及自备应急电源配置方案。结合清洁取暖和清洁能源消纳工作开展市（县）级源网荷储一体化示范，研究热电联产机组、新能源电站、灵活运行电热负荷一体化运营方案。

市（县）级源网荷储一体化需针对不同地区电网的特点和各类严重自然灾害特征，结合地区建设发展客观需求、重要负荷供电保障要求，多措并举优化电网防灾保障策略和深化局部数智化坚强电网建设；需因地制宜开展市（县）级智慧供热源网荷储一体化，通过新一代信息技术与供热系统源—网—荷—储全过程深度融合，实现按需供热和精准供热。

（三）园区（居民区）级源网荷储一体化

园区（居民区）级源网荷储一体化通过现代信息通信技术等新技术提高供能效率，积极调动消费侧的参与和响应，提供更韧性的能源供应。其建设路径为以现代信息通信、大数据、人工智能、储能等新技术为依托，运用"互联网＋"新模式，调动负荷侧调节响应能力。在城市商业区、综合体、居民区，依托光伏发电、并网型微电网和充电基础设施等，开展分布式发电与电动汽车（用户储能）灵活充放电相结合的园区（居民区）级源网荷储一体化建设。在工业负荷大、新能源条件好的地区，支持分布式电源开发建设和就近接入消纳，结合增量配电网等工作，开展源网荷储一体化绿色供电园区建设。研究源网荷储综合优化配置方案，提高系统平衡能力。

园区（居民区）级源网荷储一体化需进一步加强源网荷储多向互动能力，电源侧深入研究新能源发电功率预测、虚拟同步机技术等，提升新能源场站主动支撑能力，保障电力系统安全稳定运行；负荷侧加强需求侧管理，优化工艺流程，将用电曲线和发电曲线相匹配，提高新能源利用率；储能侧结合应用场景和系统需求，大力发展多种技术路线的新型储能；电网侧推动电网基础设施智能化改造，深化电网智能调度运行控制与智能运维技术研究。

园区（居民区）级源网荷储一体化需注重规划引领，从全局出发，针对不同地区的具体项目的条件和优势，优化区域内一体化项目的资源配置和整合，更合理地规划设计源网荷储一体化方案，合理设计各元素规模和运行模式，真正体现源网荷储的作用。

五、能源及碳管理综合服务

能源及碳管理综合服务是新型能源体系建设的重点之一。发展各类能源及碳管理综合服务，有利于提高能源利用效率、降低能源消耗、减少环境污染和碳排放，推动绿色低碳发展。

（一）能源管理综合服务

能源管理综合服务是以实现清洁、科学、高效、节约、经济用能为宗旨，依托综合能源系统，向用户提供能源产品供应及能源应用相关的综合性服务。能源管理综合服务强调智慧能源技术的运用，优先考虑可再生能源，并以电力为基础，整合热能、冷能、燃气等多种能源形式，通过深度融合云计算、大数据、物联网、移动互联、人工智能及区块链等前沿技术，促进能源系统与信息通信系统的紧密结合。该服务通过不同能源间的相互转换与优化配置，在满足终端用户多样化能源需求的同时，实现节能减排、能效提升及绿色低碳的发展目标。

能源管理综合服务主要分为分布式能源开发建设服务、能源整体解决方案服务、能源技术支持服务、能源托管服务。

1. 分布式能源开发建设服务

分布式能源开发建设服务是为大型公共建筑、大型商业综合体、工业企业、产业园区和城镇建设分布式光伏、分散式风电、分布式生物质发电、冷热电三联供和地热供暖等项目，以全面满足终端用户对电力、热能、制冷及气体等多种能源的需求。

2. 能源整体解决方案服务

能源整体解决方案服务专注于为终端用户量身打造电力、燃气、供暖、制冷等全面的能源供应方案。该服务不仅涵盖能源的生产或采购环节，还包括相关输电、配气及供热管网的运维工作，以及智能用电管理，为客户提供精准高效的决策支持，助力其业务发展与能源供需管理的优化。服务方向包括实体项目和增值服务。实体项目是面向公共建筑、工业企业、农业农村、综合性园区等用户的能源系统，提供建设、改造等服务；增值服务是指在实体项目基础上，提供项目运营管理、能源市场化交易、能源数字化建设等服务。实体项目与增值服务相融合，成为客户的用能管家，是能源整体解决方案未来趋势。

3. 能源技术支持服务

能源技术支持服务包括能源诊断、能耗监测、能效评估及节能改造等多方面服务，主要面向工业、建筑、交通等行业已经建成的项目，为客户提供提升能源效率的定制化解决方案，优化用能结构，制定减排碳足迹的策略，助力客户实现绿色转型与可持续发展。

4. 能源托管服务

能源托管服务针对用能用户的全方位管理服务，包含能源采购、使用管理、用能设备效率提升、用能方式优化、清洁用能推广、政府节能考核等，并通过技术改造和设备更新等措施达到节能和节约能源费用的目的。近年来，以医院、公共事业单位等为主要目标市场的综合能源服务托管相关项目逐渐增多,例如为医院实施"电制冷＋电锅炉蓄热"改造，并承担配电设施、电锅炉、电蓄冷空调等设备后期运维工作，院方每年支付固定的托管费用；为公共事业单位实施包括技术、管理专业化的能源一揽子解决方案，建立智慧后勤一体化智能管控平台，提升能源利用效率，降低能源消耗。

（二）碳管理综合服务

碳管理是指识别、量化、监测和减少组织或个人在经济活动中产生的温室气体排放，特别是二氧化碳的管理过程。它旨在通过有效控制和降低碳排放来减少对气候变化的负面影响。

碳管理综合服务具体包含碳足迹评估、碳减排目标设定、碳减排策略与实施、碳市场和碳抵消、碳报告与披露五个方面。

1. 碳足迹评估综合服务

碳足迹评估是指通过对组织或个人活动中产生的温室气体排放进行全面的评估和量化，包括直接排放和间接排放。碳足迹评估可以帮助组织或个人了解其碳排放源，并确定重点应对领域。碳足迹内容可以按照其应用层面分为国家碳足迹、城市碳足迹、组织碳足迹、企业碳足迹、家庭碳足迹、产品碳足迹以及个人碳足迹。生命周期评估是一种用于量化产品或服务在其完整生命周期阶段（涵盖原材料获取、生产制造、物流运输、消费应用直至废弃物最终处置）中能源消耗情况及对环境造成的综合影响的评估方法。目前比较常用的生命周期评价方法可以分为过程生命周期评价、投入产出生命周期评价和混合生命周期评价三类。

2. 碳减排目标设定综合服务

碳减排目标设定是基于碳足迹评估结果，设定合理、可行和可持续的碳减排目标，以指导和驱动减少温室气体排放的行动。碳减排目标是阶段性目标，既包括总量目标，也包括强度目标。碳减排目标设定综合服务需根据设定的核算边界开展基准年排放量核算和报告，按照不同排放源碳排放量占比排序识别重点排放源，设定重点排放源碳管理目标。清晰可量化的碳减排目标是完成目标分解和制定减排措施的前提，是保证碳减排方案具备可执行度的基础，也是实施分阶段检验管理目标完成情况的条件。

3. 碳减排策略与实施综合服务

碳减排策略与实施是采取各种措施和策略，包括能源效率改进、清洁能源使用、碳捕集与储存等，以减少碳排放。其包括推广节能减排技术、改善生产流程、优化资源利用等。碳减排策略需严格匹配碳管理目标，为实现目标服务，在制定策略和实施服务中，需开展充分的成本分析和经济效益评估，通过成本分析手段选择适合企业应用的低碳技术和低碳项目。最后建立完善的数据核算体系，对每个阶段碳减排绩效进行准确核算，及时检查减排效果。

4. 碳市场和碳抵消综合服务

碳抵消是指正在执行或已经批准的减排活动项目，经核查后产生的减排量在碳交易市场进行交易，用作排放量的抵消。自然碳抵消和技术碳抵消是碳抵消项目的两种主要类型。自然碳抵消侧重于保护或加强抵消碳的自然过程，如林业项目可以通过重新造林、植树造林、森林砍伐保护或改善森林管理等举措来实现自然碳抵消。

技术碳抵消则提供创新，可以从大气中或直接从工业过程中机械吸收碳并储存二氧化碳，如能效项目可以通过改善电气化、减少能源使用和向社区提供节能技术等举措来实现技术碳抵消。

5. 碳报告与披露综合服务

碳报告与披露是定期报告和披露组织或个人的碳排放情况、减排行动和成果，增加透明度，并向利益相关方传达关于碳管理的信息。碳报告与披露主要包括四方面内容：一是气候变化引致的风险和机遇，风险包括法律合规风险、自然灾害风险、市场竞争风险和企业声誉风险，机遇包括法规引导下新市场机会、可见机遇和其他潜在发展空间；二是碳排放核算，包括碳核算计算方法、碳减排财务报告的编制、第三方鉴证和审计、直接减排和间接减排的统计、年度间碳排放差异等；三是碳减排管理，包括减排项目、排放权交易、排放强度计算、能源成本优化、减排规划；四是气候变化应对策略管理，包括减排责任和各方在应对气候变化中的具体贡献等。

六、"能源＋"融合发展

"能源＋"融合发展是新型能源体系的重要发展目标之一。本节从交通、建筑、产业、数字、生态等方面介绍能源融合发展的典型路径，探索实现产业间协同互促和资源高效综合利用。

（一）交通能源融合

1. 交通基础设施能源化

将传统的交通基础设施，如公路、桥梁、车站、港口、机场等，通过技术创新和系统集成，赋予其能源生产、储存、分配或转换的功能，实现交通与能源系统的深度融合，提升能源利用效率，促进清洁能源应用。在复杂多变的环境下，推动交通领域充分利用自然资源禀赋，实现多类型交通基础设施资产的能源化转型，旨在构建一个集多元化、多态化能源于一体的交织融合体系，并开发出高效的能源转换方法及配套装备体系。基于区域自然资源的分布特点，并结合交通系统运维的实际需求，通过对交通基础设施在运维过程中的能源使用场景进行深入模拟与分析，构建一套针对交通基础设施资产的能源化技术体系。

2. 交通自洽能源系统构建

开发基于交通基础设施的风、光自然资源禀赋，形成交通系统分布式、清洁化、可再生、易补给、近零碳能源供给系统，构建交通自洽能源系统。构建灵活且具备自洽能力的交通能源系统架构，实现信息网对交通网与能源网的强有力支撑，确保交通与能源两网间能量的高效互动、多目标协同优化及互济调节功能。制定交通自洽能源系统的分层控制机制与自治管理方案，研发相应的交通自洽能源管理技术及其保障体系。构建基于差异化自然禀赋的交通自洽能源系统网络构型理论与方法，通过网络融合，将运输服务网、设施网、信息网、能源网四者紧密集成，旨在确保整个系统的安全性、稳定性、经济性以及环境友好性。

3. 交能融合一体化绿色运维

不断促进交通运载工具及其运维设备的能源使用向清洁化转型，提升动力效率，并推动结构轻量化设计，确保交通设施与可再生能源实现高效融合与匹配。深入探究交通多场景下的能源使用机制，构建覆盖全域的柔性互联电力供应体系，以满足交通用能需求的动态交互。制定交通系统与自洽能源系统协同运行的维护管理策略，以确保交通系统实现全面绿色化、低碳化及零碳排放的运维目标。构建交通与能源深度融合的智慧运营一体化平台，全面监控并感知交通基础设施状态、车辆动态、新能源分布、微电网及大电网的运行信息等关键数据，并在此基础上提供全局性的交通流优化，能源发电、输电、配电及使用的智能调度，虚拟电厂的智慧化运营，以及能耗与碳排放的全链条管理。通过这些功能，平台旨在实现交通网络与能源网络之间的智慧化融合、灵活互动及高效协同运行。

（二）建筑能源融合

1. 可再生能源应用

建筑可再生能源应用主要包括太阳能、风能、地热能、生物质能等多种形式的能源在建筑中的应用。推广太阳能热利用系统、太阳能光伏发电系统在建筑中的应用，将太阳辐射能转换为热能或电能，替代常规能源向建筑物供电、供热水、供暖/供冷；利用风力发电系统根据风速变化自动调节电力输出，实现建筑能源稳定供应；结合区域资源条件，通过地源热泵系统利用地下常温土壤或水源的热能，为建筑物提供供暖和制冷；将生物质燃料与传统能源、其他可再生能源结合使用，为建筑供电供暖，降低建筑能源消耗和对环境的影响。

2. 建筑用能电气化

实施建筑电气化工程，提高建筑用能中清洁电力消费比例，充分发挥电力在建筑终端消费中的清洁性、可获得性、便利性等优势。在大型商场、办公楼、酒店以及机场航站楼等公共建筑中，广泛推广和应用热泵系统、电蓄冷空调系统以及蓄热电锅炉等设备。推动生活热水供应和炊事用能向电气化方向发展，在建筑采暖、生活热水及炊事等用能领域，广泛推广和应用高效电气化技术与设备。倡导构建以"光储直柔"技术为核心特征的新型建筑电力系统，促进柔性用电建筑发展，"光伏发电、储能蓄电、直流供电、柔性用电"的新型能源系统是建筑电气化工程中实现碳中和目标的一个重要路径。

3. 区域建筑能源协同

促进建筑用能与能源供应及输配系统之间的响应与互动，提高建筑用能链条整体效率。综合调配工业余热、热电联产余热、城市垃圾焚烧及再生水余热等资源，充分考虑周边地区建筑新增的供热需求，提升能源综合利用效率。在城市新区和功能区的开发建设中，需全面考虑区域周边的能源供应条件、可再生能源资源的分布状况以及建筑的用能需求，进行区域建筑能源系统的规划、设计与建设，确保按需确定能源供应，从而提升能源的综合利用效率，提高能源基础设施的投资效益。探索开展建筑群整体参与的电力需求响应试点，主动融入电力调峰填谷机制，培育并发展智能化的用能新模式，实现建筑用能与电力供应之间的智慧化协调响应。

（三）产业能源融合

1. 工业产能融合

构建清洁高效低碳的工业能源消费结构，推行煤炭分质分级清洁高效利用举措，稳步实施重点用能行业煤炭减量替代。倡导具备条件的企业与园区构建工业绿色微电网体系，促进多种能源高效互补综合利用，鼓励就近大规模高比例开发利用可再生能源。加快推进终端用能电气化转型，深入推动工业、建筑、交通、农业等领域电能替代，提升绿色电力消费比例。针对石化化工、钢铁、交通、储能及发电等行业对氢能的需求，建立涵盖氢能制取、储存、运输及应用等全链条技术装备体系，旨在提升氢能技术的经济性，并增强产业链的完整性。集中研发新型储能多元技术，构建适应新型电力系统要求的储能技术产品系列，加大新型储能推广应用，在电源、电网和用户侧等各类应用场景灵活配置储能，以实现跨越多时间尺度的储能规模化应用。

2. 农业产能融合

按照集中式和分布式并举的原则，积极推动多能互补发展模式，在确保生态环境得到有效保护的前提下，积极推进风电、光伏发电和农业的融合发展与建设。在林区、牧区、渔场合理布局林光互补、牧光互补、渔光互补等项目，打造发电、牧草、种养殖一体化生态复合工程。充分利用海域、陆域资源，发展"风电+牧场（海洋、陆地）"，形成"陆上风电+畜牧业""海上风电+海洋牧场"等风电与养殖一体化模式，促进农业的现代化、规模化和产业化发展。推进粮食烘干、大棚保温等农用散煤清洁能源替代，有序发展以秸秆为原料的生物质能，因地制宜发展秸秆固化、生物炭等燃料化产业，逐步改善农村能源结构。

（四）数字能源融合

1. 电源数智化转型升级

发展新能源及水能发电功率预测技术，综合考量并分析气象条件、电源状态、电网运作状况、用户用电需求以及储能系统配置等多个变量因素。推进规模化新能源基地的智能化技术革新，强化弱送端系统的调节与支撑效能，提升分布式新能源的智能管理水平，确保新能源发电能够稳定并网，并得到有效、有序利用，从而充分开发和利用新能源资源。加速火电、水电等传统电源的数字化设计与建造进程，并推动其智能化升级，同时促进智能分散控制系统的发展与应用，推进燃煤机组节能降碳改造、灵活性改造、供热改造"三改联动"，促进抽水蓄能和新型储能充分发挥灵活调节功能。促进核电在设计、制造、建设、运维等各领域各环节深度应用数字技术，构建具备全面感知能力和智慧运行特性的智能核电厂，全面增强核安全、网络安全和数据安全等保障能力。

2. 数智化电网支撑

促进实体电网的数字化展现、仿真模拟与智能决策能力的提升，积极探索人工智能和数字孪生技术在电网智能辅助决策与调控中的应用途径，有效增强电力系统在多能互补联合调度方面的智能化水平，推动基于数据驱动的电网暂态稳定性智能评估与预警机制的建立，提升电网的仿真分析能力，为电网的安全稳定运行提供坚实支撑。促进变电站与换流站实现智能化运维检测，推动输电线路智能化巡检体系及配电系统智能化运维体系建设，构建电网灾害的智能感知体系，增强供电的可靠性，提升对偏远地区恶劣环境的适应能力。加速新能源微电网与高可靠性数字化配电系统的推进与发展，增强用户侧分布式电源与新型储能资源的智能配置效率与运行优化控制能力。提升负荷预测的准确性及新型电力负荷的智能管理水平，促进负荷侧资源按层次、级别与类别进行聚合，并实现协同优化管理，加速推动负荷侧资源有效融入系统调节过程。构建电碳计量与核算监测体系，促进电力市场与碳市场数据的交互融合，为能源行业碳足迹的监测与分析提供有力支撑。

3. 数字能源生态构建

增强储能与供能、用能系统之间的协同调控能力，提升其诊断与维护的智能化水平，加速推进全国新型储能大数据平台建设，优化完善各省（自治区、直辖市）的信息采集与报送渠道及机制。增强氢能基础设施的智能调控能力和安全预警机制，探索氢能跨能源网络的协同优化潜力，推动氢能与电力的深度融合发展。推进综合能源服务与智慧城市、智慧园区、智能楼宇等用能场景紧密结合，运用数字技术提高综合能源服务的绿色低碳效能。促进新能源汽车与新型电力系统的深度融合，提升有序充放电的智能化管理水平，鼓励虚拟电厂、车网互动、光储充放等新技术、新产业、新业态、新模式发展。研究能源新型基础设施的共建共享机制，在确保安全、遵循规范且责任明确的基础上，提升基础资源综合使用效率，减少建设和运营成本。加强能源行业大数据监测预警与综合服务平台建设，构建开放互联的行业科技信息资源共享服务体系，以支持对行业发展趋势的动态监测和对需求布局的科学分析研判，助力数字治理工作的有序推进。

（五）生态能源融合

1. 生态与光伏融合

通过光伏项目推进生态治理，可同时实现提供绿色能源和进行生态修复的目标。在沙戈荒地区建设光伏治沙项目，可有效减缓土壤水分蒸发，从而促进地表水与地下水的循环，提高荒漠植物存活率；在滩涂、盐碱地安装光伏板，可对光照进行遮挡，从而利于植物生长，促进植物对于滩涂和盐碱地的固定及改质作用；在矿山建设光伏发电项目，可以减轻山体滑坡等地质灾害，同时光伏板能够有效遮挡裸露地表，有助于减轻因阳光直射和降雨冲刷所引发的水土流失问题，促进植被的自然恢复和生长；通过在湖泊、河流等水体上方进行光伏板安装，可降低水面温度，减少水分蒸发，提升鱼虾养殖存活率，同时减少微生物的光合作用，抑制微生物过度繁殖，提高水质。

2. 生态与风电融合

海上风电方面，通过海上牧场示范区建设，将海上风电与海洋养殖、海洋旅游等融合发展，探索建立海洋牧场与海上风电融合发展评价与规划技术体系，最大化利用海洋资源，打造可复制、可推广的海洋牧场与海上风电融合发展样板，构建"绿色经济+蓝色粮仓"立体开发的新旧动能转换发展新模式。陆上风电方面，充分利用合适的丘陵山坡、滩涂荒地等，盘活闲置的土地及产业资源，从而实现生态效益和经济效益双丰收。

3. 生态与其他能源融合

鼓励污泥能量资源回收利用，土地资源紧缺的城市推广采用"生物质利用+焚烧""干化+土地利用"等模式，推广将污泥焚烧灰渣建材化利用。提倡采用污泥干化与焚烧相结合的联合处理方法，运用高效节能设备与余热回收利用技术，提升污泥的热能利用效率，从而形成新的生态经济循环体系。充分利用闲置的矿山地下空间或采矿迹地作二次开发利用，建设成为压缩空气储能电站或抽水蓄能电站，既可以降低储能项目整体投资，又可以避免废弃矿穴可能引起的一系列地质和生态问题。

第六章

新型能源体系主要技术方向

第一节 能 源 供 应

"十四五"以来，我国能源供应保障基础不断夯实，资源配置能力明显提升，有力保障了经济社会发展和民生用能需求。未来在建设新型能源体系过程中，需要在能源供应技术领域持续创新和突破，在保证能源生产供应安全稳定的同时，不断优化能源结构、推进绿色低碳转型。

本节将介绍煤炭、石油、天然气、水能、风能、太阳能、核能、生物质能、地热能、海洋能等各类能源的主要供应及利用技术。

一、煤炭

（一）煤炭供应及利用技术发展现状

煤炭是我国的主体基础能源，仍将是我国能源供应的"压舱石"和"稳定器"。经过多年的稳步发展，煤炭科技不断创新，技术持续突破，煤炭勘查与地质保障、智能绿色开采、煤炭燃烧及发电技术等领域在基础理论研究、关键技术和重大装备研发、工程示范和产业化发展方面均获得重大进展。根据煤炭开发供应的不同阶段和技术要求，煤炭供应技术主要包括资源勘查与地质保障技术，智能绿色开采技术，煤炭清洁、低碳燃烧及发电技术三大类，如图6-1所示。

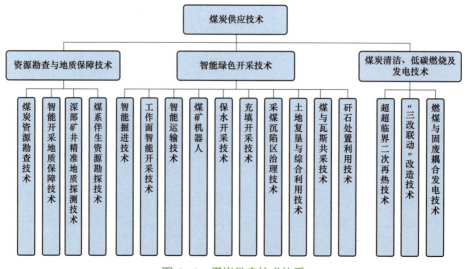

图6-1 煤炭供应技术体系

1. 资源勘查与地质保障技术

煤炭资源勘查与地质保障技术从服务于资源勘查、高产高效矿井建设到服务于煤矿安全高效生产，是支撑煤炭安全高效、智能绿色开采和清洁低碳、高值转化利用的基础保障。经过多年发展，煤炭资源勘查技术已逐渐形成了以"以煤为主、综合勘查、综合评价"为原则，具有中国特色的煤炭地质学新理论，发展出适合中国煤炭资源分布特点的煤炭资源综合勘查与地质保障技术体系。

高精度综合探测技术是煤炭智能开采地质保障的基础性技术，主要包括高密度全数字三维地震探测技术、井下槽波地震探测技术、定向钻探技术和孔中物探技术等。深部资源精准地质探测技术是实现深部煤炭资源开发和煤炭深部原位流态化开采技术革命的重要支撑。煤系伴生资源勘探技术可实现多矿种资源协调勘探，加强矿产资源综合勘查，建设了"空天地"一体化的勘查技术。

2. 智能绿色开采技术

（1）智能开采技术。

智能开采技术主要包括智能掘进技术、工作面智能开采技术、煤矿智能运输技术和煤矿机器人等。截至 2024 年 6 月底，我国已累计建成智能化采煤工作面 2201 个、掘进工作面 2269 个，减人增安提效成效显著，重点煤矿企业智能化采煤工作面单班作业人员减少 6 人以上，劳动工效提高 20% 以上，逐步形成了不同区域、不同建设条件的智能化建设模式。

在智能掘进技术方面，以掘锚一体机、锚杆转载机和柔性连续系统为主体的智能快速掘进成套装备，煤矿深井巷道全断面硬岩掘进机，护盾式掘进机器人等先进掘进装备在井下成功应用，我国已成为全球最大的掘进机制造国及应用市场，基本满足国内每年新掘进巷道 12000km 以上的需求，结束了掘进机长期依赖进口的历史。在工作面智能开采技术方面，在薄煤层、厚煤层、放顶煤等各类工作面均实现了"少人巡视，无人操作"模式常态化应用，采煤机、高端液压支架、刮板输送机等技术装备已实现国产化，综采设备生产能力已经达到 10Mt 以上，工作面综采支护装备水平已经处于世界领先水平。在煤矿智能运输技术方面，基于图像识别、超声波探测、变频控制等技术与装备，基本实现了主煤流运输系统的异物智能检测、煤量智能监测、皮带撕裂智能监测等，在部分矿井实现了主煤流运输系统的自动化、无人化运行。无轨胶轮车已经成为矿区的主要辅助运输设备，并已摆脱依赖进口的局面，基本实现国产化。在煤矿机器人方面，我国 5 类 38 种煤矿机器人已有 31 种实现现场应用，巡检类机器人现已实现多场所巡检作业和多岗位无人值守，露天矿穿孔爆破机器人实现了露天矿爆破作业无人化。

（2）绿色开采技术。

绿色开采技术主要包括保水开采、充填开采、采煤沉陷区治理、土地复垦与综合利用、煤与瓦斯共采、矸石处置利用等技术。经过十年多发展，我国原煤入选率、矿井水综合利用率、土地复垦率已由 2013 年的 60.2%、64.6%、45%提高到 2023 年的 69.0%、74.6%、57.9%。

保水开采有利于保护水资源，有效减少矿井突水溃沙灾害和地下水位波动的问题，针对地表水、含水层水等不同水体，在我国陕西、内蒙古、新疆、河北等省（区）的多个矿区开展了保水开采的系统研究。充填开采主要包括刮板输送机卸矸充填、巷式充填/抛矸充填、膏体充填等方式，由于充填生产效率和成本等问题，尚未得到大面积推广应用。采煤沉陷区治理主要为采空区注浆治理，我国已基本形成了沉陷区工程建设成套技术，并在多个矿区规模化应用。土地复垦与综合利用针对生态环境损害进行修复和再造，初步形成了适用于我国井工煤矿主产区沉陷治理、受损土壤改良、微生物复垦、植被生态修复等的技术体系。煤与瓦斯共采方面，形成了地面井下相结合、井上下立体抽采、地面预采、采动区抽采及井下各种抽采技术综合应用的技术体系，在晋城、两淮等矿区得到示范应用。煤矸石处置利用可实现煤矸石就地化、规模化、生态化、高值化利用，已形成煤矸石发电、建筑材料制造、矿产品回收、化工品制取、土地复垦等多种综合利用途径。

3. 煤炭清洁、低碳燃烧及发电技术

燃煤发电是将燃料的化学能通过燃烧转变为热能，再将热能转变为机械能，最后将机械能转变为电能，涵盖了燃料、燃烧、传热、动力循环、冷端等关键环节。与水电、风电、太阳能发电等可再生能源"靠天吃饭"的情况不同，燃煤发电几乎不受季节、环境等影响，调峰性能较好。只要燃料充足，常规燃煤发电机组一般可根据电网需求在 50%～100%负荷间灵活调整，先进机组甚至可以在 20%负荷下长期运行。因此，燃煤发电一直是世界主要电源的组成，长期贡献 40%以上的发电量。

（1）超超临界二次再热技术。

国家 863 项目"超超临界燃煤发电技术"极大促进了我国 600℃/600℃一次再

热超超临界机组的引进、消化和吸收，国内各主机厂通过合作的方式引进、消化并吸收国外技术支持方技术，最终掌握了设计制造技术，实现了国产化。我国 25～27MPa、600℃/600℃等级一次再热超超临界发电技术已经完全成熟，全面掌握设计、制造、施工、运行各方面技术，为进一步提高参数打下扎实基础。

再热可以提高热力循环的效率。理论上再热级数多则热力循环效率高，二次再热可以达到比一次再热更高的热力循环效率。二次再热技术是进一步降低能耗和减少污染物排放的一种方法，随着燃料成本及环保压力的不断上升，二次再热机组又开始体现出优势，但同时必须评估由于锅炉受热面、蒸汽管道的增加以及汽轮机的设备复杂性和材料价格而引起的电厂造价的增加。

截至 2024 年底，我国已有超过 20 台二次再热机组投运，机组运行效率国际领先，还有多台二次再热机组在建。

相较于一次再热技术，超超临界二次再热技术可以提高电厂循环热效率约 3%，降低发电标准煤耗率 7～8g/kWh，降低 CO_2 排放 18.6～21.3g/kWh。先进的超超临界二次再热机组，其设计供电标准煤耗率可低至 260g/kWh 以下，与国家能源局新建煤电机组标准煤耗率 270g/kWh 的要求相比，降低 10g/kWh 以上，每年可节约标准煤 9.2 万 t 以上，每年可减少 CO_2 排放 24 万 t 以上，远低于国家能源局新建煤电机组煤耗要求，可进一步实现经济效益和环境效益的协同共进。

（2）"三改联动"改造技术。

"三改联动"是指煤电行业的节能降耗改造、灵活性改造和供热改造。这三项改造旨在提高煤电的清洁高效利用，降低碳排放，同时提升煤电的调节能力和供热能力，以适应"双碳"目标和新型电力系统的构建。具体来说，节能降耗改造是为了降低煤电的度电煤耗和二氧化碳排放；灵活性改造是为了提升煤电的负荷调节能力，以提升新能源消纳和电网稳定运行水平；供热改造则是为了增加煤电的供热能力，替代低效的小锅炉。这些改造的实施，不仅有助于减少煤炭的直接燃烧，还能提高能源利用效率，减少环境污染。根据《全国煤电机组改造升级实施方案》，我国在"十四五"期间计划完成煤电节能降耗改造规模不低于 3.5 亿 kW、供热改造规模力争达到 5000 万 kW、灵活性改造完成 2 亿 kW。目前，各地正在积极推进这些改造工作。

1）汽轮机通流改造技术。汽轮机通流改造技术通过高中压整体内缸优化设计，增加通流级数，改进叶片叶型，从而整体提高汽轮机效率。目前亚临界和超临界机组的汽轮机通流改造一般可以降低机组热耗 9～15g/kWh。

2）机组升参数改造技术。对于超临界机组和亚临界机组来说，一般选择的改造方案是将主蒸汽、再热蒸汽温度提升至 600℃/600℃。此时超临界机组（566℃/566℃）可降低热耗约 5.5g/kWh，亚临界机组（537℃/537℃）可降低热耗约 10.2g/kWh，若进一步将再热温度提高到 620℃，还可再降低热耗约 1.3g/kWh。此项改造一般和汽轮机的通流改造同时进行。

3）供热技术。将已经做了部分功的低品位蒸汽用于对外供热，输出符合供汽参数要求的二次蒸汽，可有效降低机组热耗，明显提高电厂的热经济性。供热技术可分为直接供热与间接供热。

在直接供热技术中，通过减温减压器或压力匹配器进行调节，使二次蒸汽压力、温度达到用户的要求。直接供热技术成熟，调节性能好，系统管路简单，改造周期短，投资相对较少。

在间接供热技术中，除了常规的背压机供热外，还可通过汽电双驱技术进行灵活供热。如图 6-2 所示，配套背压式小汽轮机，利用小汽轮机驱动引风机及异步电机，并将小汽轮机排汽对外供热。进汽调节阀全开，采用小发电机调节轴功率替代小汽轮机进汽调阀节流调节轴功率，无节流损失，提高了小汽轮机的运行效率，使其始终在高效区运行，提高设备在低负荷工况的运行经济性；增加电动/发电机，降低厂用电率，提高供电效益。

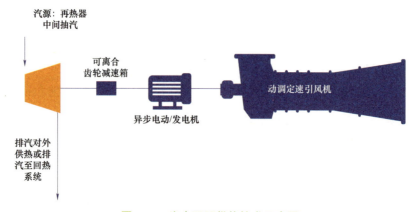

图 6-2　汽电双驱供热技术示意图

4）机组灵活性运行技术。大规模储能技术的应用任重道远，适当比例的燃煤发电维持着电力系统的稳定运行。但在电力系统频繁的运行波动中经常出现高峰供电不足、低谷输电过多的现象，燃煤发电机组因此频繁变负荷甚至被迫启停。燃煤机组大幅度变负荷调峰运行时，发电煤耗变化较大。快速启停、快速爬坡和深度调峰是新型电力系统对煤电机组灵活性提出的新要求，需综合考虑汽轮机侧、锅炉侧、系统侧和储能侧进行综合技术经济比较和方案优化，可采用预测控制加反馈控制的方式保障煤电机组的安全性、经济性和环保性。燃煤机组灵活性运行技术可在保障电网安全稳定运行的前提下使电力系统消纳更多的新能源发电。

（3）燃煤与固废耦合发电技术。

燃煤机组耦合有机固体废物（如生物质、污泥和垃圾等）焚烧发电技术能有效节约部分煤耗、充分利用已有烟气净化设备、降低燃烧设备投资，是适用于我国煤电机组清洁、低碳发展现状的优选方案。

1）燃煤与生物质耦合。大型煤粉电站锅炉掺烧生物质主要分为间接掺烧和直接掺烧两种工艺路线。间接掺烧是将生物质气化后的燃气送入煤粉锅炉燃烧，该技术的原料适应性较广，能避免炉内结渣和腐蚀等现象，但设备较多、投资较高。生物质与煤间接掺烧发电方案见图6-3。

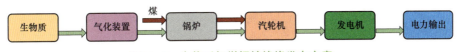

图6-3　生物质与煤间接掺烧发电方案

直接掺烧是将生物质燃料直接送入锅炉，与煤粉在炉膛内混烧。在大容量、高参数的煤粉锅炉上直接掺烧生物质具有投资和占地面积少、设备改造少、热效率高、不受季节影响等优势。生物质与煤直接掺烧发电方案见图6-4。

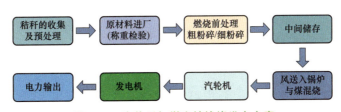

图6-4　生物质与煤直接掺烧发电方案

2）燃煤与污泥耦合。燃煤与污泥耦合发电技术主要包括污泥直接掺烧和污泥干化后掺烧两种工艺路线。污泥直接掺烧是将未经干化处理的污泥直接送入锅炉燃烧，具有系统简单、设备投资及运行维护小的特点，如图6-5所示。

109

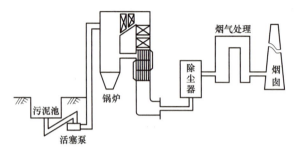

图 6-5　污泥直接掺烧耦合发电技术

污泥干化后掺烧工艺采用锅炉高温低氧烟气作为热源对污泥进行干化，干化后的污泥通过料仓送入磨煤机内与煤掺混后进入锅炉燃烧。干化后的烟气通过独立管道送入锅炉炉膛上部燃烧或尾部污染物处理系统，现有的脱硫脱硝除尘设备可以完全满足污泥燃烧后的排放要求，如图 6-6 所示。

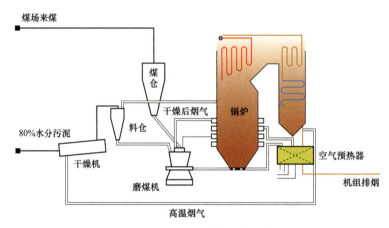

图 6-6　污泥干化后掺烧耦合发电技术

（二）煤炭供应及利用技术发展方向

1. 智能勘探和开采技术

（1）精准地质探测与 4D-GIS 系统。

构建信息大数据分析平台、矿井 4D-GIS 综合探测与应用系统、"透明矿井"构建与综合预测技术、矿井三维地质信息系统等。

（2）智能无人开采成套技术。

重点发展综采设备的精准定位与导航技术、薄煤层和超大采高高可靠性采煤装备、综采设备群智能自适应协同推进技术与装备等。

（3）煤矿智能快速掘进关键技术。

重点攻克掘锚（探）一体化、自动截割、智能支护、掘进导航、远程集控等关键技术，发展井下空间定位导航新技术、掘锚一体机器人、掘进工作面高精度智能感知与数字孪生、掘进系统平台化等。

（4）智能主/辅运输技术。

发展井下无人驾驶技术，实现整体系统智能感知、智能决策、自动执行，发展煤流全线常态化智能运行＋机器人智能巡视的作业模式。

（5）煤矿机器人技术。

重点发展煤矿井下机器人防爆技术、长续航动力技术、自主精准定位和高可靠抗干扰通信技术、智能感知与险情识别、重负荷和高精度控制技术、协同控制决策机制等。

2. 煤矿绿色开采关键技术

（1）矿区生态环境监测预警系统。

发展卫星—无人机—地面—井下"四位一体"监测手段，形成矿区生态灾害的形成演化临灾预警及控制的理论与方法。

（2）煤矿低生态损伤的绿色开采理论与技术。

研发基于地下水保护和地表生态减损的开采工艺，构建矿区采动损伤精准感知、监测、控制技术体系。

（3）地表生态修复技术。

形成矿山生态环境预警及生态修复关键技术体系，开发西部矿井水井下储用和地表生态恢复重建技术、地表植被修复技术。

（4）填充开采技术。

发展大采高充填采煤基础理论与技术、西部生态脆弱区充填治理技术、超缓凝和速凝新型胶凝材料和添加剂、充填物料的高效精准输送技术。

（5）煤与煤系伴生资源共采技术。

发展煤及共伴生资源透视化勘探开发技术、综合探测和全息显示技术，煤及共伴生资源精准协同开发工艺，智能监测与多网融合传输方法与技术装备等。

3. 煤炭清洁、低碳燃烧及发电技术

（1）高参数超超临界燃煤发电技术。

国家能源局于 2010 年 7 月 23 日组织成立了"国家 700℃超超临界燃煤发电技

术创新联盟"，开展 700℃超超临界发电技术的研究和开发，但一系列问题尤其是材料问题仍有待于进一步突破。

2016 年 5 月，国家能源局委托电力规划设计总院召开关于更高参数的发电技术论证会，明确将 630～650℃发电技术作为新一代燃煤发电技术示范应用的技术方案。2021 年，国家发展改革委、国家能源局发布《关于开展全国煤电机组改造升级的通知》，要求稳步推进 650℃等级超超临界燃煤发电技术。2023 年 8 月 31 日，大唐郓城 630℃参数二次再热机组正式开工建设。2024 年，依托 650℃等级高效超超临界燃煤机组已经完成概念设计，其中 650℃主蒸汽及再热蒸汽热段管道的主要候选材料为耐热奥氏体钢 Sanicro25、耐热奥氏体钢 SP2215 及铁镍基合金 HT700P。

（2）生物质燃料掺烧技术。

通过在燃煤锅炉中掺烧低碳或无碳燃料可有效减少煤炭消耗量，实现碳减排。目前，生物质燃料已经开始在燃煤锅炉中进行掺烧，掺烧比例为 5%～10%。未来随着我国"双碳"目标的实现，生物质掺烧比例将逐步扩大，实现 50%以上大比例掺烧。

生物质在特制的生物质磨煤机中磨制成粉末后直接喷入任意燃烧器的煤粉管道与煤混合，混合后的煤粉/生物质颗粒通过输送管道进入燃烧器喷入炉膛燃烧，或者通过生物质磨煤机将生物质磨制成粉末后直接送入专用的生物质燃烧器独立燃烧，流程分别见图 6-7 和图 6-8。

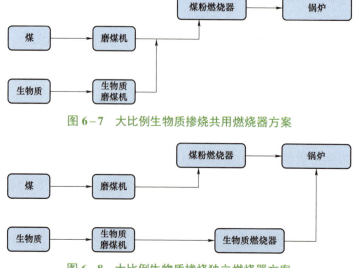

图 6-7　大比例生物质掺烧共用燃烧器方案

图 6-8　大比例生物质掺烧独立燃烧器方案

（3）掺氨燃烧技术。

氨（NH$_3$）作为一种无碳富氢的化合物，是一种新型零碳替代燃料。在理想情况下，氨燃料的完全燃烧产物是氮气和水，无 CO_2 排放，具有突出的低碳优势。

燃煤电厂掺氨是利用可燃的氨气替代一定比例的煤粉，掺混后进入锅炉共同燃烧，并通过控制火焰的轴向温度和空燃比，抑制火焰内氮氧化物的生成，减少二氧化碳排放。掺氨燃烧技术路线主要可分为纯氨燃烧和氨/煤共燃，纯氨燃烧可采用纯氨燃烧器和新一代等离子体裂解氨燃烧器，氨/煤共燃燃烧器尚处于研究阶段，图 6-9 是氨/煤共燃旋流燃烧器的示意图。

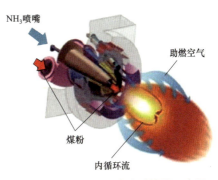

图 6-9　氨/煤共燃旋流燃烧器示意图

截至 2024 年，煤掺氨混合燃烧技术仍处于起步阶段，尚未实现广泛的工业化应用。未来随着绿氨产业的发展，掺氨燃烧技术将大量应用在燃煤发电领域。

（4）燃煤发电与光热发电耦合技术。

燃煤发电与光热发电耦合技术是指将太阳能作为燃煤电站的辅助热源，在白天尤其夏季等日照充足时段，使用太阳能储换热系统将太阳光转化为介质的热能，再转化为电能，转化流程既可以利用太阳能储换热系统直接产生过热蒸汽接入汽轮机直接发电，也可以将太阳能的热量补充到机组回热系统中降低机组热耗；而在阴天、夜晚等日照不足时，使用传统燃煤发电技术，由此替代部分燃煤消耗，减少碳排放。两种可行的燃煤发电与光热发电耦合技术流程如图 6-10 所示。

建设大容量燃煤发电与太阳能复合发电机组既可以高效利用太阳能光热转换系统提供的热量，解决在西北部荒芜地带建设单纯太阳能热发电厂所面临的电网长距离传输问题，又可充分发挥燃煤电厂大容量、高蒸汽参数和高效率技术优势，并可同时利用现有电站成熟可靠的系统和设施，达到节能、减排、降碳的目的。

（5）富氧燃烧技术。

富氧燃烧技术是以高浓度氧气送入锅炉助燃的一种燃烧技术，工艺流程如图 6-11 所示。以采用空气分离装置制氧的富氧燃烧系统为例，空气先在空分装置中分离出氧气，燃料在高纯度氧气氛围中燃烧，燃烧生成的烟气成分主要为 CO_2 和

H_2O，经冷凝可将 CO_2 分离，一部分烟气通过再循环进入锅炉起到控制燃烧温度的作用。由于在燃烧时采用高纯度氧替代空气作为氧化剂，所以提高了烟气中 CO_2 浓度，降低了 CO_2 捕集的能耗。

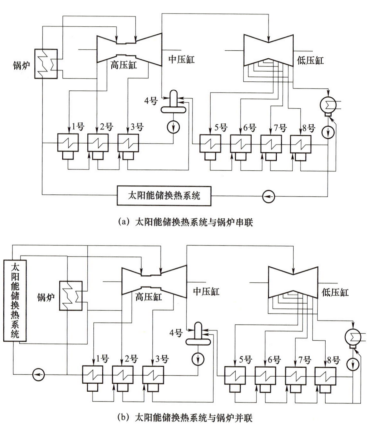

(a) 太阳能储换热系统与锅炉串联

(b) 太阳能储换热系统与锅炉并联

图 6-10　燃煤发电与光热发电耦合技术流程图

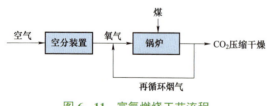

图 6-11　富氧燃烧工艺流程

富氧燃烧技术主要还处于积累数据验证技术阶段，国内外已相继开展相关中试试验和小规模工业示范。

（6）化学链燃烧技术。

化学链燃烧技术（CLC）是一种在燃烧过程中自动分离 CO_2 的同时降低 NO_x 生成的新型燃烧技术。该技术通过改革传统的化石燃料燃烧方式（燃料不直接与空气接触燃烧，而是以氧载体在两个反应器之间的循环交替反应来实现燃料的燃烧过程）来直接获取高浓度 CO_2。

CLC 系统由氧化反应器、还原反应器和载氧剂组成。其中，载氧剂由金属氧化物（MeO）与载体组成，MeO 是真正参与反应传递氧的物质，而载体是用来承载金属氧化物并提高化学反应特性的物质。MeO 首先在还原反应器内进行还原反应，燃料与 MeO 中的氧反应生成 CO_2 和 H_2O，MeO 还

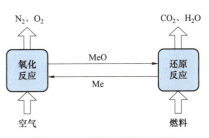

图 6-12 化学链燃烧示意图

原成金属（Me）；然后，Me 送至氧化反应器，被空气中的氧气氧化。这两个反应的总反应与传统燃烧方式相同。化学链燃烧示意图见图 6-12。

截至 2024 年，全球范围内 CLC 技术尚处于中试阶段。我国已完成 CLC 技术的实验室基础理论和试验研究，并已建成投运 4MW 的全流程中试示范平台，有望在 2030 年实现工程应用。

（三）燃煤发电经济性

燃煤发电经济性评价涉及多个方面，包括市场需求的变动、燃料成本的控制、生产效率的提升以及管理策略的优化等。通过科学合理的分析和管理，燃煤发电厂可以在保障安全稳定运行的同时提高经济效益，为国民经济发展提供重要支持。

燃煤发电的单位投资成本涉及多个因素，包括设备选型、建设地点、建设规模等。根据相关资料，建设一个燃煤发电厂的投资成本主要包括设备购置费、土地征用费、建安工程费、设备安装费、其他杂费等。以一个装机容量为 2×1000MW 的燃煤发电厂为例，其投资成本一般在 60 亿~70 亿元之间。燃煤发电厂典型投资见表 6-1。

表 6-1　　　　　　　　　　　　燃煤发电厂典型投资

类型	单位造价（万元/kW）	总造价（亿元）
2×1000MW（超超临界）	约 0.32	约 64
2×660MW（超超临界）	约 0.35	约 46.2
2×350MW（超临界）	约 0.40	约 28

燃煤发电的度电成本主要包括燃料成本、运营管理费用、财务成本和环境治理成本等。根据统计数据，燃煤发电的度电成本在 0.3~0.4 元/kWh 之间，而燃煤发电的上网电价一般在 0.38~0.45 元/kWh 之间（含税）。此外，火力发电厂的建造成本、机组的运行和折旧成本、年发电可利用小时数等因素也会影响燃煤发电的成本。

二、石油和天然气

石油和天然气是重要的化石能源，在全球有着丰富的资源储量和广泛分布。同时，由于其能量密度高，意味着在储存和使用过程中更加方便，能够提供更长时间的持久能源供应。另外，石油和天然气不仅是重要的能源，也是化工、医药、建筑等其他领域的重要原料。石油和天然气将有力推动新型能源体系向清洁低碳方向发展。在构建新型电力系统的进程中，天然气发电将发挥灵活性调节和应急支撑作用，促进可再生能源的发展。

（一）油气供应及利用技术发展现状

油气在我国新型能源体系建设过程中仍将发挥重要作用。短期看，油气仍是保障我国能源安全的关键资源；中长期看，油气将逐步向基础资源转化，石油将回归原料属性，天然气将作为支撑电力系统灵活性的"最佳伙伴"。经过多年创新发展，我国已在陆上、海洋和非常规油气勘探开发领域形成了一系列特色技术，有力支撑了我国石油产量重上 2 亿 t 并持续稳产，推动我国天然气产量连续 7 年超百亿立方米增长。同时，近年来，我国天然气发电技术持续进步，重型燃气轮机自主研发能力取得重要进展。

1. 油气增储上产技术

（1）陆上油气勘探开发技术。

1）勘探技术方面。主要形成了新一代岩性地层油气藏勘探技术、海相碳酸盐岩油气藏勘探技术、前陆盆地油气勘探技术、成熟盆地精细勘探技术、天然气勘探技术等。

新一代岩性地层油气藏勘探技术主要包括大型敞流湖盆沉积模式与油气大面积成藏理论及砂体识别技术，在鄂尔多斯湖盆中心勘探禁区发现姬塬、华庆等多个数亿吨级大油田；海相碳酸盐岩古隆起特大型油气田聚集理论与勘探配套技术，指导四川、塔里木等盆地海相碳酸盐岩勘探取得新突破，发现了安岳气田、元坝气田等大气田；深化库车冲断带深层天然气地质理论，实现勘探深度和巨厚盐层工程技术上的重大突破，支撑油气勘探从 4000m 拓展到 8000m；精细勘探地质理论和高分辨率地震勘探技术取得重大进展，全面应用于渤海湾盆地油气精细勘探，推动老油区储量持续增长；以天然气生成与成因、天然气成藏和富集为核心的天然气聚集理论取得重大进展，形成含气性检测、复杂气层测井识别与评价等新技术、新方法，有力支撑了苏里格、博孜—大北等大气田的发现和储量增长。

2）开发技术方面。主要包括高含水、特高含水油田开发技术，低渗透、特低渗透油气田开发技术，天然气安全开发技术以及中深层稠油、超稠油开发技术等。

创新以特高含水挖潜、二类聚合物驱和三元复合驱、高温高盐Ⅰ类聚合物驱后油藏井网调整非均相复合驱为核心的新一代稳产技术，有力保障了大庆油田、胜利油田长期稳产。发展了特低渗透—致密油气成藏地质理论，研发了特低渗透油藏有效开发关键技术，创建致密气田规模效益开发模式，有力支撑了长庆油田快速上产。形成高含硫超深水平井安全钻完井、高含硫气井产气剖面监测、超深高含硫水平井分段酸压、百亿立方米级净化厂安全运行优化等关键技术，确保普光、元坝、川东北等气田高效安全生产。火驱理论及中深层稠油开发技术攻关和现场试验取得重大突破，有望成为第三代稠油开发主体技术。

（2）海洋油气勘探开发及深水工程技术。

海洋油气勘探地质理论与勘探配套技术取得重大进展，发现大中型油气田 20余个；海上稠油高效开发技术取得关键突破，成功研发海上丛式井网整体加密、多枝导流适度出砂等海上稠油开发新技术，可有效提高海上稠油采收率及化学驱采收率；初步形成具有自主知识产权的深水油气开发工程技术体系，深水工程装备实现了从无到有的历史性跨越。3000m 深水半潜式钻井平台在深水钻探成功，实现了作业水深从 500m 到 3000m，深水油气勘探开发技术的重大突破使得南海 1500m 水深的荔湾 3-1 大气田成功实现自主开发。

（3）非常规油气勘探开发技术。

形成了页岩油富集区与"甜点"优选评价技术、页岩油长水平井小井距开发技术、页岩油三维水平井优快钻完井技术、页岩油长水平段细分切割体积压裂技术，有力支撑了新疆吉木萨尔、大庆古龙、胜利济阳以及长庆庆城页岩油田的发现与建产，推动我国页岩油勘探开发工作取得积极进展；形成页岩气资源评价、钻完井、水平井压裂与开采技术，开展钻井、压裂试气"工厂化"作业试验，施工周期大幅下降，推动四川盆地涪陵、长宁—威远等页岩气田规模开采；中低阶煤煤层气勘探理论和开采技术取得重大创新，指导国内中低煤阶煤层气田勘探发现和快速建产。

2. 天然气发电技术

天然气发电是指利用天然气产生电力，相关技术主要有简单循环燃气轮机发电技术、联合循环燃气轮机发电技术、往复式燃气内燃机发电技术和冷热电综合能源供应技术。

（1）简单循环燃气轮机发电技术。

简单循环燃气轮机发电技术由燃气轮机从大气吸入空气，在压气机中进行压缩，压缩后的气体进入燃气轮机燃烧室，与天然气一起在燃烧室中燃烧，燃烧产生的高温烟气进入燃气透平（简称透平）膨胀做功，膨胀后的烟气排向大气。简单循环燃气轮机发电流程示意图见图 6-13。

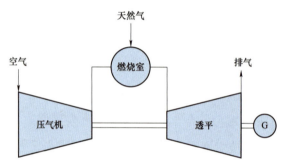

图 6-13　简单循环燃气轮机发电流程示意图

简单循环燃气轮机发电技术具有结构简单、占地省、启动快、升负荷速率快、体积小、重量轻等优点，但其主要缺点是能源利用率低（简单循环效率 35%～45%，见表 6-2）和对环境造成污染（高温烟气造成热污染和氮氧化物排放超标），因此该技术在我国应用极少，但在国外油气资源丰富且环保政策不严格的区域有工程应用。

（2）联合循环燃气轮机发电技术。

我国的联合循环燃气轮机发电技术经历了从起步、发展到壮大的过程，目前在自主研制方面也取得了重大突破。

我国燃气轮机设计制造起步于 20 世纪 60 年代，曾生产透平进气初温为 700℃等级的燃气轮机，有 1、1.5、3、6MW 等型号。20 世纪 70 年代后期，成功完成透平进气初温 999℃等级的 23MW 燃气轮机的研制和生产，并设计了 17.8MW 驱动用燃气轮机。此后由于国家能源政策调整，我国燃气轮机工业陷于停滞，直至 2001年几乎无明显发展。

2002—2011 年，我国陆续通过三批集中招标和附加后续项目，引进国外先进燃气轮机联合循环发电机组。从合作制造开始，逐步增加本地化和自主化比例，直至自己拥有独立制造部分燃气轮机的能力。中国制造商与国外燃气轮机制造商合作方面有：哈尔滨电气股份有限公司&通用电气公司（HEC & GE）、东方电气股份有限公司&三菱重工业株式会社（DEC & MISUBISHI）、上海电气（集团）总公司&西门子股份公司（SEC & SIEMENS）、上海电气集团股份有限公司&安萨尔多能源公司（SEC & ANSALDO）等。

2012 年至今，我国一方面继续同国外燃气轮机制造商保持合作，另一方面也在重型燃气轮机国产化方面持续突破，国内三大主机厂已经掌握了 E 级、F 级重型燃气轮机的冷端部件制造和整机组装技术，重型燃气轮机的国产化率也有了大幅提高。

燃气轮机主要通过燃烧温度进行分级（每 100℃为一级），其中 E 级、F 级、H 级燃气轮机的透平转子进口温度分别在 1200、1300、1400℃左右，相应地，燃烧温度有所不同，发电机组效率也有所不同。H 级燃气轮机是目前世界上初温最高、功率最高以及效率最高的燃气轮机。

根据厂家样本及相关资料，目前世界上主流燃气轮机产品简单循环及其联合循环发电功率、效率值见表 6-2。

表 6-2   主流燃气轮机产品简单循环及其联合循环发电功率、效率值

机组规模	型号	简单循环发电功率（MW）	简单循环效率（%）	联合循环发电功率（纯凝工况，MW）	联合循环效率（纯凝工况，%）
H 级	9H.01	446	43.1	659	63.4
	SGT5-8000H	425	>40	630	61
	M701J	493	>42	717	>62.5
	GT36	471	41	745	61.7
F 级	9F.05	314	38.2	493	60.7
	SGT5-000F	329	40.7	475	59.7
	M701F4	324	39.9	495	60
	AE94.3A	310	40	495	60.5
E 级	GT13E2	203	38	289	55
	SGT5-000E	187	36.2	275	53.3
	M701DA	144	34.8	213	51.4
	AE94.2	185	36.2	269	52.9

续表

机组规模	型号	简单循环发电功率（MW）	简单循环效率（%）	联合循环发电功率（纯凝工况，MW）	联合循环效率（纯凝工况，%）
小 F 级（100MW 级）	6F.03	82	36.2	125	56
	H100	112	38.2	169	55.8
	AE64.3A	78	36.6	114	54
小 F 级（50MW 级）	6F.01	54	38.4	81	57.7
	LM6000	55	40.9	74	55.9
	SGT-800	54	39.1	75.9	56
	H25	42	37.2	59	52.8
30MW 级	LM2500+G4	33.6	38.4	47.7	54.7
	SGT-700	33.7	38.2	45.2	52.3
	L30A	30.12	40.1		

（3）往复式燃气内燃机发电技术。

往复式燃气内燃机发电技术以天然气为燃料，通过天然气燃烧产生的高温高压气体，推动活塞做直线往复运动，并通过曲轴旋转带动发电机，将机械能转化为电能。往复式燃气内燃机发电功率通常低于 20MW，发电效率为 35%～42%。除发电外，其产生的余热可用于制冷及供热，以提高能源利用效率。往复式燃气内燃机发电技术的优点主要有设备集成度高、体积小、安装便捷、启动灵活等，通常用于分布式能源领域、应急电源或移动式电源车等。

（4）冷热电综合能源供应技术。

天然气冷热电综合能源供应可以实现更高的能源利用率，是一项技术先进的供能技术，它首先利用天然气燃烧做功产生高品位电能，再将发电设备排放的低品位热能充分用于供热和制冷，实现了能量梯级利用，且能源综合利用效率可达 80%以上，因而是一种高效的综合能源利用系统。天然气冷热电综合能源供应示意图如图 6-14 所示。以上海迪士尼园区天然气分布式供能站为例，该供能站建设 8×4.4MW 燃气内燃机组，实现冷、热、电、生活热水等多种能源形式的联供，综合能源利用率达到了 85%，可实现年节约标准煤 2 万 t，年减排 CO_2 7.5 万 t。

冷热电综合能源供应站响应速度快，可以实现分钟级启动，快速并网。

天然气冷热电综合能源供应在未来可融入智能微电网，通过智能微电网的智能管理和协调控制，更好地发挥天然气三联供的个性化设计、运行灵活、能效高等优势。通过微电网还可融入风电、太阳能、生物质能、地源热泵、水源热泵、蓄热蓄冷装置等构建的多能互补能源系统，实现能源供应的耦合集成和互补利用，是天然气分布式能源的重要发展方向之一。

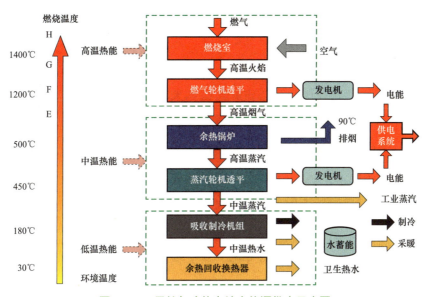

图 6-14 天然气冷热电综合能源供应示意图

（二）油气供应及利用技术发展方向

1. 油气增储上产技术

（1）陆上深层、超深层油气藏勘探开发领域。

我国深层、超深层油气剩余资源丰富，但认识程度低、勘探程度低，是未来陆上油气勘探开发潜力最大的接替领域。近年来，在塔里木、四川、准噶尔、柴达木等盆地实现了 6000m 以上超深层油气藏规模化勘探开发，但仍面临深层主力烃源灶分布与潜力不明、油气富集主控因素多样、储层分布预测难度大等挑战。下一步需进一步开展深层、超深层油气成藏机理研究，建立以深层岩相古地理重建、规模储层分布预测、资源潜力评价为核心的成藏机理及储层有效性评价方法；突破深层油气勘探地质理论与地球物理评价技术瓶颈，实现深层勘探目标精准描述，构建深层油气地质理论认识和评价体系；加强高温、高压条件下钻完井、压裂、采油等开发配套关键技术攻关，为实现深层油气勘探战略突破和规模开发提供技术支撑。

（2）页岩油气勘探开发领域。

近年，我国页岩油气勘探开发实现跨越式发展，2023 年产量分别达到 430 万 t、

250 亿 m³ 以上，成为我国油气增产增供的重要领域。页岩气方面，我国已经掌握中浅层页岩气勘探开发技术，但埋深 3500m 的海相深层页岩气高产富集规律和单井主控因素不明确，受储层高温、高压、高应力的影响，水平井地下旋转导向工具、钻头和体积压裂等国产化设备及技术尚不过关；页岩油方面，我国以陆相页岩油为主，页岩油赋存状态、渗流机理等地质基础研究、甜点系统评价方法、合理开发技术政策和主导工艺技术还需深化研究。下一步，应持续加大页岩油气的规模化勘探开发技术攻关，针对主要瓶颈问题，重点开展微纳米孔喉系统表征、流体赋存机理与可动性评价等研究，攻关页岩油气甜点预测与立体井网优化开发技术、页岩储层大平台长水平井优快钻完井与高效压裂技术，加大页岩储层高温高压和高应力水平井多段压裂技术装备国产化力度，支撑进一步扩大页岩油气效益开发规模。

（3）中低熟页岩油地下原位转化领域。

我国中低熟页岩油远景和技术可采资源量高达数百亿吨，还有数十万亿立方米的天然气转化潜力，如能实现开发突破，将大幅度提升全国油气产量。但目前开发技术和试验还存在不确定性，加热器材料与制造、超长时连续加热控温等技术及实施方案可靠性与稳定性还需要提高，埋深超过 2000m 先导试验存在不可预见性，突破技术瓶颈、经济性和优化工艺流程是实现成功开发的关键。下一步，要加快开展页岩油地下原位转化理论研究（见图 6-15），建立油气最佳产出理论与方法，突破小井距高精度钻井导向、大功率长寿命大长度加热器及温压控制、高温高硫化氢安全环保采油技术，研制相关实验设备实现理论技术配套，解决经济开采基础理论与技术难题。

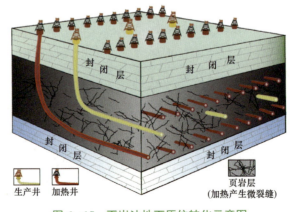

图 6-15　页岩油地下原位转化示意图

2. 天然气发电技术

天然气发电具有低碳、高效、稳定、启停快、爬坡快、变负荷能力强等优势，从充分发挥以上优势，进一步凸显其在新型能源体系中的作用方面来看，天然气发电技术的发展方向主要有更强大的灵活性调峰能力、更高的能源利用效率、更低的碳排放等。

（1）灵活性调峰电源。

作为灵活性调峰电源是天然气发电的一个重要发展方向。借鉴发达国家经验，为保持电力系统稳定，调峰电源在电力系统中的装机比例至少要达到总装机容量的10%～15%。现阶段我国灵活性调峰电源占比仅为6%左右，亟须大幅提升调峰电源装机规模，以保障新型电力系统的调峰需求。天然气发电是响应特性、供电持续性综合最优的灵活性调峰电源，以目前广泛发展的 H 级燃气–蒸汽联合循环机组为例，其调峰性能见表 6–3。

表 6–3　　　　　　　　　H 级燃气–蒸汽联合循环机组调峰性能

关键指标		H 级燃气–蒸汽联合循环机组
最小出力		10%～30%
爬坡速率	≥50%负荷	燃气轮机：≥5%P_E/min； 联合循环机组：≥1.5%P_E/min
	<50%负荷	燃气轮机：≥5%P_E/min； 联合循环机组：≥1.5%P_E/min
启停调峰	启停调峰次数	2500 次/大修周期
	热态启动时间	燃气轮机：≈30min； 联合循环机组：≈84min

注　P_E/min 为每分钟额定功率。

（2）燃气轮机掺氢燃烧发电。

燃气轮机掺氢燃烧发电可以实现更低的碳排放强度。《燃气轮机氢能发电全球技术发展蓝皮书》指出，利用风光制绿氢可以显著增强电力系统的运行灵活性，借助燃氢燃气轮机技术，可提升电力系统的供应保障能力并提供安全稳定性支撑。

燃气轮机为实现从用天然气到用氢的转型，仍需要利用掺混燃烧作为过渡。"为现有燃气轮机开发改造解决方案是推动与实施燃氢燃气轮机技术的关键因素。"《燃气轮机氢能发电全球技术发展蓝皮书》指出，最初可以通过对现有燃烧室进行相对较小的改造，从而允许将氢气混合燃烧到最大含量，然后再进一步开发新型燃烧室，使燃气轮机使用的氢气含量达到 100%。燃氢燃气轮机的设计在一定程度上依赖于现有燃气轮机技术，经过改造燃烧室和一些辅助部件，大多数现有燃气轮机可以部分燃烧氢气。

目前，世界范围内燃气轮机掺氢燃烧发电的研究已经取得一定的进展。此前，美国 GE 公司曾表示，其在全球已有超过 100 台采用低热值含氢燃料的机组在运行，预计 2030 年将具备 100% 燃氢能力。欧盟和日本也计划在 2030 年前推出 100% 重型燃氢燃气轮机。我国的上海电气集团、杭州汽轮动力集团正在推进相关研究，加大燃气轮机中的掺氢比例。国内首个 H 级燃气掺氢发电机组项目——惠州大亚湾石化区综合能源站项目于 2024 年 6 月 27 日投产。据估算，相比于以纯天然气为燃料的机组，两台 9HA.01 机组每年以掺氢 10% 的燃料满负荷运行，最多可减少 CO_2 排放约 5.8 万 t。2024 年 7 月，我国自主研制的 F 级 50MW 重型燃气轮机（代号 G50）完成了燃烧器掺烧 30% 氢气全尺寸全温全压试验验证，各项指标均达到预期，这是成功实现掺氢燃烧的国内首个拥有自主知识产权的重型燃机燃烧器，根据估算，掺烧 30% 氢气能够实现 1.8 万 t/（年·台）的 CO_2 减排，该项技术为探索更高比例掺氢乃至纯氢燃烧技术奠定了基础。

（3）重型燃气轮机国产化。

我国重型燃气轮机关键零部件中，压气机缸体、压气机叶片、压气机转子、燃烧室缸体及进排气室、透平缸体、透平转子等已基本实现国产化，但是燃烧室内衬、透平叶片等热部件和控制系统等仍需依赖进口。实现国产化的进程中，需突破燃气轮机设计体系、热端部件制造及维修、控制等一系列"卡脖子"关键核心技术。

2012 年，国家启动"航空发动机与燃气轮机"国家科技重大专项（简称"两机专项"），标志着我国重型燃气轮机国产化进程迈入快车道。2014 年 9 月，承担国家重型燃气轮机重大专项的新型科研企业——中国联合重型燃气轮机技术有限公司在上海成立，该公司由国家电力投资集团有限公司控股，哈尔滨电气股份有限公司、东方电气股份有限公司和上海电气（集团）总公司共同出资设立，主要承担重型燃气轮机型号和工程验证机研制、关键技术研究与验证等科研工程项目等任务。

利用新型举国体制的优势，我国重型燃气轮机国产化正不断实现重大突破。

2023 年 3 月 8 日，东方电气股份有限公司自主研制的我国首台全国产化 F 级 50MW 重型燃气轮机商业示范机组正式投入商业运行，填补了我国自主燃气轮机应用领域空白，被誉为中国"争气机"。

2023 年 6 月 4 日，中国航空发动机集团有限公司"太行 110"重型燃气轮机通过产品验证鉴定，标志着我国重型燃气轮机走完自主研制全过程，填补了国内该功率等级产品空白。

2024 年 10 月 7 日，中国联合重型燃气轮机技术有限公司自主研制的 300MW 级 F 级重型燃气轮机在上海临港首次点火成功，标志着项目研制全面进入整机试验验证阶段。

2024 年 11 月 5 日，东方电气股份有限公司自主研制的我国首台 15MW 重型燃气轮机（代号 G15）整机首次点火试验一次成功，初步验证了 G15 重型燃气轮机的系统可靠性、安全性及功能完整性，标志着东方汽轮机率先在国内实现自主燃气轮机系列化、谱系化发展。

未来，在燃气轮机设计体系、热端部件制造及维修、控制系统、可靠性等方面仍是重型燃气轮机发展进步的方向，最终目标是完成"关键技术验证—产品研发设计—部件性能试验验证—部件生产制造及组装—整机试验验证—商业运行"关键路径的自主可控，形成具有市场竞争力的国产重型燃气轮机产业体系。

（三）天然气发电经济性

从天然气发电机组建设成本分析，参照我国 2021—2023 年火电工程限额设计参考造价指标，新建 2×600MW 等级一拖一燃气机组（9H 级供热）造价水平为 2061～2075 元/kW，新建 2×400MW 等级一拖一燃气机组（9F 级供热）造价水平为 2141～2184 元/kW。从初投资各类费用构成来看，建筑工程费占比 16%～18%，设备购置费占比 53%～60%，安装工程费占比 8%～12%，其他费用占比 15% 左右。可以看出，设备购置费占比最大，单机规模更大的 H 级机组单位千瓦造价低于 F 级机组。

从天然气发电机组运营成本分析，根据对机组发电成本的分析测算，天然气燃料成本占 80.19%，折旧成本占 6.76%，维护成本占 13.04%。燃料成本占比最大，因此发电成本中燃料成本即天然气价格是制约上网电价的重要因素。影响天然气发电机组运营成本的另一个重要因素是年利用小时数，频繁启停机会影响设备使用寿命，增加计划检修和强迫停机次数，机组运行效率降低，带来燃料成本和维护成本的上升。

由于我国富煤少气的资源禀赋，天然气价格偏高，燃气轮机发电机组运营成本远高于燃煤发电机组。为了支持天然气发电产业的健康发展，部分省市如上海、浙江、江苏等对天然气发电实行两部制电价，从这些省市市场燃气电厂经营情况的调研结果来看，两部制电价的实施在一定程度上促进了气电行业的发展。

三、水能

水能可分为陆地水能和海洋能，本节主要介绍陆地水能的利用技术。与其他发电方式相比，水力发电具有清洁低碳、启动速度快、操作灵活、运行成本低等优势，并能结合防洪、供水、灌溉、通航、旅游等功能综合开发，经济、社会和生态效益十分显著。在新型能源体系中，水力发电将有效促进风电、光伏等新能源的消纳，提高电力系统的安全性、可靠性和灵活性。

（一）水能利用技术发展现状

我国水电产业已迈入大电站、大机组、高电压、自动化、信息化、智能化的全新时代，引领着世界水电能源行业的发展。

1. 大型水电工程建设技术

我国水电工程技术已达到世界先进水平，在高性能混凝土材料、高坝抗震设防、高混凝土坝快速施工、高土石坝智能碾压、大体积混凝土坝温控防裂、超深厚覆盖层地基处理、超高边坡变形稳定控制、高水头泄洪消能防护等方面取得一系列重大突破，关键技术水平世界领先。

近年来，我国建成投产了以锦屏一级、溪洛渡、乌东德、白鹤滩为代表的一批300m 级高混凝土双曲拱坝，以黄登、向家坝和关照为代表的200m 级高碾压混凝土重力坝，以两河口、长河坝和糯扎渡为代表的 300m 级高黏土心墙堆石坝等。依托拉哇、古水等工程，我国创新了 250m 级面板堆石坝筑坝技术；依托双江口、两河口、如美工程，创新了 300m 级心墙堆石坝筑坝技术；依托乌东德、白鹤滩工程，提升了强震区 300m 级特高拱坝无缝大坝和大型地下洞室群关键技术。从引进、消化、吸收，到自主创新，我国筑坝技术实现了从跟跑、并跑到全面领跑的跨越。

2. 大型水电机组制造技术

我国大型混流式、贯流式、轴流式以及可逆式水电机组均已实现自主设计制造，达到国际领先水平。

（1）高水头巨型混流式水电机组。

混流式水轮机使用水头范围广泛，结构简单，运行稳定且效率高，是应用最广泛的一种水轮机，其发展趋势是高水头、大容量和高效率。我国掌握了巨型混流式水电机组的水力设计、电磁、通风、推力轴承、绝缘、结构优化、制造工艺等关键技术，达到国际先进水平。2022 年 12 月，世界上技术难度最高、单机容量最大、装机规模第二的白鹤滩水电站 1000MW 水电机组全部投产，水轮机最优效率达到 96.7%，发电机额定效率超过 99%，标志着我国特大型水电设备设计制造技术迈上新台阶。

（2）轴流式水电机组。

轴流式水轮机多用于中低水头大流量的水电站。我国轴流式水轮机的研制经过几十年的努力，全面掌握了关键技术。20 世纪 80 年代，我国独立研制了以葛洲坝水利枢纽为代表的轴流式水轮机；20 世纪 90 年代，我国与国外合作研制了以水口水电站为代表的高水头轴流式水轮机。水口水电站增容改造后，单机容量达到 230MW，是目前世界上单机容量最大的轴流式水电机组。

（3）高水头大容量冲击式水电机组。

冲击式水轮机按射流冲击转轮方式分为水斗式、斜击式和双击式。水斗式水轮机作为高水头水电能源开发的主力机型近年来不断进步。当前国内使用水头最高的四川苏巴姑水电站设计水头为 1175m，单机额定出力 26MW。2023 年 5 月，国产单机最大功率 150MW 级大型冲击式水电转轮在四川德阳成功下线，实现了我国高水头大容量冲击式水电机组关键核心技术的国产化新突破。

（4）大型贯流式水电机组。

贯流式水轮机单位过流量大、转速高、效率高，具有优良的能量特性。经过 40 余年的研究和实践，我国在贯流式机组设备开发、研制及贯流水电站设计和运行技术上取得了很大进展。2001 年，国内首台 30MW 大型灯泡贯流式水轮发电机组在四川红岩子电站成功投运。2009 年，我国中标为巴西杰瑞电站开发的贯流机组，单机容量达 75MW，直径 7.9m，是全世界单机容量最大灯泡贯流式机组。

3. 小水电技术

小水电是改善能源结构、保护生态环境、应对气候变化的重要手段，也是农村基础设施建设的关键。近年来，我国持续推进小水电安全生产标准化工作，深入开展分类整改和生态流量落实，清理整改长江经济带和黄河流域的小水电，推动小水电规范发展和绿色转型升级。

（二）水能利用技术发展方向

1. 复杂地质条件下的水电工程建设技术

目前，除雅鲁藏布江和怒江等地外，我国主要大型水电基地的开发布局已经基本完成，水能开发技术向难发展，主要研究方向包括：

（1）针对西藏地形复杂、基础设施不完善等特点，研究并突破在该地区开发建设常规水电的可行技术。重点研究和发展适应特殊地质、寒冷气候条件下的工程勘察、边坡处理、枢纽抗震、混凝土保温等关键技术。综合应用信息化技术、人工智能计算等方法，增加现场信息采集密度，提高数学和物理模型的准确度，从而提升水能开发的质量和效率。

（2）研究高寒高海拔地区筑坝垫层料级配和渗透系数、面板混凝土设计指标、面板表面抗冰冻隔离层的设置和面板表层止水等问题，确保工程质量和安全。

（3）加强对大型地下洞室群施工系统的仿真及进度研究。运用循环网络计算机模拟技术、可视化资源建模技术、网络计划分析与优化技术和动态演示技术，寻求合理的机械设备配置、施工支洞配置、施工顺序及经济可行的施工进度，确保施工过程的科学性和高效性。

2. 巨型水电机组的设计与制造技术

针对高水头、大流量的水能资源，适合采用巨型冲击式水轮机组。巨型冲击式水轮机组未来的研究方向包括转轮模型水力设计及试验技术研究、机组刚强度及稳定性技术研究、转轮耐疲劳性能研究、转轮整体锻造及高位焊水斗数控加工和测量技术、多喷嘴协联控制及最优模态研究等。

3. 生态友好型水电技术

开发新型水电站，使用绿色环保的技术手段，最大限度地减少对环境的负面影响，使其向环境友好、可持续的方向发展，是水电开发的重要方向。鱼类友好的水电工程技术近年来得到广泛关注，研究的主要方向包括低转速、可过鱼转轮，鱼类下行过坝措施等。

无人区和生态脆弱区生态修复技术也是研究的重要方向。当前我国水电工程建设的主战场在西藏和川西一带，建设征地区处于一些无人区或人烟稀少的高原地带，外业工作难度较大。

4. 小水电技术

我国微水头水能资源极其丰富，亟需突破微水头水力资源开发的关键技术，优化水力设计，提高机组效率。水能气动发电技术能在 5.05kPa（约 0.6m 水头）的压力差下启动，并在 1m 水头下以 80%的效率运行，适用于低水头的水力资源开发，有助于提高发电效率，是未来小水电技术的发展方向之一。

此外，与其他能源结合的综合利用也是小水电的重要发展方向。结合当地条件，开发分布式小容量水电，并与风能、太阳能、抽水蓄能、生物质能等多种清洁能源综合利用，有助于提升整体能源利用效率和环保效益。

（三）水能发电经济性

"十二五"以来，常规水电核准项目的单位造价总体呈波动上涨趋势。据统计，2023 年受河段控制性工程的影响，常规水电的平均单位千瓦总投资约为 2 万元/kW，远高于近年来 1 万～1.5 万元/kW 的造价水平。从成本构成来看，地质地形等建设条件对工程投资影响较大，土建工程占比高达 56.9%。未来，常规水电工程开发建设逐步向流域上游高海拔地区推进，工程建设条件趋于复杂，社会、环境和流域安全要求逐步提高，总体开发难度不断增加，预计工程造价将进一步攀升。据有关机构预测，大渡河、金沙江等非高海拔地区水电造价达 1.5 万元/kW，雅砻江等高海拔地区水电造价达 3 万元/kW。

基于全生命周期的成本测算显示，2023 年我国常规水电的度电成本约为 0.272 元/kWh，未来随着新增水电的逐步西移，水电的综合成本呈上升趋势，预计新增水电平均度电成本约 0.563 元/kWh。考虑存量、增量水电站占比情况，预计 2030 年我国常规水电平均度电成本将上涨至 0.302 元/kWh。

四、风能

风能作为一种可再生清洁能源，具有良好的经济效益、环境效益，因此，很多国家都致力于风电技术的研究、开发和应用。我国正处于能源结构转型的重要时期，加快发展风电产业对我国能源绿色转型、实现"双碳"目标具有重要作用。近年来，我国已基本形成全球最具竞争力的风电产业体系和产品服务，风电机组及风力发电呈现大型化、智能化、综合利用等发展趋势。"十四五"中后期，我国风电产业将围绕技术创新、产业协同、智能化等发展方向，重点突破关键技术，引领全球风电技术发展，进一步促进成本下降，支撑风电大规模高质量发展。风能利用技术体系见图 6-16。

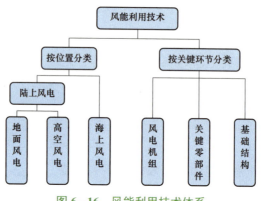

图 6-16　风能利用技术体系

（一）风能利用技术发展现状

我国风电产业从完全依赖进口到联合研发、自主研发，再到产业全面发展，风电技术从弱到强，逐步实现了技术水平的不断进步和迭代创新，在国际技术发展中位于前列。

1. 风电机组技术

随着风电技术的不断发展，我国风电机组呈现了不断的大型化发展特征，进一步提高风电发电效率。

在风电机组的技术类型上，以往传统的陆上风电机组广泛采用双馈技术，随着对低风速地区风能资源的需求，直驱技术不断发展。未来，随着风电不断大型化轻量化发展、对发电可靠性的更高要求以及成本的快速下降趋势，半直驱技术已经成为近阶段的发展主流。

在风电机组的单机容量上，目前陆上风电机组以 5MW 为主流机型，研发重点已布局到 8MW 以上。海上风电机组以 12～16MW 及以上单机容量为主流机型，全球首台 16MW 风电机组已在福建成功并网发电，全球最大的海上风电已达 20MW。

在风电机组的研发和制造上，我国已建立了风电机组整机、零部件和相关配套设备的自主研发和制造能力，产业链整体技术水平与国际同步，其中整机、叶片、塔筒等关键装备在大型化方面超过国际同类水平。但是，仍有少量关键零部件、元器件尚未全面国产化，如风电机组主轴轴承、齿轮箱轴承、发电机高速轴轴承、变流器和变桨系统中使用的 IGBT/IGCT 半导体功率器件及核心控制芯片等。不同类型风机的技术对比见表6-4。

表6-4 不同类型风机的技术对比

	技术参数	GW165/4000	EN171-4500	EN171-5000	GW191-5000	GW191-6000
风机属性	单机容量（kW）	4000	4500	5000	5000	6000
	叶片个数	3	3	3	3	3
风轮	直径（m）	165	171	171	191	191
	扫风面积（m²）	21382	22966	22966	28652	28652
	功率调节	变桨变速	变桨变速	变桨变速	变桨变速	变桨变速
	切入风速（m/s）	2.5	3	3	2.5	2.5
	额定风速（m/s）	11	11	11	9.5	9.5
	切出风速（m/s）	24	25	25	20	24
	安全风速（m/s）	52.5	52.5	52.5	52.5	52.5
	叶片长度（m）	81.7	84.7	84.7	94.7	94.7
	单位千瓦扫风面积（m²/kW）	5.343	5.101	4.591	5.728	4.773
	轮毂高度（m）	100	100	100	100	100
发电机	发电机型式	永磁同步	双馈异步	双馈异步	永磁同步	永磁同步
	额定功率（kW）	4200	4750	5250	5250	6300
	额定电压（V）	950	690	950	950	1380
安全等级		IEC S	IEC S	IEC S	IEC S	IEC S
塔筒型式		圆锥钢塔	圆锥钢塔	圆锥钢塔	圆锥钢塔	圆锥钢塔

2. 关键零部件技术

我国风电产业链关键零部件已基本实现国产化，零部件国产化率达到95%以上。自主研制大兆瓦主轴轴承的国产化进程正在加快，偏航变桨轴承已全部国产化；大功率齿轮箱和百米级叶片等部件技术持续突破，甚至超过国际水平。

（1）叶片材料。目前陆上风电机组叶片长度最大已超过100m，海上风电机组最大超过120m，关键技术环氧树脂和聚醚胺等基体材料需要进口，新型PVC和PET结构泡沫材料供应商主要由国外公司主导，国产碳纤维增强材料与涂层材料还有巨大的进步空间。

（2）齿轮箱。随着风电机组功率的增长，目前陆上风电两级行星＋一级平行轴结构的齿轮箱也成为市场的绝对主流产品；海上风电采用三级行星＋一级平行轴结构的齿轮箱。新型齿轮箱开始使用滑动轴承与各类新型传感器，逐渐呈现小型化、集成化、智能化趋势。

（3）轴承。目前偏航变桨轴承已经全部国产化，5MW级及以上大兆瓦风电机组主轴轴承 60%依赖进口。针对 12、16MW 海上风电机组，主轴轴承已经下线，但仍需进一步验证其性能、可靠性、寿命等，并未大批量应用。

（4）变流器。目前变流器国外品牌逐渐被国产品牌替代，同时针对制约变流器产能的 IGBT 模块和核心控制芯片，近几年国内技术投入加快。株洲中车时代半导体有限公司已建成全球第二条、国内首条 8in IGBT 专业生产线，具备年产 12 万片芯片并配套形成年产 100 万只 IGBT 模块自动化封装测试能力，但 FPGA、DSP、PLC 等依然依赖进口。

3. 海上风电基础结构技术

与陆上风电相比，海上风电运行环境迥异，结构设计也更加复杂，需要考虑包括海水侵蚀、风流载荷、海浪冲击、极端台风等多种因素的影响。海上风电基础结构可以大致划分为固定式和漂浮式两大类。

（1）固定式海上风电基础。固定式海上风电基础主要包括单桩基础、高桩承台基础、重力式基础、导管架基础、吸力筒导管架基础。具体如下：

1）单桩基础。单桩基础结构特点是自重轻、构造简单、受力明确，应用水深一般小于 40m，国内外大部分风电项目尤其是海上风电项目多数采用单桩基础型式，属于主流桩形。

2）高桩承台基础。由于深远海离岸较远，海上作业时间较长，经济性较差。

3）重力式基础。由于体积大、重量重、工程造价较高，若采用空腔结构，还要考虑水压影响，经济性较差。

4）导管架基础。导管架基础结构特点主要体现在设计简单且应力分布合理，特别是在水深较大、海床地质条件复杂的海域，导管架基础能够提供更好的支撑效果，也成为深海海上风电的主流基础型式。

5）吸力筒导管架基础。吸力筒导管架基础是一种新型的海上风电机组基础型式，是一种底部开口的薄壁圆筒结构，其核心原理是通过负压作用使吸力筒牢牢扎入海底。吸力筒导管架由吸力筒和上部导管架组成，具有施工安装方便、无噪声、可重复利用及方便拆除等优点，未来在海上风电项目中将得到更广泛的应用。

（2）漂浮式海上风电基础。漂浮式海上风电基础主要包括立柱式、半潜式、张力腿式、驳船式。

1）立柱式。平台呈现圆柱形，吃水较大，运用水深需大于 100m。立柱式基础安装和大部件更换相对困难，对工作水深有较高要求。

2）半潜式。主体结构多为三、四浮筒结构，适用水深大于 40m，设计灵活，运输安装难度较小，我国目前大部分漂浮式风电基础均运用半潜式。

3）张力腿式。基础控制平台的浮力大于自重，借助锚固在海底的拉索维持稳定，通过向下的系泊张力平衡浮体向上的超额浮力。适用水深大于 40m，安装过程较复杂，张力腿结构造价较高。

4）驳船式。呈现四边形中间镂空结构，类似于船型，良好的阻尼作用改善整体运动性能。适用水深大于 30m，结构型式简单，便于批量化组装，稳定性较好，建设成本较低，可采用湿拖法运输。

目前阶段，立柱式和半潜式基础技术可行度稍好，处于小批量示范风场阶段，但立柱式基础整体成本较高，半潜式基础的商业化和规模化应用前景最为广阔。驳船式基础处于小容量样机试验阶段，张力腿式基础处于单机样机试验阶段，总体而言，我国目前漂浮式风电的研究还在起步阶段。

（3）动态海缆技术。漂浮式风机相比固定底部风机，其平台运动有一定范围，因此需要采用动态海缆技术。动态海缆系统分为静态海缆端和动态海缆端，静态海缆即常规海底电缆，动态海缆则是跟随浮体运动的海缆，过程中会承受较大的弯矩、剪切和扭矩的综合作用，需解决大截面、高电压、负荷波动、绝缘老化和力学载荷等问题。动态海缆示意图见图 6–17。

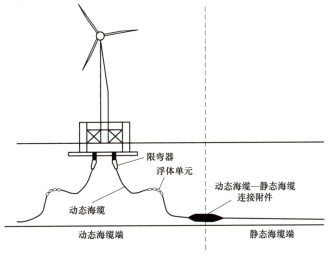

图 6–17　动态海缆示意图

我国开发的动态海缆大多选用"湿式"绝缘设计结构，头部厂商正积极研发并应用，例如：宁波东方电缆股份有限公司已成功在三峡"引领号"和"海油观澜号"项目中应用 35kV 动态海缆。未来，企业应在抗水树绝缘材料、绝缘结构设计、海缆及附件制造等方面开展深入研究，为漂浮式风电市场全面开启做好准备。典型湿式结构动态海缆截面如图 6−18 所示。

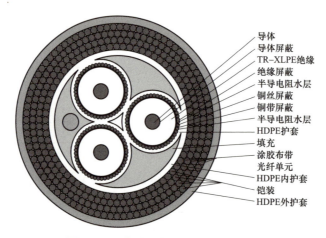

图 6−18　典型湿式结构动态海缆截面

（二）风能利用技术发展方向

1. 高空风能发电技术

传统风电向高塔筒方向发展，高度很难突破 300m，高空风功率密度大、风向稳定，高空风力发电可利用 300～10000m 高空风能资源，高空风电储量约为全球用电量的百倍以上。根据捕获和转化方式的不同，高空发电技术可分为空基高空风力发电和陆基高空风力发电。我国第一个陆基伞梯式高空发电项目如图 6−19 所示。

图 6−19　陆基伞梯式高空发电项目示意图

未来高空风能发电需要攻克的关键技术主要包括：高海拔地区的风能监测、预测技术；多变向载荷高效高可靠传输技术；发电组件耦合仿真和协同设计技术；发电系统协调运行与优化控制技术；大型高空伞梯装备一体化集成技术；高海拔、极端温度、强风等恶劣环境条件的关键材料和设备研发等。

2. 漂浮式海上风能发电技术

漂浮式海上风电关键技术有稳性校核研究、动态海缆研究、气动力特性研究、结构安全性研究等方面。

（1）稳性校核研究。

海上漂浮式风机设计的首要目标是能够保证其漂浮式基础的稳性，以保障其在服役的各阶段不发生倾覆性后果。当前海上漂浮式风机还没有成熟完善的规范指导其稳性计算与校核工作，国内外研究者主要以海洋油气平台的相关规范作为漂浮式风机稳性校核参考。

（2）动态海缆研究。

海上风电支撑平台运动具有一定范围，因此电缆近端需要采用动态海缆技术，并且需要利用浮力单元将海缆悬挂呈现"S"形态，起到缓冲作用。目前学术界和工业界对于漂浮式风机的动态海缆研究缺乏系统性和深入性。

（3）气动力特性研究。

漂浮式风机的气动特性研究可大致划分为三个方面：① 浮式平台基础对顶部风轮的气动性能的影响；② 风轮气动载荷对平台基础运动的影响；③ 气动载荷与结构振动等动力响应的耦合，即气弹性问题。

（4）结构安全性研究。

结构安全性研究主要分为结构极限载荷、结构共振和疲劳分析等。结构极限载荷研究漂浮式风机浮式平台的波频运动将引起额外的结构载荷、振动、疲劳。结构共振研究分析结构的振动自然周期与波浪周期的关系，避免发生结构共振。疲劳分析需要依据波浪长期散布图进行结构疲劳分析。

3. 超大型海上风电机组技术

风电整机企业通过主机架设计、碳纤叶片技术和平台化、模块化研发等提升单机容量，降低制造和发电成本。2022 年末至 2023 年初，单机容量为 16MW 和 18MW 风电机组分别下线。2023 年 1 月，中国海装风电有限公司自主研制的 H260-18MW

海上风电机组研制成功。2023 年 6 月，中车风电有限公司自主研制的 20MW 半直驱永磁风力发电机成功下线。2024 年 10 月，东方电气股份有限公司研制的拥有完全自主知识产权的 26MW 海上风电机组下线。

除了技术方面的创新，超大型海上风力发电技术还带来了显著的成本效益优势。在一个 100 万 kW 的海上风电项目中，8MW 机组需要 125 台，12MW 机组仅需要 84 台，约减少 1/3 的机位，节约用海面积 30% 以上。全场基础成本降低 24%，塔筒成本降低 27%，总体降低成本约 25% 以上。另外，由于机位减少导致尾流减少 3%～4%，发电量整体提高 5% 以上。

（三）风能发电经济性

1. 陆上风电

近几年，随着风电行业的技术进步，陆上风电的建设成本下降比较明显。根据地形复杂程度、施工条件的不同，目前陆上风电建设成本基本在 4000～6000 元/kW。其中，地形平坦、施工条件较好的西北部地区，建设成本在 4000 元/kW 左右；中东部的山东、河北、山西等地，建设成本在 5000 元/kW 左右；南部的湖南、云南、贵州、四川等地，由于山地较多，建设成本较高，在 6000 元/kW 左右。陆上风电机组价格基本在 1300～2000 元/kW。

随着风电机组的大型化发展趋势，未来风电成本预计还有很大下降空间。根据中国太阳能学会风能专业委员会（CWEA）评估预测，陆上风电项目到 2035 年平均造价为 3500～4800 元/kW，到 2060 年平均造价为 3000～3500 元/kW。根据陆上风电项目平均单位千瓦造价情况，测算出未来陆上风电项目的平准化度电成本（Levelized Cost of Energy，LCOE），到 2025 年达到 0.17～0.22 元/kWh，到 2035 年达到 0.14～0.19 元/kWh；到 2060 年达到 0.1～0.15 元/kWh。

2. 海上风电

海上风电由于施工条件复杂，因而比陆上风电的建设成本更高。据统计，目前近海风电建设成本基本在 10000～13000 元/kW，平均建设成本约为陆上风电的 2 倍，其中海上风电机组价格在 3500 元/kW 左右。

目前海上风电已经成为全球能源转型及全球经济体发展的重要战略性新兴产业，2024 年我国新增海上风电占全球新增海上风电市场的 80%，未来发展前景广阔。根据 CWEA 评估预测，海上风电项目到 2035 年平均造价为 8500～9500 元/kW，到

2060 年平均造价为 7500～7800 元/kW。根据海上风电项目平均单位千瓦造价情况，测算出未来海上风电项目的 LCOE，到 2025 年达到 0.34～0.38 元/kWh，到 2035 年达到 0.21～0.23 元/kWh，到 2050 年达到 0.20～0.21 元/kWh，到 2060 年达到 0.19～0.20 元/kWh。

五、太阳能

太阳能利用技术主要包括光电转换发电技术和光热转换发电技术两大类。

光电转换发电技术通过太阳能电池实现光电转换的功能。太阳能电池按基体材料主要可以分为晶体硅太阳电池（主要包括单晶硅电池、多晶硅电池）、薄膜电池（主要包括非晶硅电池、铜铟硒薄膜太阳电池、碲化镉薄膜太阳电池）和钙钛矿电池等。

光热转换发电通过收集太阳热能，再通过热交换装置提供蒸汽，结合传统汽轮发电机的工艺从而达到发电的目的。光热发电站一般有塔式、槽式、线性菲涅耳式和超临界 CO_2 布雷顿循环太阳能光热发电技术。太阳能利用技术体系见图 6-20。

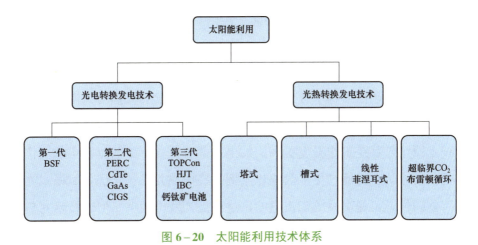

图 6-20　太阳能利用技术体系

（一）太阳能利用技术发展现状

1. 光电转换发电技术

光伏产业已经历了从第一代晶硅太阳能电池，到第二代薄膜太阳能电池，再到第三代基于现代光学技术、半导体技术的新型太阳能电池的发展过程。PERC 电池作为已经成熟的太阳能电池技术，长期以来在市场上占据了主导地位。随着光伏技

137

术的不断革新和市场竞争的日益激烈，PERC 组件将逐步退出市场，更高效的 TOPCon 开始逐步成为市场主流。

在环保方面，从全生命周期角度看，制造环节可通过使用清洁能源减少温室气体排放，但生产光伏组件需要的镍、铟、镓等稀有金属，其开采和提炼可能产生土地污染和水污染等。

（1）PERC 电池技术。

发射极及背面钝化电池（Passivated Emitter Rear Cell，PERC）采用钝化膜来钝化背面，从而使电池的效率提升 0.5%～1%，2020 年，规模化生产的 PERC 电池平均转换效率达到 22.7%。由于 P 型单晶硅 PERC 电池理论转换效率极限为 24.5%，P型 PERC 单晶电池效率很难再有大幅度的提升。

（2）TOPCon 电池技术。

氧化层钝化接触电池（Tunnel Oxide Passivated Contact，TOPCon）量产技术经过 3 代技术更迭，从高方阻到 SE 技术，再到激光烧结技术，实现了效率的大幅提升。目前 TOPCon 电池量产最高效率达 25.62%，在不久的将来，TOPCon 电池量产效率水平有望达到 27%。TOPCon 电池在高温环境下的性能衰减较小，适合在沙戈荒等温度较高的地区使用。

2. 光热转换发电技术

光热发电行业在国内属于公认的朝阳行业，但从发展成熟度角度来说，光热发电行业仍处于发展的初级阶段。熔盐塔式光热发电是一种当前全球范围内公认极具潜力的技术路线，系统工作温度更高，发电效率也更高，工艺流程更加简化，更易运维，但该技术仍有待通过更多商业化案例发展成熟并进一步优化。槽式光热发电技术具有创新性，可提高系统工作温度，进而提高发电效率，但该技术对集热管等部分关键装备以及系统运行整体安全性提出了较高要求，目前仍处于示范验证阶段。熔盐线性菲涅耳式光热发电技术通过采用沸点更高的熔盐作为介质，可提升系统工作温度和发电效率，目前已有示范项目运行。

在环保方面，光热发电全生命周期度电碳排放远低于光伏发电，光热发电设备不需要提炼重金属、稀有金属和硅，光热发电相比传统化石能源发电的 CO_2 排放量减少了 70% 以上，对环境的影响几乎为零。因此，光热发电具有良好的生态环境效益，是绝佳的绿色低碳发电方式。

（1）熔盐塔式光热发电技术。

塔式发电技术是一种集中型光热发电技术。熔盐塔式光热发电示范项目单座装机容量最大为 100MW，虽然塔式系统的聚光与集热系统控制较为复杂，维护成本较高，但塔式系统聚光倍数高、光热转化效率高、热量传递路径短，非常适合大规模、大容量的商业化应用，因此塔式光热发电系统被认为是未来主流技术路线，具备良好的发展前景。熔盐塔式光热发电技术以其高效、稳定和储能特性可应用于太阳能光热发电、火电灵活性改造等领域。

（2）槽式光热发电技术。

槽式光热发电系统包括导热油槽式光热发电系统和熔盐槽式光热发电系统。导热油的工作温度在 400℃左右，主蒸汽的温度在 370～410℃，因此汽轮机热效率约为 38%。而熔盐的最高使用温度可达 565℃，主蒸汽温度在 535℃左右，此时汽轮机热效率提升至 45%。除此之外，盐槽储罐比油槽储罐具有更大的储热空间，储能系统投资更少。因此，熔盐槽式光热电站更适合作为储热型光热电站，熔盐槽式光热发电示范项目单座装机容量最大为 100MW。

（3）熔盐线性菲涅耳式光热发电技术。

线性菲涅耳式的聚光系统由抛物面式聚光系统演化而来，菲涅耳式系统采用的菲涅耳结构聚光镜虽然降低了聚光镜生产的技术难度和成本，但系统的总体效率有待提高。线性菲涅耳式光热发电技术采用紧凑型排列，土地利用率高，风阻较小，抗风能力较强，集热系统可放置于建筑物顶部，可用于海水淡化、农业畜牧业等领域。

3. 海上光伏施工及基础技术

海上光伏电站的建设型式包括固定式和漂浮式。目前，大规模建设的海上光伏项目多在离岸较近的滩涂或潮间带区域，以固定桩基式为主。长远来看，固定桩基式海上光伏应用范围有限，漂浮式海上光伏可通过水面降温效应将转换效率提高7%～12%，是大面积推广海上光伏的解决途径。

（1）固定式海上光伏。

海上光伏的支架金属部分处于高盐高腐蚀环境中，对于海上光伏电站，设备需要按照 C5 标准进行设计，并严格按照国家防腐试验等相关标准进行测试。

海上光伏需采取斜坡堤、透空堤和浮式堤等消浪措施消除海浪产生的安全影响。

渤海、黄海海域等冬季易结冰区域海水光伏在进行结构物基础设计时，应当进行抗冰验算，并进行结构抗冰设计，提出抗冰防冰措施。

（2）漂浮式海上光伏。

浮体式漂浮基础是目前漂浮式海上光伏的主流技术路线，浮体式系统可以采用浮体整体方位角跟踪方案，其成本低于陆上光伏电站的方位角跟踪系统。浮体式基础对于内湖环境已证明具有很好的实用性，海上主要适用于近岸、风浪较平静场景。浮体式漂浮式光伏示意图见图 6-21。

图 6-21　浮体式漂浮式光伏示意图

（二）太阳能利用技术发展方向

1. 光电转换发电技术

我国目前主流的、成熟的光电转换太阳能利用技术长期捆绑硅晶，被市场持续看好的有钙钛矿电池、无机化合物薄膜电池、HJT 电池和 IBC 电池。

（1）钙钛矿电池技术。

钙钛矿电池是第三代光伏太阳能电池。钙钛矿叠层电池效率可突破 Shockley-Queisser（SQ）极限，理论最高极限可拓宽至 46% 以上。钙钛矿电池理论转换效率较高，但生产工艺稳定性仍在继续攻关中，同时随着规模化提升，钙钛矿叠层电池材料成本将随产业成熟度而大幅降低，钙钛矿叠层电池的经济性将最具吸引力。

（2）无机化合物薄膜电池技术。

目前能够商品化的薄膜太阳能电池主要包括铜铟镓硒（CIGS）、碲化镉（CdTe）、砷化镓（GaAs）等。当前全球碲化镉（CdTe）薄膜电池实验室效率纪录达到 22.4%，组件量产最高效率达 19.7% 左右，产线平均效率为 15%～19%；铜铟镓硒（CIGS）薄膜太阳能电池实验室效率纪录达到 23.35%，组件量产尺寸最高效率达 17.6%（≥0.72m²，全面积组件效率）左右，组件产线平均效率为 14%～17%。

（3）HJT 电池技术。

本征薄膜异质结电池（Heterojunction technology，HJT）的光电转换效率，目前实验室效率达到了 26.81%，量产效率为 26.49%，理论最高效率为 28.5%。HJT 电池首年衰减 1%～2%，此后每年衰减 0.25%，其全生命周期每瓦装机的发电量高出双面 PERC 电池 1.9%～2.9%。HJT 技术进一步提高了光伏电池的转换效率和经济性，也正逐步走向商业化应用。

（4）IBC 电池技术。

交叉指式背接触电池（Interdigitated back contact，IBC）的光电转换效率，目前实验室效率达到了 26.70%，量产效率为 26.0%，理论最高效率为 29.1%。IBC 电池组件外形美观，尤其适用于光伏建筑一体化。IBC 电池技术进一步提高了光伏电池的转换效率和经济性，也正逐步走向商业化应用。

TOPCon、HJT、IBC 以及钙钛矿电池技术特点总结如表 6-5 所示。

表 6-5　　　　　TOPCon、HJT、IBC 以及钙钛矿电池技术特点总结表

电池技术	技术内容	光电转换效率			核心工序	量产难度
		理论效率（%）	实验室效率（%）	量产效率（%）		
TOPCon	正面与常规 N 型太阳能电池或 N-PERT 太阳能电池没有本质区别，电池核心技术是背面钝化接触	28.70	26.10	25.60	隧穿氧化层与多晶硅沉积	易
HJT	具备对称双面电池结构，中间为 N 型晶体硅。正面依次沉积本征非晶硅薄膜和 P 型非晶硅薄膜，从而形成 P-N 结	28.50	26.81	26.49	非晶硅薄膜沉积	中等
IBC	核心技术是如何在电池背面制备出质量较好、呈叉指状间隔排列的 P 区和 N 区	29.10	26.70	26.00	背面交叉发射极与基区制备对激光设备要求高	较难
钙钛矿电池	钙钛矿可以搭配其他半导体材料，按禁带宽度从小到大、光谱波段由长到短从底向顶叠合，拓宽太阳能光谱的利用范围，实现光子全方位吸收	45	26.41	19.04	镀膜工艺	难

2. 光热转换发电技术

我国目前光热转换太阳能利用技术示范项目以塔式和槽式为主，同时也在进行超临界 CO_2 布雷顿循环光热发电技术关键基础问题的研究。

（1）超临界 CO_2 布雷顿循环光热发电技术。

超临界 CO_2 发电系统遵循布雷顿循环系统具有更高的循环效率。目前超临界 CO_2 太阳能热发电示范平台容量为 200kW，未来超临界 CO_2 布雷顿循环发电主要向大型化发展，单机发电功率大于 10MW，开发难度要远小于小容量机组。我国目前正在开展超临界 CO_2 布雷顿循环光热发电关键基础问题研究，技术成熟度为第七～八级。

（2）熔盐塔式光热发电技术。

以熔盐为传热和储热介质的第二代塔式光热发电技术改进的方向主要有镜场效率优化、储热设备优化以及熔盐技术优化。

镜场效率优化方向：采用新的传动结构，优化定日镜设计可降低用钢量并提升聚光效率，通过进一步优化镜场控制策略可从控制以及运行的角度提升效率。

储热设备优化方向：采用高低位罐方案，减少熔盐用量和储罐体积，提高系统效率。另外，可配合低位罐采用成本更低的国产短轴泵替代以往项目所用的长轴泵，降低投资。

熔盐技术优化方向：采用温区更大、可用温度更高的新型熔盐。一方面，系统热电效率随着参数的提升而提高，聚光集热系统、储换热系统成本降低；另一方面，由于熔盐储热温差扩大，单位重量的储热量增加，用盐量可减少，储换热系统的成本进一步降低。

（3）熔盐槽式光热发电技术。

得益于槽式集热器的标准化设计和模块化生产，槽式光热发电技术发展具体可分为以下两个阶段进行：

第一阶段：大槽集热＋导热油传热＋熔盐储热。大容量的单体电站或多机组电站（单机＞200MW，或多机组＞2×150MW）的规模化效应能够降低设备部件的单位造价，降低电站运行费用，摊薄设计费、管理费等间接费用。

第二阶段：超大槽集热＋熔盐传热及储热。电站装机容量可进一步扩大至2×300MW 或更大规模。采用熔盐作为传热、储热一体化介质，简化电站设计及运行模式，可以显著减少熔盐用量，有利于降低初投资和运维成本。

3. 海上光伏施工及基础技术

（1）薄膜式漂浮基础。

薄膜式漂浮基础是另一种特殊技术路线。该技术为 2016 年成立的挪威初创科技公司 OceanSun 的独有专利技术，将光伏电池安装在 20～50m 直径的聚合物材料弹性薄膜上。薄膜可承载运维人员和装备从而方便安装维护，同时具有更好的降温特性。该技术方案单体规模有限，抗腐蚀能力较好，抗复杂海洋条件能力方面有待进一步证实，相对更适用于低纬度地区。

（2）半潜式海上光伏。

半潜式海上光伏还处于概念和研发阶段。该方案技术采用柔性光伏电池，电池本体可随海浪运动以适应海风海浪冲击，同时利用半浸没状态带来的降温特性进一步提高转换效率。该技术概念在 2010 年就已经提出，但目前在国内外都还处于早期研发设计和实验室验证阶段。从技术形式上看，未来理论上具有部署于深远海的潜力。

（三）太阳能发电经济性

1. 光电转换发电技术经济性

地面光伏系统的初始全投资主要由组件、逆变器、支架、电缆、一次设备、二次设备等关键设备成本，以及土地费用、电网接入费用、建安费用、管理费用等部分构成。

2023 年，我国光伏系统的初始全投资成本为 3.4 元/W 左右，其中组件成本约占投资成本的 38.8%，非技术成本约占 16.5%。2023 年，全投资模型下光伏电站在 1800、1500、1200、1000h 等效利用小时数情景下的度电成本分别为 0.15、0.18、0.23、0.27 元/kWh。根据《2023—2024 中国光伏产业发展路线图》在 2024 年 3 月的预测，随着组件效率稳步提升，组件价格进一步下探，整体系统造价将稳步降低，光伏系统初始全投资成本预计可下降至 3.2 元/W 左右。根据光伏 EPC 项目的中标公示价格测算，随着组件价格加速下探，未来绝大多数地面光伏系统的初始全投资成本下降至 3.0 元/W 以内。

2. 光热转换发电技术经济性

光热发电正处于规模化发展和技术快速进步阶段，随着规模化成本降低和发电效率提高，熔盐储能光热发电的度电成本将进一步下降；预计到 2025 年塔式光热电站度电成本将下降至 0.61 元/kWh，2027 年将降低至 0.53 元/kWh 左右。槽式光热发电技术方面，依托"大槽集热＋导热油传热＋熔盐储热"技术方案，通过大容量的单体电站或多机组电站的规模化效应实现降本，槽式光热电站度电成本可下降至约 0.61 元/kWh。通过"超大槽集热＋熔盐传热及储热"技术方案，电站装机容量进一步扩大至 2×300MW 或更大规模,度电成本预计 2030 年之前进一步降低至 0.4~0.5 元/kWh。在熔盐线性菲涅耳式光热发电技术方面,通过扩大单机规模、行业规模化发展、持续的技术创新和系统优化,以及政策和电力市场的支持等,预计至 2025 年,单机规模 300MW 以上的熔盐线性菲涅耳式光热电站的度电成本可达到 0.6 元/kWh 以内水平,项目经济性将显著提高。

六、核能

核能技术基于核裂变和核聚变两种反应方式,主要应用在核能发电和核能综合利用等领域。其中,核能发电技术是核能技术最成熟、应用最广泛的领域。在新型能源体系中,核能发电以其清洁、高效、稳定的特点,提高了电力系统运行的安全稳定性,对于实现"双碳"目标和维护国家能源安全、保障经济发展具有重要意义。

(一)核能利用技术发展现状

1. 核电技术演变发展

核能发电技术起源于 20 世纪 50 年代初,1951 年,美国实验增殖堆 1 号(EBR-1)首次利用核能发电,标志着世界核电技术的诞生;1954 年,苏联建成世界第一座 5MW 的奥布宁斯克核电站,之后核能发电技术不断发展。从实验性原型核电机组的第一代核电到 20 世纪 60—90 年代的压水堆、沸水堆、重水堆、石墨水冷堆等第二代核电,再到符合 URD 和 EUR 文件要求的先进轻水堆的第三代核电,再到 21 世纪初提出的防治核扩散和进一步改善经济性的第四代核电,核能发电技术已经日趋成熟。目前,世界上在运核电机组均采用核裂变技术,堆型包括压水堆、重水堆、沸水堆、高温气冷堆、快堆,其中压水堆占比超 60%,为目前的主流堆型技术。

我国目前已经拥有了完全自主知识产权的第三代核电技术,并在第四代核电技术研发方面取得突破性进展,已进入世界核电技术第一方阵。截至 2024 年底,我国投入商业运行的核电机组 56 台(不含台湾地区),在建核电机组 27 台,堆型包括压水堆、重水堆、高温气冷堆等,其中压水堆是目前商用机组和在建机组的主流堆型,占比超 90%。

2. 第三代核电技术

20 世纪 90 年代,国际上集中力量研发了以压水堆为主要路线的第三代核电技术,形成了以美国的 AP1000、欧洲的 EPR、中国的华龙一号和国和一号为代表的第三代核电技术。

（1）华龙一号。

华龙一号采用能动加非能动的安全设计理念、177 个燃料组件的反应堆堆芯、多重冗余的安全系统、单堆布置、双层安全壳、18 个月换料周期和抗商用大飞机撞击等设计，设计寿命考虑为 60 年，全面平衡贯彻了纵深防御的设计原则，设置了完善的严重事故预防和缓解措施。华龙一号实现了核心设备的国产化，设备国产化率可达 90%，有效促进国内高端装备制造业的能力提升和可持续发展。

华龙一号全球首堆福清核电厂 5 号机组于 2021 年 1 月投入商业运行，海外首堆巴基斯坦卡拉奇核电 2 号机组于 2021 年 5 月投入商业运行。华龙一号已是国内核电机组建设的主力堆型，成功的建造经验和良好的运行业绩得到众多国家的认可，成为中国核电走向世界的"国家名片"。

（2）国和一号。

国和一号是在引进消化吸收国际先进三代核电技术的基础上，基于多层防御体系并系统性地应用非能动和简化理念，在事故工况下不依赖外部动力即可保证核电厂安全。国和一号在研发过程中，累计形成知识产权成果超过 14000 项，形成了三代核电设计、建造、材料、焊接、无损检测等技术标准；关键设备、关键材料全部实现国产化，设备整体国产化率达到 90% 以上；同时，通过工厂化预制、模块化建造缩短建设工期，提高堆型的经济性。

国和一号示范工程已在山东省荣成市开工建设，首台机组已于 2024 年 10 月并网。

（3）AP1000。

AP1000 是美国西屋公司在 AP600 技术基础上进一步开发的三代核电技术。AP1000 采用非能动安全系统的设计理念，是压水堆核电技术中的一次重大革新，充分利用重力理论、自然循环、压缩气体的能量等物质的自然特性，减少安全系统等设置，从而降低人因因素的影响。同时，AP1000 采用标准化设计、模块化施工，使得 AP1000 在批量化建造后，其经济性具有较强的竞争力。

我国的浙江三门核电厂 1 号机组是全球首台商运的 AP1000 核电机组，于 2018 年 9 月正式投入商业运行。

（4）EPR。

EPR 是欧洲提出的第三代原子能反应堆，其安全系统在传统第二代压水堆核电

145

技术的基础上，采用"加"的设计理念，即用增加冗余度来提高安全性。EPR 配置 4 个同样的安全系统，具有非正常状态下冷却堆芯的功能，每个系统都能完全独立发挥其安全功效。EPR 的发电功率可达到 1750MW，是目前单堆容量最大的核电机组，相比其他核电堆型，更高的单机容量有助于降低单位造价。这种单堆容量大的机组适宜在大规模电网的地区和人口密度大、场址少的地区进行建设。我国广东台山核电厂 1 号机组是全球首台商运的 EPR 核电机组，于 2018 年 12 月投入商业运行。

3. 第四代核电技术

相比于第三代核电技术，第四代核电具有防止核扩散、经济性高、安全性高和废物产生量少的优势和特点。目前，国际上公认的第四代核反应堆型有气冷快堆、高温气冷堆、钠冷快堆、熔盐堆、铅冷快堆和超临界水冷堆等六大系统，其中高温气冷堆、钠冷快堆、熔盐堆目前已有示范堆和实验堆投运，其余处于研发或实验回路验证阶段。

（1）高温气冷堆。

高温气冷堆采用氦气作为冷却剂，燃料颗粒由四层耐高温材料包裹，反应堆具有负反馈性，从而形成高温气冷堆的固有安全性；堆芯出口温度可以达到 700～1000℃，发电效率可达 45%以上，除了发电外还可为不同参数的工业和民用供热市场提供热能。另外，不需设置安注系统、应急堆芯冷却系统等专设安全设施，系统大幅简化，有利于降低建设和运营成本。

我国对于高温气冷堆的研发始于 20 世纪 70 年代，历经实验堆到示范堆，我国山东荣成石岛湾高温气冷堆示范工程于 2023 年 12 月正式投入商业运行，成为全球首座第四代核电站，标志着中国在第四代核电技术研发和应用领域达到世界领先水平。

（2）钠冷快堆。

钠冷快堆是以液态金属钠为冷却剂，主要由快中子引起核裂变并维持链式反应的反应堆。钠冷快堆固有安全性高；可使长衰变周期的核废料产生量得到最大程度降低，实现放射物最小化，通常 1 台快堆可消纳 5 台压水堆乏燃料；同时，钠冷快堆冷却剂出口温度可达 500～600℃，其热效率高于压水堆。

俄罗斯、美国、法国、日本等国家都在积极推进钠冷快堆技术的研发和商业应用。我国快堆研发起步于 20 世纪 60 年代，实施"实验快堆—示范快堆—商用快堆"三步走战略。我国首个钠冷快堆示范项目中核霞浦示范快堆 1 号机组于 2023 年底建成投运，成为全球首个投入运营的第四代核能快堆。目前我国正在开展百万千瓦级商用快堆的研发工作。

（3）熔盐堆。

熔盐堆采用熔融状态的熔岩将裂变材料溶解并作为核燃料，其结构简单，可以不停堆进行燃料添加和废料导出，因其热交换方式简单且可小型化建设，可作为舰船和航空器的核动力发展方向。以钍基熔盐堆为代表，具有燃料资源丰富、产生的核废料少、堆型构造简单、运维成本低、经济性高的特点。同时，其发电效率可达45%～50%，高于传统压水堆核电站。

我国在熔盐堆的发展方面取得了重要的进展，中科院上海应用物理研究所研发的首个商用 2MW 钍基熔盐实验堆在甘肃武威已顺利获得运行许可证。

（二）核能利用技术发展方向

我国于 1983 年就确定了"热中子反应堆—快中子反应堆—受控核聚变堆"三步走的核能技术路线，如图 6-22 所示。结合国内外核电技术发展形势，第三代核电技术经过技术改进，在未来 10～20 年间仍会是我国商运机组的主流技术；第四代核电技术和核能小堆技术随着技术进一步突破发展，将逐步从示范建设进入商业化建设和多用途综合利用推广；热核聚变技术在未来一段时间内还需历经"基础研究—实验堆建设—示范工程建设"过程。

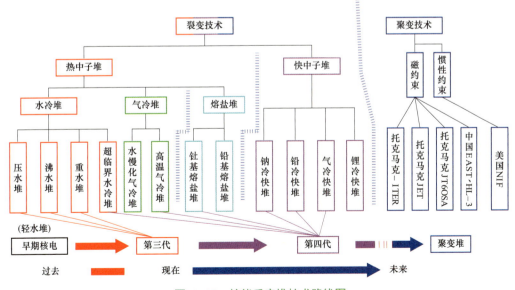

图 6-22　核能反应堆技术路线图

1. 优化的第三代核电技术和第四代核电技术

随着科技的进步和全球能源需求的不断增长，核能发电技术正不断向更安全、经济、高效和环保的方向发展。

（1）发展安全性更高的核电技术。

未来核电技术将更加注重反应堆的安全设计，构建多层防御体系，确保在极端情况下仍能保持安全。包括增强反应堆的抗震、抗洪、抗飞机撞击等能力，以及设置多重安全屏障，防止放射性物质泄漏。同时，建设智能监控系统，实时监测反应堆的运行状态，及时发现并处理潜在的安全隐患，提高反应堆的安全性和可靠性。深入开展钠冷快堆、高温气冷堆等第四代核电技术研究，采用更加先进的反应堆设计和冷却方式，能够在极端情况下自动停堆并冷却，防止堆芯熔毁和放射性物质泄漏，发挥第四代核电在安全性方面显著的优势。

（2）提高核电技术的经济性。

通过标准化和模块化设计，降低核电站的建设成本和周期，使得核电站的建造过程更加高效可控，同步提高核电站的可靠性和可维护性。同时，通过优化反应堆的设计和运行参数，提高反应堆的热效率和发电效率，降低单位发电成本。

（3）提高核电技术的环保性。

采用先进的低放射性废物处理技术，减少放射性废物的产生和排放，降低放射性废物的体积和放射性水平。推广闭式燃料循环技术，实现核燃料的再利用和回收，最大限度地提高燃料的利用率，减少废物的产生和排放，从而降低核能发电对环境的影响。

2. 热核聚变技术

热核聚变技术是指氢原子核（主要是氘和氚）在高温高压环境下结合成较重的原子核（氦），并释放出巨大能量的过程，具有能量巨大、清洁安全和燃料充足的特点，被誉为人类终极能源，其技术路线主要分为磁约束聚变和惯性约束聚变两大类。国际热核聚变实验堆（ITER）是目前全球最大的核聚变项目，由欧盟、中国、美国、日本、韩国、俄罗斯和印度等七方共同出资建设，主要聚焦于磁约束聚变，利用托克马克装置来实现受控核聚变。我国的核聚变技术路线也主要集中在磁约束聚变，特别是在托克马克装置的研发上。核工业西南物理研究院自主研究的中国环流器系列装置是最早一批在国内建设的国家重大科技基础设施，2023 年 8 月，建成的中国环流三号（HL-3）装置实现 100 万 A 等离子体电流高约束模型运行。中科院等离子体物理研究所于 2003 年建成世界上第一个非圆截面全超导托克马克核聚变实验装置"东方超环"（EAST），并联合其他科研机构于 2017 年正式启动中国聚变工程实验堆（CFETR）的工程设计。随着超导技术、可控核聚变装置技术的不断进步，核聚变能源有望实现商业化应用，为人类提供清洁、可持续的能源解决方案。

3. 核能小堆技术

核能小堆技术作为一种新型的核能发电技术，其额定输出功率通常在 10～300MW 之间，主要用于小型的电力或能源市场，特别是输电困难的边远地区或孤立电网等，目前逐步用于城市供暖、工业供汽、海水淡化以及海洋开发，如为海上浮动式核动力平台、核动力破冰船等提供安全的能源供给。世界各国非常重视小型模块化反应堆，我国在小型模块化反应堆的研发上目前取得了显著进展，中国核工业集团有限公司研发的玲龙一号反应堆是全球首个通过国际原子能机构官方审查的三代轻水小型模块化反应堆，也是全球首个陆上商用小型模块化反应堆。该堆型采用固有安全加非能动安全技术、一体化反应堆技术、高效直流蒸汽发生器技术、屏蔽主泵技术、模块化技术等技术特征。核能小堆技术具有小型化、模块化、高安全性、灵活性和可持续性等特点，应用前景广阔，是未来核能利用的重要发展方向。

4. 核能综合利用技术

随着全球能源需求的不断增长和环保压力的日益增大，核能供热、核能制氢等核能综合利用将成为推动能源转型和可持续发展的关键途径，也是未来核能利用的发展方向。

（1）核能供热。

核能供热具有热源稳定可靠、环保效益显著和经济效益明显等优势，城市供暖和工业供汽是核能供热最广泛应用的两种方式。

在核能小堆或核电站内设置换热首站进行城市供暖技术发展历史悠久，早在 1964 年，世界上首个核能供热项目在瑞典的沿海地区阿杰斯塔投入使用，证明了核反应堆进行集中供暖的可行性，之后利用核能为社区进行集中供暖在美国和欧洲逐步推广。我国利用核能进行城市供暖技术近些年也取得较快发展，首例核能供热项目已于 2019 年在山东海阳投入运营，供热面积达 520 万 m^2。核能供热具有热源稳定可靠、环保效益显著和经济效益明显等优势。

工业供汽主要利用各种反应堆产生的热量通过换热后为用户提供所需的特定参数蒸汽。压水堆核电站的蒸汽可为特定用户提供低参数蒸汽；高温气冷堆和钠冷快堆可以为一些工业用户提供高参数蒸汽；同时还可以将压水堆蒸汽与高温气冷堆、快堆或其他高参数热电站蒸汽进行耦合利用，为不同的需求用户提供各种参数的蒸汽，更大程度地发挥核能供热的优势。

（2）核能制氢。

核能制氢技术是将核反应堆与采用先进制氢工艺进行耦合，进行氢的大规模生产。从各国发展进程看，美国能源部早在 2004 年就启动了核能制氢研究工作，主要集中在与现有核电机组匹配的低温电解制氢示范项目上。日本原子力研究机构自 1998 年起就建成了高温气冷实验堆，并成功验证了高温蒸汽制氢工艺。我国从 2004 年开始论证核能制氢的可行性，并开展了大量基础性实验研究。同时，也在建成的高温气冷堆示范项目中，验证其在核能制氢中的应用潜力。随着氢经济的逐步发展，核能制氢将成为实现氢大规模生产的重要途径。未来，核能制氢技术将在交通运输、工业生产、能源储存等领域发挥重要作用，推动能源体系的重大变革。

（三）核能发电经济性

核能发电的经济性与核电的造价密切相关，而核电造价是一个复杂且动态发展的领域，受其技术路线、建设规模、工期、生产要素价格等多种因素的影响。核电造价主要由建筑工程费、安装工程费、设备购置费、工程其他费用、基本预备费、首炉核燃料费和动态费用等组成。其中，建筑工程费、安装工程费和设备购置费是核电造价的主要部分，通常占总造价的较大比例。国内二代改进型核电机组单位造价约为 1.3 万元/kW；三代核电机组目前单位造价普遍高于二代核电机组，单位造价在 1.6 万～2 万元/kW 之间；四代核电还处于首堆或实验堆建造阶段，其单位千瓦造价要比目前三代核电高出较多。我国核电机组的上网电价也呈现出一定的差异性和动态调整的特点，不同核电机组的上网电价可能因地区、机组类型、运营成本等因素而有所不同。2023 年，我国核电机组的平均上网电价在 0.360～0.368 元/kWh 之间，核电机组上网电价呈现一定程度的上涨趋势。按此上网电价，以批量化建设的三代核电华龙一号机组为例，年发电小时数按 7000h 计算，对应的内部收益率可达到 9%。未来核电技术的发展将在更高安全性的基础上，通过技术方案优化、批量化和标准化建造、适度扩大建设规模以及优化建造工期等手段进一步降低核电机组造价，以三代核电为例，预计未来 5～10 年，可将核电机组的单位造价降至 1.2 万元/kW 左右。在上网电价波动不大的前提下，预计核电机组的内部收益率和核能发电的经济性可进一步提高。

七、生物质能

在全球能源转型和应对气候变化的背景下，生物质能源作为一种可再生、低碳、环保的能源形式，正受到越来越多的关注。生物质能源不仅可以替代化石燃料，减少温室气体排放，还能促进农业废弃物的资源化利用，提高能源自给率，对推动经济可持续发展具有重要意义。生物质能利用技术分类体系见图 6-23。

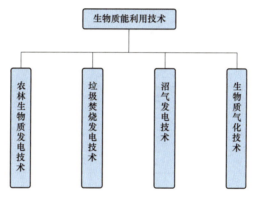

图 6-23 生物质能利用技术分类体系

（一）生物质能利用技术发展现状

1. 农林生物质发电技术

农林生物质发电项目运营成本相对较高，盈利模式较为单一，多数项目主要依赖电价补贴维持运营。随着电价补贴退坡政策的逐步实施，项目的盈利能力受到了较大的影响。自 2020 年起，农林生物质发电装机容量的增速明显降低。

我国农林生物质发电主要采用直燃发电技术，目前建设并运行的农林生物质直燃发电厂普遍采用二代技术。一代生物质发电厂机组规模一般为 2×12MW，采用中温中压技术，存在能耗较高、发电热效率偏低等问题。二代生物质发电厂机组规模一般为 1×30MW，锅炉大多采用水冷振动炉排炉、循环流化床炉。装机方案主要有30MW 高温高压机组、30MW 高温超高压机组（不带再热）、30MW 高温超高压一次中间再热机组三种，其主要技术参数及经济性指标见表 6-6。

表6-6 三种装机方案技术参数及经济性对比分析

主要参数	30MW 高温高压机组	30MW 高温超高压机组（不带再热）	30MW 高温超高压一次中间再热机组
锅炉最大蒸发量（t/h）	130	130	110
新蒸汽绝对压力（bar）	90	127	132
新蒸汽温度（℃）	535	535	535
新蒸汽流量（t/h）	111.7	113.5	91.8
给水温度（℃）	218	237	256
电功率（MW）	30	30	30
热耗（kJ/kWh）	9405	9115	8400
总耗热量（万 kJ/h）	28215	27345	25200
锅炉效率（%）	90	90	90
年利用小时数（h）	7000	7000	7000
年供电量（亿 kWh）	2.1	2.1	2.1
电价（元/kWh）	0.3731	0.3731	0.3731
年售电收入（万元）	7835	7835	7835
燃料热值（kcal/kg）	2500	2500	2500
燃料消耗量（t/h）	29.96	29.03	26.76
年耗燃料量（万元）	209720	203210	187320
燃料价格（元/t）	290	290	290
年燃料费用（万元）	6082	5893	5432
汽轮发电机组价格（万元）	2300	2300	4400
锅炉本体价格（万元）	2480	2720	2850
合计主机价格（万元）	5780	5020	7250

环保排放方面，农林生物质发电烟气污染物排放须满足《锅炉大气污染物排放标准》（GB 13271—2014）的要求，随着环保要求的日益严格，部分省（市）实施了更为严格的超低排放标准，即烟尘、二氧化硫、氮氧化物排放浓度分别低于10、35、50mg/m³（标况）。烟气净化超低排放路线主要有两类，第一类是采用炉内 SNCR、SDS 干法脱硫、旋风除尘、布袋除尘、中低温 SCR，第二类是采用炉内 SNCR、SDS 干法脱硫、旋风除尘、尘硝一体化（催化滤袋）。

2. 垃圾焚烧发电技术

垃圾焚烧发电作为垃圾处置的主要方式之一，具有占地面积小、运行稳定、减量化效果显著等优点。我国垃圾焚烧发电技术发展迅速，以炉排炉技术为主，在引进、消化吸收的基础上进行了大量本土化创新，目前主机参数、单炉规模及项目规模均处于国际领先水平。

主机参数方面，我国普遍采用中温中压参数（400℃、4.0MPa）。近年来，为进一步提高发电效率，越来越多的生活垃圾焚烧发电厂开始采用中温次高压参数（450℃、6.4MPa 和 485℃、6.4MPa）。垃圾焚烧发电机组的每吨垃圾发电量在 300～700kWh 之间，发电效率为 20%～30%。

环保排放方面，生活垃圾焚烧发电厂烟气污染物排放须满足《生活垃圾焚烧污染控制标准》（GB 18485—2014 及 2019 年修改单）的要求，相应的烟气净化技术路线为：选择性非催化还原（SNCR）脱硝＋干法脱酸＋半干法脱酸＋活性炭粉喷射去除二噁英类及重金属＋布袋除尘器除尘。目前部分省（市）如上海、天津、河北、福建、海南、深圳已制定了更为严格的地方标准，相应的烟气净化路线在原有技术路线基础上，增加了湿法脱酸、SCR 脱硝等深度治理措施。

3. 沼气发电技术

沼气发电技术具有高效、节能、环保等特点，主要应用于畜禽养殖、工业废水处理等领域，发展处于零散阶段。近年来，国产机组的技术水平有了显著提升，尤其是在对 CH_4 浓度的适应性和每千瓦的造价方面都有比较明显的优势，但在故障率及机组在线率方面仍有待提高。

发电效率方面，国产机组约为 30%，进口机组为 38%～46%。进口机组投资成本和维护维修成本也相对较高，是国产机组的 2～3 倍。单机功率方面，国产机组通常在 2MW 以下，进口机组则在 10MW 以下。

主要技术障碍：沼气发动机的研发主要集中在内燃机系列上，通常仅对柴油机和汽油机进行较浅层次的改装，缺乏对发动机的热工性能的深入研究；产品质量仍有待提高。

4. 生物质气化技术

生物质气化技术作为可再生能源利用的重要发展方向，具有清洁、能源利用效率高的优点，是一种具有前景的可持续能源解决方案。近几年，我国的生物质气化技术有较大发展，催化合成工业也逐渐成熟，但有关生物质气化合成液体燃料技术尚处于起步阶段。国内外学者对气化炉的设计、气化过程的优化以及气化产物的利用进行了深入研究。气化炉是生物质气化过程中的关键组成部分，包括固定床气化炉、流化床气化炉和气流床气化炉，各有其优缺点及适用范围。固定床气化炉适用于小规模生产，流化床和气化炉则更适合大规模工业化应用。然而，燃气热值低、焦油处理难、气化效率低、炉内结渣和团聚问题仍需解决。

（二）生物质能利用技术发展方向

生物质能利用发展机遇和挑战并存。在面临"去补贴化"挑战的同时，碳排放权和电力交易改革也为其带来了新的发展机遇。为适应市场需要，生物质发电技术需持续创新和发展，多元化开发利用技术将成为其重要发展方向。

1. 农林生物质发电技术

（1）热电联产。

随着补贴退坡，农林生物质发电应因地制宜地向热电联产转型，提升能源转化效率，将单一发电模式转变为热（冷）电联产项目，实现向城镇居民供暖或工业生产集中供热为主、发电为辅的运营模式转型，并逐步拓展至污泥处理、固废利用等业务领域，推动向热电联产和综合能源服务方向的转型升级。

（2）与燃煤机组耦合发电。

燃煤机组作为我国的基础电源，在保障供电和深度调峰方面发挥着重要作用。燃煤机组耦合生物质发电技术具有改造成本低、运行灵活、节能降碳等优点。《煤电低碳化改造建设行动方案（2024—2027 年）》明确提出了实施煤电机组耦合生物质发电的技术路线，要求改造建设后煤电机组应具备掺烧10%以上生物质燃料的能力。在技术发展历程中，直燃耦合与间接耦合均有所发展，其中直燃耦合技术因技术经济性优势有望成为主流。

2. 垃圾焚烧发电技术

随着我国垃圾焚烧发电市场从东部向中西部和乡镇地区转移，垃圾焚烧发电厂的小型化趋势更为明显。单一焚烧发电项目将向环保产业园方向发展，生活垃圾焚烧厂的服务范围将由单一的生活垃圾延伸至与生活垃圾特性类似的其他废弃物，如工业垃圾、大件垃圾、农林生物质类垃圾（如秸秆）、城市污水厂污泥以及经过消毒灭菌的医疗垃圾等，实现固体废弃物的集约化焚烧处理。因此，小型化、区域协同、城乡一体化发展生活垃圾焚烧处理将成为未来的发展方向。

3. 沼气发电技术

沼气发电技术的主要发展方向为热电联产和降本增效。通过优化原料配方、改进预处理工艺等措施，提高沼气产量并降低成本；加大关键设备如沼气压缩机、沼气膜分离技术研发，以降低设备成本；同时，提升大型沼气工程设计、沼气提纯等方面的技术储备，推动沼气发电实现规模化发展。

4. 生物质气化技术

生物质气化技术的发展将更加注重高效化、清洁化。一方面，通过技术创新提高气化效率和产物质量，降低生产成本，推动生物质气化技术的大规模应用。另一方面，加强与其他可再生能源技术的结合，实现多能源互补与可持续利用。此外，政策支持和产业多元化利用也是推动生物质气化技术发展的重要方向。

（三）生物质发电经济性

生物质发电项目的投资成本较高，农林生物质发电平均单位千瓦总投资为8000～10000元，垃圾焚烧发电为15000～20000元，沼气发电为10000～20000元。从初始投资成本构成来看，设备购置费占比最大，一般为35%～45%；其次是建筑工程费，为25%～35%；安装工程费为10%～20%。

农林生物质发电运营成本中燃料成本占比最高，约为60%。按300元/t燃料价格计算，燃料成本为0.42元/kWh，农林生物质发电按标杆电价难以覆盖燃料采购成本，目前该领域正面临着补贴减少和燃料成本高昂的挑战。

垃圾焚烧发电厂的运营成本主要包括折旧摊销、人力成本、贷款利息、辅助燃料、烟气处理成本和渗滤液处理成本等。折旧摊销是运营成本中的一个重要组成部分，占比一般在45%以上。随着垃圾分类的推进、人工智能和自动化技术的应用，垃圾发电的度电成本有望进一步降低。

八、地热能

全球地热资源丰富，潜力巨大。我国地热资源占全球储量的7.9%，主要以中低温为主，浅层地热能资源遍布全国。地热能是无污染的清洁能源，也是一种可再生能源。利用地热资源，对于降低我国的化石能源消耗、落实碳中和目标具有重要意义。

（一）地热能利用技术发展现状

在当前全球关注气候变化、倡导节能减排、化石能源紧缺的背景下，各国加强了对地热资源的研究和利用。我国地热发电装机容量远低于国外，地热发电装备发展也落后于国外厂商。

地热能以资源温度区分利用范围：150℃以上的高温地热能主要用于发电；90～150℃的中温地热能可用于发电也可直接利用；25～90℃的低温地热能以直接利用为主。

地热发电是地热能开发利用的重要方式，按照载体类型、温度、压力和其他特性的不同，可将常规地热发电技术分为高温干蒸汽发电、中高温扩容闪蒸蒸汽发电、中低温双工质循环发电等类型。近年来，深层增强型发电技术也有试验应用。地热能利用技术体系如图6-24所示。

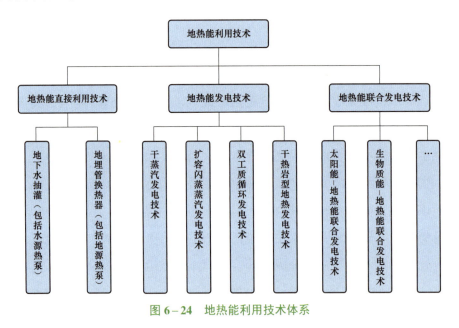

图6-24　地热能利用技术体系

1. 干蒸汽发电技术

干蒸汽发电系统也称水蒸气朗肯循环。该技术对地热田的要求较高，一般适用于温度大于150℃、干度接近饱和蒸汽的地热资源，不适用于小容量中低温场景。

干蒸汽发电电站的装机规模较大，一般可达到25～150MW，发电系统的热效率为10%～15%。

干蒸汽发电系统结构简单，发电技术相对成熟。目前干蒸汽发电系统总装机容量占全球地热发电装机容量的30%左右。干蒸汽发电面临的主要问题是发电设备的腐蚀和结垢，以及地热发电汽轮机的效率和可靠性不佳。

2. 扩容闪蒸蒸汽发电技术

若地热田资源大多是汽水混合物，可采用闪蒸蒸汽发电系统，也称扩容式发电系统，其可分为一次闪蒸与二次闪蒸两种类型。闪蒸蒸汽发电系统效率低于干蒸汽发电系统。

闪蒸蒸汽发电电站的装机规模一般在 15～50MW，发电技术较为成熟，是全球应用量最大的地热发电技术，目前装机占全球地热发电装机的 60%左右。

闪蒸蒸汽发电系统的优点在于简单可靠、投资成本低、便于维护；缺点在于汽轮机尺寸大，且与干蒸汽发电系统一样易结垢、易腐蚀；闪蒸过程的能量损失多，仅适用于蒸汽型地热和温度较高的干热岩型地热，对水热型地热并不适用。

3. 双工质循环发电技术

地热资源温度低于 150℃时，流体中存在的气体压强无法满足涡轮机的最低运行要求，通常采用双循环技术进行发电。双工质循环发电包括有机朗肯循环和卡琳娜循环两种，应用较多的是有机朗肯循环。

双工质地热发电电站的装机规模较小，一般在 0.25～10MW。近年来，全球新增的双工质循环发电站数量超过了新增的干蒸汽和闪蒸蒸汽发电电站数量。

由于双工质循环过程中地质流体与汽轮机没有直接接触，该技术可以防止管道结垢和腐蚀。所面临的主要问题是，热功转换效率会随着地热温度的降低而大幅下降，成本会急剧增加。

4. 干热岩型地热发电技术

干热岩型地热发电系统（EGS）又称深层增强型地热系统，提取深层地下花岗岩高温岩体的热量用于发电。国际上开展干热岩型地热发电已有 50 多年的历史，累计建成示范工程超过 60 项。但由于技术、经济和生态方面的问题，目前在运的仅有 5 项。此技术目前仍处于基础研究阶段。

5. 地热能直接利用技术

目前地热能直接利用多用于采暖供热、工业、农林牧渔等领域，主要通过地下热水抽灌、水源热泵或地埋管换热器等方式加以利用。

水源热泵技术的系统主要由压缩机、蒸发器、冷凝器、膨胀阀等部件组成，使用少量高质能（如电力）作为代价，将能量在高、低温物体之间传递。在冬季从浅层地热水中吸收热量向建筑物供暖，夏季从室内吸收热量并释放到地源中，运行费用较低。可实现地热能供热和制冷，提升了地热的可用性和应用范围，具有节能环保、效率高等优点，缺点是仍对地下水存在一定污染。

地埋管换热器技术的系统组成和工作原理与水源热泵基本类似，区别是不抽取地下水，不存在回灌及水处理问题，但面临土壤热泵能效衰减、土壤热特性不均、施工造价和运行费用高等问题。当下地源热泵一般是按等间距网格和等深度铺设地埋管，假设所开发的地热资源分布为"均质体"，但实际开发利用发现，开采区岩土温度特征、换热效果等方面具有明显的差异，当前按照等间距铺设埋管的做法缺乏系统性、精细化的勘测评价。

（二）地热能利用技术发展方向

《新时代的中国能源发展》白皮书提出，要创新地热能开发利用模式，开展地热能城镇集中供暖，建设地热能高效开发利用示范区，有序开展地热能发电。

随着我国热泵技术日臻成熟，城镇大范围集中连片开发利用浅层地热的场景将日益增多，地热能直接利用技术将是地热能利用技术的未来发展方向，各类热泵技术的发展模式将由过去的规模速度型增长逐步向质量效益型增长转变。针对地埋管换热器技术，工程前期可以传热贡献率为核心开展勘测评价，以传热贡献率大小、正负确定地埋管铺设方案，并在运行后对系统实施智能化控制，进一步推进节能增效。

（三）地热能发电经济性

地热发电项目的投资与地热资源品位、地质条件有着非常密切的关系。其中，地热深度、温度、化学特性和渗透性是影响成本的主要因素。

以羊八井地热电站为例，不计勘探和打井成本，单位投资成本约为 1.2 万元/kW，发电成本为 0.7 元/kWh，含税上网电价为 0.9 元/kWh，已纳入可再生能源电价附加分摊，经济效益较好。

以羊易地热电站为例，单位投资成本约为 2.99 万元/kW，发电成本为 0.93 元/kWh。项目一直未获得电价补贴，含税上网电价仅为 0.25 元/kWh，亏损较为严重。

九、海洋能

狭义的海洋能源是指依附在海水中的可再生能源，海洋通过各种物理过程接收、储存和散发能量，这些能量以潮汐能、波浪能、潮流能、温差能等形式存在于海洋之中。更广义的海洋能源还包括海洋上空的风能、海洋表面的太阳能以及海洋生物质能等。本书的海洋能指的是狭义的海洋能源。

潮汐能是指海水周期性涨落运动中所具有的能量，其水位差表现为势能，其潮流的速度表现为动能。波浪能是波动自水面伸至无波动的水深处，在一个波长范围内的动能和势能之总和。潮流能是指海水流动的动能，主要是指海底水道和海峡中较为稳定的流动以及潮汐导致的有规律的海水流动所产生的能量。温差能是指海洋表层海水和深层海水之间的温差储存的热能。目前潮汐能、波浪能已实现小规模商业化开发利用，潮流能、温差能处于工程应用示范或研究阶段。

（一）海洋能利用技术发展现状

1. 潮汐能

潮汐能是一种在潮汐运动过程中产生的能量形式，它是人类最早开始利用的海洋能源之一。潮汐能发电技术主要包括单水库式（单向或双向运行）和双水库式（包含单向运行、双向运行、抽水蓄能发电）两种路径，其发电技术体系如图 6−25 所示。截至 2021 年底，潮汐能发电在海洋能总装机容量中占比超过 90%。其中，最具有代表性的电站为法国 240MW 朗斯潮汐电站和韩国 254MW 始华湖潮汐电站。此外，英国在潮汐能技术的开发

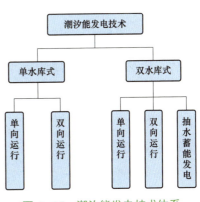

图 6−25　潮汐能发电技术体系

上已跻身世界前列。2021 年 7 月，英国离岸再生能源整合开发中心报道世界最大潮汐能顺利并网输出电力；2022 年 10 月，发表报告表明潮汐能的均化发电成本已下降了 40%，已经来到大规模发展的关键点。

我国潮汐能装备领域已掌握了拦坝式潮汐能发电、电站运维、发电机组制造等核心技术，现已满足将潮汐能进行商业化开发的技术要求。目前，正在运行的潮汐电站包括浙江的江厦潮汐电站、海山潮汐电站，以及山东的白沙口潮汐电站。其中，江厦潮汐电站以全球第四的装机容量稳居前列，并已实现超过 40 年的商业化稳定运行。

2. 波浪能

波浪能是指波浪所具有的动能和势能，是由风的作用引起的海水沿水平方向周期性运动而产生的能量。常见的波浪能技术形式分类如图 6−26 所示，其发电技术形式多样，可以根据工作原理、安装形式、安装位置、波浪吸收类型和能量传递方

式等进行分类。如根据安装形式可分为固定式和漂浮式；根据工作原理的不同可分为振荡体式、振荡水柱式和聚波越浪式。

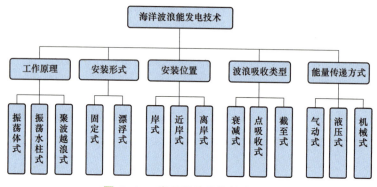

图 6-26　常见的波浪能技术形式

当前，点吸收式和振荡水柱式技术已经较为成熟，进入了预商业化阶段。多个国家已开发出能够长期运行于海洋环境中的波浪能装置，如美国的点吸式装置（PowerBuoy）和英国的筏式装置（Pelamis）。2022 年 6 月，瑞典 CorPower 公司推出首款商业化波浪能转换器 C4，并成功安装于葡萄牙 Aguçadoura 海岸，成为全球首个并网的波浪能发电场。

我国波浪能装备已成功应用于海岛供电、水产养殖、仪器供电等方面，应用领域不断拓展，多次创造世界纪录。2023 年 1 月，由中国南方电网广东电网公司主导开发的全球首个兆瓦级浮动式波浪能发电设备——"南鲲号"已成功下水并开始调试，标志着兆瓦级波浪能发电技术的发展已经从理论研究阶段转向实际工程应用的新纪元。

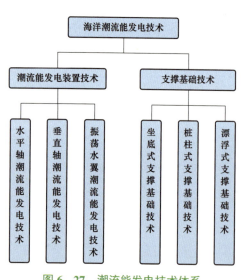

图 6-27　潮流能发电技术体系

3. 潮流能

潮流能是指月球和太阳的引潮力使海水产生周期性往复水平运动时形成的动能。海洋潮流遍布大洋，纵横交错，川流不息，它们蕴藏的能量非常可观。据估算，世界上可利用的潮流能约为 0.5 亿 kW。潮流能发电技术体系如图 6-27 所示。

潮流能发电技术正处于快速发展阶段，从设备的创新设计到商业化进程的推进，再到全球范围的示范项目，均展示了其巨大的潜力。据统计，欧洲占据了全球潮流能开发企业的 41%。英国亚特兰蒂斯公司正在开发的 MeyGen 项目是目前全球规模最大的潮流能项目，也是唯一开始建设的商业化多涡轮机阵列。截至 2022 年 10 月，MeyGen 一期项目累计发电量已超过 47GWh。

我国潮流能装备技术发展迅猛，已从实验室探索阶段迈向预商业化，无论是在运行时长还是并网发电量方面，均处于国际前列。自 2019 年 8 月舟山潮流能发电项目投产以来，我国潮流能技术实现了大功率、稳定发电及并入国家电网等多项重要突破。2022 年 4 月，全球单机容量最大的潮流能发电机组——"奋进号"完成并网，连续运行和发电量均创世界新高，显著降低了潮流能发电的成本。

4. 温差能

温差能是指由海洋表层温水与深层冷水之间的温差所蕴藏的能量，主要来源于太阳辐射。利用温差能可以实现热力循环并发电，还可生产淡水、提供空调冷源等。温差能发电技术是一种利用高、低温热源之间的温差，采用低沸点工作流体作为循环工质，在朗肯循环基础上，用高温热源加热并蒸发循环工质产生的蒸汽推动透平发电的技术，其主要组件包括蒸发器、冷凝器、涡轮机以及工作流体泵。温差能发电技术体系如图 6-28 所示，主要包括温差能发电平台技术、发电装置技术、管道连接及输电技术。根据采用的技术区别，温差能发电系统的工质和流程会有差异，据此可将温差能发电系统分为开式朗肯循环、闭式朗肯循环和混合式朗肯循环三类。

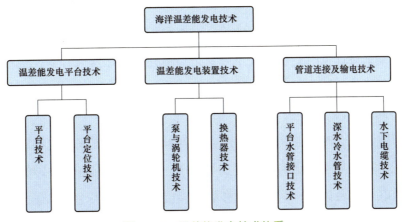

图 6-28　温差能发电技术体系

我国的温差能设备技术研发起步较迟，基础科研相对滞后，目前处于实际海况验证阶段，相关技术装备尚未完全成熟，与国际先进水平相比存在明显差距。在国家科技计划和海洋能专项资金的支持下，国家海洋技术中心、天津大学、中国海洋石油集团有限公司等机构已经开展了多项研究和试验。但目前的研究焦点仍主要集中在循环理论的研究方面，实证及应用仍需深入和突破。

（二）海洋能利用技术发展方向

1. 潮汐能

（1）提升大功率、高效型潮汐发电机组。

大功率潮汐发电机组不仅可以更高效地利用潮汐能力，而且投入资金也会减少，降低潮汐能发电价格，增加潮汐能发电竞争力。需通过研发更高效的涡轮发电机、优化潮汐能转换系统等手段，提高潮汐发电的整体效率。

（2）开发适用性广的技术路线。

潮汐发电技术可分为潮汐涡轮式发电和潮汐动能式发电等多种技术路线，未来将继续探索和优化这些技术，以满足不同环境和条件下的发电需求。

（3）更新经济性高的建造工艺。

对潮汐电站土建进行研究，改善建造工艺，节约土建投资。研究新型的水库建筑构造工艺，如采用现代化浮运沉箱进行施工等，取代传统的现浇钢筋混凝土施工工艺，省时省力，有效降低建筑成本。

2. 波浪能

（1）建立更加稳定的发电装置。

现有波浪能技术通常只在较窄的设计波浪参数范围内有较好的能量转化效率，在波浪参数偏离设计值时性能明显下降。之后需建立适配台风等偶发极端海况下的装置，并控制成本，才能保证波浪能利用具有经济效益。

（2）协同利用海上风能。

风能和波浪能在时变性和波动性上具有互补关系。研究表明，在风速相对较低时，波浪能的发电量可以达到总功率的近 1/4，成为风力发电低效时的有效补充。因此，通过联合平台设计、区域规划和智能调度系统等方式，可以最大化两种能源的发电潜力，降低成本并提高资源利用效率。这种协同模式有助于优化可再生能源的应用，推动绿色能源的可持续发展。

（3）开发多功能综合利用模式。

波浪能的当地利用是一个新的思路，即把波浪能装置发出的电能经过短途输送，用于电解铝等对电能稳定性要求较低的场景，甚至把波浪能装置直接与渔业养殖、海上制氢等设备等相集成，建造集波浪能发电、深远海养殖、海洋环境立体监测等一体化的新型智慧海洋可再生能源多功能综合利用平台。

3. 潮流能

（1）研发高性能设备，提升系统控制效率。

研发更高效、更耐用的潮流能发电设备，如优化涡轮机的叶片设计、改进发电机效率等。引入智能控制系统，提高发电稳定性。通过大数据分析和人工智能算法，对设备运行状态进行监测和维护，减少故障停机时间。

（2）降本增效，推进潮流能发电商业化运营。

推动潮流能发电设备的规模化生产，通过规模效应降低生产成本。推进百兆瓦级潮流能规模化示范工程建设并实现并网运行，通过潮流能规模化开发利用，提升装备性能、降低开发成本，推进潮流能产业发展配套政策的出台，是潮流能发展的重大需求。

（3）节能环保，开展其对生态环境的影响研究。

潮流能开发过程中带来的生态环境效应尚未明确，水轮机装置与海洋生物环境的相互作用还需进一步探究。

4. 温差能

（1）加大研发力度，提高温差电效应的能量转换效率和稳定性。

温差电效应的性能与材料性质密切相关。不断研发新型温差电材料，以提高温差电效应的能量转换效率和稳定性。这些材料应具备良好的热电性能、耐久性和经济性，以适应各种应用环境。

（2）优化温差发电系统的设计及运行参数。

通过优化温差发电系统的设计和运行参数，如提高热源的利用效率、降低热损失、优化热电转换过程等，可以进一步提升温差发电系统的整体效率和可靠性。

（三）海洋能发电经济性

潮汐电站的建设需要充分考虑潮汐周期、潮汐能资源量、地形地貌、海洋环境等多种因素，因此其造价往往比传统水电站或风电站更高。目前，潮汐能发电综合投资成本为 4 万～5 万元/kW,具备商业示范价值,尚不具备大规模商业化推广条件。随着技术的不断进步和产业链的日益成熟,潮汐能发电的造价有望进一步降低。

波浪能发电的造价受到多种因素的影响,包括设备类型、规模、技术成熟度、地理位置、安装条件等。目前波浪能发电综合投资成本为 7 万～10 万元/kW,仅具备示范价值,尚不具备大规模商业化推广条件。

目前潮流能发电综合投资成本为 7 万～10 万元/kW,仅具备示范价值,尚不具备大规模商业化推广条件。以舟山潮流能实验场作为参考,其总投资为 1.44 亿元,是全国首个具备公共测试和示范功能的国家级潮流能试验平台,位于普陀山和葫芦岛之间海域,距离普陀山东北方向约 500m。该工程布置了测试泊位 3 个、示范泊位 1 个和潮流观测平台 1 个,示范泊位安装了 450kW 的潮流发电设备 1 台,并设置了 10kV 海上升压站 1 座,通过海底电缆将电力输送至葫芦岛集控中心并接入电网。

温差能发电的造价因多种因素而异,包括发电规模、技术类型、离岸距离、设备成本、建设成本、运维成本等。国内外的一些研究和项目表明,当前技术条件下的海洋温差发电造价折合人民币为 4 万～5 万/kW,随着技术的进步和规模效应的显现,该发电成本会逐渐降低。以美国研究的海洋温差发电为例,建造一座 100MW 的海洋温差发电场大约需要花费 7.9 亿美元。如果将建造费用和运行成本都计算在内,电费大约为 18 美分/kWh。

第二节　能　源　输　配

一、输配电

能源安全新战略提出 10 年来,我国能源行业持之以恒推动能源转型变革,电力作为应用最为广泛的能源,通过一系列战略性举措和变革性实践,在特高压交直流输电、海上风电送出、电网数智化等领域相继取得诸多突破性进展和标志性成果,建成了世界上最大的清洁电力供应体系。当前我国能源形势仍在发生着深刻复杂变化,碳达峰碳中和战略积极稳妥推进,新型电力系统作为新型能源体系的重要组成和实现"双碳"目标的关键载体正在加快构建,对输配电技术的要求也在不断提高。输配电领域应抓住建设新型电力系统的发展机遇,在陆上大规模新能源基地送出、深远海海上风电送出、新能源直流汇集组网、新型 GIL 输电、电网数智化、配电网交直流柔性互联等方面加强核心技术攻关，提升科技自主创新能力，形成新质生产力，持续推动我国电网技术发展走在世界前列。

（一）陆上大规模新能源基地送出技术

1. 技术发展现状

当前，位于我国"三北"地区以沙漠、戈壁、荒漠地区为重点的风光大基地建设正加快推进，同时，流域水风光一体化正在成为一个新的发展方向，相关部门正在加快制定长江流域水电开发建设方案，编制藏东南（玉察）、澜沧江上游、金沙江上游等主要流域水风光一体化基地规划。这些新能源大基地的建设有利于进一步增强能源绿色低碳发展转型动力，推动我国能源电力系统向清洁、低碳、安全、高效的方向发展，助力"双碳"目标的实现。基于我国自然资源禀赋和社会经济发展现状，新能源大基地大多处于主网架末端，当地电网薄弱，消纳能力不足，缺乏大电网支撑，且距离中东部负荷中心数千千米。我国资源与负荷的逆向分布决定了高压、特高压输电成为大规模新能源基地远距离送出的主要方式，经过近些年的实践探索，常规直流输电技术、柔性直流输电技术、混合直流输电技术以及特高压交流输电技术均得到了应用。

（1）常规直流输电技术。

常规直流输电技术采用晶闸管等半控型电力电子器件，输送容量大，输送距离远，技术方案成熟，工程运行经验丰富，技术经济性能优良。青海—河南特高压直流输电工程是我国首个以大规模新能源输送为主的特高压常规直流输电工程，该工程容量 8000MW，线路全长 1563km，送端近区电网接入大量光伏、风电新能源，并经交直流转换，由特高压直流输电通道送至河南电网，是大规模新能源经常规直流送出的典型方案。图 6-29 为豫南换流站。

（2）柔性直流输电技术。

柔性直流输电技术采用全控型功率器件，可以实现有功功率、无功功率独立控制，不依赖电网换相，不存在换相失败问题，能够为电网提供稳定电压支撑，逐渐成为大规模新能源汇集等场景广泛采取的技术手段。世界首个风、光、储、输一体化柔性直流电网——张北柔性直流电网试验示范工程四端换流站采用"手拉手"环形接线方式，张北、康保站汇集张家口地区的风能、光伏新能源，丰宁站与丰宁抽水蓄能电站相连，通过张北柔性直流工程对张家口地区新能源进行汇集和调节，向北京地区供电，实现了弱送端系统条件下清洁能源大规模送出。图6-30为北京换流站。

图6-29　豫南换流站

图6-30　北京换流站

（3）混合直流输电技术。

混合直流输电技术是指常规直流输电与柔性直流输电相结合的输电技术。乌东德水电站送电广东广西特高压多端直流示范工程采用送端为常规直流换流站，两个受端站为柔性直流换流站并联混合方案，送端云南建设8000MW常规直流昆北换流站，受端广西建设3000MW柔性直流柳北换流站，受端广东建设5000MW柔性直流龙门换流站。白鹤滩—江苏特高压直流输电工程采用送端站为常规直流换流站，受端站为高端常规直流加低端柔性直流串联混合方案，受端站LCC总容量为4000MW，VSC总容量为4000MW，其中每一极VSC由3个换流器并联组成。图6-31为龙门换流站。

图 6-31 龙门换流站

（4）特高压交流输电技术。

特高压交流输电电压等级一般为 1000kV，与常规 500kV 交流输电相比，1000kV 交流输电具有大容量、远距离、低损耗、省占地的突出优势，成为大规模新能源基地送出的另一重要技术手段。2020 年 8 月，张北—雄安（北京西）1000kV 特高压交流输变电工程建成投产。工程送端站由张北 500kV 开关站扩建升压至 1000kV 变电站，受端扩建雄安（北京西）1000kV 变电站，新建 2 回 1000kV 线路长度约 2×320km。该工程是华北特高压网架的重要组成部分，连接张家口新能源基地和雄安新区，为张北地区新能源外送开辟了新的特高压送电通道，通过汇集张北地区的绿色能源，保障雄安新区清洁电力能源供应，实现了新能源资源更大范围的优化配置。

2. 技术发展方向

大型新能源基地通过上述各种外送技术路线均已有了成功的工程实践，后续还有多项规划待建工程，然而就相关统计数据来看，仍然存在特高压直流新能源电量输送占比不高，部分地区弃光弃风率较高等问题。随着新能源大基地建设的加快推进，我们还需要从以下技术方向继续努力，以更大力度推动我国新能源高质量发展。

（1）特高压柔性直流输电技术。

由于控制灵活，无换相失败问题，且可以为电网提供支撑作用，特高压柔性直流技术逐渐成为大规模新能源基地外送考虑的主要技术路线。发展特高压柔性直流技术，提高柔性直流输电容量，基础是要提高功率半导体器件的通流能力。目前多家公司研发出了可应用于特高压柔性直流输电的 4500V/5000A 等级的 IGBT 功率器件，并陆续开展产品试验验证。换流变压器方面，当工程容量达到 8GW，柔直变压器因为尺寸较大，给大件运输带来了一定难题，或需考虑采用两台变压器并联、现场组装等特殊方案。另外，还需要加强理论研究和仿真计算，完善诸如柔直构网型控制、宽频振荡抑制等策略，确保大规模新能源发电经特高压柔性直流输电送出的安全稳定运行。

（2）新型直流输电技术。

基于晶闸管技术的传统直流输电、基于全控型电力电子器件技术的柔性直流输电以及两者混合的直流输电在我国得到了成熟应用，然而上述典型直流输电技术存在的换相失败、无功补偿量大、故障穿越困难、振荡风险高等诸多问题尚未得到有效解决。未来亟需开发具备经济性、设备安全性和环境适应性及良好涉网性能的换流技术，如基于自关断器件的主动换相型电流源换流技术、LCC 集成 SVG 的换流技术等，以满足新型电力系统构建的要求。

（3）超高海拔特高压输电技术。

我国目前已建成的特高压变电站、换流站工程海拔均在 3000m 以下，而未来一批新能源基地所处海拔可能高达 4000m 以上，在超高海拔环境下建设特高压工程尚无先例。随着高海拔新能源基地的推进，未来需要在特高压电气设备的绝缘配置和空气间隙、架空线路重冰区覆冰特性及铁塔设计、试验条件、施工建设等方面开展关键核心技术攻关，克服复杂电磁环境，提高单位宽度走廊输送能力。

3. 技术经济性分析

高压大功率 IGBT 及其驱动芯片是换流阀核心器件，目前特高压柔性直流换流阀所需的高压大容量压接式 IGBT 器件主要来自国外厂商。近十年来，随着技术进步和国产制造业的发展，柔性直流输电工程的成本逐步下降。我国近年来建设投产的特高压柔性直流换流站单位造价在 900~1300 元/kW。从投资费用构成来看，高压大功率 IGBT 器件约占柔性直流换流阀总价的 40%，过去柔性直流换流阀中 90% 以上 IGBT 器件依赖进口，未来随着国产化 IGBT 器件使用率的进一步提高，柔性直流输电工程造价可进一步降低。

（二）深远海海上风电送出技术

1. 技术发展现状

目前已投运及正在建设的海上风电多为近海风电，主要采用工频交流输电送出，系统接线简洁、设备制造标准化、建设手段及运维模式成熟可靠，已经进入了商业化发展阶段。工频交流输电技术来源于陆上电网建设，技术成熟度高，随着近海风电资源的大规模开发，可用度逐步下降，但在海上无功补偿技术和海缆载流能力提升方面仍有一定的研究空间。国内风电场采用交流工频输电技术的最远输电距离约86.6km，实施工程为江苏大丰（H8-300MW）海上风电交流 220kV 送出，项目核心升压站平面尺寸为 47m×29.8m，总高度达 16m，重约 2.8 万 t。

柔性直流输电在深远海大规模海上风电送出上已有多个项目应用，以德国应用最多，江苏如东海上风电柔性直流±400kV 输电工程送出是国内以及亚洲首个已投运的相关示范工程，实现了 H6、H8 和 H10 共 1100MW 海上风电并网，换流站平面尺寸约为 86m×92m，高约 53m，重 2.2 万 t。

2. 技术发展方向

深远海海上风电送出技术的最新研究集中在以下几个方面：

（1）柔性直流输电与二极管不控整流技术。

随着技术进步，柔性直流输电系统已经成为解决海上风电送出难题的关键手段。相较于传统的工频交流输电，柔性直流能够在长距离传输时大大降低线路损耗，尤其适用于中远海风电场的大容量、长距离电力输送，同时还能灵活适应风电出力的波动性。国内相关最新技术突破包括高压大容量直流耗能装置、海上换流阀等适海设备的研发，以及宽频振荡风险评估与抑制等创新，确保系统稳定与安全。二极管不控整流技术采用二极管整流单元（DRU）替代海上柔性直流平台模块化多电平换流器（MMC），整流站建设成本能够下降 70%。纯 DRU 直流送出系统结构相对简单，但需要重点设计构网型风机控制器；DRU 与 MMC 串联或并联结构可以不改变风机控制策略，但是 DRU 与 MMC 之间的协调控制相对复杂。

（2）多端直流组网技术。

多端直流技术可以实现从多个海上风电场汇集电力后直接输送到陆上不同的受电点，有助于构建更灵活的电力传输网络，提高电力系统的可靠性和利用率。关键技术进展包括：低成本直流断路器研发；先进控制策略和保护算法的创新；

高效、小型化直流变压器研制；基于模块化多电平变换器的多端直流电网优化设计；耐腐蚀、防盐雾、抗风浪的材料与结构设计；运用数字孪生技术模拟预测系统性能。

（3）交流送出技术。

交流海缆的电容效应是限制海风高效送出的重要因素，海上高抗站可弥补无功损耗、在低载荷状态下遏制末端过高压水平，提升交流送出效率。研究人员还积极探索新的低频交流输电技术，通过降低频率至20Hz或更低，减少海缆电容电流，大幅度增加输电距离。已有2项技术验证示范，分别为台州35kV柔性低频输电工程和杭州220kV柔性低频输电工程。前者实现了全球首台低频风机发电的送出，送出容量12.5MVA；后者为富阳、萧山两区互济陆上项目，传输容量300MVA。低频交流输电技术在特定的输电规模、中远距离输电时有较好的技术经济性，由于不需要建设海上换频站，后续运维也较柔性直流输电更为便捷。

（4）高压海缆与海上平台。

目前全球首条交流500kV三芯海底电缆以及首座500kV海上升压站已应用于广东阳江青州一、二海上风电送出。项目海缆共传输容量1000MW，单回路输送路由60km。海上升压站尺寸为66m×55m×32m，重约6382t。针对深远海风电送出需求，高压海底电缆的研发持续深入，包括更高电压等级、更强耐久性的电缆材料与结构设计，以及更先进、更安全的海底电缆铺设、监测与维修技术。未来可以预见直流海缆电压等级提升至±500kV及以上。海上升压/换流平台未来设计将更加模块化和标准化，同时电压等级将继续提升，轻型高强度材料、轻量化设计、多种功能包括储能集成也将是未来发展的重要方向。

3. 技术经济性分析

随着近海风电资源的规模化开发，现有海上风电发展逐渐呈现大规模化、集群化及深远海化的特点，海上风电送出的输电成本相应上升。离岸距离越远的项目，并网送出工程的成本越高，且不同的输电方式对项目收益有重大影响。表6-7为各种送出方案技术特点汇总。

表 6－7　　　　　　　　　　各种送出方案的技术经济性

方案	风机控制	风机频率	海上平台及设备	海上平台及设备总成本	输电通道频率	陆上接入装置	陆上接入装置成本	典型可输送距离（km）	技术成熟度	实际工程经验
1	跟网型	工频	工频升压站	低	工频	无	0	0～80	高++	多++
2	跟网型	低频	低频升压站	低+	低频	M3C 变频站	高++	0～200	中	少
3	跟网型	工频	工频 MMC 整流站	高	直流	工频 MMC 逆变站	高	无限制	高+	多+
4	跟网型	中频	工频 MMC 整流站	高－	直流	工频 MMC 逆变站	高－	无限制	高	无
5	构网型	低频	低频升压站	低+	低频	DRU－MMC 变频站	高+	0～200	低	无
6	构网型	中频	中频 DRU 整流站	中	直流	工频 MMC 逆变站	高	无限制	低	无
7	直流端口型	直流风机并联	直流升压站	高++	直流	工频 MMC 逆变站	高	无限制	低	无
8	直流端口型	直流风机串联	无	0	直流	工频 MMC 逆变站	高	无限制	低	无

（三）新能源直流汇集组网技术

1. 技术发展现状

目前大型风光基地通常采用多级交流升压汇集至送端换流站，新能源则采用跟网型控制策略。然而，由于基地覆盖面积广阔、送端换流站距离末端新能源场站电气距离较远且近区电网薄弱，需要通过配置大量动态无功补偿装置来解决送端电网电压、频率等支撑能力弱的问题。随着电力电子技术和柔性直流输电技术的发展，新能源全直流汇集送出方案应时而生。

基于直流汇集—直流送出的新能源全直流技术仅需维持直流电压稳定即可实现系统稳定，具有控制目标单一、响应速度快、效率和功率密度高等优点。与交流汇集方式相比，全直流汇集送出方案的汇集输送距离远、损耗低，不存在电压/无功问题和同步稳定问题，适用于大规模新能源广域汇集远距离送出场景。目前新能源全直流汇集送出技术为新兴研究领域，暂无实际工程投运。

2. 技术发展方向

为实现新能源全直流汇集组网，研究人员提出多电压等级直流系统的输电拓扑结构，即新能源发电阵列通过直流输电方式逐级升压形成发电集群并汇集接入中压直流母线，再通过特高压直流变压器升压后与基地常规电源共同经特高压直流线路远距离送出，示意图如图 6－32 所示。

全直流级联汇集系统结合柔性高压直流系统可以实现大规模新能源电站的外

送，是未来弱电网地区新能源电站的重点发展方向。新能源全直流汇集送出技术作为新兴研究领域，诸多关键技术瓶颈还有待突破，主要技术发展方向如下：

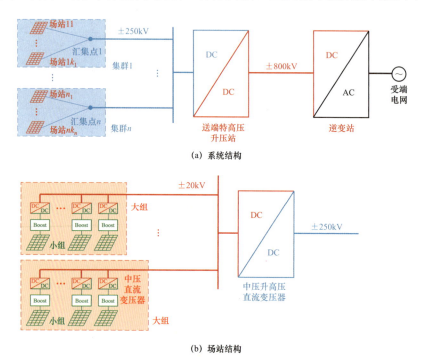

(a) 系统结构

(b) 场站结构

图 6-32　新能源直流汇集组网示意图

（1）新能源直流汇集方式。

新能源直流汇集组网系统中目前的汇集方式主要是多电压等级汇集方式。目前常规直流的高压侧电压一般为数百千伏，例如：广东南澳 ±160kV、舟山五端 ±200kV、张北四端 ±500kV、厦门 ±320kV 柔性直流工程。经学者研究，在高海拔地区新建的新能源直流汇集高压采用 ±250kV 电压等级较为合理；中压直流电压等级通常推荐 ±10、±20、±30kV，其中采用 ±20kV 电压等级，设备整体造价较低、绝缘等级低且占地面积较小，经济性更好。

由于不同新能源站所处的实际环境情况不同，且直流汇集技术是新兴研究领域，未来新能源柔直汇集系统还需结合国内外已建直流工程的规模情况、核心设备及器件的载流能力选取系统电压及容量水平，并从效率、成本、可靠性多方面进行比选，提出具有可靠性和经济性的系统设计方案。

（2）新能源直流汇集关键设备。

DC/DC 变换器是新能源直流汇集组网系统中实现新能源发电由直流低压抬升

至直流中压等级的关键设备。目前常见的直流变换器其基本拓扑按输入输出是否能够电气隔离，分为非隔离型和隔离型。其中，非隔离型主要包括电感升压类、开关电容类、谐振升压类 DC/DC 变换器，而隔离型大部分是由基本的全桥变换器改造或者演变而来，主要可以分为多模块组合类和单模块大容量类 DC/DC 变换器。

经学者研究，目前低压升中压的 DC/DC 变换器主要采用多模块输入并联输出串联（Input-Parallel-Output-Series，IPOS）组合变换器拓扑结构（见图 6-33），每一个单模块则主要采用基于全桥换流器设计的隔离型 DC/DC 变换器（见图 6-34），该拓扑理论上可应用于具有高升压比需求的大功率场合，并在一定程度上降低开发难度和成本。中压升高压的直流变压器单/多个新能源电站分别采用单相/三相 DC/AC/DC 方案（见图 6-35）。为抑制相间环流并限制直流侧短路后流入桥臂中的冲击电流，研究学者提出可将电容分散入各子模块并在桥臂中串联电抗。目前设备较多处于理论设计研究阶段，实际的拓扑结构及参数设计还有待优化验证。

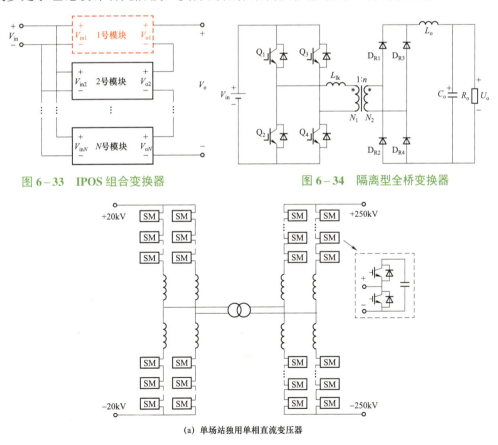

图 6-33　IPOS 组合变换器　　　　　图 6-34　隔离型全桥变换器

(a) 单场站独用单相直流变压器

图 6-35　高压直流变压器拓扑（一）

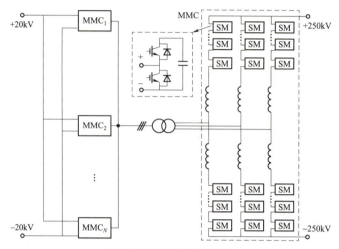

(b) 多场站共用三相直流变压器

图 6-35　高压直流变压器拓扑（二）

大型风光基地的中压直流系统汇集容量较大，需要通过大功率 DC/DC 变换器来完成。然而，目前 DC/DC 变换器中电力电子设备承载电流水平有限，大电流、高电压等级的变换器制造难度大且成本高，因此具备高升压比、大容量等特点的 DC/DC 变换器是未来设备研发的重点方向之一。

此外，DC/DC 变换器的开关频率高，系统损耗较大，研究学者提出可通过零电流、零电压开关功能的"软开关"模式降低损耗、提高传输效率，进而提升中压直流汇集系统的功率密度并降低系统的总成本。与传统交流汇集方案相比，虽然全直流级联发电系统通过直流升压提升了系统效率，但其对设备绝缘性以及安全性提出了更高的要求，设备生产成本较高。但随着远期此技术的核心器件研究深入和系统结构的更新，设备规模化设计及生产将逐步降低设备成本。

（四）新型 GIL 输电技术

1. 技术发展现状

气体绝缘输电线路（GIL）是一种采用气体作为绝缘介质的高压电力传输技术。GIL 通常由接地的铝合金外壳和内置的管状合金铝导体组成，两者之间充入 SF_6 等绝缘气体。与传统的架空线路和地下电缆相比，GIL 具有传输容量大、单位损耗低、布置灵活、运行可靠性高、寿命长、不受外界环境因素影响等优点。GIL 技术特别适用于城市地区或空间受限的环境，它可以地下敷设或安装在建筑物内，不会产生显著的电磁干扰。

自 20 世纪 70 年代首次应用以来，随着技术进步和成本降低，GIL 市场需求逐渐增长。GIL 在恶劣气候环境或廊道选择受限的电力输送场合中，GIL 显示出其独特的性能优势。随着技术的不断发展，GIL 在未来的电力传输领域中将扮演更重要的角色。GIL 最初用于发电厂和变电站 GIS 引出或联络时短距离的延伸，由于其具有输送容量大的优点，20 世纪 70 年代开始作为独立技术与产品进入实用化过程，美国、日本、加拿大、法国、俄罗斯、德国等国家都开展了 GIL 研制和应用。随着 GIL 技术的发展，GIL 已经越来越多地应用于各种大容量输电的场合，主要包括：

（1）GIS 变电站的线路连接：包括架空线路与变压器之间的连接、GIS 变电站扩建中的线路连接（例如穿越已有的空气绝缘母线或架空线路）。

（2）电厂布置优化：例如，多台变压器的出线共用一回 GIL，以缩小电站规模，减小开关设备数量；地下空间有限情况下，采用地面布线，拓展通道。

（3）水电站布置优化：例如，GIL 沿竖井敷设，将地下电站生产的电能送上地面；多台变压器共用一回 GIL 出线，减少出线数目以及出线洞洞孔直径，降低建设投资。

（4）输电线路：如需新增入网回路，可以利用 GIL 从现有的输电线路下方穿越输电线路移入地下，减少占地且美观。

除了以上应用场合外，因其管道布置灵活、接地外壳安全防护水平高，GIL 还可用于工况较为特殊的场合，例如，全部或部分 GIL 须直接埋入地下的场合、GIL 全部或部分暴露在公众可接近的区域以及 GIL 线路较长（典型的长度为 500m 及以上，例如长母线）的场合等。综合考虑技术经济性，GIL 是一种介于架空线路和电力电缆之间的高压电力输电设备。

近年来，国内平高集团有限公司、西安西电开关电气有限公司、新东北电气集团有限公司等厂家也开展了 GIL 的研制工作，在 1100kV 及以下电压等级的 GIL 研制和工程应用上取得了一定的进展，并在苏通 1100kV 特高压交流工程中得到应用，该工程采用盾构隧道穿越长江以取代原架空线路空中跨越方式，长度为 34.2km，是目前电压等级最高、输送容量最大、输电距离最长的 GIL 工程。

2. 技术发展方向

GIL 作为一种先进的电力传输解决方案，其技术发展正朝着直流 GIL 和环保型 GIL 两个重要方向迅速推进。

（1）直流 GIL。

直流 GIL 技术因其在长距离、大容量输电方面的独特优势而备受关注。与传统交流输电相比，直流 GIL 具有更高的输电效率和更低的线路损耗，尤其适合于跨区域输电项目。然而，直流 GIL 在实际应用中面临一些技术挑战，如内部气固界面电荷积聚问题，这可能导致电场畸变和绝缘性能下降，甚至诱发沿面闪络。为解决这些问题，研究人员正致力于开发新的绝缘材料和优化电场分布技术，以提高直流 GIL 的可靠性和安全性。

（2）环保型 GIL。

环保型 GIL 技术的发展则是对传统 GIL 中使用的 SF_6 气体的一种替代。SF_6 气体虽然具有良好的绝缘性能，但其温室效应潜能极高，对环境造成严重影响。因此，开发新型环保绝缘气体成为 GIL 技术发展的重要趋势。目前，研究人员正在探索多种替代气体，如 C_4F_4N、$C_5F_{10}O$ 及其混合气体，这些气体在提供良好绝缘性能的同时，具有更低的全球变暖潜能。此外，环保型 GIL 技术还包括对绝缘材料的改进和优化，以及对 GIL 结构设计的创新，以实现更高的环境兼容性和可持续性。

（五）电网数智化技术

1. 技术发展现状

2023 年 3 月 31 日，国家能源局发布《关于加快推进能源数字化智能化发展的若干意见》，提出针对电力等行业数字化智能化转型发展需求，要发挥智能电网延伸拓展能源网络潜能，推动形成能源智能调控体系，提升资源精准高效配置水平。随着我国"西电东送"电力格局的不断深化，以及可再生能源的大规模接入和消纳需求，当前仍需依赖调度人员经验判断把握电网运行状态并结合提前编制的分级调度运行规程进行紧急操作的调度技术已无法满足我国大区乃至全国互联电网的稳定、经济运行需要，智能调度的含义也不再是狭义上的调度人员辅助决策，而是已发展成为全面智能化的调度技术手段。以智能化电网支撑新型电力系统建设，加快推进数字化赋能电网发展，对于电力行业来说意义非凡。

（1）智能传感技术。

高精度、高灵敏的感知监测系统是数字电网实现的基础和万物互联感知的入口，虚拟电网对物理电网的全息复制和动态调整依赖实时的传感技术。目前电磁式电流互感器和电压互感器功能上主要获取局部、片段、串行的部分数据，性能上不支持局部互联、体积庞大、结构复杂、价格昂贵、有源通信，无法满足数字电网全时空广域感知要求，微型化、物联化、高精度、宽范围、低功耗、低成本的智能传感技术是未来的主要发展方向。

（2）大数据。

电力大数据涉及电力资源的发、输、配、用各个环节，通过电力大数据的应用，能实现对电力系统全生命周期的管理和优化。目前电力大数据在发、输、配、用各方面的应用均取得了显著的进展，然而电力大数据行业还面临一系列挑战，如数据隐私与安全性、数据质量与一致性、计算能力和数据挖掘技术不足、数据共享与合作机制欠缺等诸多问题。随着政策支持、技术进步和市场需求的不断增长，预计电力大数据行业将为电力行业带来更多的机遇和挑战，并为实现可持续能源未来发展作出重要贡献。

（3）人工智能。

人工智能技术通过数据驱动方法实现系统行为模拟、预测、自适应控制及最优决策，在应对动态、随机、新机理等非线性难题方面具有独特优势。目前，人工智能技术在电力领域中较为成功的应用实践主要表现在系统状态感知方面，如设备巡检，但是在系统认知推理方面还局限于较简单应用，系统优化决策方面仍处于研究探索阶段。

2. 技术发展方向

（1）新一代调控技术支持系统。

随着新型电力系统和新型能源的发展，现货市场技术支撑手段亟待建立，发电调度向源网荷储协同控制转变，调度控制更加关注一次能源变化，电网运行需要统筹二次设备风险，有源配电网调控技术手段有待建立。因此，大电网一体化运行控制技术亟需升级，电网故障高效协同处置工具亟需完善。电力系统在线分析的针对性亟待提升，调度计划安排的支撑工具技术滞后，调度管理信息化和智能化水平不足，在此背景下，新一代调控技术支持系统应运而生。

新一代调控技术支持系统在传统自动化系统运行控制平台和模型驱动型应用的基础上，运用云计算、大数据、人工智能等IT新兴技术，构建云计算平台和数据驱动型应用，形成一套系统、两种平台协同支撑、两种引擎联合驱动、四大子系统，其架构如图6-36所示。

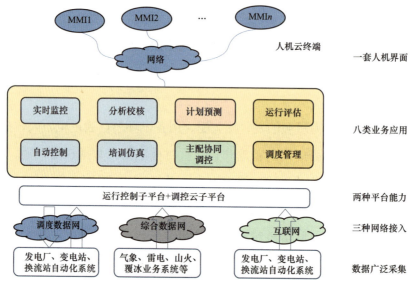

图 6-36　新一代调控技术支持系统总体架构

新一代调控技术支持系统具有面向实时调度、生产组织和运行管理三大业务的特点，同时考虑当前调度管理模式，构建"云端+就地"相结合的体系架构，以实现全网模型统一维护、数据实时汇聚及共享，支撑全网一体化分析决策，同时满足就地监控的需要。

（2）智能运维技术。

智能运维作为一种整合人工智能、自动化运维、大数据分析等技术的新型运维方式，以先进传感量测、多源信息融合的状态监测、人员定位、图像智能识别以及巡检机器人等技术，逐步取代人工运维和巡检，实现降员增效，成为运维领域的发展趋势。然而，智能运维在发展过程中也面临着诸多挑战和困难。首先，安全和隐私保护是智能运维发展的重要障碍，如何确保数据的安全性和隐私性是一个亟待解决的问题。其次，技术标准和行业规范的不统一也给智能运维的推广带来了一定困难，需要各方共同努力促进标准化和规范化的发展。

（3）数字孪生技术。

数字孪生又称数字映射，是以数字化方式创建物理实体的虚拟模型，是物理实体的数字版"克隆体"，具有全生命周期实时/准实时、双向交互的特征。

近年来，国内外在电网数字孪生建设方面进行了工程实践。电网数字孪生系统通过获得在线监测数据、运行状态数据、设备全寿命周期数据及环境数据等，应用机器学习等人工智能算法，对模型进行迭代优化和滚动预测，使电网自主预测未来运行状态，并实时反馈给物理实体电网，实现电网运行风险自主评估和电网全寿命周期监控与管理。数字孪生系统作为电网数智化的高级产品，目前在南方电网个别站点和线路以及国家电网的特高压站点进行了部分应用，应用效果还有待检验，未来随着数字化和人工智能的深入发展，实用化的全专业全场景数字孪生系统将更好地促进智慧调控和运维，数字孪生电网的建设应用将取得更大突破。

（六）配电网交直流柔性互联技术

1. 技术发展现状

配电网作为重要的公共基础设施，在保障电力供应、支撑经济社会发展、服务改善民生等方面发挥着重要作用。传统交流配电网一般采用"闭环接线、开环运行"模式，电源结构单一，属于被动型配电网，其接线形式主要有：① 放射状接线，如干线式、中心放射式、含中介节点的放射式等；② 有备用电源或线路的接线，如两端供电、环网供电，以及含备用线路的"N–1"接线；③ 多分段多联络接线；④ 3×3 或 4×6 等网络式接线。近年来，随着我国以新能源为主体的新型电力系统建设进程不断推进，配电网的功能、定位、形态正在发生深刻的变化。新形势下，传统的交流配电网其固有的局限性逐渐暴露：① 不便于分布式电源的接入；② 承载能力有限，难以应对大量敏感负荷、非线性负荷接入需求；③ 潮流调控能力弱，运行安全、经济性难以兼顾；④ 保障优良电能质量愈发困难。因此，传统交流配电网难以适应新形势下配电网的发展要求。

随着基于全控型电力电子器件的变流及其控制技术日渐成熟，人们逐渐发现：在传统交流配电网中引入直流环节，在应对分布式清洁电源（储能）、多元化用电负荷的大量接入、提升配网供电能力和灵活调控等方面具有独特的优势。由此，配电网交直流柔性互联技术应运而生。

（1）技术特征。

配电网交直流柔性互联的主要技术基础在于柔性互联装置（Flexible Interconnected Device，FID）。柔性互联装置是一种基于电压源换流器（Voltage Source Converter，VSC），可在配电网若干关键节点上替代常规联络开关的新型柔性一次设备的统称，包含智能软开关（Soft Open Point，SOP）、柔性环网控制器（Flexible Loop Network Controller，FLNC）、电力电子变压器（Power Electronic Transformer，PET）、能量路由器（Energy Router，ER）等。柔性互联装置可以解耦控制有功、无功功率，改善功率传输的灵活性，不仅具备断开和连通功能，而且没有常规机械式开关动作次数的限制，运行模式柔性切换，控制方式灵活多样。将配电网中各条馈线、各个交/直流配电子网或微电网（群）等通过柔性互联装置连接，可使各配电子网或微电网充分发挥其自身特性，实现分布式新能源、储能设备、电动汽车等的友好接入，并在各子网间实现智能调度，达到潮流控制、有功/无功功率优化、能量互济、协同保护等功能。

采用背靠背换流器对交流馈线末端或变电站间进行柔性互联（直流母线不引出）是最易于实现的形式，如我国北京延庆交直流分区互联示范工程、苏州工业园区四端直流示范工程。若将直流母线拓展接入各类电源、负荷、储能、微网等，系统形态将更加复杂多样，可能形成多端/多电压等级的混合配电网，我国比较典型的有深圳宝龙工业区柔性直流配电工程、杭州江东新城智能柔性直流配电网示范工程、贵州大学五端柔性直流配电示范工程、珠海唐家湾三端柔性直流配电网工程、苏州同里新能源小镇交直流混合配电网示范工程、苏州吴江中低压直流配电网工程等。

（2）关键装备。

1）VSC 换流器。直流环节通过 AC/DC 换流器与交流系统相连，可实现潮流的四象限灵活控制。现阶段，传统的电压源型换流器虽已广泛应用，但仍存在电容均压、电磁干扰、开关损耗等问题。模块化多电平换流器（Modular Multilevel Converter，MMC）具有可扩展的模块化结构、普适性更强的特点，现已成柔性直流配电系统中的主流。目前中压直流系统的 VSC 换流器往往根据工程要求定制。子模块功率器件、直流电容以及二次板卡等核心部件，国产化的进程在不断加快。由于 MMC 所含开关器件数量较多，造成装置成本较高、控制难度大。

2）直流变压器。在低压小功率不考虑电气隔离的场合，传统的 Boost 型、开关电容型、LC 谐振型直流变压器已取得广泛应用；在中高压领域，一般采用高频变压器进行电气隔离，可采用器件直串型、MMC 型、模块组合型、谐振型等拓扑结构，目前大容量直流变压器技术尚不成熟。

3）直流断路器。直流系统故障电流无过零点，开断较为困难。根据直流断路器中关键开断器件和工作原理的不同，可大致分为机械式、固态式、混合式三类。在不同应用场景下，根据故障电流大小和需要的开断时间进行选型分析。中压直流断路器多处于示范应用阶段，尤其是混合式直流断路器缺少系列化低成本产品。

4）控制与保护。对于交直流柔性互联配电网，一般采用分层控制架构：系统控制层，根据系统实时状态信息，在满足系统稳定和设备耐受能力等约束条件下，进行功率优化调度管理；协调控制层为各可控设备提供模式选择、电压或者功率参考指令；就地控制层为各可被控设备的底层控制策略。交直流柔性互联配电网的故障种类繁多，其诊断、定位、隔离、恢复十分复杂。为保护大量昂贵的电力电子设备的安全，对保护的可靠性和动作速度要求较高。

2. 技术发展方向

未来配电网将越来越多地呈现为交直流混联的形态，逐步由单纯接受、分配电能给用户的电力网络转变为"源网荷储"融合互动、与上级电网灵活耦合的电力网络。配电网交直流柔性互联技术具有广阔的发展前景。该项技术未来的发展方向主要有：

（1）低成本紧凑型柔性互联装置及其系统集成技术。目前，配电网交直流柔性互联技术仍然处在工程示范阶段，关键设备和控保系统往往需要定制，工程建设和运维的成本都比较高昂。只有持续提升经济性，这项技术才能不断焕发生命力。一方面，在总结已有工程经验的基础上，积极攻关低成本紧凑化的柔性互联装置和直流开关设备，通过技术改进、优化拓扑等降低设备制造成本、节约工程占地、减小运行损耗等；另一方面，要积极拓宽技术的应用场景，如城市负荷密集区域的配网增容改造、大型数据中心供电、新型工业园区供电、大型舰船等交通领域的电气化，开拓应用市场，带动规模化发展，才有望将成本降至合适水平。

（2）直流故障的快速检测识别与保护技术。交直流柔性互联配电网中，直流故障发展快速，其传播和演变机理复杂，柔性互联装置等电力电子设备较为脆弱，因此对保护的速动性、选择性、可靠性要求更高，需要快速完成故障定位、隔离及保护动作。因此，研制高性能的直流断路器、限流装置、高精度计量和宽动态范围保护的直流传感器等关键设备是重要发展方向。另外，应积极开展系统的快速故障检测和网络化多点通信、一/二次设备融合、系统级与设备级协同保护优化方案等研究，发展故障广域检测与快速定位技术、故障电流的快速抑制技术。

（3）复杂交直流配电系统的协调控制技术。交直流柔性互联配电系统通常具有多个电压等级，且一般包含多个中低压交直流微电网、分布式电源、负荷等，这使系统的控制架构变得极为复杂，其协调控制对于系统的安全稳定运行具有重要意义。随着柔性互联装置电压和容量的提高，多个换流器之间的相互作用对系统的影响尤为显著。对于交直流柔性互联的配电网，现有的分层控制理论和策略大多未能充分考虑换流器之间的交互影响，导致控制精度、响应速度、控制效果、运行经济性等指标并未达到理想状态。因此，需要重点突破复杂交直流配电系统的协调控制技术，以实现系统的潮流优化、平衡工况控制等，建立系统级的综合调控体系。

二、煤炭运输

我国煤炭资源主要分布在西北地区，消费重点集中在东部和中南部，形成了"西煤东运""北煤南运"的煤炭运输总体格局。我国煤炭运输通道形成了以铁路为主体、水路为辅助、公路为补充的运输体系，具体表现为公铁水联运、公铁联运、铁水联运等多种运输方式。

（一）技术发展现状

1. 铁路运输

煤炭是大宗散装货物，铁路以其运力大、速度快、成本低、能耗小和全天候等突出优势，在我国煤炭运输中占据主要地位。为提升煤炭铁路运输的清洁、环保、高效，针对煤炭运输各环节，研发了智能化火车装车系统、智能综合调度系统、重载铁路基础设施智能运维技术、移动闭塞系统技术等。

智能化火车装车系统通过自动化控制系统、高精度计量、智能调度等技术，实现了火车进站、车号识别、智能配料、防冻喷洒、智能装车、整平压实、抑尘喷洒各系统联动一体化控制，一键启动实现了全流程智能化装车。

智能综合调度系统依托大数据、5G、物联网、人工智能等信息技术，通过 CTC 调度列车运行控制、北斗系统检测、综合视频及智能分析等系统，实现高质量综合调度。

重载铁路基础设施智能运维技术采用无人机、机器人自动巡检、在线监测、北斗卫星定位、AI 识别等智能感知技术，构建了全生命周期管理的基础设施智能运维技术体系和空天车地一体化的基础设施检测监测体系，建成了融合大数据、智能分析、地理信息服务的智能大脑平台。

移动闭塞系统技术开展了重载移动闭塞体系、面向重载铁路复杂场景的移动闭塞安全防护技术、基于无线通信和北斗卫星的重载列车再定位技术、面向重载移动闭塞的全过程安全综合保障技术创新。

2. 水路运输

水路运输已成为我国煤炭外运的第二大运输通道，以运价低、运力大、能耗小、可直达用煤企业专用码头等优势，成为煤炭运输的重要运输方式。为保障水路运输的运输能力、装卸效率和监管水平，通过先进物流技术和智慧装备，打造了智能码头和数字化管理平台，通过大数据、云计算、人工智能等信息技术对水运物流进行全流程监管；安装具有 GPS 定位、4G 通信、红外夜视以及对货物状态有智能识别和预警功能的视频监控设备，可同时实现集中管控、移动端和客户端实时视频监控和定位。

3. 公路运输

公路运输作为铁路运输和水路运输的重要补充，在煤炭短途运输、煤炭集散中转以及铁路运力紧缺和水运区域受限时发挥了重要作用。煤炭公路运输智能化体系主要由煤仓自动装配、无人智能磅站、运输路线优化与在途监控、终端煤炭接卸、平台智能管理组成，通过自动化系统、物联网、人工智能等技术实现煤炭运输高效快捷。

4. 管道运输

近年来，煤炭行业逐步探索管道运输模式。2020 年，随着神渭管道输煤项目的全线通车，标志着我国管道输煤技术在工程实践中取得重大突破。

浆体管道输送的基本原理是将固体物料破碎研磨成细小颗粒，然后与水混合配备成一定浓度的浆体，利用泵提供动力，以管路作为通道进行物料的运输，最后在终端利用配套设备对物料进行脱水工作，以完成固体物料的运输。其主要工艺环节包括研磨搅拌制浆、泵送加压、管道输送、末端脱水等，根据不同类型的输送工况，末端可以进行成品利用、尾渣排放或水循环处理，见图 6-37。

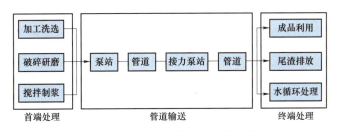

图 6-37　浆体管道输送工艺流程

管道输送作为一种清洁高效的输送方式，与传统的运输模式相比具有绿色环保、安全可靠、经济高效等优势，特别是在中短途运输、点对点运输方面可以替代传统的公路运输，能缓解地面交通系统运输压力、降低运输系统碳排放，优化煤炭行业运输结构、提高运输系统的稳定性，对于煤炭行业运输系统绿色改革具有积极的促进作用。国内外代表性的管道输送工程项目见表 6-8。

表6-8 国内外典型长距离矿浆管道输送案例

典型案例名称	长度（km）	输送物料	管径（mm）	年输送量（t）	煤浆浓度（%）
美国俄亥俄	174	煤	254	130	50
美国黑迈萨	440	煤	457	450	45～50
澳大利亚萨瓦奇河	85	铁精矿	244	230	50～60
巴西萨马科	397	铁精矿	508/457	1200	60～70
南非博拉帕拉	265	铁精矿	406	440	50
墨西哥拉赫库利斯	309	铁精矿	350	450	60～68
印度库德雷穆克	66	铁精矿	457	750	60～70
中国尖山铁矿	102.3	铁精矿	229.7	200	65
中国大红山铁矿	171	铁精矿	244.5	230	65～68
中国瓮福磷矿	44	磷精矿	228.6	200	55～60
中国神渭输煤线	727	煤	610	1000	50～55

（二）技术发展方向

煤炭运输是先天具有多式联运属性的行业，多式联运是解决成本和效率问题的重要手段，也是煤炭运输发展的必然方向。在铁路运输方面，依托物联网、大数据、5G、人工智能等技术，未来煤炭铁路运输将进一步实现全流程的智能化、信息化，围绕提高运输效率、降低运输成本、减少能源消耗和环境污染，提高安全性等方面发展相关技术和装备。在水路运输方面，针对运煤港口"翻、堆、取、装"四个程序开展智能化和绿色技术升级改造，通过大数据链接水路运输的各个节点，实现高效的数据交互、物流资源调配和服务响应，提高转运效率、减少环境污染。在公路运输方面，构建线上智能处理、系统平台辅助运输数字货箱、机械高效装卸货箱与智能接单系统，通过线上线下双渠结合、高效利用吊装设备、GIS系统对路线的合理规划等，实现公路运输智能化、低碳化。在管道运输方面，我国长距离矿浆输送管道将朝着更大口径、更高压力、更高钢级、更多介质和更加智能的方向发展，主要发展可监控、可控制、可调节的智慧管道输送技术，宽粒级、高浓度浆体管道运输技术，能源城市绿色运输系统技术，在中短途运输、点对点运输方面大幅替代传统公路运输，有效缓解地面交通压力，提高运输系统稳定性，减少碳排放。

第三节 能 源 消 费

一、工业领域

工业领域的能源消费主要集中在钢铁、石化、化工、有色金属、建材等高耗能行业，近年来在国家能耗双控与碳排放双控政策的引领下，主要高耗能行业积极通过技术创新与应用来实现节能减排，相关技术主要可分为节能降耗类技术、电能替代类技术、原料替代与工艺优化类技术三大类。

（一）节能降耗类技术

1. 技术发展现状

工业领域节能降耗类技术主要指通过改进各行业生产环节工艺流程，实现生产过程自身能效水平的提升与生产过程耗散能源的高效回收利用，各行业节能降耗类主要技术如表6-9所示。

表6-9 各行业节能降耗类主要技术汇总

工业领域	节能降耗类主要技术
钢铁	烧结、干熄焦、烟气余热发电技术
石化	热泵技术、低温余热发电技术、热电联产系统
化工	低温余热发电技术
有色金属	烟气余热发电技术、低温余热发电技术
建材	钢渣/矿渣辊压机终粉磨系统节能技术

总体来看，工业领域节能降耗类技术主要可以分为如下三类。

（1）余热利用技术。

余热利用是指将工业生产各环节产生的耗散性热能收集起来，直接或转换为电能、热力等其他形式的能源用于其他工艺流程中，从而提高能源利用效率，不仅能够降低能源消耗，还可以减少温室气体排放，达到节能降碳的目的。常见的余热回收利用方式包括余热发电、热交换、热泵等，被广泛用于钢铁、石化、化工、有色金属等高耗能行业。

钢铁行业目前常用的余热利用技术有烧结余热发电技术、干熄焦余热发电技术、烟气余热发电技术。其中，烧结余热发电技术通过合理地改造烧结冷却机车烟罩、落矿斗、冷却风机，巧妙借助烧结冷却机高温段烟气热量，促使余热锅炉中产生大量蒸汽，以此有力地带动汽轮机做功，并顺利地转化为电能，不仅能合理利用烧结余热资源，减少能源浪费，还不会出现废气、粉尘等；干熄焦余热发电技术是将吸收了红焦热能的惰性气体经过一次除尘器后送入干熄焦余热锅炉换热，余热锅炉换热后产生大量蒸汽用于发电。

石化、化工行业目前常用的余热利用技术包括热泵技术、低温余热发电技术等。其中，热泵技术是一种以少量的电能作为驱动力，通过热力学逆过程，依次经过压缩机、冷凝器，制取高温热水，实现热量从低温侧向高温侧转移，从而实现能量的高效利用和回收，达到降低能耗的目的；低温余热发电技术是回收低温余热资源的另一种有效途径，即通过有机朗肯循环（ORC）发电系统将低温余热转化为电能进行间接利用，在循环过程中，有机工质在蒸发器内被余热流体蒸发为高温、高压的过热蒸汽，高温、高压的过热蒸汽在膨胀机内进行绝热膨胀，推动发电机工作，从而实现热电转换发电。

有色金属行业目前常用烟气余热发电技术，利用有色金属生成产生的高温烟气进行发电，高温烟气的中级能热能转换成高级能电能，例如在铜冶炼过程中的闪速炉熔炼工艺中，闪速炉的烟气温度可达 1300℃以上，可将这部分烟气的余热利用余热锅炉生产出中压饱和蒸汽，经过热器加热成过热蒸汽来推动汽轮机发电。

（2）设备和工艺节能技术。

通过工业生产过程中各环节设备和工艺性能的提升以达到提高能源效率、降低温室气体排放的目的，是工业领域各主要高耗能行业节能降耗的重要方向，主要技术方向包括：① 各行业具体生产工艺的改进；② 各行业生产传动环节变频技术的利用；③ 利用数字化技术构建整体流程控制和能耗控制系统来优化整个生产流程，达到提高能源利用效率的目的。

在生产工艺改进方面，钢铁行业连铸连轧、热装热送技术，提高连铸坯热送热装率，可实现显著节能，新技术方面，如免加热与压展一次成型节能轧制技术，采用热展成型设备，无需使用加热炉，充分利用熔融态钢坯的热量提高连铸钢坯温度，在连铸工序精准控制钢坯温度，直接进行热轧制，实现免加热轧制；化工行业如甲醇精馏技术、橡胶密炼技术、新型换热技术等；石化行业炼油加热炉节能降碳技术、高效尿素合成工艺等；有色金属行业多氧气燃烧技术通过优化窑炉助燃系统，利用氧气代替空气助燃，通过氧气增压、输送阀门控制器，实现燃烧过程控制，提升能源利用效率。

在变频技术利用方面，目前工业领域多数行业均需要进行传动控制，比如转炉、起重机、鼓风机、泵类设备、传送设备、回转窑等，变频技术通过对传动电机的优化控制，可实现宽范围、大扭矩、高精度调节，可以有效提升传动环节能效水平，目前变频技术在钢铁、石化、化工、有色金属、建材等行业的应用越来越广泛。

（3）多能互补综合利用技术。

多能互补综合利用技术是以电、燃气、热、冷等多种形式能源消费需求为基础，通过天然气冷热电三联供、分布式发电和能量路由器等方式，整合电负荷、冷热负荷、可再生能源、储能等多种类型资源，实现工业园区内的多能协同供应和能源综合梯级利用，有效提升工业负荷的能源利用效率。

2. 技术发展方向

工业领域节能降耗类技术未来主要发展方向如下：

（1）推动全流程余热利用技术向更高效、更环保方向发展。

余热利用是工业领域节能减排技术的重要组成部分，随着材料科学、热力学、信息技术等领域的进步，新型热交换器、高效余热锅炉、智能控制系统等关键设备和技术将得到广泛应用，将显著提升回收和利用效率，大型化、系统化、高参数、高性能余热回收利用设备将是未来发展的重点。

（2）多行业节能降碳技术耦合式发展。

打通工业领域各行业之间的产业链壁垒，加强钢铁、电力、建材、化工等行业间的耦合提效作用，支持利用行业副产品生产高附加值产品，并推动钢铁、石化、化工、有色金属、建材等高耗能行业与新能源、储能等行业的联动发展，探索新型供能方式。

（3）提升工业行业生产管理数字化水平。

加快大数据、人工智能、互联网等信息技术与工业领域主要高耗能行业的深度融合，搭建"工业互联网＋能效管理"应用场景，实现用能设备和生产工艺智能化控制，提升能源利用效率。

（二）电能替代类技术

1. 技术发展现状

电能替代类技术主要指在工业生产流程中加热、驱动等高耗能环节用电能来取代煤炭、天然气、热力等传统能源形式，提升行业能源消费电气化占比，不仅可以有效提升能源利用效率，也可在此基础上引入绿电来进一步降低行业碳排放水平，适应未来新型能源体系发展趋势，各行业电能替代类主要技术如表6-10所示。

表6-10　　　　　　　　　　各行业电能替代类主要技术

工业领域	电能替代类主要技术
钢铁	短流程电炉炼钢技术、电加热技术、电驱动技术、绿电替代技术
石化	电加热技术、电裂解炉技术、电驱动技术、绿电替代技术
化工	电加热技术、电驱动技术、绿电替代技术
有色金属	绿电替代技术
建材	电加热技术、绿电替代技术

（1）短流程电炉炼钢技术。

钢铁行业的短流程炼钢的电弧炉对现有的高炉—低炉进行替代。电弧炉短流程炼钢技术以回收的废钢作为主要原料，以电力为能源介质，利用电弧热效应，将废钢熔化为钢水，实现了"以电代煤"，相比传统的高炉—转炉长流程炼钢，短流程电炉炼钢在能源消耗和碳排放方面具有显著优势。它减少了化石燃料的使用，降低了二氧化碳等温室气体的排放，有助于实现钢铁行业的绿色低碳发展。

（2）电加热技术。

在钢铁生产过程中，采用电锅炉和电窑炉替代传统的燃煤或燃油锅炉和窑炉，以减少化石燃料的使用和碳排放。钢铁企业主要燃烧富余煤气用来加热，加热热效率在45%～70%，而电加热热效率在95%左右，同时不排放任何污染物及有害气体，不产生高温烟气，可大幅度减少由于高温烟气排放带走的热损失，提高设备的热效率。钢铁行业全流程加热系统，如高炉热风炉、转炉钢包、中间包、轧钢加热炉等全流程均可采用电加热装置替代。石化行业中大量使用加热工艺，如裂解、蒸馏等传统上依赖燃烧化石燃料的过程。通过电加热技术，主要是使用电加热器替代蒸汽加热、电加热炉替代燃料加热，可以减少化石燃料的使用，提高能源利用效率。例如，电加热蒸馏塔、裂解炉等设备，以电能代替燃料燃烧，降低能耗并减少碳排放。

电加热炉是电能替代技术在热力替代领域的应用。目前小功率 10MW 以下的电加热炉技术已经较为成熟，是可先行推进的电气化方向，成为各行业电气化发展的重点举措。

（3）电驱动技术。

在钢铁生产的物料运输、设备驱动等环节，采用大型高速电机替代传统的蒸汽驱动或柴油发动机驱动，提高热能利用率和能源利用效率。

石化行业的生产过程中，许多关键设备如压缩机、离心机、抽油机、电钻机等都需要强大的动力支持。电驱动技术通过高效、可靠的电机和控制系统，为这些设备提供持续稳定的动力输出，确保生产过程的顺利进行。电驱动技术以其高效、清洁的特点，在石化行业的环保和节能方面发挥了重要作用。通过采用高效电机、变频器等节能设备，电驱动系统能够显著降低能源消耗。

"十四五"是我国石化行业蒸汽驱动向电力驱动转变的探索攻关期，在政策体系、试点示范、产业合作等方面将持续发力，加快电能替代进程，助力"双碳"目标的实现，用能设备电气化及绿电替代技术将迅速发展。

（4）绿电替代技术。

随着绿电发电量的增加，绿电替代技术有望得到进一步发展。绿电替代技术指通过太阳能、风能等可再生能源发电，为工业生产提供电力。这种方式不仅减少了对化石燃料的依赖，还降低了碳排放，是实现绿色转型的重要途径。此外，企业通过购买绿证获得对应的绿电用于生产，也是绿电替代技术利用的途径之一，效果等同于企业直接使用了可再生能源。

未来，"双碳"背景下，工业企业生产过程用能持续向电气化发展是大势所趋，给企业电力系统带来挑战的同时，也迎来了电能替代创新发展的新机遇。

2. 技术发展方向

电能替代类技术在工业领域各行业的发展趋势呈现出多元化、高效化、绿色化和智能化的特点，具体如下：

（1）多元化应用。

电能替代类技术在工业领域的应用范围日益广泛，涵盖了钢铁、石化、化工、有色金属、建材等多个行业。不同行业根据自身特点和需求，选择适合的电能替代技术，如电锅炉、电窑炉、电动热泵、电裂解炉等，以实现能源消费的清洁化和高效化。

（2）高效化提升。

随着技术的不断进步，电能替代类技术的效率不断提高。例如，通过优化电锅炉、电窑炉等设备的结构和控制系统，提高其热效率和能源利用效率；通过推广高效节能电机和变频调速技术，降低工业生产电机系统的能耗；通过应用智能电网技术，实现电力需求侧管理和能源优化配置，提高整体能源利用效率。

（3）绿色化发展。

电能替代类技术的推广和应用有助于减少工业领域的碳排放和环境污染。通过以电代煤、以电代油等方式，减少散烧煤和燃油的使用，降低二氧化硫、氮氧化物和颗粒物等污染物的排放。同时，随着可再生能源发电技术的不断发展，越来越多的绿色电力被用于工业领域，进一步推动工业绿色化发展。

绿色电力和清洁能源消费已成为工业领域能源消费技术低碳发展的必然选择。通过使用可再生能源如太阳能、风能和水能发电或者购买绿电，工业企业可以显著减少碳排放，降低对环境的影响。随着可再生能源发电技术的不断进步和成本的降低，越来越多的工业企业转向使用绿色电力。未来，绿电利用和清洁能源消费将成为工业领域的重要趋势，推动整个行业向低碳、绿色方向发展。

（三）原料替代与工艺优化类技术

1. 技术发展现状

原料替代与工艺优化类技术主要指用绿色低碳的生产原料来替代原生产工艺中的高能耗、高碳排的生产原料，同时优化生产工艺流程，提升整个生产过程的能效水平，降低碳排放水平，各行业原料替代与工艺优化类主要技术如表6-11所示。

表6-11 各行业原料替代与工艺优化类主要技术

工业领域	原料替代与工艺优化类主要技术
钢铁	氢基竖炉直接还原技术、高炉富氢冶炼技术
石化	绿氢催化炼化技术
化工	绿氢合成氨、醇技术
有色金属	惰性阳极电解技术
建材	新型低碳水泥熟料技术、水泥原材料替代技术

（1）氢基竖炉直接还原技术。

氢基竖炉直接还原技术是可代替高炉炼铁的一种低碳绿色炼铁技术，通过使用富氢气体（天然气或焦炉煤气）作为还原剂，将铁矿石转化为固态直接还原铁（DRI），再将其与废钢等作为原料加入电炉（EAF）进一步冶炼生成钢水，其原理图如图 6-38 所示。

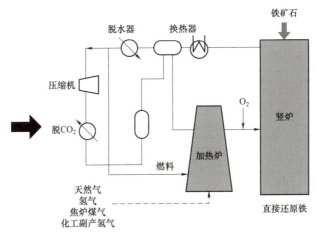

图 6-38　氢基竖炉直接还原技术示意图

（2）高炉富氢冶炼技术。

高炉富氢冶炼技术的主要途径是在高炉冶炼过程中喷吹 H_2、天然气、焦炉煤气等纯氢或富氢气体，以提高反应速率和还原度，降低 CO_2 排放，其原理图如图 6-39 所示。

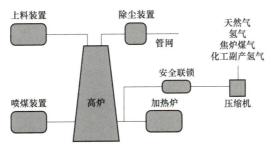

图 6-39　高炉富氢冶炼技术示意图

煤比不变的条件下，当高炉吨铁分别喷吹（标准态）120m³ 的 H_2、100m³ 的天然气、50m³ 的焦炉煤气时，焦比分别降低 12.87%、17.27%、14.53%，高炉碳排放分别降低 10.58%、20.84%、8.05%。

（3）绿氢催化炼化技术。

绿氢催化炼化技术是石化行业重要的能源消费新技术，它包含几个方面。首先是炼油催化剂再生：炼油催化剂在使用过程中会逐渐失活，需要进行再生。其次是柴油加氢：绿氢可以用于柴油加氢过程中的氢气供应。使用绿氢作为氢气供应可以减少碳排放。最后是氢化裂化：氢化裂化是一种将重质石油馏分转化为轻质石油产品的过程。在氧化裂化过程中使用绿氢作为氢气供应可以减少对传统化石燃料的依赖，降低碳排放。

利用可再生能源制氢，实施绿氢替代，降低企业煤/天然气制氢用量，可有效减少碳排放。采用绿氢替代炼油加工中使用的煤制氢综合降碳效果最为显著，实现炼油产品绿色化，应成为绿氢应用于石化行业的重点方向。

（4）绿氢合成氨、醇技术。

绿氢合成氨技术，以绿氢气取代传统工艺中的化石能源，与低温空气分离所得的氮气混合、加压、纯化后，通过合成氨反应器生成氨。在 350～450℃、10～20MPa 的反应条件和铁基催化剂作用下，通过氢气打破高度惰性的 N≡N 三键进而合成氨。绿氢合成氨技术如图 6-40 所示。

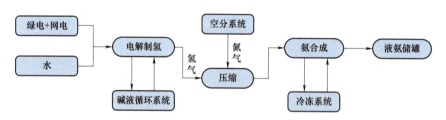

图 6-40　绿氢合成氨技术示意图

绿氢合成甲醇技术主要通过二氧化碳捕集耦合电解水制绿氢，进一步实现二氧化碳与绿氢反应制备绿色甲醇的过程，可实现甲醇生产过程的低碳排放，对于甲醇进一步用作储能材料、燃料以及碳氢化合物产品的清洁生产过程具有非常重要的意义。绿氢合成甲醇技术装置主要由四部分组成：光伏或风力发电装置、电解水制氢气装置、二氧化碳捕集装置和二氧化碳催化加氢制甲醇装置。绿氢合成甲醇技术如图 6-41 所示。

（5）惰性阳极电解技术。

惰性阳极电解技术是一种以氧化铝为原料制备铝金属的新型技术，在传统的铝

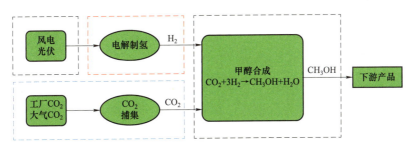

图 6-41　绿氢合成甲醇技术示意图

电解工艺中，需要使用大量的碳素材料作为电极，但是这些碳素材料的生产和回收都会产生大量的二氧化碳和其他污染物，对环境造成很大的压力。而惰性阳极电解技术将惰性阳极材料用于电解铝过程中作为阳极，代替传统的碳阳极。这种技术的应用可以降低阳极消耗，根除产生温室效应的 CO_2 气体，降低电解铝中其他有害气体的排放，从而实现铝工业的绿色化和低碳化。

（6）新型低碳水泥熟料技术。

新型低碳水泥熟料技术主要是通过调整熟料成分和生产工艺，减少水泥生产过程中的二氧化碳排放。例如，碳酸钙镁硅酸盐（CCSM）水泥是一种新型低碳水泥，其熟料生产过程中的二氧化碳排放量比传统波特兰水泥低得多。此外，一些新型低碳水泥熟料技术还包括碳捕集与封存（CCS）技术，通过在生产过程中捕集和封存二氧化碳，进一步降低碳排放。这些新型低碳水泥熟料技术虽然尚处于研究和试验阶段，但已显示出良好的发展潜力，有望在未来大规模推广应用。

（7）水泥原材料替代技术。

水泥原材料替代技术主要是通过使用废弃物和副产品替代传统的原材料，从而减少石灰石的用量。例如，粉煤灰、矿渣微粉等工业废弃物可以作为水泥生产中的部分原料替代石灰石。一些新型的原材料替代技术正在研究和开发中，如利用废玻璃、废塑料等替代传统建材原料。

2. 技术发展方向

（1）绿氢冶炼技术应用范围将逐步扩大。

绿氢具有较高的能量密度和环境友好性，被认为是未来替代化石燃料的重要途径。氢气可以用于炼油行业加氢炼化和脱硫，可以作为高炉炼钢还原剂替代部分焦炭，还可以用于制取绿氨、绿醇等。氢气在工业领域的利用范围不断扩大，随着未来氢能制取技术的成熟和成本的下降，氢能利用和绿色氢气替代将成为工业能源消费技术的重要发展方向。各国政府和企业也在积极投资氢能基础设施和研发，推动氢能利用技术的发展应用。

（2）惰性阳极电解技术在有色金属行业应用范围将逐步扩展。

目前，惰性阳极材料体系仍需进一步优化，如合金阳极的腐蚀速率高、原铝杂质偏高，金属陶瓷阳极的抗热震性能、电连接及导杆的腐蚀防护技术尚不能满足工程化试验要求等问题亟待解决。

二、交通领域

（一）新能源汽车应用与车网互动技术

1. 技术发展现状

智能网联新能源汽车通过集成环境感知、数据通信与智能算法，实现车、能、路、云系统性互联互通，建立交通智能化管理和车辆智能化控制的一体化网络。车网互动以需求响应形式，通过有序充电、V2G技术将电动汽车用户纳入能源供给体系，有效提高电动汽车消纳绿色电力的能力，降低生产电动汽车所消耗电力的碳排放水平，推进公路交通低碳化发展。目前，国内外V2G技术仍处于前期研究阶段，尚未形成普遍商用的标准。

2. 技术发展方向

新能源汽车应用与车网互动技术发展趋势为推动"车能路云"融合发展，车网互动实现规模化应用，智能有序充电全面推广，新能源汽车成为电化学储能体系的重要组成部分，力争为电力系统提供千万千瓦级的双向灵活性调节能力。

车网互动方面，协同推进车网互动核心技术攻关包含四方面内容：① 加大动力电池关键技术攻关，在不明显增加成本的基础上将动力电池循环寿命提升至3000次及以上；② 攻克高频度双向充放电工况下的电池安全防控技术；③ 研制高可靠、高灵活、低能耗的车网互动系统架构及双向充放电设备，研发光储充一体化、直流母线柔性互济等电网友好型充换电场站关键技术，攻克海量分布式车网互动资源精准预测和聚合调控技术；④ 加强车网互动信息交互与信息安全关键技术研究，构建"车—桩—网"全链条智能高效互动与协同安全防控技术体系，实现"即插即充（放）"智能便捷交互，同时确保信息安全和电网运行安全。

电网公司通过车网互动技术调度新能源汽车实现双向充放电，有利于电网的经济可靠供电，新能源汽车用户根据峰谷分时电价可以节省电费支出，园区运用车网互动技术与其他分布式资源协同供电，可降低用电成本。但车网互动技术的实施可能会降低电动汽车动力电池使用寿命，并面临升级现有充电基础设施的高昂成本。

（二）交能融合技术

1. 技术发展现状

交能融合技术通过低碳化、电动化、智慧化技术，实现能源网、交通网、数字网、产业网四网融合发展，在绿色公路、绿色轨道交通、绿色港口、绿色船舶、绿色航道等领域具有广阔的发展前景。

2. 技术发展方向

在交通领域推广应用先进适用低碳交通技术，具体为铁路运输领域加快推动铁路电气化进程，轨道交通领域推广再生制动技术，道路运输领域推动燃油经济性和运输装备技术等应用，大幅提高车辆装备制造技术，水路运输方面推进船体防污技术发展，航空运输方面加快航空生物质燃料的应用技术开发应用，推动航空生物燃料的应用技术。

（1）交通枢纽多能流协同运行技术。

在轨道交通、公路、港口等交通枢纽，涵盖充换电站、加氢站、牵引枢纽站、港口岸电等具体场景，实现电、热、冷、气、氢等多能流互联互通优化运行，实现多点协同的综合能源管理，提升综合能源利用效率、保障综合能源系统绿色低碳、安全性高效运行。

（2）交通基础设施资产能源化技术。

高速公路、铁路和轨道交通能源供给未来向自洽多元化方向发展，通过光伏等新能源的接入，采用混合储能装置作为中间单元，为交通系统提供多元化的能源供给，研究推广新能源及智能友好并网技术在交通行业的应用，统筹源网荷储协调发展。该技术从运营模式来看，主要以交通设施分布式发电项目自发自用为主，余电上网为辅。

（3）交能融合能量自洽调度技术。

交能融合能量自洽调度技术是建立灵活柔性交通自洽能源系统架构，通过确定交通系统与自洽能源系统协同运行策略，实现交通自洽能源系统配置、优化与安全稳定运营。该技术宜应用在弱电网、无电网地区，实现交通系统的智能化、电气化。

（三）交通基础设施电能替代技术

1. 技术发展现状

交通基础设施电能替代技术主要指的是在交通基础设施领域中，通过使用电力来替代传统的化石燃料，如煤炭、石油等，以减少对环境的污染和资源的消耗。该技术主要体现在交通运输工具的电气化、交通基础设施的电力化、智能供电系统的应用和新能源供电技术。

2. 技术发展方向

加快绿色低碳技术在交通基础设施的应用，将绿色低碳理念贯穿于交通基础设施建设全过程，强化交通建设项目生态选线选址，将生态优先、绿色低碳理念贯穿交通路网、枢纽等基础设施规划、设计、建设、管理、运营和维护全过程，推进交通基础设施网与运输服务网、信息网、能源网融合发展。在服务区、公路沿线、枢纽场站、港口码头等合理布局光伏发电设施、开发分布式发电与储能项目，通过"交通＋能源"融合，实现基础设施建设能源自洽。

（1）港口智慧岸电技术。

作为重要的港口能源设施，岸电系统的能源—交通融合技术发展是未来技术发展方向之一，具体有多类型能源供应模式和移动式储能设施下的船—岸电力系统并网协调控制与优化技术、基于港口泊位智能调度系统下的岸电需求优化配置和系统调度技术、港口岸电系统与港口补能（充电）系统融合技术等。大型船舶应用该技术，可以节约大量的燃料成本和降低船舶的维护成本，提高港口的运营效率。

（2）机场储能式 APU 替代技术。

一体型储能式 APU 替代设施集成了储能式地面电源、蓄冷式地面空调以及能量管理系统，其蓄冷式空调可在无航班保障任务时间段内利用电网余电进行制冷，并将冷量储存在蓄冷液中，在航班保障时将冷量释放出来；能量管理器可根据地面飞机的实际用能情况，通过调节储能型飞机地面电源的功率大小及方向、功率因数，控制蓄冷式空调的工作状态、压缩机工作数量等，保证飞机地面电源和空调从电网取电功率不超过运行设定值，其具备对用电负荷分级管理的功能，在极端情况下（如电网断电等）优先保障为飞机供电，提高供电可靠性，保障飞机用电安全。未来 APU 替代设施可采用传统式设备结合储能式设备的配置方案，充分利用储能式设备电力需求小以及传统设备成本低的特点，实现电力不足远机位机坪的 APU 替代设施配置目标。航空公司应用机场 APU 替代技术，不仅能降低油耗成本和维护费用，也会提升 APU 的使用寿命和飞行安全性。

三、建筑领域

我国的建筑业在过往几十年间历经了蓬勃的发展，已经形成规模，低碳节能技术也实现了跨越式的发展。在"双碳"目标背景下，对建筑业的发展提出了新的要求，未来将经历三个阶段。

（1）2025 年近期目标是统筹现有行业资源，大力夯实绿色节能技术基础，按地区制定发展目标及相关政策。

（2）2030 年各地区开展试点项目，政府牵头以点带面，大力推行新型节碳计算，实现建筑业的"碳达峰"。

（3）2060 年互联网、大数据、人工智能与建筑节能和绿色建筑技术深度融合，建筑业全面实现"碳中和"。

每个阶段的重点技术方向如表 6－12 所示。

表 6－12　　　　　　　　建筑领域低碳化消费技术发展路线

主题分类	近期目标（2025 年）	中景目标（2030 年）	远景目标（2060 年）
提升绿色建筑发展质量	地方制定鼓励政策，推动绿色建筑规模化发展	推动星级绿色建筑试点项目	实现绿色建筑规模化发展，建设高星级绿色建筑
提高新建筑节能水平	制定新建建筑节能强制性标准	引导重点区域制定更高水平节能标准	实现近零能耗建筑
加强既有建筑节能绿色改造	公共建筑加装用能管理系统；居住建筑隔热改造	公共建筑供能设施整体节能改造；民用建筑电气化	被动式建筑推广
推动可再生能源应用	推荐建筑太阳能光伏一体化，加强分布式光伏应用	推广地热能、空气热能、生物质能等解决建筑采暖和生活热水	加强可再生能源项目建设管理
实施建筑电气化工程	建立以电力消费为核心的建筑能源消费体系	开展建筑全电气化设计试点	全面建设光储直柔建筑
推广新型绿色建造方式	高性能混凝土、高强度钢筋	完善装配式建筑标准化设计和生产	实现新型建筑工业化可持续发展
促进绿色建材推广应用	绿色建材产品研发	推广新型环保建材	显著提高城镇新建建筑中绿色建材比例
推进区域建筑能源协同	开展区域建筑能源系统规划；摸排城市建筑能耗和碳排放	开展建筑群整体需求响应；制定绿色建筑专项规划，确定民建绿色等级和布局	培育智慧用能新模式；全面提升建筑节能和绿色建筑发展水平

（一）建设能效水平提升技术

1. 技术发展现状

建材和施工行业也面临着转型升级的压力和机遇，建材行业将更加注重绿色环保、低碳减排，水泥、保温材料等方向的新型节能材料得到发展。建筑施工行业正加速向智能化、绿色化、工业化转型，装配式建筑等新技术得到广泛应用。这些技术不仅提高了建筑施工的效率，还提升了建筑的建设能效水平。

2. 技术发展方向

（1）绿色建材技术。

1）高性能保温隔热材料技术。

在建筑外部添加保温隔热的外墙，可以有效减少房屋内的冷热量散失，防止墙面发霉和墙皮脱落。

外窗保温系统通过断桥铝合金窗框、中空玻璃和断桥节点处理技术等，降低空气渗漏和冷风渗透耗热。

热桥阻断技术则对窗洞、阳台板等位置进行保温处理，提高保温节能效果并增加舒适度。

2）新型混凝土材料技术。

采用新型混凝土材料可以从源头上减少碳排放，代表性技术有混凝土固碳技术、混凝土添加剂技术（二氧化钛）、镁质水泥（碳负性水泥）、混凝土新型胶凝材料、低碳保温材料。相较于传统的硅酸盐水泥，采用绿色建材可减少约30%的碳排放量。

（2）建筑低碳施工技术。

1）装配式建筑技术。

装配式建筑采用一体化建筑设计和施工，相比传统建筑方式，装配式建筑能节省大约20%的材料损耗和浪费，极大地提高了资源的利用率。

装配式建筑采用工厂化生产，减少了现场施工中的噪声、扬尘、污水等污染物的排放，有利于保护环境。采用装配式建筑方式每建造 $100m^2$ 建筑物可以减少大约 5t 建筑垃圾的产生，同时基本消除污水、粉尘、噪声的污染。装配式建筑的板式组合结构在设计和施工中特别注重保温隔热问题，采用高效保温材料如聚苯板、岩棉板等，有效防止热能散失或渗透。在板式结构外墙与地基之间铺设地基保温层，有效防止热桥效应，进一步降低能耗。

2）混凝土真空吸水技术。

混凝土真空吸水技术是在浇筑刮平的混凝土表面铺上真空腔（吸垫），利用真空机组的抽吸作用形成负压，从而将刚成形的混凝土中的多余游离水排出。这一过程可以使混凝土的水灰比降低，密实度增加，从而提高其早期强度和多项物理力学性能。

混凝土真空吸水技术是一种有效的节能技术，通过降低混凝土的水灰比、提高密实度和强度等性能，达到降低资源消耗、提高施工效率和质量的目的。

（二）建筑运行能效水平提升技术

1. 技术发展现状

建筑运行的能效水平取决于建筑物在使用过程中采暖、空调、照明、电梯、供水等各系统的运行能耗和可再生能源利用水平，为了降低建筑运行能耗，建筑运行领域的能效提升技术包含推广高效节能设备、提升可再生能源利用等方面。

2. 技术发展方向

（1）建筑高效采暖技术。

1）空气源热泵技术。

空气源热泵能够有效地吸收环境中的热能，并将其转化为可供人们使用的热能或冷能。与传统的电暖器、燃气热水器等相比，空气源热泵的能效比要高出很多。具体来说，消耗 1kW 电能便能吸收并转化 4kW 热能，显著节省能源费用。

空气源热泵的应用范围非常广泛，不仅适用于家庭供暖、制冷和热水供应，还广泛应用于商业场所、工业领域以及农业领域等。特别是其能在 −35～43℃ 的宽环境范围下运行制热，给用户提供更省心的生活体验。

空气源热泵的使用寿命长，一般可以使用长达 10 年以上，而且其维护成本相对较低。由于其内部零件较少，故障率也较低，减少了用户在维修方面的烦恼。与燃气、电和电辅助加热的太阳能热水器相比，空气源热泵的全年费用最低，可进一步节省运行成本。

2）地源热泵技术。

地源热泵系统利用地下土壤或水体作为热源，其制冷和供暖效率较高。与传统空调系统相比，地源热泵系统通常能节省 30%～40% 的能源消耗。特别是在极端天气条件下，如夏天高温或冬天低温时，地源热泵系统依靠地下土壤换热，不受环境温度影响，运行更加稳定，保证高效的供暖或制冷效果。地源热泵系统不消耗水也不污染水，不需要锅炉，没有废气、废渣、废水排出，有利于环境保护。

地源热泵系统可实现供暖、空调制冷、提供生活热水等功能，通过一机多用的形式替换原来的锅炉、空调两套系统。地源热泵系统依靠地下土壤或水体换热，运行稳定，制冷供热无影响，室内环境舒适宜人。

尽管地源热泵系统的初投资可能稍高，但考虑到其节能带来的使用费用下降，通常可以在 2～3 年内通过节省电费收回高出部分的安装费用，实现较高的投资回报率。

地源热泵系统适用于不同的建筑类型和气候条件，无论家庭、商业还是工业领域都可以找到适合的地源热泵系统。

（2）可再生利用技术。

1）光伏建筑一体化（BIPV）技术。

光伏建筑一体化是指在建筑的外围护结构（如屋顶、墙面、窗户等）上安装光伏组件，这些组件不仅提供电力，还作为建筑的功能部分，如替代传统的屋顶瓦片、窗户等。常见的 BIPV 有光伏屋顶、光伏墙面、光伏窗户、光伏天窗。

光伏建筑一体化作为绿色建筑与光伏发电技术的完美结合，近年来在全球范围内得到了快速发展。随着技术的不断进步和成本的降低，BIPV 产品的效率和可靠性不断提高，成本逐渐降低。预计未来几十年内，光伏建筑一体化将在全球范围内得到更广泛的应用。

2）光储直柔建筑技术。

光储直柔建筑技术通过光伏系统发电，储能设备储存多余的电能，直流配电系统提高能源传输效率，柔性用电系统实现电能的智能调度和管理，从而显著提高建筑能源利用效率。与常规光伏建筑相比，光储直柔建筑具有电能利用率高（提高6%～8%）、节能优势明显等优点。

光储直柔建筑作为微电网的平衡单元，在平抑分布式新能源波动性方面有着明显的优势。在用户侧增加分布式电源，利用直流微电网接入简单、调控灵活的优势，能够有效地提升用电的可靠性。同时，配合峰谷电价、需求响应等激励政策，光储直柔建筑还能降低用户的用电成本，实现经济效益与环境效益的双赢。

光储直柔建筑技术实现建筑电力负荷的灵活调节，促进电网从"源随荷动"向"源荷互动"转变，能够提高电力系统运行效率以及电网的安全稳定水平，延缓配电基础设施的升级改造。

四、农业领域

（一）新能源农业机械技术

传统的以燃油动力驱动的农业机械设备，能源利用率较低，热能损失严重，且由于缺乏尾气处理装置，所产生的尾气对大气会造成严重污染。而相比于燃油动力农业设备产品，新能源农业设备产品具有清洁环保、噪声小、振动小、维护简单、运行成本低等特点，因此新能源农业设备产品越来越受到市场普及和消费者认可。

随着科技的不断进步，农业机械行业将迎来更多的技术创新和产品升级。例如，随着人工智能、物联网等技术的应用，农业机械将实现智能化、自动化和远程控制，提高生产效率和质量。

（二）光伏种植与养殖技术

光伏种植技术是利用光伏发电无污染与零排放的特点，与农业种植进行有机结合，在温室、大棚顶部或种植田的上方设置光伏太阳能板，不占据地面空间，并且利用光伏发电生产的电能供应种植所需电力的形式。光伏种植技术的应用方面主要包括菌菇光伏、蔬菜（瓜果）光伏、药材光伏等。光伏与种植业农光互补的方式主要分为三种，即光伏与农业简单结合、光伏与农业大棚附加式结合、光伏大棚一体化。

光伏与农业简单结合的模式，是在光伏阵列的间距中进行农作物的种植，二者在结构上是独立的，仅在空间布局上进行相互结合。在农业上选择较为低矮的农作物，或提高光伏组件的高度，保证种植农作物的高度低于整个光伏阵列，避免光伏板受到农作物的遮挡而影响光伏发电。此方案适用于喜阳、低矮、对生长温度要求不高的农作物。

光伏与农业大棚附加式结合的模式，在设施农业中应用较多，通常在农业大棚的屋顶或农业大棚之间的走道上铺设光伏阵列。在大棚屋顶铺设光伏阵列时，需对原有农业大棚进行加固处理。此方案适用于育苗、高大花卉苗木等种植以及对光需求少，对生长温度有一定要求的农作物。

光伏大棚一体化的模式，是将光伏阵列作为农业大棚及阳光房的一部分，组件安装在棚顶的向阳坡面，并在结构上与大棚合为一体，也是成本最高的一种模式。

目前已有许多光伏种植项目落地实施，其中有大量扶贫项目，不仅促进了节能减排，同时帮助当地贫困户实现增收。2020年我国蔬菜种植面积超过2100亿 m^2，若考虑0.1%的蔬菜种植面积可以采用光伏项目，按照每平方米峰值发电功率200W、每瓦4元计算，对应市场容量可达43GW/1891亿元。

光伏农业产业发展具有广阔的前景，通过加强技术创新、降低投资成本、完善政策支持体系、拓展市场渠道和加强人才培养与合作，我国光伏农业产业将实现可持续发展，企业产能迅速得到提升，政府园区建设规划更加具有生态性和科技性，为农业现代化作出贡献。

（三）海洋牧场技术

海洋牧场在能源领域的新技术主要包括技术创新与集成应用、节能减排技术的研发与推广、生态养殖与循环经济发展。

（1）技术创新与集成应用。

1）智能化技术的应用。随着物联网、大数据、云计算等现代信息技术的发展，海洋牧场生产将实现更高的自动化和智能化水平。例如，智能温控系统、智能光控系统、智能循环水系统等技术的引入，将实现对养殖环境的精准控制，减少能源的浪费与损耗。

2）新能源技术的应用。太阳能、风能、生物质能等新能源在海洋牧场领域的应用将更加广泛。通过安装太阳能板、风力发电机等设备，为海洋牧场提供可持续的能源供应，同时降低对传统能源的依赖。

3）海上能源立体牧场。海上风电与海洋牧场融合发展，将深海养殖装备建设成本一并纳入海上风电场投资建设资金，可通过海上风电的收益弥补深海养殖租金缺口、投资额、运营动力不足等问题。同时，项目建成后，深海养殖收益的并入，可提高海上风电的投资收益，这种模式实现了海域空间资源的集约高效利用，实现了现代化海洋牧场产业与清洁能源产业双赢升级。初步探索可行的结合方式为海上风电场+海洋渔场、固定式风机+养殖网衣、浮式风机+养殖网箱。

（2）节能减排技术的研发与推广。

1）高效节能渔机设备的研发。研发和推广高效、低能耗的渔机设备，如高效电动机、变频器等，提高海洋牧场的生产效率，降低能源消耗。

2）节能型渔船的应用。通过优化船体设计、采用轻量化材料、提高推进效率等措施，降低渔船能耗。同时，采用尾气净化装置，减少渔船尾气中的有害物质排放。

3）养殖废水处理与资源化利用。采用生物处理、物理处理等技术，对养殖废水进行净化处理，去除废水中的污染物质，实现废水资源化利用。这不仅可以减少环境污染，还可以提高海洋牧场资源利用效率。

（3）生态养殖与循环经济发展。

1）生态养殖模式的推广。注重保护水生生物多样性，合理利用养殖品种间的生态关系，构建生态平衡。通过实施生态养殖、循环养殖等模式，减少养殖过程中的污染排放，提高养殖产品质量。

2）循环经济的发展。将海洋牧场生产过程中的废弃物进行资源化利用，如利用废弃鱼骨、鱼鳞等生产鱼骨粉、鱼鳞胶等，提高海洋牧场资源利用效率。同时，构建"养殖—加工—废弃物利用"的循环经济模式，实现废弃物的减量化、资源化和无害化处理。

五、新业态领域

（一）绿色算力技术

1. 技术发展现状

算力是数字经济时代集信息计算力、网络运载力、数据存储力于一体的关键生产力。近年来，算力总规模不断扩大、用能需求不断增长，其与新能源电力相结合形成绿色算力，成为一种新型用电负荷。

绿色算力涉及的相关技术主要包括：

（1）算力设施高效供电技术。

通过缩短送电距离、提升电力转换效率等方式实现算力设施高效供电，其中"高压直流（HVDC）＋市电直供"模式目前被广泛应用，其供电效率可普遍提高94%～95%，百度云计算（阳泉）数据中心"市电直供＋HVDC 离线"架构供电效率达到99.5%。

（2）算力设备高效制冷技术。

当前，针对机房冷却和服务器冷却的主流绿色技术有自然冷却技术和液冷技术。自然冷却技术相比机械制冷技术能耗低、碳排放少，其根据冷却介质可分为空气自然冷却和水自然冷却，根据接触方式又分为直接冷却和间接冷却。直接新风自然冷却利用机房室外的自然环境作为制冷源，通过装置将符合空气质量要求的冷风引进机房进行制冷，这种冷却方式路径最短，散热效率最高，但是空气质量较差，对于温度、湿度不合适的数据中心不适用。自然冷源水冷却技术是采用河水、海水等自然冷源水进行冷却的技术，其技术应用在我国已经取得了较大进展。液冷技术直接对服务器进行冷却，突破了物理机房的限制，正成为业内主研的重点技术。液冷制冷能效更高，空间占用也更少。

（3）算力平台综合管控技术。

算力综合管控平台针对不同的计算任务和需求，采用算力调度技术进行算力资源的合理分配，实现高效灵活的算力供给。算力调度技术主要包括算力虚拟化技术和算力池化技术。

算力虚拟化技术是在服务器上通过将物理资源抽象成逻辑资源，从而使多个操作系统同时在单台物理服务器上运行的技术，该技术可以整合服务器资源，将服务器 CPU 平均占用率提高 10%～30%，从而减少机房制冷系统负荷，降低能耗，有效节能 20%～50%。算力池化技术是一种云原生技术，它会将多个算力资源汇聚到一个池中来进行灵活调度，从而提高资源利用率。算力池化技术基于虚拟化发展而来，它可以将物理资源进行动态分配和管理，从而提高计算效率和灵活性。

2. 技术发展方向

绿色算力相关技术发展主要有以下趋势：

（1）实现更高效的可再生能源绿色供电。

建设风电、光伏等新能源，通过公用电网的输电线路向产业园供电，统一代理园区企业与新增新能源项目签订长期直购电协议，依托"源网荷储一体化"绿色算力枢纽智慧运营平台，实现园区用电和新能源发电的动态匹配，通过电力中长期交易方式，为数据中心提供长期稳定的低价绿电。

（2）实现更高效的数据中心"源网荷储一体化"调度运营。

基于电力系统调度运行技术约束以及电力市场交易规则，以项目整体经济成本最优为目标，通过信息主动感知、资源灵活调节、"源网荷储一体化"调度运营，实现算力中心的安全、绿色、经济、高效供电。

（二）工业负荷灵活性响应技术

1. 技术发展现状

部分类型工业负荷具有电价敏感、可调节、可中断的特点，利用先进的信息化和控制系统组织这类工业负荷参与电力系统平衡调节，响应电网调节需求，实现削峰填谷、频率调节等功能，对未来含高比例新能源的新型电力系统来说是一种重要的灵活性调节资源。我国具有灵活性响应潜力的工业领域主要集中在钢铁、水泥、电解铝、电解硅等行业，目前已有部分地区开展了此类技术的试点工作，如云南文山于 2022 年开展电解铝企业负荷中断试验，结果表明，短期中断供电时长如果控制在 3h 以内不会导致电解槽被迫停槽，验证了电解铝负荷进行灵活性调节的可行性。

2. 技术发展方向

（1）精准的工业生产过程建模与控制。

充分利用物理模型、大数据、人工智能等手段建立工业负荷生产过程的精准模型与控制系统，能反映工业负荷自身的调节特性，以适应工业负荷参与电力系统调节的需要。

（2）先进的电力系统调度系统。

建立科学合理的电力系统调度机制，建立快速高效的控制系统，以满足工业负荷参与电力系统灵活调节的需要，满足工业负荷开展调峰、调频、调压等多种辅助服务调节功能实现。

（3）灵活开放的电力市场体系。

建立灵活开放的电力市场体系，建设完善的辅助服务市场机制，开发能够充分激励工业负荷参与电力系统灵活性调节的交易产品，支撑工业负荷灵活性响应技术的发展。

（三）虚拟电厂技术

1. 技术发展现状

虚拟电厂（Virtual Power Plant，VPP）是一种通过先进信息通信技术和软件系统，实现分布式电源（DG）、储能系统、可控负荷、电动汽车等分布式能源资源（DER）的聚合和协同管理，作为一个整体参与电力系统调节。虚拟电厂的核心可以总结为"通信"和"聚合"。它通过信息通信技术将各种 DER 连接起来，并通过软件系统实现这些资源的聚合和协调优化控制，对外形成对电网友好的外特性。虚拟电厂可以作为一个特殊的电厂或者可调负荷参与电力市场和电力系统调节，既可以向系统提供发电顶峰能力，也可以作加大负荷消纳配合系统填谷。

虚拟电厂主要包括如下关键技术：

（1）智能量测技术。

精确地计量各类分布式电源的出力情况以及用户电、热、气、水等不同能源的消费情况，通过智能电表、边缘计算、态势感知等技术实现虚拟电厂内所有 DER 的准确实时量测和运行态势感知，为虚拟电厂的运行控制提供数据支撑。

（2）信息通信技术。

综合利用可利用互联网、虚拟专用网、电力线路载波、无线通信等技术，确保虚拟电厂内部以及与其他电力系统之间的信息交换和通信，保障实时量测信息、控制指令、电价走势等相关信息在虚拟电厂内部快速、安全、准确传输。

（3）分布式资源协同控制技术。

统筹虚拟电厂内部各种可调可控资源，通过人工智能和先进的运筹优化决策方法来积极响应外部环境变化，如电价走势波动、新能源出力波动、天气变化导致负荷波动等，通过内部各 DER 的相互协调，实现与外部电网的友好互动，促进电网的安全稳定运行和新能源消纳。

2. 技术发展方向

虚拟电厂关键技术未来主要有如下发展趋势：

（1）人工智能技术广泛应用。

在现有智能量测技术、信息通信技术、协调控制技术体系中积极构建人工智能技术应用场景，利用先进人工智能技术快速、准确、适应性强的特点来提升分布式资源态势感知、资源聚合和决策优化过程的运行性能。

（2）电力市场交易决策相关技术不断成熟。

未来随着全国一体化电力市场体系的建设完成，虚拟电厂需要参与中长期市场、电力现货市场、容量市场、辅助服务市场等不同类型的市场博弈，协同难度极大，通过虚拟电厂运行数据和电力交易数据进行交易方案辅助决策将成为未来发展的重要方向。

（3）大规模灵活性资源精准聚合和规模化调控技术。

随着虚拟电厂技术发展成熟和相关商业实践不断推广，虚拟电厂规模不断提升，运行控制复杂度也不断增大，面对电网日益提升的调节性能要求和自身通过精细化管理提升收益的需求，需要突破大规模灵活性资源精准聚合和规模化调控技术，加强随机性分布式电源、可调负荷、储能资源的深度融合，实现多能源的互补、互联与互通。

第四节 储 能

一、抽水蓄能

（一）技术发展现状

抽水蓄能电站，作为一种蓄能式水力发电设施，在电力负荷低谷期通过富余电能将水体泵送至地势较高的上水库中；在电力需求高峰时段，则通过控制释放上水库的蓄水势能驱动涡轮发电机进行发电。该类型电站的构造复杂，主要由上水库、下水库、输水系统、发电厂房及一系列专用工程技术设施共同构成。从规模上看，抽水蓄能电站的库容普遍达到数千万立方米级别，其设计利用的水头高度多为200～800m，其开发距离与高度比（L/H）通常维持在 10 以内。

抽水蓄能电站依据其开发模式的不同，可分为纯抽水蓄能电站、混合式抽水蓄能电站以及海水抽水蓄能电站三类。按调节能力可划分为日调节型、周调节型及年调节型抽水蓄能电站。此外，根据机组结构设计的差异，抽水蓄能电站可分类为四机分置式、三机串联式以及二机可逆式机组结构。综合考虑电站的整体建设成本、运行管理效率及经济可行性等因素，目前抽水蓄能电站多采用纯抽水蓄能电站开发方式，以日调节能力为主，机组布置型式主要采用二机可逆式。

（二）技术发展方向

加快发展抽水蓄能电站，是提升电力系统灵活性、经济性和安全性的重要方式，是构建以新能源为主体的新型电力系统的迫切要求，对保障电力供应、确保电网安全、促进新能源消纳、推动能源绿色低碳转型、助力"双碳"目标实现具有重要意义。

1. 混合式抽水蓄能电站技术

混合式抽水蓄能电站技术是一种结合了抽水蓄能和径流发电功能的新型水电站

技术，可实现发电和储能的双重效益，具有建设周期短、投资成本相对较低、环境影响小等优点，显著提升了电力系统的灵活性和稳定性，是抽水蓄能技术未来的发展方向之一。

2. 高水头、大容量可逆式机组技术

抽水蓄能技术有向高水头/扬程（770～800m）、大容量方向发展的需求，预计800m左右的水头/扬程将是单级混流可逆式机组的极限，更高的水头/扬程将进入到多级转轮机组的范畴。多级转轮的机组，目前我国还是空白，特别是转轮的水力模型设计，经验较缺乏。

大容量、高转速（500～600r/min）特别是容量达450MW及以上的发电电动机也存在一定的技术难度，国内单机容量达400MW的机组已投入运行，单机容量达425MW的机组已进入施工阶段，大容量、高转速的机组有一定的发展空间需求，技术难度主要体现在通风冷却、转子过高的线速度以及材料强度等问题。

（三）技术经济性

影响抽水蓄能发电经济性的因素主要包括电站的建设成本、运营维护成本、电力消耗与效率、环境适应性以及政策支持等。建设成本涉及水库、水轮发电机组、水泵等设备的投入，环境适应性涉及电站选址的地质条件和对生态的影响，而政策支持则包括电价政策和规划协调。纯抽水蓄能电站因其技术成熟和高循环效率而具有较低的全生命周期成本。混合式抽水蓄能电站则因利用现有水库资源而减少了建设成本，结合了纯抽水蓄能和天然径流发电，减少了水库淹没损失和移民安置问题，降低了工程投资，提高了经济性。

抽水蓄能电站投资大，随着开发难度的增加、设备和人工成本上涨，在建的抽水蓄能电站造价水平有所上涨。在我国华东和华北地区，装机容量为100万～180万kW的在建抽水蓄能电站，其建设成本一般为5000～6000元/kW。

抽水蓄能电站工程造价投资构成中，占比较大的是机电设备及安装工程、建筑工程，达到50%左右；建设周期长，建设期利息占比较高；与地质构造密切相关，个体间工程造价存在较大差异。

二、压缩空气储能

（一）技术发展现状

压缩空气储能具有储能容量大、建设周期短、运行寿命长、安全环保、选址灵活度高、热冷电综合利用面广等优点，系统运行年限可达到30～40年，是极具发展潜力的长时大规模储能技术。

按照空气在压缩和膨胀过程中的热量管理方式、空气的存储状态，目前压缩空气储能主要有传统补燃式压缩空气储能、先进绝热压缩空气储能、等温压缩空气储能、液态压缩空气储能和超临界压缩空气储能等技术路线。

（1）传统补燃式压缩空气储能，依赖天然气等化石能源，综合效率较低等缺点，效率50%左右。

（2）先进绝热压缩空气储能，在压缩过程中，使用换热器回收压缩过程中的热量，技术较成熟，但增加多级换热及储热，占地面积及投资将增加，效率达70%左右。

（3）等温压缩空气储能，采用换热温度控制手段，无燃烧室和储热装置，但等温压缩和膨胀过程较难实现，需要克服高温、高压带来的材料强度、密封性和振动等问题，主要处于示范试验阶段。

（4）液态压缩空气储能，主要是利用空气的液化相变特性，具有不受地理环境限制、能量密度高的优势，但压缩空气在液化冷却和气化加热过程中需消耗部分能量，造成效率有所下降。

（5）超临界压缩空气储能，主要利用压缩空气在高压下处于超临界状态的特性，具有效率高、能量密度高的优点，但仍存在技术难点，主要处于示范试验阶段。

（二）技术发展方向

总体来看，压缩空气储能总体发展趋势是向大规模、高效率、低成本、多场景应用和摆脱地理和资源条件限制的方向发展。

（1）加强技术设备创新。优化各核心装备的设计、制造和加工工艺，压缩环节和膨胀发电环节聚焦于适应宽工况、高负荷、非稳态运行的设计；换热储热环节通过优化流量、压力或引入光热等外界热源提升换热储热系统整体效率；开发换热性能高且成本低的换热介质，提高储能密度和降低成本；加大硐室监控感知能力提升电站安全运行能力。另外，也可结合碳捕集、利用与封存（CCUS）技术发展二氧化碳压缩储能。

（2）提升系统效率。优化系统集成和控制策略、网储协调控制策略，优化电站的启停和运行方式，降低系统运行中各环节产生的损耗。同时发挥压缩空气储能多能联储、多能联供优势，开展"电—热"耦合、"热—热"耦合等耦合方式。

（3）探索多种储气方式。加大对盐穴资源的充分利用，探索利用废弃矿井、金属容器、压力容器等，加强地下人工硐室选址应用，以适应不同的地理条件和应用需求。

（三）技术经济性

影响压缩空气储能经济性的主要因素包括储气设施的选择、设备初始投资成本、系统效率和规模化效应。储气设施如盐穴和人工硐室的选择对电站建设成本和选址有重要影响。设备初始投资成本，尤其是压缩系统、蓄热/冷系统和膨胀系统等，占系统总投资成本的 60% 以上。系统效率的提升可以通过技术进步实现，如高温压缩机、宽负荷膨胀机和高效换热器的开发。规模化效应可以降低单位投资成本，提高系统效率，从而提升经济性。

目前压缩空气储能技术尚处于示范及商业化发展初期，压缩空气储能系统的效率快速提升，但是目前压缩空气储能技术尚未形成规模效应，单位造价的成本较高，非补燃式压缩空气储能建设成本为 6000～12000 元/kW（地质条件恶劣会导致成本增加），单体设备规模为 100～300MW 的电站建设投资可达上亿元，项目应用及投资门槛较高。通过规模化生产，核心装备标准化、系列化和产业链成熟，将进一步降低压缩空气储能系统的建设和运营成本。据预测，至 2030 年，压缩空气储能电站的建设成本可低至 5000 元/kW 以下。

三、电化学储能

（一）技术发展现状

电化学储能主要是指通过电池内部不同材料间的可逆电化学反应实现电能与化学能的相互转化，其具有高能效、配置灵活、可以同时向系统提供有功和无功支撑等优势。如图 6-42 所示，电化学储能主要包括锂离子电池、液流电池、钠基电池、铅基电池和其他新型电池等技术路线。

实际应用时，应根据各种技术的主要特点以及对优缺点进行深入比较来选择适用的技术，需要考虑储能系统的能量密度、循环寿命、使用寿命、能量转化效率等方面因素，如表 6-13 所示。

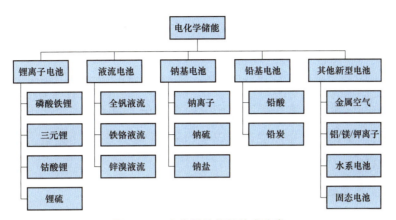

图 6－42　电化学储能的技术分类

表 6－13　　　　　　　　典型的电化学储能技术特性

技术类别	能量密度（Wh/kg）	循环寿命（次）	使用寿命（年）	能量转化效率（%）	响应时间	建设周期（月）
锂离子电池	140～220	2000～10000	8～10	85～90	毫秒级	
全钒液流电池	18～35	≥10000	≥10	65～75	秒级	6～12
钠离子电池	120～140	1500～4000	8－10	85～90	毫秒级	
铅炭电池	40～60	1600～4500	3～8	75～85	毫秒级	

（二）技术发展方向

未来，电化学储能技术主要向高安全、低成本、长寿命等方向发展，目前正在从实验室向产业化发展的技术路线主要包括固态电池、金属空气电池、液态金属电池等。

1. 固态电池

固态电池是将目前锂离子电池使用的液态电解液替换成固态物质，其理论能量密度高达 700Wh/kg。固态电解质具有阻燃、易封装等优点，还可以提高电池的能量密度。然而，固态电池的技术突破，在材料学方面还有两大挑战，一是锂金属负极的缺陷，二是固态电解质与正负界面失效的问题。两者通过影响电解质界面稳定性进而影响全固态锂电池长循环寿命。同时，固态电池产业链配套与目前现有的锂离子电池兼容性很小，因此虽然固态锂金属电池是锂电池的理想形态，但若实现规模化生产，还需要在突破技术瓶颈、产业链配套建设上投入更多的时间。

2. 金属空气电池

金属空气电池以金属为负极，多孔导电材料为正极，空气或纯氧作为正极反应

211

的活性物质。按照阳极材料不同分为铝空气电池、铁空气电池、锌空气电池、镁空气电池、锂空气电池等。金属空气电池以其低成本、高能量密度、安全性和环保性而成为研究的热点。然而，目前这类电池面临着金属电极易放电和腐蚀的问题，导致电池稳定性和能量密度有待提高。研究的重点在于为不同的金属电极匹配合适的电解质，开发具有良好催化性能、低成本和易于产业化的催化材料，以及发展合金化金属电极材料。

3. 液态金属电池

液态金属电池是指一种至少有一个电池电极采用液态金属的新兴电池。液态金属电池以其结构简单、原材料成本低、制造方便、化学成分稳定、无热失控风险、高功率密度、快速充放电能力、长循环寿命等优点而受到关注。经过测试，这类电池在运行 20 年后仍能保持 95% 的额定容量，显示出其在大规模、长时间电力储能应用中的潜力。然而，在商业化应用前，液态金属电池需要解决在高电流密度下运行的安全性、保持金属液相、抑制枝晶形成以及降低成本等问题。

（三）技术经济性

电化学储能的经济性受多个因素影响，主要包括储能系统规模、技术水平、安全性和经济性。电池选型对储能成本影响较大，应综合考虑储能需求、应用场景、安全性、系统参数等因素。此外，储能电站的成本构成包含初始投资成本、运维成本、换电成本、附加成本、电站残值等。随着储能电站的容量不断增大，全生命周期度电成本将逐渐降低，规模化建设储能电站能有效降低储能的度电成本。

截至 2024 年 6 月，典型的电化学储能技术经济性情况如表 6-14 所示。

表 6-14　　　　　　　　　　典型的电化学储能技术经济性

经济性指标	初始投资度电成本 （元/kWh）	全生命周期等效度电成本 （元/kWh）	单位功率初始投资 （元/kW）	单位能量初始投资 （元/kWh）
锂离子电池	0.25～0.50	0.60～0.77	3000～5000	1500～2000
钠离子电池	—	0.50～0.70	6000～8000	3000～4000
液流电池	0.20～0.50	0.45～1.0	12000～20000	2000～5000
铅炭电池	—	—	2500～4000	1000～1500

锂离子电池储能是目前经济性较好，且具备技术可行性的新型储能技术，可以应用于各自储能时间范围内的规模化储能中；钠离子电池在原材料成本上具有较为

明显的优势，且因为资源储备丰富，未来产业发展完善后有较大的成本下降预期；液流电池适用于中长时间尺度储能，且其经济性随着时长增加而提高，未来技术和产业进一步完善后有望在较长时间尺度储能中实现规模化应用；铅炭电池初始投资造价最低，但是其技术特性不适用于大规模电力储能。

四、储热

（一）技术发展现状

在人类活动中，绝大多数能量是需要经过热能的形式和环节被转化和利用的，储热技术利用储热材料实现太阳能热能、地热资源及工业余热等多种热源的有效捕获与储存，可实现优化能源配置，提升整个能源系统的利用效率。

储热技术主要分为显热储热、潜热储热和热化学储热三大类，如图 6-43 所示。显热储热是利用储热材料自身的比热容，通过温度的变化进行热量的存储与释放，在储热和放热过程中，储热材料的相态不发生改变。潜热储热是利用材料自身的相变过程吸收或放出热量来实现热量的存储与释放，所以潜热储热又称为相变储热。热化学储热是利用物质间的可逆化学反应或者化学吸/脱附反应的吸/放热进行热量的存储与释放。

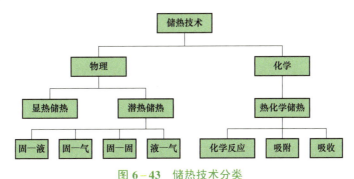

图 6-43　储热技术分类

（二）技术发展方向

到目前为止，显热储热技术已充分发展，而潜热储热技术亦整体趋于成熟，未来主要是针对两者的技术缺点进行重点攻关，验证合理的商业模式。

在潜热储热中，中高温相变储热材料储热密度大，有利于设备的紧凑和微型化，但是相变材料的腐蚀性、与结构材料的兼容性、稳定性、循环使用寿命等问题都需要进一步研究，其商业化道路还需要探索。在对相变储热材料进行选择时，筛选的核心内容是相变焓值、相变温度以及稳定性。

热化学储热与显热储热和潜热储热相比，拥有理论上最大的储能密度，有利于热量的长期储存，可供选择的储热材料或者可逆化学反应较多，适用温区广，被认为是未来最有前景的储热方式之一。目前，热化学储热技术的成熟度最低，储能密度仍待全面验证与挖掘，其提升的方向将主要集中于储热循环的改良、传热强化、控制机制创新及技术经济性等方面。

目前储热技术的研究热点集中在潜热储热和热化学储热，但其应用推广受到材料自身特点的制约，特别是受传热性能差、腐蚀性强、需要间接换热和工艺复杂的限制，均处于中试和实验室研究阶段，未有工业应用案例。熔融盐是指熔盐类介质的熔融态，是液态显热储热的一种，目前已有大量工程应用案例，处于规模推广阶段。熔盐储热具有使用温区广、储热温差大、储热密度高、传热性能好、工作状态稳定、使用寿命长、成本低等优势，适合大规模储热。基于上述特点，熔盐储热已广泛应用到光热发电、清洁供暖、余热回收、火电灵活性改造等领域，并在光热技术领域大量推广应用。

（三）技术经济性

储热系统的成本不仅受储热介质自身价格的影响，还涵盖了热交换器、动力传输设备、管路系统、控制阀门以及额外辅助系统的费用，同时还需计入项目开发和维护的开支。

在应用显热储能技术时，虽然其成本相对较低，适合大规模能量存储的场合，但其能量密度是较低的。以高温熔盐作为介质的太阳能热电站的储热系统为例，其成本相较于其他如热水或固态介质储热系统要高，成本范围在 80～150 元/kWh 之间。随着系统规模的扩大，单位能量的存储成本有下降的趋势。此外，熔盐等关键材料的市场价格波动也会对系统总成本产生显著影响。

潜热储能技术方面，潜热储能项目的初始投资成本大致在 300～400 元/kWh，潜热换热器和储能介质的成本几乎占整个储热系统成本的 80%，这是决定成本高低的主要因素。

至于热化学储能技术，它提供了最大的能量密度，但目前的成本也是最高的，并且主要还处于研发阶段。

五、重力储能

（一）技术发展现状

重力储能是一种机械式的储能，基于高度落差对储能介质进行升降来实现储能系统的充放电，其主要原理为，通过电力将重物提升至高处，以增加其重力势能完成储能过程，通过重物下落过程将重力势能转化为动能，进而转化为电能。

重力储能的储能介质主要分为水和固体物质。水介质型重力储能系统可以借助密封良好的管道、竖井等结构，采用电动发电机和水泵涡轮机进行势能和电能转换。固体重物型重力储能主要借助山体、地下竖井、人工构筑物等结构，利用起重机、缆车、有轨列车、绞盘、吊车等实现对重物提升和下落控制，实现势能和电能的转换。

根据重力储能的储能介质和落差实现路径的不同，新型重力储能可分为基于构筑物高度差的重力储能、基于地下竖井的重力储能和基于山体落差的重力储能等技术路线，如表6-15所示。

表6-15　重力储能技术路线分类

基于构筑物高度差的重力储能	基于地下竖井的重力储能	基于山体落差的重力储能	其他技术路线
（1）储能塔结构； （2）支撑架； （3）行吊和承重墙	（1）废弃矿井和缆绳提升重物； （2）绞盘吊钻机	（1）ARES轨道机车机构； （2）MGES缆车结构； （3）绞盘机结构； （4）传送链结构	（1）海下抽水蓄能； （2）活塞水泵结构； （3）重力压缩空气

目前重力储能行业处于从理论研究、小规模试验到大型商业化项目落地阶段，诸多重力储能技术中，储能塔结构的重力储能和基于地下竖井的重力储能项目商用节奏最快。国内重力储能正处于工程化应用初期，国家新型储能试点示范项目应用中也包含三个重力储能项目，其中江苏如东100MWh项目、甘肃张掖17MW/68MWh项目基于储能塔结构的技术路线，中国电力工程顾问集团等投资建设的河北赤城重力储能示范项目是全球首个竖井式重力储能项目。

（二）技术发展方向

从具体技术类型来看，目前国内在建的重力储能示范项目分别采用了储能塔结构以及地下竖井式重力储能两类重力储能技术，预测短期内国内重力储能技术路线将以储能塔结构和竖井式重力储能为主，后续随着示范项目落地，重力储能性能获得验证，重力储能渗透率有望大幅提升。

从应用场景来看，重力储能将在众多应用场景发挥重要作用。

（1）清洁能源大基地场景。重力储能具备长时、大容量、经济性优、构网特性等优势，而且系统中的重物可大量回收利用风电废弃叶片、废弃混凝土等固废材料，实现资源的综合利用。

（2）煤矿综合利用场景。利用煤矿等废弃矿井建设基于地下竖井的重力储能系统，采用矿渣、粉煤灰、固废垃圾等作为重力提升模块的主要原料，实现循环利用，缓解矿渣等固废带来的环境问题。此外，重力储能可结合光伏，利用矿区已有电力基础设施，打造"光＋储＋生态"的矿区生态综合治理耦合修复模式。

（三）技术经济性

影响重力储能经济性的主要因素包括材料成本、系统效率、储能容量、建设成本以及环境和社会因素。对于重力储能技术的商业化前景和经济效益，市场上并没有明确或一致的看法。按照目前商业化进程来看，前期将以储能塔技术路线为主。据 EV 公司公开数据，重力储能项目初始投入成本在 3000 元/kWh 左右，度电成本在 0.5 元/kWh 左右，具备一定的成本优势。2025 年以后，重力块材料有望替换，且规模效应逐步凸显，降本幅度加大，重力储能的市场占有率或有望大幅增长。

六、飞轮储能

（一）技术发展现状

飞轮储能是机械储能的一种，是利用双向电机驱动大惯量飞轮高速旋转，实现电能与飞轮机械能之间相互转换的一种技术，通常工作在 30000r/min 左右高速状态。充电时电机工作在电动机模式，吸收外部电能驱动飞轮加速旋转，将电能转换为转子动能储存；放电时电机工作在发电机模式，将高速转子制动降速发电，将飞轮动能转化为电能向外输出。

飞轮储能系统主要由飞轮、电动发电机、功率转换器、磁浮轴承等组成，如图 6-44 所示。

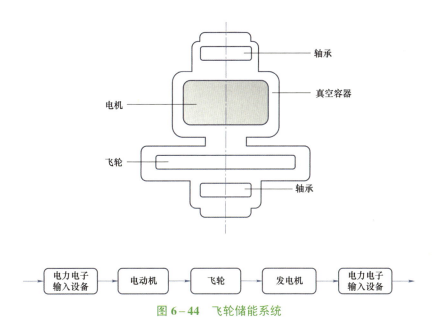

图 6-44　飞轮储能系统

近年来，尽管飞轮储能技术取得了显著的发展，但是要实现其广泛应用仍面临一些挑战：

（1）飞轮储能的能量密度较低。虽然飞轮储能技术具有较高的能量储存能力，但是其能量密度却相对较低，能量释放只能维持较短时间，一般只有几十秒钟。

（2）可能存在安全问题。飞轮在高速旋转时具有高动能，如果控制系统失效或者出现机械故障，可能会导致飞轮破裂，造成安全事故。

（3）飞轮储能的自放电率高。如停止充电，能量在几到几十个小时内就会自行耗尽。

（二）技术发展方向

飞轮储能技术作为一种高效、快速响应的能源存储技术，在能源转换、电网稳定、新能源汽车等多个领域展现出了巨大的应用潜力。随着技术的不断进步和市场的不断拓展，飞轮储能技术正面临着新的发展机遇。

（1）材料创新：研究新型磁性材料，提高飞轮储能系统中电磁轴承和电机的性能，降低系统能耗，提高运行稳定性。

（2）技术进步：优化电机控制算法，提高飞轮储能系统的充放电效率和响应速度，满足各种应用场景下的快速响应需求。

（3）结构优化：改进飞轮储能系统的密封和隔热技术，降低系统能耗，提高系统的运行效率和寿命。

（三）技术经济性

飞轮储能的经济性主要受初始投资成本、技术成熟度、运行维护成本和市场政策支持等因素的影响。尽管飞轮储能系统的维护成本较低，但其初始投资成本相对较高。功率成本为 3000～5000 元/kW，远高于一些电化学储能成本，因此限制了其在大规模储能领域的应用。随着技术的进步，未来飞轮储能的成本有望降低至1000～1500 元/kW。

飞轮储能作为一种具有广阔应用前景的储能方式，其关键技术已经取得了显著的进展。随着材料科学、制造技术和控制技术的不断发展以及成本的降低，飞轮储能技术有望在更多领域得到广泛应用，成为未来储能领域的重要力量。

第五节 氢 基 能 源

一、氢基能源发展现状

氢基能源是指氢以及以氢为原料的氨、甲醇、航空煤油等含氢衍生物燃料。在我国"双碳"目标下，可再生能源发展加速，依托可再生能源电力生产的绿氢将逐步占据主导地位，未来氢基能源的氢气原料都将是绿氢。绿氨、绿甲醇与绿色航空煤油是绿氢消纳的主要途径。本节的氢基能源特指绿氢以及由绿氢制备的绿氨、绿甲醇和绿色航空煤油。

绿氢，指的是通过可再生能源、核能等清洁电力电解水制取的氢气，也包括生物质原料生产的氢气，生产过程中不产生碳排放。根据国际能源署等机构的公开数据，2024 年全球氢气总产量接近 1 亿 t。从制氢结构划分，化石燃料制氢占比约 81%，其中天然气制氢占比约 62%，煤制氢占比约 19%；低碳氢（结合 CCUS）和电解水制氢占比不足 1%。现阶段，由于新能源电价仍较高、电解水制氢效率还未达到理想水平、电解槽装备成本也比较高，绿氢的生产规模比较小。2024 年，《中华人民共和国能源法》明确了氢能的能源地位，绿色转型、节能降碳方案推动氢能"制储输运"全链条发展。截至 2024 年底，中国已有超过 400 项绿氢项目，涵盖在运、在建和规划中。其中在运项目超过 50 项，制氢产能超过 10 万 t/年，而在建与规划中的项目分别超过 100 项和 250 项，合计制氢产能超过 850 万 t，预示着未来大规模扩张的潜力与趋势。

绿氨，即绿氢与空气中的氮气合成的氨。截至 2024 年底，全球已布局超过 80个绿氨项目，规划总产能超过 4000 万 t/年。中国绿氨项目主要分布在西北、东北等可再生资源丰富区域，目前规划总产能超过 1000 万 t/年。绿氨被视为未来航运业脱碳的主力燃料之一，预计到 2030—2050 年间，氨能作为航运燃料的占比将从 7%上升为 20%。绿氨作为掺烧发电的燃料，可以利用现有燃煤电厂设施，无须对锅炉主体进行大改造，有助于降低碳排放。绿氨的成本主要取决于绿氢的成本，占氨生产成本的 80%～90%。随着绿氢电解槽成本的降低、清洁电力成本的降低以及氨合成工艺的优化，绿氨成本将持续下降。

绿甲醇，本节特指电制甲醇，主要通过氢气加二氧化碳合成。随着全球对碳中和目标的重视，绿色甲醇的需求不断增加。电制甲醇因其低碳、环保的特性，成为化工行业减碳的重要选择。截至 2024 年底，全国累计超过 50 个绿色甲醇项目签约、备案、开工、投产，累计产能超过 3000 万 t/年。尽管电制甲醇技术成熟，但在大规模应用中仍面临一些技术挑战，如碳源的高效捕获和利用。随着技术的不断进步和成本的进一步降低，电制甲醇有望在未来成为绿色甲醇的主流生产方式，特别是在化工行业和可再生能源领域。

绿色航空煤油，即通过绿氢和其他原料生产的航空煤油。原料来源广泛，包括废弃油脂、生活垃圾、农作物秸秆、农产品加工剩余物、林业废弃物以及工业尾气等。随着全球对气候变化问题的日益关注，绿色航空煤油作为航空业绿色转型的关键路径，其市场需求正在快速增长。据预测，到 2035 年，全球 SAF 的累计需求总量将达到 1.6 亿～1.8 亿 t。中国政府也出台了一系列政策，如《"十四五"民航绿色发展专项规划》提出，到 2025 年，我国力争实现可持续航空燃料累计消费量达到5 万 t。

二、氢基能源发展方向

（一）氢基能源制备

氢基能源制备技术体系如图 6-45 所示。当前最主流的绿氢制备方式是可再生能源电解水制氢。电解水制氢技术包括碱性电解水制氢、固体氧化物电解水制氢、阴离子交换膜电解水制氢以及质子交换膜电解水制氢。碱性电解水制氢技术最成熟，成本较低，但能耗较高，维护成本相对较高。质子交换膜电解水制氢效率高，响应速度快，适合快速启动和关闭，但技术门槛较高，成本较高。固体氧化物电解水制氢高能量转换效率，无需贵金属催化剂，但技术较为复杂，启动和关闭需要时间。阴离子交换膜电解水制氢具有较低的能耗和长电极寿命，但目前商业化应用较少。

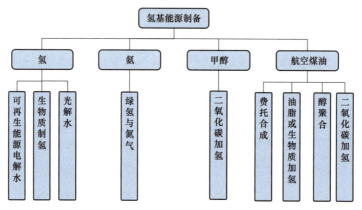

图 6-45　氢基能源制备技术体系

传统合成氨是由氢气和氮气在催化剂作用下经 Haber-Bosch 法合成，氮气利用空分装置直接从空气中获取。氢气由煤和天然气等原料制取。绿色合成氨在传统工艺路线的基础上，利用绿氢替代灰氢与空气中分离的氮气作为合成原料，大幅度减少对化石燃料的依赖和温室气体的排放。在合成原理与关键技术方面，绿色合成氨与传统合成氨，除了氢气原料供应之外，其他工艺流程和装置没有本质差别。

传统工业甲醇的主流生产方式是在高压条件下由合成气（CO、H_2）转化，根据生产工艺采用压力的不同，可以分为高压法（20～50MPa）、中压法（10～15MPa）和低压法（5MPa 以下）。合成气主要由煤、天然气等化石燃料经气化、蒸汽重整等方式获得。绿色甲醇的生产即绿电制甲醇，先使用可再生能源电力制氢，再使氢气与二氧化碳反应合成甲醇。

航空煤油主要由原料油经不同深度的加氢精制并脱除硫、氮、氧等杂质获得性能符合航煤燃料指标要求的产品。传统航空煤油的原料氢气是由煤、天然气等化石燃料制取。绿色航空煤油合成技术主要有四类：费托合成、油脂或生物质加氢、醇聚合和二氧化碳加氢。我国仅在脂类加氢方面技术及产业基础较好，但该路线成本较高、燃料价格浮动大，优质催化剂仍需进口。费托合成在国内已有试点示范，但还未形成大规模商业化生产。二氧化碳加氢技术路线尚未获得 ASTM 认证，但由于未来原料充足、全生命周期可减排 95% 以上，各国均在积极尝试，我国与欧美整体处于同一起跑线。目前，主要挑战是成本过高。醇聚合具有更大的商业化价值，但我国在能源作物种植、废弃物收集等方面还面临成本挑战。

（二）氢基能源储运

氢基能源的规模化储存和运输是氢基能源大规模商业化推广应用的基础，高效率、低成本地进行氢基能源储运是降低其应用成本的关键要素之一。氢气的体积能量密度较低，压缩和液化的条件都较为苛刻，因此氢气的大规模储运是现阶段限制氢能大规模应用的最大障碍。氨、甲醇和航空煤油等液态氢基燃料是成熟的化学品，具有较为成熟的储运技术和基础设施。

1. 氢气储运

目前研究与应用中的储氢技术，按照储氢原理可以分为物理储氢和材料储氢。物理储氢技术主要包括高压气态储氢技术和低温液态储氢技术，氢以纯分子气态或液态储存，不与其他材料进行物理或化学结合；材料储氢技术主要包括有机液体、氨等液体材料储氢技术和金属合金、碳质材料等固体材料储氢技术，利用固体或液体材料为介质，经过化学或物理等一系列变化实现对氢的储存和释放。

氢气的储运方式，根据运输过程中氢气的形态，划分为气态氢储运、液态氢储运和固态氢储运。气态氢储运主要为高压气态氢储运；液态氢储运包括低温液态氢储运和对各类储氢液体材料（如有机液体、甲醇和液氨等）的储运；固态氢储运为对各类储氢固体材料的储运，包括储氢合金、储氢碳质材料等。

（1）气态氢储运。

高压气态储氢技术是将氢气压缩在储氢容器中，使之以高密度气态形式进行存储。该技术为纯物理过程，具有储氢纯度高、氢气充装释放速度快、成本低、适应性广等特点。高压气态储氢技术主要通过提高储存压力来提升储氢能量密度，但氢气压缩过程会产生一定能耗，储氢压力越大，能耗相对越高。

长管拖车是最常用也是技术成熟度最高的气态氢运输方式，但是由于高压氢的形式储氢密度较低，通常的长管拖车单次运氢量（20MPa）仅 400kg 左右，因此长管拖车仅适用于运输距离短且运输量较少的应用场景。随着高压储氢瓶的技术成熟度提高，储氢压力也实现了 70MPa 等级，未来长管拖车的单车储氢能力也会有较大的提升。

输氢管道也是气态氢储运的主要形式，是未来突破氢气大规模、长距离、低成本的重要途径。输氢管道也分为纯氢管道和天然气掺氢管道。我国的输氢管道建设起步晚于欧美，目前还未形成大规模的氢气输送网络，仅建成少数示范项目，正处于工程示范验证阶段。

输氢管道运行压力一般为 2.0～10.0MPa，管道直径一般不超过 1.0m，管道材料主要为低强度管线钢。输氢管道具有速度快、效率高、建设技术成熟等优点，但输氢管道建设的初始投资较高，这主要与输氢管道的直径和长度有关。输氢管道根据建设长度可分为长距离输送管道（即长输管道）和短距离配送管道。长输管道输氢压力较高，管道直径较大，主要用于制氢厂与储氢站之间高压氢气的长距离、大规模输送；短距离配送管道输氢压力较低，管道直径较小，主要用于储氢站与各个用户之间的中低压氢气的配送。

相比于新建氢气长输管道，利用原有天然气管道输氢，能大幅降低初始投资成本，但天然气管道掺入氢气后，改变了管道输送气体的性质，引起管道内流动状态的变化，系统的输气能力、混输气体的泄漏和爆炸特性也随之发生变化；氢气的加入也会引起管材方面的安全问题，如氢脆、氢致开裂等氢损伤。

（2）液态氢储运。

低温液态储氢是在低温条件下将氢气进行液化，储存到绝热真空容器中，液氢的体积密度为 70.8kg/m³，为标准气态时的 845 倍，显著高于高压储氢密度（70MPa 常温下约为 39.6kg/m³）。氢液化技术能耗高，液化过程需要经过多级压缩冷却，消耗的能量可达氢能总量的 30%。

液氢主要以液氢槽罐车运输为主，单车运量是高压氢长管拖车的数倍。液态氢储运是大规模、长距离氢气输送的重要方向之一。目前低温液态氢储运主要面向的是军事航天等对氢气纯度要求高的领域，民用领域正处于起步阶段。

液氢槽罐车运输的成本对距离不敏感，运输成本随距离增加而产生的增幅不大，主要由于液化过程中消耗的电费仅与载氢量有关，与距离无关，在长距离运输下更具成本优势，适用于氢气大规模、远距离运输。

甲醇和氨的发展其中一个重要的原因也是可作为储氢载体，促进氢能的大规模储运。甲醇储氢，是利用一氧化碳、二氧化碳与氢气反应生成甲醇，将一氧化碳、二氧化碳作为储氢载体循环利用。

液氨储氢技术是利用氮气与氢气反应生成液氨，将氮气作为储氢载体循环利用。合成氨反应属于传统成熟化工产业技术，但液氨高效分解制取氢气属于新兴产业，目前液氨制氢是在常压、400℃条件及催化剂条件下分解得到氢气，常用的催化剂包括钌系、铁系、钴系与镍系，其中钌系的活性最高。

（3）固态氢储运。

固态氢储运是基于氢气与储氢材料之间的物理或化学变化，形成固体氢化物或者固溶体，实现氢气的储存，相比于高压氢或液氢，具有操作压力低、安全性高等优点。储氢金属（合金）材料主要通过吸氢金属与氢结合形成稳定金属氢化物储氢，主要包括稀土系、钛系、锆系和镁系等。固态氢储运主要应用于备用电源、公交车、货车等应用场景。

2. 氨储运

气态氨在加压或冷却之后转变成液态形式进行储存，根据不同的操作压力和温度，中小规模的液氨储存可以采用球形罐和水平圆柱形卧式储罐进行储存；低温液氨的储存设计温度低于−33.5℃，采用多层结构隔热柱形钢罐，配置制冷装置维持低温，单罐储存能力在万吨级以上，适合作为大规模液氨储存。

氨通常以液态形式运输，主要包括船运、公路罐车、铁路罐车以及管道等运输模式。中短距离液氨运输以公路和铁路罐车为主，远洋运输采用冷冻型液氨船运并配备制冷设施处理蒸发气。

3. 甲醇储运

甲醇是碳链最短且含羟基的有机化合物，常温常压条件下以液态的形式存在，易于储存。工业上通常以金属储罐储存甲醇，大型单个储罐可达到万吨以上储存规模。

甲醇常态下为液态，其运输方式与氨类似，也可利用船运、公路罐车、铁路罐车以及管道等进行运输。氨和甲醇通常都以液体形式储存，非常适合用管道进行运输，不受天气状况和交通条件的影响，效率较高。

4. 航空煤油储运

航空煤油是由长碳链烯烃、烷烃、芳香烃等液态有机化合物组成，常温常压条件下以液态形式存在，通常以金属储罐储存。航空煤油的运输方式多种多样，包括铁路运输、公路运输、管道运输、油轮运输等。

（三）氢基能源利用

氢基能源的利用是氢基能源产业的终端环节，也是关键环节。氢基能源的利用方式包括交通、电力、燃烧供热等领域的能源化利用方式，也包括化工、冶金等领域的原料化利用方式。工业是目前我国氢基能源最大的应用场景。

1. 交通

化石燃料的绿色替代是交通领域碳减排的重要方式，绿色氢基燃料可应用于公路交通、航空、航海等多种应用场景。

公路交通是交通领域碳排放的主体和减排的重中之重。氢基能源在公路交通工具主要有燃料电池和内燃机两种方式。氢燃料电池是公路交通工具较为成熟的零碳解决方案，与电动车不同，氢燃料电池汽车主要以中重型货车、公交车等固定路线、中长途干线和高载重的场景。此外，掺氢内燃机、甲醇内燃机、氨内燃机等也是公路交通工具的清洁动力系统。

铁路交通方面，氢燃料电池动力系统替换传统内燃机是火车清洁动力改造的主要方式。氢动力火车现阶段处于示范阶段，但是铁路交通的电气化改造发展更加迅速。

航空领域很难通过电气化的方式实现碳减排，主要通过氢燃料电池、氢发动机进行脱碳，但是氢动力飞机续航能力有限，仅适用于中短距离的航线脱碳。基于生物质原料生产的绿色航空煤油可直接替代传统的航空煤油，对飞机的发动机系统改造最小，因此发展绿色航煤是实现航空业减碳目标最重要的措施。

绿氨、绿甲醇是国际上公认的航运业脱碳的绿色燃料。《2023年国际海事组织船舶温室气体减排战略》明确提出，到2030年国际航运业二氧化碳排放量比2008年减少30%以上，并在2050年前后实现净零排放。绿氨和绿甲醇等氢基燃料作为航运业的清洁燃料方案，将迎来重要的发展机遇。欧洲、日本、新加坡等国家和地区已明确将推动绿色氢基燃料作为船舶运输燃料。

2. 电力

在固定式发电方面，燃料电池、掺氢和纯氢燃气轮机发电技术是具有代表性氢基燃料发电技术路线。燃料电池采用电化学原理进行发电，可以将燃料的化学能直接转化成电能，理论发电效率高。现阶段燃料电池技术成熟度还不够成熟，单体容量仍较小，国内仅有少数固定式燃料电池发电站示范项目。掺氢/纯氢燃气轮机发电技术单机容量与传统天然气燃气轮机类似，技术成熟度较高。

燃料电池根据电解质的不同，可以分为质子交换膜燃料电池（PEMFC）、固体氧化物燃料电池（SOFC）、熔融碳酸盐燃料电池（MCFC）、磷酸燃料电池（PAFC）、碱性燃料电池（AFC）等。现阶段，PEMFC 和 SOFC 的技术成熟度较高，特别是 PEMFC 已广泛应用于公交车、重卡等氢动力系统。燃料电池类型与参数如表 6-16 所示。

表 6-16　　　　　　　　　　　　燃料电池类型与参数

参数	PEMFC	SOFC	MCFC	PAFC	AFC
发电效率（%）	40～60	50～60	45～55	35～55	约60
电解质	离子交换膜	陶瓷（如 YSZ）	熔融碳酸盐	液体磷酸	KOH
电解质腐蚀性	无	无	强	强	中
氧化剂	空气	空气	空气	空气	纯氧/双氧水
极板材料	石墨、金属	陶瓷、不锈钢	镍、不锈钢	石墨	镍
催化剂	铂系	钙钛矿	镍	铂系	镍
寿命（h）	20000～60000	5000～8000	30000～80000	20000～40000	≤90000

燃料电池是分布式发电的重要形式，在发电的同时，可以有效利用发电过程中产生的热量，实现热电冷联供，提高能源利用效率。同时，燃料电池具有噪声低、体积小的优势，适合靠近用户的小规模发电系统，主要为家庭用微型热电联供系统或者中大型商业中心的固定式热电联供系统。

SOFC、MCFC 和 PAFC 是大型固定式发电站的主要燃料电池类型，美国、韩国、加拿大等发达国家在关键技术方面领先全球，也是相关装备主要的生产基地和应用市场。国内关于燃料电池的技术还在研发阶段，小规模发电项目正在示范阶段。与国际先进水平仍有较大的差距，在电堆规模、系统集成及发电效率等方面的技术水平都需要持续攻关。

燃气轮机可以依托天然气管网，以连续流动的掺氢天然气为燃料，燃烧产生的高温高压烟气作为带动燃机叶片旋转的工作介质，实现燃料的化学能转化为机械能，进行发电。燃气轮机与当前的电力系统具有良好的兼容性，技术成熟度还有进一步提升的空间，设备造价也在持续下降。掺氢燃气轮机与燃料电池技术特性对比如表 6-17 所示。

表 6-17　　　　　　　　　掺氢燃气轮机与燃料电池技术特性对比

指标	掺氢燃气轮机	燃料电池
技术成熟度	天然气燃料的燃气轮机已充分商业化，氢、氨以及混合燃料的燃气轮机需要改造和工程验证。部分燃气轮机具有掺氢能力，已有少数示范工程，掺氢能力最高可达 30%	燃料电池处于示范和商业化初期，其中 PEMFC、SOFC 相对其他类型的燃料电池技术成熟度较高，示范规模初步实现兆瓦级
发电效率	按照燃气轮机规模，简单循环发电效率为 40%～45%，联合循环效率为 50%～70%	不同类型燃料电池效率具有差距，在 40%～60% 之间，热电联供效率可达 80%～90%
燃烧适应性	通过技术改造，可适应氢、氨与天然气的混合或纯燃料	不同燃料电池的燃料适应性不同。PEMFC 适用于高纯氢燃料，SOFC 燃料适应性最广，可利用氢、氨、天然气、甲醇等燃料
系统短路容量支撑能力	作为同步机电源，可为系统提供短路容量和支撑能力	无法向电网提供短路容量支撑
系统频率支撑能力	频率支撑能力强，可增加系统惯量，参与电网的一次调频和二次调频	频率支撑能力弱，现阶段发电容量远低于燃气轮机

氢气燃气轮机的设计需要适应更宽比例范围的氢气/天然气混合燃料，并且适应快速的燃料混合比例变化。目前全球主流燃气轮机主机厂已研发出纯氢燃气轮机，掺氢燃气轮机的示范项目推广范围较广，纯氢燃气轮机处于初步示范的阶段。氢基燃料的燃烧发电根据燃料的不同特性，会产生氮氧化物高排放等问题，需要改进燃烧技术大幅度减小或消除氮氧化物的排放。

掺氢/氨燃气轮机的发展趋势是尽可能利用已有的天然气管网等基础设施、改造已有的燃气轮机设备、保持燃气轮机电厂具有的调峰运行灵活性以及最大限度降低污染物排放；纯氢燃气轮机未来的发展趋势期望具备纯氢、氨等含氢燃料的适应能力，发展不同容量规模的燃烧机组掺烧绿氢/绿氨，适应大规模集中发电、区域热电联供、分布式能源等多种灵活应用场景。

3. 供热

氢基燃料除了直接燃烧供热，还可以通过小型燃气轮机和燃料电池的形式进行供热。氢基燃料热电联供可以实现能量的梯级利用，高品质的热能可以进行发电，剩余温度较低的热能可以进行供热，可以使系统的综合效率达到 90% 以上。基于燃料电池的热电联供系统是欧美常用的分布式供能方式，在靠近负荷中心，如楼宇、小区、商业中心等小规模用能场景，依托燃气管网，实现电、热、冷、气多能联供。

我国分布式多能联供模式的供能站仍处于起步阶段，随着相关的燃料电池技术进步将有望迎来高速发展期。

4. 化工

化工领域的氢基燃料需求主要是作为工业原料，包括合成氨、合成甲醇、石油炼化等领域。在"双碳"目标的约束下，氢基燃料的绿色转型需求越来越迫切。

2024 年全球合成氨产量 2.4 亿 t，其中我国合成氨产量 7300 万 t，占比 30%。氨主要用作化肥原料，是氮肥的重要原料；氨也是重要的化工原料和中间品，在化学工业领域中具有广泛的用途，用于生产胺、染料、炸药、合成纤维、树脂等化工产品。

2024 年全球甲醇产能约 1.8 亿 t，我国甲醇产能约 1 亿 t，占比超过全球的 50%。甲醇是基础的有机化工原料，可以用来生产烯烃、甲醛、二甲醚、合成橡胶等有机化工产品。

远期看，绿色合成氨、绿色甲醇替代传统高碳排放的氢基燃料作为化工生产原料是化工领域减排的重要手段。

三、氢基能源经济性

氢基能源经济性受到多种因素的影响，包括生产成本、储运成本、市场接受度等，目前的制约因素主要为生产成本过高。目前全球绿氢的生产成本为 4～5 美元/kg。国内绿氢的生产成本约为 21 元/kg，随着技术进步和规模扩大，绿氢生产成本有望进一步降低，预计 2025 年绿氢生产成本降至 15 元/kg 以下。绿氨的生产成本中，氢气成本占 80%～90%，每吨绿氨消耗氢气约 176.5kg，根据氢气 21 元/kg 计算，生产每吨绿氨的成本为 4106～4620 元/t。2024 年国内市场氨的价格波动区间在 2500～2800 元/t，绿氨气的生产成本远高于市场价格。绿色甲醇的生产成本中，氢气成本约占 90%，每吨绿醇消耗氢气 187.5kg，根据氢气 21 元/kg 计算，生产每吨绿色甲醇的成本约为 4363 元/t。2024 年国内市场甲醇价格波动区间在 2200～2700 元/t，绿色甲醇的成本同样远高于市场价格。

目前，氢基能源普遍面临着成本过高难题，限制了产业的发展。但随着可再生能源发电技术突破、建设成本降低，度电成本也会下降，氢基能源的经济性也会随之提升。

第六节 碳捕集、利用与封存

在"双碳"目标下以及新的应用场景的推动下，碳捕集、利用与封存（Carbon Capture，Utilization and Storage，CCUS）技术的内涵和外延不断丰富和扩展。传统的碳捕集源主要包括能源和工业设施，但现如今，碳捕集源已经逐步扩展到生物质和空气等中性碳源，如图 6-46 所示。其中，生物质能碳捕集封存和直接空气捕集等负碳技术为全球实现深度减排目标提供了新的途径和可能性，并构成了碳捕集、利用与封存技术的关键组成部分。

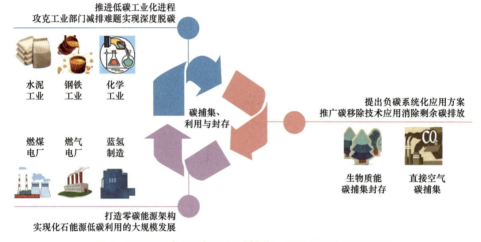

图 6-46 "双碳"目标下的碳捕集、利用与封存技术定位

随着应用场景的逐步拓展，碳捕集、利用与封存技术已经成为我国实现气候目标的重要手段。由图 6-46 可知，作为钢铁、水泥等难以减排行业深度脱碳的可行解决方案、化石能源实现近零排放的重要技术手段，碳捕集、利用与封存技术将成为支撑碳循环利用的主要措施。与此同时，生物质能碳捕集封存和直接空气碳捕集等负碳技术可以有效去除大气中的温室气体。因此，碳捕集、利用与封存技术的综合运用可为实现低碳、零碳、负碳提供关键的技术保障，有效地支持全球气候目标的实现。

一、二氧化碳捕集技术

（一）技术发展现状

碳捕集技术作为减缓全球气候变化的关键手段，在全球得到了广泛关注和快速发展，主要集中应用于发电、石化、钢铁等高碳排放行业。根据 2024 年国际能源署报告，全球投入运行的碳捕集项目约 30 个，年碳捕集能力达 4000 万 t；尚有 70 余个项目处于不同的开发阶段，预计未来全球碳捕集能力将显著增强。

北美和欧洲等地碳捕集项目技术研发和政策支持较为成熟。例如，美国的 45Q 税收抵免政策和欧盟的创新基金都为碳捕集项目提供了重要的经济激励。随着全球气候目标的日益严格，亚洲和其他地区也逐渐加入到碳捕集研发和部署行列中。中、日、韩等国纷纷设立了碳捕集示范项目，以应对国内不断增长的碳排放量。截至 2024 年底，我国正在运营和开发的碳捕集项目已有 20 余个，成为亚洲碳捕集发展的领军者。

碳捕集技术的发展不仅推动了捕集设备制造业等相关产业链的发展，创造了就业机会，促进了经济增长，还通过提高能源效率和减少污染物排放，保护了生态系统的可持续性。特别是在减少酸雨和雾霾等问题上，碳捕集技术的应用具有显著的环境效益。然而，碳捕集技术的推广仍然面临着一系列挑战。

首先，高昂的投资成本是碳捕集技术大规模应用的主要障碍，成为许多企业不可承受的负担。为了解决这一问题，技术创新和规模效应的进一步发展是关键。新型材料和先进的捕集工艺有望降低成本，提高技术效率和可靠性。此外，国际合作和技术共享也将有助于加速碳捕集技术的成熟和普及。

其次，政策支持的不足也是阻碍碳捕集发展的重要因素。尽管碳捕集在减排方面的潜力巨大，但缺乏强有力的政策激励措施，使得投资者对该领域的投资意愿不高。现有的碳交易体系尚不足以激励大规模的碳捕集项目。对此，需要制定更加明确和稳定的政策框架，包括提供财政补贴、税收优惠和其他形式的经济激励，以减少投资风险，吸引更多资本进入这一领域。

此外，新能源发电的快速发展也给碳捕集技术带来了新的挑战。根据国际能源署的最新数据，风电和光伏发电的成本持续下降，使得这些新能源在经济性上逐渐优于传统的煤电。煤电与碳捕集的组合在经济性和竞争力上都面临着严峻考验。因此，未来碳捕集技术的应用可能更多地依赖于政策和市场机制的调控，而非单纯的技术进步。

总之，碳捕集技术在全球减排和气候治理中扮演着不可或缺的角色。尽管面临高成本、政策支持不足和新能源竞争的挑战，碳捕集潜力依然巨大。通过持续的技术创新和政策支持，碳捕集有望在未来成为实现碳中和目标的重要工具，为全球环境保护和经济可持续增长提供有力保障。

（二）技术发展方向

碳捕集技术涵盖多种选择，包括点源碳捕集技术、生物质能碳捕集技术和直接空气碳捕集技术。这些技术有助于实现化石能源的零排放利用，对新型能源体系的建设也具有重要意义。

1. 点源碳捕集技术

点源碳捕集技术包含燃烧前碳捕集技术、燃烧中碳捕集技术和燃烧后碳捕集技术三类。

燃烧前碳捕集技术通过在化石燃料燃烧前分离二氧化碳，实现碳减排。其过程包括将化石燃料气化生成氢气和一氧化碳，再将一氧化碳转化为二氧化碳并分离捕集。主要技术有溶液吸收、固体吸附和膜分离。溶液吸收法分为物理和化学吸收，前者利用压力变化吸收二氧化碳，适用于中高压；后者通过化学反应吸收二氧化碳，适用于常压。固体吸附法通过物理或化学吸附分离二氧化碳，材料包括活性炭、分子筛和负载胺等。膜分离法用于从合成气中分离二氧化碳和氢气，开发新型膜材料将提升分离效率和经济性。

燃烧过程中，碳捕集技术主要通过富氧燃烧和化学链燃烧实现。富氧燃烧利用工业空分获得高浓度氧气，与二氧化碳混合后替代空气燃烧，烟气循环提高二氧化碳浓度，便于压缩和分离。化学链燃烧则通过载氧体使燃料与空气无需直接接触，生成的产物为二氧化碳和水，冷凝后可直接回收二氧化碳。新研究方向包括开发更高效的空分技术和新型载氧体材料，优化系统设计，提高效率，降低成本，并探索与碳捕集与利用技术结合的可能性，增强应用前景。

燃烧后碳捕集技术用于从烟道气中分离二氧化碳，常见方法包括化学吸收、固体吸附和膜分离。化学吸收法利用碱性吸收剂与二氧化碳反应生成盐类，经过加热或减压释放二氧化碳并再生吸收剂。固体吸附法通过低温吸附和高温脱附过程，简化了工艺并减少了能耗。膜分离法结合膜技术与化学吸收，通过微孔膜与选择性吸收液分离二氧化碳。尽管这些技术在能耗和成本方面存在挑战，然而通过技术优化，其未来发展前景依然广阔。

2. 生物质能碳捕集技术

生物质能碳捕集技术，通过植物和微生物吸收大气中的二氧化碳，实现碳在生物质及土壤中的长期储存，不仅能减少排放，还可以实现负碳排放，从而降低大气中的二氧化碳浓度。其中，藻类因其快速生长和高效光合作用，在生物质能碳捕集技术中具有显著优势。

相较于其他负碳排放技术，生物质能碳捕集在减少二氧化碳排放方面展现出更大潜力，并在乡村振兴战略背景下，可有效解决有机废弃物处理问题，避免释放更强的温室气体。未来发展方向包括提高转化效率、降低成本和扩大应用范围。通过研究高效光合微生物和优化生物反应器设计，进一步提升碳捕集效率。同时，政策支持和市场激励机制的完善，将促进该技术的广泛应用。生物质能碳捕集技术不仅应对气候变化，还可推动农业和能源领域的可持续发展，构建绿色低碳社会。

3. 直接空气碳捕集技术

直接空气碳捕集技术旨在从大气中去除二氧化碳，作为一种超低浓度碳捕集技术，可作为其他减排措施的补充，尤其在难以减排的行业中发挥重要作用。

直接空气碳捕集技术主要包括化学吸收法和吸附法两类。化学吸收法使用强碱性溶液如氢氧化钠吸收二氧化碳，但其再生过程需要高温，导致高能耗且可能腐蚀设备。相对而言，吸附法表现出更大的潜力，包括变温吸附法和变湿吸附法。变温吸附法使用负载有机胺的固体材料，在常温下吸附二氧化碳，然后在高温下脱附。变湿吸附法利用阴离子交换树脂和季胺阳离子进行二氧化碳的吸附和再生。

直接空气碳捕集技术当前仍处于实验阶段，技术成本高。未来研究将聚焦于提升材料性能、优化工艺和系统集成以及大规模验证，以推动技术商业化应用。

（三）成本分析及应用场景

碳捕集成本因不同的排放源类型和捕集技术而显著不同。这些差异不仅影响碳捕集经济性，也决定了各类技术在典型场景中的适用性。如煤电、石化和钢铁制造业等典型场景是碳捕集的主要应用目标，因为它们排放量大且易于捕集。但现阶段高成本可能限制了技术在其他场景中的大规模应用，未来通过政策激励和技术进步有望降低成本，提高碳捕集可行性和效率，以拓展碳捕集技术应用场景。

1. 成本分析

（1）排放源类型。

高浓度二氧化碳排放源在我国的捕集成本为 120～180 元/t。这类排放源的二氧化碳浓度相对较高，通常来源于如燃煤电厂、钢铁冶炼等工业设施。因为高浓度二氧化碳气体的分离和纯化过程相对简单，减少了处理和设备的复杂度，使得二氧化碳捕集更为高效，具有较低的捕集成本，成为二氧化碳捕集技术的优选对象。

相较而言，低浓度二氧化碳排放源的捕集成本为 220～480 元/t。这类排放源通常包括天然气处理等领域，其二氧化碳浓度较低，因此需要更复杂的捕集和浓缩过程以有效分离二氧化碳，涉及更高的设备投入和更精密的处理技术，导致成本显著增加。

（2）捕集技术类型。

燃烧后碳捕集技术的成本为 300～450 元/t。这种技术在燃烧过程之后对废气进行捕集，主要通过化学吸收、物理吸附或膜分离等手段分离二氧化碳。在捕集过程中需要处理大量的气体混合物，面临着高温、高湿度和污染物的挑战，这些因素共同推高了燃烧后碳捕集技术成本。此外，燃烧后碳捕集技术对现有设施的改造需求较大，也增加了实施难度。

燃烧前碳捕集技术的成本为 250～430 元/t。这种技术在燃烧之前对燃料进行预处理，分离出其中的二氧化碳。这种技术通常包括气化或化学循环等过程，具有较高的碳捕集效率。尽管燃烧前碳捕集技术在设备投资和操作管理上存在一定的挑战，但其较低的成本和对燃料处理的有效性使其成为一种有前景的选择。

富氧燃烧碳捕集技术的成本为 300～400 元/t。这种技术通过使用富氧空气来提高燃烧过程中的二氧化碳浓度，从而简化二氧化碳的捕集过程。尽管该技术能够提升碳捕集效率，但富氧空气的生产和处理涉及高成本的设备和运行费用。加上富氧燃烧过程中对燃料燃烧特性的影响，导致其成本与燃烧后碳捕集技术相当。

总体来看，二氧化碳捕集的成本受多种因素影响，包括排放源的二氧化碳浓度和选择的碳捕集技术类型。高浓度排放源的低捕集成本反映了其高效的二氧化碳捕集能力，而低浓度排放源则因其复杂的捕集过程和较高的设备投入成本，导致较高的捕集成本。在碳捕集技术方面，燃烧后碳捕集和富氧燃烧碳捕集技术的成本相对较高，主要由于处理复杂性和设备投资要求。燃烧前碳捕集技术则由于其前期处理的特殊性，虽然设备和操作成本较低，但依然面临一定的技术挑战。

2. 应用场景

（1）煤电碳捕集。

燃煤电厂的碳捕集技术主要分为燃烧前碳捕集、富氧燃烧和燃烧后碳捕集三类。

统计显示，采用燃烧后碳捕集技术的项目占比较高，其优势在于技术成熟度高且操作简单，不需要大规模改造现有电厂，只需对原有设备进行小幅改造即可满足脱碳要求，有望成为未来应用最广泛的碳捕集方法。随着新的技术发展和市场需求，燃煤电厂碳捕集技术还需进一步优化，以降低成本和提高效率。例如，开发新型高效吸收剂和分离膜材料，提升二氧化碳的捕集效率；引入智能控制系统，优化捕集过程中的能耗；探索碳捕集与碳利用结合的模式，将捕集的二氧化碳转化为高附加值产品，从而实现经济效益和环境效益的双赢，在未来有着广阔的发展前景。

（2）石化碳捕集。

在石化碳捕集技术中，化学溶剂吸收法已经成熟，特别适合现有装置的改造。未来宜开发低能耗的新型吸收剂，如创新型胺液和相变吸收剂，并优化复合胺体系的能效。膜分离法展示了良好的发展潜力，未来需加速研发高效二氧化碳分离膜，并探索膜分离法与变压吸附法、化学溶剂吸收法的组合技术。这些研究有助于在中大规模应用中提升碳捕集的效率和经济性。智能控制和系统优化也将是提升整体效能的关键方向。

（3）钢铁碳捕集。

作为现代冶金工业的主要方法，高炉炼铁产生的大量高炉煤气中的二氧化碳捕集技术有三种：① 化学吸收法，利用液体吸收剂与气体化学反应，能高效回收二氧化碳，但工艺复杂，操作和维护难度大；② 物理吸附法，通过固体吸附剂吸附二氧化碳，适合处理大体积气体，工艺简便，但设备需求空间大；③ 膜分离法，通过半透膜分离气体，工艺简单，但难以同时实现高捕集率和高纯度。选择适宜方法需考虑具体生产要求和工艺条件。

钢铁碳捕集技术在应用中需综合考虑技术、经济和环保等因素，创新材料的应用、工艺集成与优化、智能化控制等新的研究方向和技术发展可能为这一领域带来新的突破。

二、二氧化碳利用技术

（一）技术发展现状

全球气候变化是当前人类面临的重大而紧迫的全球性挑战，二氧化碳利用技术是推进二氧化碳减排的重要手段。作为一种重要的碳资源，二氧化碳可用作合成有机物的原料，也可作为开采石油天然气的助采剂，还可用作超临界状态中提出有机物的萃取剂。如何有效分离回收二氧化碳并将其进行资源再利用成了现代社会实现可持续发展的重要课题之一。目前，国内外二氧化碳捕集与封存已取得较大进展，在基础研究、关键技术攻关、项目集成示范等方面均有所突破，并在水泥、石化、化工等耗能密集行业的助力深度减排。同时，进一步开发二氧化碳高效资源化利用技术是提高我国资源利用效率、促进产业绿色升级转型、构建绿色循环经济的重要途径，对于降低二氧化碳温室气体排放，实现碳中和目标具有重要意义。

（二）技术发展方向

1. 驱油驱气增产技术

物理利用技术涵盖二氧化碳强化石油开采技术、二氧化碳驱替煤层气技术、二氧化碳增强页岩气开采技术等。二氧化碳强化石油开采技术相对于其他物理利用技术较为成熟，且原油采收率比注水方法提高 30%～40%；对于重质油藏，非混相技术一次开采采收率可达原始地质储量的 20% 以上。二氧化碳增强页岩气开采技术利用超临界二氧化碳作为压裂液，具有强吸附性、强流动性等特点，且不含水、无残留。从全球范围看，二氧化碳驱油技术发展较快，已开始商业化应用，国内仍处于工业示范阶段。在美国，二氧化碳驱油技术基本成熟，年产石油量约 1500 万 t，为其第一大提高采收率技术。中国石油在吉林油田建成国内首个二氧化碳分离、捕集和驱油等全产业链基地，截至 2024 年底，累计实现二氧化碳封存量超过 350 万 t。

2. 二氧化碳生物制造技术

生物法利用二氧化碳的研究正在探索利用养殖生长周期短的植物或藻类，通过光合作用将二氧化碳转化为生物燃料或高价值副产物，转化产物包括萜类化合物、多元不饱和脂肪酸、蛋白质、色素、甘油等。该方法还利用生活及工农业废水中的氮、磷作为微藻生长所需的营养物，实现了二氧化碳固定、废水处理和生物燃料制备的多功能转化。

3. 二氧化碳制化学品技术

通过化学转化制备高值能源、材料及化学品，如合成有机碳酸酯。该技术具有应用潜力大、产物附加值高等优势，国内外技术发展水平基本同步，整体处于工业示范阶段。二氧化碳利用技术研发与应用正处于快速发展中。

（三）成本分析及应用场景

1. 成本分析

要实现碳利用的商业化利用，还需要在技术成本和收益上取得平衡，以降低碳利用成本，提高其经济效益，为碳利用推广应用提供更强大的动力和更广阔的市场空间。具体而言，利用环节的成本主要包括设备投资、运行能耗、化学品费用等，根据不同场景和地区的情况，碳利用技术的成本也会有所不同。碳利用技术的应用可以带来多种经济效益，包括减少温室气体排放、提高能源效率、带动相关产业发展，促进就业和经济增长。二氧化碳利用示意图如图 6-47 所示。

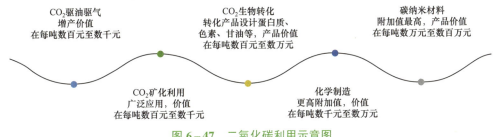

图 6-47　二氧化碳利用示意图

虽然碳利用技术发展前景光明，但也存在一些挑战。最大的问题之一便是大规模应用碳利用技术的成本高昂，需要开发低成本、高效率的技术，提升碳利用技术的商业吸引力。同时，碳利用技术仍需克服生物、化学、过程控制等复杂技术瓶颈，开发出对环境影响少、处理效果好、成本低廉的新型碳利用技术，提升碳利用技术在实践应用的作用。

与国际上拥有丰富碳利用应用经验的国家和地区相比，我国商业模式还有待开发。国际经验表明，政府通过金融补贴、专项财税、强制性约束、碳定价机制等手段支持碳利用，能提高企业积极性，推动技术商业化。同时，国家出台相应监管措施，可以明确碳利用项目开发过程中的权、责、利划分，提高企业长期运营的积极性，打消公众对碳利用项目安全性和环境影响的顾虑。

2. 应用场景

碳利用技术应用前景广阔。作为温室气体排放的主要来源之一，化石燃料发电站应用碳利用技术将显著减少碳排放量，促使可再生能源的大规模发展。作为温室气体排放的另一主要来源，工业领域的废气排放都有必要进行碳利用，工业排放的碳利用成本将随着新型碳利用技术的发展变得更加可控和实用。

（1）物理应用场景。

二氧化碳物理直接利用是根据二氧化碳的各方面物理性质，直接将其作为工农业生产活动中的生产资料加以利用。可以将二氧化碳注入地下含油气岩层等实现碳封存的同时，强化生产油气等矿产；二氧化碳性质稳定，可用于冶金、焊接等行业；食品级二氧化碳可用于啤酒、碳酸饮料等的生产；干冰作为冷却剂用于食品保鲜，还可充当清洗剂，用于清洗光学器件、精密零件、模具等场景。

（2）生物利用场景。

二氧化碳生物利用是指利用植物等捕集固定人为排放的二氧化碳，并对固碳生物进行资源化利用的方式。当前二氧化碳生物利用主要包括：① 利用光合作用固碳，将二氧化碳作为气态肥料，促进光合作用，增加农作物产量；② 利用微生物电化学作用固碳，如利用微藻实现无机碳到有机碳的生物转化，并进一步将微藻制成生物柴油等产品。

（3）化工利用场景。

二氧化碳作为反应物，可参与的化学反应类型繁多。在有机合成方面，二氧化碳可以加氢还原合成甲酸、合成内酯和有机碳酸酯、甲醛、甲醇等，基于上述技术路线生产的基础化工产品，可进一步生产化工原料，继而用于生产工程塑料、特种涂料、农药等产品，并以产品的形式实现二氧化碳固定或封存。此外，利用二氧化碳合成淀粉、碳纤维、聚丙烯发泡材料等多种新技术、新方法尚处于研究中。

三、二氧化碳封存技术

（一）技术发展现状

碳封存技术旨在将二氧化碳长期储存于地球系统内，以减少温室气体排放并减缓气候变化的影响。根据 2024 年国际能源署报告，全球共有超过 20 个大规模碳封存项目在运行或建设中。挪威的 Sleipner 项目和加拿大的 Quest 项目分别在海底储存和地下盐穴储存二氧化碳方面取得了显著进展。亚洲地区，尤其是中国和日本，也在积极推进碳封存技术。日本通过 Tomakomai 项目探索二氧化碳的海底封存方式。我国在长三角地区的碳封存项目是亚洲最大的封存项目之一，可封存百万吨级别的二氧化碳。

我国碳封存项目的规模和目标表明该技术在我国具有巨大的发展潜力，特别是利用地质地层的多孔性为二氧化碳提供储存条件。① 无商业价值或已枯竭的煤层可以作为二氧化碳的长期封存场所。② 深部咸水层由于其广泛分布和良好的封闭性，具备较大的二氧化碳储存潜力。③ 页岩中的黏土矿物具有广泛的储存空间和优异的吸附能力，在高压注入下不易破裂，是理想的二氧化碳长期封存场所。④ 海洋二氧化碳封存通过将二氧化碳输送至海底深处，与海底岩石和海水反应形成稳定的碳酸盐岩，具有可持续性和可扩展性，能够在数十年甚至上百年内持续发挥作用，对全球环境保护有重要意义。

然而，尽管我国在碳封存领域取得了一些进展，该技术在我国的发展仍面临诸多挑战。首先，我国在这一领域起步较晚，各技术环节的发展存在不均衡，尚未实现大规模的示范应用。其次，技术应用中的主要环境风险集中在地质封存环节，地震等复杂地质运动和二氧化碳对地层的腐蚀性可能导致泄漏，危及生态环境和人类健康。此外，公众和政府对碳封存技术的认知和接受度受到上述环境风险的限制。为应对这些挑战，我国出台了《二氧化碳捕集、利用与封存环境评估技术指南（试行）》，明确了全流程环境风险评估的具体流程。然而，当前仍面临定量评价困难、危险物质临界量标准缺失以及地质基础数据获取难度大等问题。针对这些问题，需要制定全面、有效的环境监测和风险防控方案，以确保碳封存技术的有效性和安全性。

在减排需求迫切的背景下，机遇与挑战并存，我国应充分利用现有技术基础，抓住碳封存技术的发展机遇，推动其创新应用和发展，为环境保护和经济可持续增长提供有力保障。

（二）技术发展方向

碳封存技术包括地质封存和深海封存两类。地质封存将二氧化碳注入地下岩层中，通过地质结构实现长期固定。深海封存则将二氧化碳以超临界态注入海底深层储层。作为应对气候变化的关键技术之一，碳封存被誉为"碳中和的最后一公里解决方案"，有助于大规模减少温室气体排放。

1. 地质封存

地质封存技术模拟化石燃料的自然储存方式，将二氧化碳长期封存于地下地层中。该过程包括通过管道或运输工具将二氧化碳送至具备特定地质条件的储层，如废弃油田或含盐水层，通常深度需达到 800m，以确保二氧化碳在液态或超临界状态下稳定储存。地质封存依赖良好的盖层、储集层和圈闭结构，对地表生态环境影响较小，包括以下七类技术。

（1）二氧化碳强化石油开采技术。技术应用成熟，泄漏可能性很小。通过利用枯竭油藏，可提高原油采收率7%～15%，延长油井生产寿命15～20年，具有显著的应用价值。

（2）二氧化碳驱替煤层气技术。通过利用深部不可采煤层，可强化煤层气开采，存储量达1200万t。但二氧化碳注入能力低，且缺乏经验，仍需研究二氧化碳和煤基质间的反应。

（3）二氧化碳强化天然气开采技术。通过利用枯竭天然气藏，可提高天然气采收率，存储可达3450万t。但仍需研究二氧化碳气田的各种力学以及相关问题。

（4）二氧化碳增强页岩气开采技术。可将超临界二氧化碳作为压裂液，提高页岩气采收率。但存在储层性质、气体注入、产出时间等不确定因素。

（5）二氧化碳增强地热系统技术。具有低能耗特点，且开采地热资源过程中不会产生明显的矿物溶解和沉淀问题。但仍需研究二氧化碳产生的地球化学过程等问题。

（6）二氧化碳铀矿地浸开采技术。开采铀流程短、对环境影响小，已实现大规模工业应用。

（7）二氧化碳强化深部咸水开采技术。可缓解地层压力、水资源危机。利用高附加值液体矿产资源或开采深部水资源，二氧化碳封存量达1440亿t。

2. 深海封存

除地质封存外，二氧化碳深海封存也被提议作为应对气候变化的技术。该技术主要包括溶解型和湖泊型两种方式。溶解型封存将二氧化碳输送到深海中，利用深海的高压和低温使其在海水中溶解，成为海洋碳循环的一部分。而湖泊型封存则将二氧化碳注入深海形成液态湖泊，以延迟其释放到环境中的时间。

尽管深海封存具有潜力，但也存在挑战。液态二氧化碳的注入可能导致海水酸化，危害海洋生态系统。此外，封存成本高昂，技术仍处于理论研究阶段，需要进一步的技术验证和环境影响评估。

（三）成本分析及应用场景

受技术复杂性和地质条件的影响，各类地质封存技术成本存在一定差异，商业化进程受陆上枯竭油气田、陆上咸水层、海洋咸水层封存成本的影响距离实际应用还有一定差距。在地质与深海应用场景中，封存成本与地质条件的匹配程度、技术成熟度及安全性要求密切相关，未来通过技术进步和政策保障，有望提升碳封存技术的有效性、安全性和经济性。

1. 成本分析

（1）陆上枯竭油气田封存成本约为 50 元/t。

成本优势：陆上枯竭油气田封存的成本相对较低，主要得益于其成熟的地质条件和已有的基础设施。这些油气田在开采结束后，地质结构已经经过长时间的验证，具备较高的封存安全性。此外，利用现有的钻井和输送设备，可以显著降低初期投资和运营费用。

技术挑战：尽管成本较低，但仍需解决如气体泄漏、封存效果监测等技术问题。为确保长期封存的稳定性和安全性，需要进行定期的监测和评估，这可能会增加额外的管理和技术投入。

（2）陆上咸水层封存成本约为 60 元/t。

成本特点：陆上咸水层封存相较于枯竭油气田，成本略高。这是由于咸水层的地质评估、注入过程以及长期监测要求较高。咸水层的高盐分和较深的地下环境对技术提出了挑战，需要额外的设备和技术保障。

优化前景：随着技术的发展，先进的地质模型和注入技术可以帮助降低成本。未来的研究应关注提高咸水层封存的效率，并探索如何利用人工智能和大数据优化封存过程，以进一步降低成本并提高封存的可靠性。

（3）海洋咸水层封存成本约为 300 元/t。

高成本因素：海洋咸水层封存的成本最高，主要源于其复杂的海洋环境和高技术要求。海洋深处的高压和低温环境对封存设施的设计和建造提出了严苛要求。此外，海洋环境的长期监测和管理也需要大量的资源和技术支持。

优化前景：尽管成本高，但海洋封存具备处理大量二氧化碳的潜力。未来新型封存材料和改进海洋钻井技术的发展有望同时提高海洋封存的安全性、有效性和经济性。

不同地质封存技术的成本差异不仅反映了封存介质和地质条件的复杂性，还揭示了技术实施中的经济性和实际应用的挑战。陆上枯竭油气田封存由于其现有基础设施和相对简单的地质条件，具有较低的成本和较高的经济性。而陆上咸水层封存虽然成本稍高，但随着技术的进步和优化，可能成为更具吸引力的选择。海洋咸水层封存的高成本则需要通过技术创新和成本优化来解决，尽管其面临较大的技术挑战，但未来的研究和发展可能会改善其经济性和适用性。

2. 应用场景

碳封存技术为实现"碳安置"提供了有效的手段，通过建立碳元素的"储备池"，能够显著减少大气中的二氧化碳含量。这项技术的核心是将液态或气液混合状态的二氧化碳注入地下深层或海底，形成封存场所，从而与大气隔绝，达到减少温室气体排放的目的。

我国碳封存实践表明，鄂尔多斯盆地、渤海湾盆地、松辽盆地和苏北盆地等地区提供了一些低成本的封存场地，在实现碳中和目标方面具有关键作用。山东、江苏、河北和广东等东部沿海省份作为我国主要的二氧化碳排放区域，尽管渤海湾盆地和苏北盆地能够为这些沿海省市提供一定的封存场地，但这些区域因人口密度高、土地资源有限及基础设施集中，存在较高的安全风险。

与此相比，我国的海域如渤海盆地、南黄海盆地、东海陆架盆地、珠江口盆地、北部湾盆地、莺歌海盆地和琼东南盆地等，邻近陆地且相关研究较为充分。这些地区在空间利用、环境影响控制和风险管理方面展现了显著的优势，因此被认为是沿海主要二氧化碳排放源的理想封存场地。

尽管我国近海地区的碳封存潜力巨大，实际的潜力评估和工程实践仍然较为有限。中国地质调查局组织实施的全国二氧化碳地质封存潜力评价与示范工程，对我国 18 个海域沉积盆地的二氧化碳封存潜力进行了详细评估，我国海域沉积盆地的碳封存总潜力可达到 1.5 万亿 t。在此过程中，我国在海底碳封存技术方面已经取得了一些显著进展。例如，在南海珠江口盆地，我国实施的首个海上二氧化碳封存示范工程能够将恩平 15-1 油田群开发中产生的二氧化碳封存在海底 800~900m 深的储层中，二氧化碳年封存量约 30 万 t，累计封存量超过 146 万 t。

第七节 能源系统数智化

加速物联网、5G、云计算、大数据、人工智能和区块链等新一代信息通信技术的创新突破，并将其与能源电力技术深度融合，成为提升能源系统数字化和智能化水平的重要途径。新一代信息通信技术与能源电力技术的融合应用加速了能源系统数智化发展，提高了能源生产、运输、存储、消费和交易全环节的信息交互能力，推动了"互联网+"智慧能源和综合能源服务等新技术、新模式、新业态的兴起。

一、智能计量和监测

（一）技术发展现状

1. 智能传感器技术

智能传感器技术与通信技术、计算机技术共同构成信息社会的三大支柱，是现代检测仪器和自动测控系统的基础。智能传感器通过敏感元件探测物理量，并将其转换为电信号。基于巨磁阻（GMR）和隧道磁阻（TMR）效应的电气量传感器，结构多样、部署便捷、测量带宽高、响应时间短，广泛应用于监测和计量。电功率传感器利用电光和磁光效应，具备测量范围大、响应频带宽、电气绝缘性强的特点。分布式光纤传感器通过光纤路径上各点的温度、应变和振动等物理参数的连续探测，实现空间分布和变化信息的监测。信号处理提高了智能传感器的灵敏度和精确度，随着 AI 芯片的出现，传统 DSP＋ARM 架构逐渐被取代，可实现感知信号的本地处理。

在能源系统的各个环节，传感器技术发挥着重要作用。电源侧传感器监测发电设备和电气系统，常用传感器有温度、转速和电流等。电网侧涵盖输电、变电和配电监测，使用气象、图像、倾斜和局部放电（局放）传感器。负荷侧根据需求分为综合能效、需求响应和智慧家居类。储能侧感知设备实时监控电能状态，使用电池智能传感器、RFID 和温度传感器等。

2. 边缘计算技术

边缘计算技术发展迅速，核心技术包括云边协同、计算卸载、边缘原生、异构计算和能力开放。云边协同技术通过不同模式实现资源的高效整合，增强数据处理效率和安全性。计算卸载技术将计算密集型任务从资源有限的设备转移到资源丰富的计算环境中执行，提高数据处理速度，显著缓解边缘设备的压力。边缘原生技术推动云原生技术向边缘侧演进，使边缘计算环境高度优化和定制化，适应复杂多变的应用场景。异构计算技术通过集成不同类型的计算硬件，提升算力资源利用率，支持大规模数据处理和机器学习任务。能力开放技术为不同垂直行业提供丰富的服务平台和网络能力，扩展了边缘计算的应用场景。

边缘计算技术在电力设备中实时监控状态，检测故障并迅速维护，通过智能巡检提高线路监控效率和安全性。在综合能源管理中，边缘计算技术优化资源调度，提高效率并降低成本。对于能源需求侧管理，边缘计算分析用户用能数据，提供节能建议，降低成本。在能源资产管理中，边缘计算监测资产状态，预测故障风险，制定维护计划，延长设备寿命，降低维护成本。

3. 物联网技术

物联网是指将各种物理设备、车辆、家用电器以及其他嵌入传感器、软件和网络连接的物品与互联网进行连接，并通过信息化技术进行集成和管理，实现信息感知、识别、定位、追踪、控制和管理的一种新型网络架构。物联网技术将能源开发、传输、分配和消费中的各种设备无缝连接，从而构建全面感知、互联互通、智能决策的数字能源系统，在能源系统的数字化和智能化过程中发挥重要作用。

随着能源需求增长，传统管理模式难以满足现代管理需求，物联网技术在提升能源管理效率和质量中发挥关键作用。通过传感器实时监测能源设备状态，物联网实现故障诊断和远程管理，提高设备效率和可靠性。智能算法和大数据分析帮助优化能源开发和预测需求，防止电力浪费和短缺。此外，物联网在油气管道安全监测中发挥重要作用，通过设备运行实时数据采集，并对数据进行分析，提前发现故障风险和维护设备安全。

（二）技术发展方向

1. 智能传感器技术

智能传感技术将深度整合能量流和信息流，将物理世界的状态变化转化为数字信息，实现状态感知、量值传递、环境监测和行为追踪，驱动业务融合与智能应用。未来智能传感技术发展呈现多样化趋势：感知功能向在线化和网络化演进，低功耗广域网、5G 工业物联网等技术支持实时响应；传感器向微型化和模块化发展，MEMS 技术推动微型化，降低研发成本；传感器集成化和低功耗化水平提升，利用新材料拓展功能，利用环境自取能技术优化功耗；感知终端智能化和软件定义化将进一步提高，支持边缘计算和本地智能处理；协议接口的标准化和统一化，促进数据共享和业务融合。

2. 边缘计算技术

边缘计算技术需解决性能优化、智能服务管理、互操作性和技术融合等问题，以利于在能源系统的推广应用。优化边缘计算性能是关键，需要合理分配负载，考虑用户需求、延时、带宽、能耗和成本。服务管理需在不可靠条件下提供稳定服务。互操作性问题是大规模部署的障碍，需要制定标准和通用协作协议。边缘计算与云计算、物联网和人工智能的融合是必然趋势。云边协同充分利用云端和边缘端的能力，与物联网融合实现万物互联，与人工智能融合带来更高级的智能服务。

3. 物联网技术

物联网终端设备的普及将导致终端数据和连接数量激增，根据华为 GIV 和思科预测，到 2030 年全球将有 5000 亿台设备接入互联网，数据总量将达到 1YB，这需要更强的计算能力以应对海量数据处理。安防监测、自动驾驶等应用对低延迟和数据隐私保护要求极高，提升了对新兴物联网业务数据实时性和隐私性的需求。人工智能特别是深度学习的发展，为物联网带来新机遇，但模型复杂性和计算成本增加，使其在物联网环境中的部署更具挑战性。智能芯片和嵌入式处理器的发展，使得终端设备能够进行部分数据处理，提高实时性并增强数据隐私保护。

二、大数据建模和分析

（一）技术发展现状

1. 云计算技术

云计算是基于互联网的计算资源共享和服务模式，包括云存储、云计算服务、云安全等技术，通过云平台提供数据存储、计算和服务，实现能源数据的集中管理和分析。

云存储技术正处于快速发展阶段，服务模式日益多样化。云存储提供高可用性、弹性扩展和低成本等优势，广泛应用于企业和个人用户。云计算技术涵盖基础设施即服务（IaaS）、平台即服务（PaaS）和软件即服务（SaaS）等多种服务模式，满足不同用户需求。混合云模式结合了公有云和私有云的优势，特别适应大型企业多样化的云服务需求。与此同时，数据安全和隐私保护问题也愈加受到重视，云服务提供商不断加强技术研究，提升服务的安全性，促进了云计算的稳定发展。

2. 大数据分析技术

大数据分析技术是一种利用各种技术和方法处理、分析和挖掘大规模数据，以提取有意义的信息和知识的技术。近年来，大数据分析技术在智能化、实时化、可视化和安全性等方面取得了显著进展。随着云计算、边缘计算和人工智能等技术的协同发展，大数据分析技术不断提升，为企业决策、产品创新、市场营销等领域提供了更强大的支持和指导。

随着数据产生速度的不断加快，实时数据分析的需求也日益增长。实时数据分析技术如流式计算和复杂事件处理等，能够及时发现数据中的模式和异常，支持实时决策和应用。实时数据分析不仅提高了响应速度，还增强了业务的灵活性和竞争力。

大数据处理技术的广泛应用是大数据分析得以实现的基础。分布式计算框架如Hadoop和Spark等，可以高效处理大规模数据，实现并行计算和数据处理。通过分布式数据存储和计算，显著提升了数据处理的速度。人工智能技术在数据处理领域也蓬勃发展，通过这些技术，可以从大规模数据中挖掘出有价值的模式，进行精准分类和处理，进而实现更智能的数据预测和决策。

3. 大数据平台技术

能源大数据平台技术通过整合云计算、大数据分析和物联网技术，实现跨域数据的集成与管理，为企业提供了高效的数据存储、计算、分析和可视化服务，帮助能源企业快速构建数据分析应用，高效处理来自电力、石油、天然气等多个领域的海量数据，监控和管理能源的生产、输送和消费过程，使得能源管理更加精细化和高效化。能源大数据平台技术的广泛应用使企业能够更加灵活地应对市场变化、技术发展及政策调整，提升其在能源领域的竞争力。通过平台化的整合和数据共享，能源企业能够推动数字化转型，实现更高水平的智能化和绿色发展。

（二）技术发展方向

1. 云计算技术

云计算技术在能源领域的发展方向包括以下四个方面：

（1）多云和混合云的普及。企业越来越倾向于采用多云和混合云的架构，以充分利用不同云服务提供商的优势，并确保业务的高可用性和灵活性。这种趋势使得跨云平台的管理和集成成为一个关键的挑战，同时也为企业提供了更多选择的空间。

（2）容器化和微服务架构。容器技术（如 Docker、K8s）的广泛应用推动了云计算中的容器化和微服务架构。这种方式能够更灵活地部署、扩展和管理应用，提高了系统的可维护性和可伸缩性。

（3）自动化和智能化运维。云计算环境的复杂性要求更智能、自动化的运维管理。自动化工具和人工智能技术将在监测、故障排除、资源优化等方面发挥重要作用，提高系统的效率和稳定性。

（4）可持续发展和绿色计算。随着能源问题的日益突出，云计算服务提供商和企业开始关注可持续发展和绿色计算。采用更节能的数据中心设计、优化能源利用以及推动可再生能源的使用将成为未来的发展方向。

2. 大数据分析技术

大数据分析技术的发展方向包括实时分析、增强型分析、数据可视化和自助式分析。

（1）实时分析。实时大数据分析是指利用大数据技术高效地快速完成规模巨大的数据量分析，达到近似实时的效果，更及时地反映数据的价值和意义。随着数据量的增加和数据源的多样性，越来越多的企业需要能够实时监测和分析数据，以便及时做出决策。

（2）增强型分析。随着机器学习和深度学习等人工智能技术的不断发展，大数据分析技术也在向增强型分析方向发展。通过人工智能技术的支持，大数据分析系统能够更好地理解数据、发现规律、生成洞察，并提供更加准确和有效的分析结果。

（3）数据可视化。数据可视化是将数据转化为图像或图表的过程，能够帮助用户更直观地理解数据以及从中获取信息。数据可视化技术在大数据分析中的作用愈发重要。未来，数据可视化技术将更加智能化和个性化，帮助用户更好地理解数据并做出更合理的决策。

（4）自助式分析。自助式分析是指让非专业人员也能够使用数据分析工具进行数据探索和分析。未来，大数据分析技术将更加注重用户友好性和易用性，推动自助式分析的发展，让更多人能够参与到数据分析中来。

3. 大数据平台技术

大数据平台技术的发展方向包括智能化服务、数据共享、跨界整合和隐私与安全。

（1）智能化服务。随着机器学习和深度学习等人工智能技术的不断发展，通过整合相关技术，大数据平台将为能源企业提供更加智能化的数据服务，帮助企业优化生产和降低成本。

（2）数据共享。大数据平台技术的发展将有助于能源企业间的数据共享和合作，促进行业内各个环节的信息流通与共享，有助于实现能源产业链的整合与优化，提升行业整体的运行效率。

（3）跨界整合。大数据平台技术将与其他领域的技术相结合，如物联网、区块链等，实现跨界整合，为能源行业创造更多的创新应用和商业模式，拓展能源大数据技术的应用领域。

（4）隐私与安全。随着数据泄露和隐私问题日益突出，大数据平台技术也将向更加重视数据隐私保护和安全性的方向发展。通过强化数据加密、访问控制等措施，确保能源数据的安全性和隐私性。

三、能源系统仿真分析

（一）技术发展现状

能源系统仿真是一种重要的分析方法，用于理解和预测能源系统的行为和性能。它通过建立物理模型、数学模型和行为模型来描述系统组件之间的相互作用，并运用数值模拟、离散事件仿真和蒙特卡洛仿真等技术进行计算分析。通过建模仿真，不仅可以提高能源系统的效率和可靠性，还能支持政策制定、技术创新和社会行为建模，从而为能源行业的未来发展提供强有力的支撑。

1. 能源系统仿真建模技术

能源系统仿真研究涉及的模型多种多样，不同类型的模型所研究的侧重点有所不同。从模型的数学描述类型来看，现有的能源系统模型可以分为以下几类：

（1）投入产出模型：根据国民经济生活中各部门生产数量以及消耗数量建立的反映投入产出平衡关系的投入产出表或经济数学方程。

（2）计量经济学模型：根据经济指标（比如，国内生产总值及其增加值、消费值等）和能源价格计算能源需求。

（3）一般均衡模型：基于一般均衡理论并可以通过计算获得均衡解的模型。

（4）系统动力学模型：通过微分方程或解析方程描述系统的关键组件，并通过反馈建立相互作用的组件关系。

（5）局部均衡模型：与一般均衡模型类似，主要的不同之处在于建模对象是单个部门或组件而非整个系统且可包含更多的技术细节。

（6）优化模型：基于各种各样的资源约束，以最小化成本（或其他）为目标，获得最优的策略集合。能源领域常见的优化问题包括系统短期运行优化和长期的投资优化。

（7）多代理模型：通过考虑市场的不完善、策略性行为、信息不对称等因素去模拟个体的行为。

（8）仿真模型：通过定量的建模方式，描述系统组件及其之间的相互作用关系，进而模拟系统连续的动态变化过程。仿真模型比较灵活，可以包含策略性行为或者不完全信息下的模型，对于研究能源市场机制问题比较有效。

2. 信息物理社会系统的建模技术

如何反映能源领域信息物理系统的社会行为是建模研究难点之一，机器学习算法是社会领域行为建模的主要方法。目前已有大量关于信息物理系统的研究，而由信息物理系统发展而来的信息物理社会系统的相关研究较少。在信息物理系统的研究中，重点关注内容是信息系统和物理系统之间的交互作用，而在信息物理社会系统中重点关注的内容是人类行为对信息物理系统的影响。国内有学者将信息物理社会系统的研究框架应用于能源领域中，在信息物理系统的基础上考虑政府政策、市场、人的行为等社会元素对电力系统与非电力的能源系统、非能源的物理系统以及社会系统进行建模与仿真，可实现信息、物理与社会不同时空尺度元素的深度融合，处理元素之间复杂的交互影响。

3. 复杂能源系统仿真平台技术

能源经济社会耦合系统研究所涉及的模型范围非常广，其研究对象不仅包括宏观层面的能源系统的运行规划或者投资规划、能源系统的市场机制或者电力市场、不同能源结构下的气候环境演变等，还包括微观层面能源物理系统的运行、动态分析，以及更为分散的微网等小型主体。经过多年的技术发展和积累，在欧洲、美国、澳大利亚等地区出现了很多的考虑市场交易的多能源系统的建模与仿真工具，在能源气候政策制定、能源发展规划、能源市场机制设计等方面发挥了巨大作用。发达国家在能源环境气候方面开展的研究较早、较多，形成的仿真方法较为丰富，尤其是在能源排放研究领域具有丰富的经验，仿真对象基本上覆盖整个能源供应链，包括国际贸易（进出口）、一次能源、二次能源、终端消费以及排放等环节。国内方面，国家电网有限公司在南瑞电力市场仿真实验室搭建了综合考虑了人的行为、政策和规则的变化以及物理模型等因素的基于"数学模型—真实参与者—多代理"的混合仿真平台，尽管如此，国内在仿真平台搭建方面与国外仍存在较大的差距。

作为复杂能源电力系统建模与仿真研究的代表领域，电力市场建模与仿真长期以来是研究热点。国内外高校和科研机构均尝试开发电力市场仿真相关的平台来支撑电力市场机制研究，如美国 Argonne 国家实验室研制的 EMCAS、美国爱荷华州立大学开发的 AMES、葡萄牙波尔图理工大学开发的 MASCEM、美国阿贡国家实验室研制的 EMCAS、西安交通大学的竞价实验平台、东南大学的 PMSTS 等。

（二）技术发展方向

能源系统仿真分析技术正朝着高精度建模、实时在线仿真、环境可持续性评估、多能互补综合系统仿真、用户友好的交互设计以及基于云的协同作业方向快速发展，通过前沿科技手段，精准高效地应对能源转型挑战，促进资源优化配置，加速实现绿色、高效、智能的现代能源体系。

（1）更高精度与精细化建模。

随着计算能力的提升和数据量的增长，仿真技术将朝着更高的精确度发展，包括对能源系统内部复杂物理过程和经济行为的精细化建模，以及对分布式能源、储能系统等新型元件的精确描述。结合微观层面的设备模型与宏观层面的系统模型，精细模拟不同能源子系统（如电力、热力、天然气系统）以及各子系统之间的相互作用和耦合效应，实现从单个设备到整个能源网络的多层次、多时空尺度精细建模，既能捕捉到系统局部细节，又能反映全局动态。同时在模型中纳入更多不确定性因素，如可再生能源的随机性、负荷预测的误差、市场价格波动、政策变化等的不确定性，运用概率统计方法和随机过程理论来处理这些不确定性，以提升仿真结果的鲁棒性。

（2）实时性和在线仿真。

为了满足电力系统运行和市场交易的实时需求，能源系统仿真技术将更加注重提高仿真速度和实时性，实现快速响应和动态决策支持。实时性和在线仿真技术能够为电力系统运营商、市场参与者及监管机构提供即时的决策支持，增强系统的灵活性、可靠性和经济性。通过构建与 SCADA（监控与数据采集系统）、EMS（能量管理系统）等实时数据源的无缝对接机制，实时获取电网运行状态、气象数据、市场价格等信息，确保仿真模型能够基于最新数据运行。采用在线优化、模型预测控制等集成优化算法实现在仿真过程中运行策略的实时调整和优化资源分配。

（3）可持续性与环境影响评估。

在环境保护和可持续发展目标的推动下，能源系统仿真将更加注重环境影响评估领域。通过多情景模拟系统性考量能源发展方案全生命周期的环境足迹、资源利用效率、生态影响、社会经济效应、气候适应性及政策合规性，确保能源发展方案符合可持续发展目标的同时为构建绿色、低碳、韧性强的能源未来提供科学指引。

（4）云平台与协同仿真。

能源系统的云平台与协同仿真通过聚合云计算、大数据分析与人工智能技术，可实现跨地域、跨学科的高效合作，极大提升能源系统分析的精度、速度与广度，为优化能源结构、加速清洁能源部署、实现环境与经济效益双赢提供了强有力的支持。借助云计算的弹性计算能力，可快速完成大规模、高复杂度的能源系统仿真，大幅缩短项目周期，使研究成果更快应用于实际决策中。云平台能够集成多源异构数据，结合大数据分析和 AI 技术，提升模型的精确度与预测能力，同时支持更广泛场景的模拟，为能源规划提供全面深入的洞察。利用多领域分布式协同仿真技术，不同专业领域的仿真模型（如电力系统、热力系统、经济模型等）可在统一平台上集成，通过高效的数据交换协议（如 DDS）实现模型间的动态交互与协同运算，全面评估能源系统的综合性能。

四、能源系统协同运营

（一）技术发展现状

《"十四五"现代能源体系规划》提出"建立源网荷储一体化和多能互补项目协调运营和利益共享机制"。传统能源系统通常由不同企业独立管理和运营，为了提升能源使用效率，需要实现电、热、冷、气等多种能源的互联互通，并通过科学化管理实现能源系统协同运营。能源系统协同运营主要技术架构体系如图 6-48 所示。

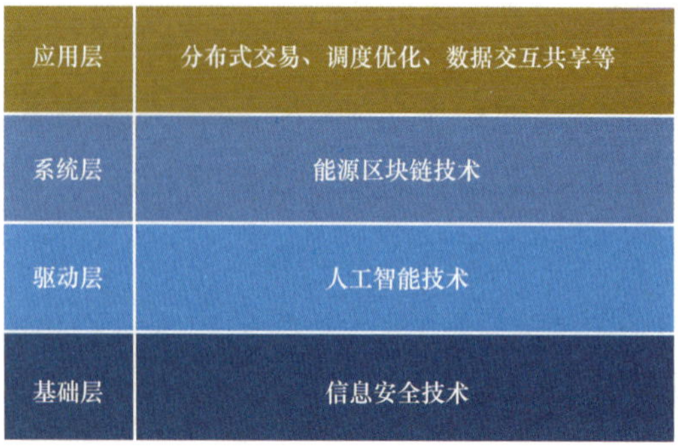

应用层	分布式交易、调度优化、数据交互共享等
系统层	能源区块链技术
驱动层	人工智能技术
基础层	信息安全技术

图 6-48　能源系统协同运营主要技术架构体系

1. 能源区块链技术

区块链是一种分布式数据存储技术，同时具有平等、安全、可追溯等特性，通过点对点（P2P）传输、共识机制和加密算法，可以有效地解决传统交易模式中的数据造假问题，从而构建一个可信的交易环境。国家发展改革委、工业和信息化部均已明确将区块链纳入新型基础设施范畴。区块链技术与能源互联网的设计思想高度契合，在能源领域的应用正逐渐展开，将成为推动能源领域技术创新和产业变革的重要力量。

2. 人工智能技术

人工智能（AI）是通过机器模拟来扩展人类智能的技术科学，旨在通过计算机模拟人脑的各项功能，如推理、视觉识别、语义理解、学习与决策等，实现机器代替人类进行认知、分析和决策等任务。AI 技术正在重塑能源系统的运营方式，提高系统效率、可靠性和可持续性，为能源领域的创新和数智化转型提供了强大动力。

3. 信息安全技术

信息安全技术是一组安全流程和工具，用于保护敏感企业信息免遭滥用、未经授权的访问、中断或销毁。随着能源系统复杂性的增加和网络攻击手段的不断升级，为保证能源系统稳定运行并防止因网络攻击或系统故障造成的能源供应中断，信息安全技术在能源系统运行中起着至关重要的作用。

（二）技术发展方向

1. 能源区块链技术

能源区块链技术在能源协同领域的应用场景不断拓展，主要技术发展方向包括以下几方面：

（1）智能合约自动化交易。

区块链能够将交易全周期重要的电量数据上链、确权、存证，并基于智能合约和分布式身份认证实现数字化消纳凭证的线上签发、验证与凭证交易、电子签约等。利用区块链上的智能合约，能源的生产者和消费者可以自动执行能源购买和销售协议，提高购电结算效率、支付安全性和审计便利性。

（2）区块链共识机制创新。

共识机制是确保分布式网络中所有节点达成一致、维护数据准确性和安全性的关键。随着区块链应用场景增多，传统共识机制在可扩展性、能耗、安全性和去中心化等方面面临挑战，有待进一步创新。

（3）多链协同区块链。

基于多链协同区块链的分布式能源交易方法，通过地区分片划分从链并行处理交易，实现去中心化同时解决了工作量证明机制算力浪费的问题。

（4）能源系统区块链平台。

建立能源系统区块链平台，实现能源系统的协同化、智能化、数字化和低碳化，促进分布交易、数据共享、调度优化等，同时保护用户隐私和数据安全。

2. 人工智能技术

人工智能技术在能源系统中的应用正在朝着更智能、更精确、更综合的方向发展，主要呈现以下技术发展方向：

（1）智能控制和优化技术。

通过构建智慧能源系统，实现对能源系统的建模、分析、预测、调度、监测和优化。利用元学习、无监督预训练、强化学习等人工智能技术，整合多源数据，融合信息系统与物理系统，以支持新型能源系统的高效能源供给和消纳。人工智能技术还可应用于市场模拟与预测、动态定价、跨域协同控制、战略规划和投资决策等，实现能源系统的智能化管理和优化，提高其运行效率与灵活性。

（2）智能故障诊断与自愈技术。

通过异常检测算法，进行能源设备故障预警和预测维护；应用因果推理和知识图谱等技术，提高故障诊断的准确性和可解释性；应用强化学习技术，使系统能够在各种故障情况下学习最佳的恢复策略，实现自动隔离故障和自愈，主动调整系统配置以恢复正常运行。

（3）大数据智能分析技术。

人工智能可以提高对能源系统大数据分析的能力，帮助人们更好地了解能源需求和供应的规模、时间和地域分布等信息，从而精确预测未来的能源需求，并根据需求变化合理调整能源分配。

（4）边缘计算与分布式人工智能技术。

边缘计算将数据处理和分析的能力推向系统的边缘。在各个节点上分布式部署人工智能模型，可以在节点实现智能化的决策和控制。边缘计算与分布式人工智能技术的深度融合，将为能源系统带来更高效的数据处理能力、更快速的决策响应能力和更好的安全保障。

3. 信息安全技术

能源系统协同运营领域中信息安全技术正在朝多层次和全方位不断发展完善，主要发展方向如下：

（1）网络安全防护体系。

构建能源系统多层次、立体化的网络安全防护体系，利用人工智能技术，实现对网络攻击的智能识别和主动防御，采用软件定义网络（SDN）等技术，实现网络拓扑和安全策略的动态调整。

（2）漏洞挖掘与补丁修复技术。

漏洞挖掘是一种针对信息系统的安全测试技术，通过对系统的软硬件进行模拟渗透以及主动分析其面临的安全威胁，在攻击发生之前检测出系统漏洞，并对系统进行优化升级，对安全补丁进行修复并设置有效的安全策略，及时排除系统安全隐患，保障系统安全可靠运行。

（3）数据加密与隐私保护技术。

研发针对能源物联网终端设备的轻量级加密方法，在加密数据上直接进行计算的同态加密算法，利用区块链的去中心化、不可篡改等特性，保护能源交易和用户信息的安全性和可信度。

（4）安全态势感知与应急响应技术。

利用大数据技术对海量安全日志和事件进行分析，发现潜在威胁和异常行为，通过机器学习算法，不断提高威胁检测准确性和效率，利用可视化技术，将复杂的安全数据以直观图形方式呈现，利用智能化的安全编排与自动化响应（SOAR），实现对安全事件的快速分类、优先级排序和自动化处置，提高应急响应效率。

第七章

新型能源体系
市场机制

第一节　新型能源体系现有市场机制研究

一、煤炭市场

（一）煤炭市场概况

我国是全球第一大煤炭生产国和消费国，煤炭产量和消费量占比均超过 50%。国家持续优化煤炭开发布局和产业结构，鼓励发展煤矿矿区循环经济，优化煤炭消费结构，促进煤炭清洁高效利用，发挥煤炭在能源供应体系中的基础保障和系统调节作用。目前煤炭行业的下游消费主要集中在电力、钢铁、建材和化工行业，其中电力行业消费占比一半以上。

党的十八大以来，煤炭市场竞争更加有序，煤炭企业市场竞争能力不断提升。我国煤炭行业市场化程度和经济运行质量稳步提高，市场化改革稳步推进，不断健全煤炭市场化体制机制，持续深化交易市场建设和完善价格指数体系。

在定价机制方面，形成了煤炭"中长期合同制度"和"基础价+浮动价"的定价机制，为煤炭工业稳步发展发挥了"压舱石"的作用。

在投资体制方面，股权和投资主体逐步形成多元局面。优化市场作为主要决定主体的有效机制，重点突出市场在价格方面的绝对作用，不断改革煤炭订货会制度。实行资源有偿使用，煤炭资源开发、管理秩序逐步改善。

煤炭企业，尤其是大型煤炭企业集团完成了更合理转变，国家能源集团、山东能源集团等大型煤炭能源集团相继组建，山西等主要产煤地区深入推进煤炭企业专业化重组，由生产导向转化为市场导向，逐步建立和完善了现代企业制度，大多数国有煤炭企业通过债转股、资产并购重组、改制上市等方式进行了公司制改造，企业改革不断深化。

在政策支持下，一批煤炭储备基地在河南、湖北、四川等主要消费区和中转地相继建成投运。我国煤炭铁路运输、铁水联运、特高压输电+应急储备的产业格局初步形成。

（二）煤炭市场发展历程

中华人民共和国成立以来，我国煤炭行业进行多次调整，煤炭市场经历了统购统销、放开搞活、市场框架初建、价格双轨制、宏观调控历史发展阶段，初步形成煤炭市场体系。在相当长的一段时期，国家对煤炭的生产、运输和消费进行着强有力的管理和指导，长期沿袭着煤炭订货会为主的煤炭市场组织形式，主要包括全国（重点）煤炭订货会、区域煤炭订货会以及日常的零星市场活动；市场合同形式既有需要在年度谈判中予以落实的年度供货合同（长期合同），也有即时现货合同；价格形式既有政府指导价、协议价，也有完全市场价格。2007 年，我国取消了延续 50 多年的由政府主导的煤炭订货会制度，将每年的年度"全国煤炭订货交易会"改为"全国重点煤炭产运需衔接会"，突出了企业的市场主体地位。我国煤炭市场总体经历了五个改革阶段。

1. 第一阶段：改革开放前煤炭统购统销阶段（1949—1977 年）

新中国成立后长达 30 年内，我国实行计划经济体制，"生产资料不是商品"的观点占主导地位，煤炭作为一级统配物资，由国家统购统销，采取低价政策，定价依据是与其他生产资料的比价，没有与市场联系，不涉及资源价值补偿。党的十一届三中全会以后，"煤炭为商品纳入正常生产和流通"的观点逐渐被接受。

2. 第二阶段：煤炭产销放开搞活阶段（1978—1992 年）

1978 年，党的十一届三中全会以后，煤炭工业一边恢复和建立正常生产秩序，一边着手进行改革探索。① 实行"国家、集体、个人一齐上，大中小一起搞"，取消群众集资办矿和私人办矿限制；② 实行产销统一管理，由计划分配逐步走向以计划分配为主，统一分配与市场调节相结合；③ 实行多层次价格，煤炭计划价、指导价和市场价并存；④ 实行对外开放，成立中国煤炭进出口公司。

3. 第三阶段：煤炭市场框架初步建立阶段（1993—2001 年）

1992 年，党的十四大确立了社会主义市场经济体制的改革目标。1993 年，党的十四届三中全会明确提出，发挥市场机制在资源配置中的基础性作用，必须培育和发展市场体系，建立主要由市场形成价格的机制。

4. 第四阶段：煤炭市场完善和规范发展阶段（2002—2015 年）

2002 年，国家宣布取消电煤政府指导价，受市场环境和条件的限制，煤炭市场始终没有真正形成。2007 年，取消了延续 50 多年的由政府主导的煤炭订货会制度，突出了企业市场主体地位，交易方式逐渐走向市场化。2014 年国家发展改革委印发

《关于深入推进煤炭交易市场体系建设的指导意见》，引导和规范煤炭交易市场建设，推动形成与我国社会主义市场经济体制相适应的统一开放、竞争有序的煤炭交易市场体系。

5. 第五阶段：2016年以来煤炭市场宏观调控阶段

由于煤炭行业"黄金十年"大规模固定资产投资形成的产能陆续释放，2012年煤炭市场供大于求问题凸显，市场秩序混乱，供求关系呈失衡态势，煤炭价格持续大幅下滑。2016年，国务院出台《关于煤炭行业化解过剩产能实现脱困发展的意见》，确定了一系列化解过剩产能措施。建立"中长期合同"制度和"基础价＋浮动价"的定价机制，在此基础上建立平抑煤炭市场价格异常波动机制。

（三）煤炭市场交易机制

1. 交易平台

2005年6月，国务院发布《关于促进煤炭工业健康发展的若干意见》，首次明确提出"建立以全国煤炭交易中心为主体，以区域市场为补充，以网络技术为平台，有利于政府宏观调控、市场主体自由贸易的现代化煤炭交易体系"，我国煤炭交易平台建设进入起步阶段。

根据《关于深入推进煤炭交易市场体系建设的指导意见》相关要求，我国煤炭交易市场可分为全国煤炭交易市场、区域煤炭交易市场和地方煤炭交易市场。

经过多年发展，我国已建成了以全国煤炭交易中心为主体、区域市场为补充的煤炭市场体系。全国煤炭交易中心是由国家发展改革委牵头，中国国家铁路集团有限公司联合煤炭、电力、钢铁、港口、地方交易中心等35家煤炭上下游优势企业成立，集产、供、储、销、运及监测预警信息于一体的全国交易平台，于2020年4月24日取得北京市金融局的设立批复，7月9日取得正式工商营业执照，9月23日取得市金融局同意开业的批复。

各省和地区根据自身实际，建设煤炭交易平台。中国（太原）煤炭交易中心、陕西煤炭交易中心、东北亚煤炭交易中心、秦皇岛海运煤炭交易市场、内蒙古煤炭交易中心、西南煤炭交易中心、渤海商品交易所等已经满足区域性煤炭交易中心的建设标准，徐州华东煤炭交易市场、广州华南煤炭交易中心、鲁中煤炭交易中心、华中煤炭交易市场、东方煤炭电子交易中心、新疆煤炭交易中心等也已成为该地区影响较大的煤炭交易市场。主要区域性煤炭电子交易市场见表7-1。

表 7-1 我国主要区域性煤炭电子交易市场分布

区域划分	主要区域性煤炭交易中心	类型
华东	鲁中煤炭交易中心、徐州华东煤炭交易市场、东方煤炭电子交易中心	产地型/流通集散型/消费地型
华南	广州华南煤炭交易中心	流通集散型
华中	华中煤炭交易市场	流通集散型
华北	中国（太原）煤炭交易中心、秦皇岛海运煤炭交易市场、内蒙古煤炭交易中心、渤海商品交易所	产地型/流通集散型
西北	陕西煤炭交易中心、新疆煤炭交易中心	产地型
西南	西南煤炭交易中心	消费地型
东北	东北亚煤炭交易中心	综合功能型

2. 交易主体

煤炭市场的交易主体主要包括煤炭生产商、煤炭贸易商、煤炭终端用户、政府机构、金融机构等。

（1）煤炭生产商。

1）大型国有煤矿企业，如中国神华、中煤能源等。这些企业拥有大规模的煤矿资源和先进的开采技术，是煤炭市场的重要供应方。

2）地方国有煤矿企业，在特定地区从事煤炭生产。

3）私营煤矿企业，规模大小不一，其产量在煤炭市场中也占有一定份额。

（2）煤炭贸易商。

不直接参与煤炭生产，而是在生产商和终端用户之间起到桥梁作用。通过采购煤炭再转售给有需求的用户来赚取差价。

（3）煤炭终端用户。

主要包括电力、钢铁、水泥、化工等企业。

1）火力发电厂，是煤炭的主要消费用户之一，通过燃烧煤炭来发电。

2）钢铁厂，在炼钢过程中需要大量的煤炭作为燃料和还原剂。

3）水泥厂，煤炭用于提供热能，以烧制水泥。

4）化工企业，利用煤炭生产化工产品。

（4）政府机构。

监管煤炭交易市场，确保交易的公平、公正和合法。制定相关政策，影响煤炭的供应、需求和价格。

（5）金融机构。

为煤炭交易提供融资支持，如银行贷款、债券发行等。参与煤炭期货、期权等金融衍生品的交易，以对冲风险或进行投资。

3. 交易类型

结合煤炭产品属性及产运需特性，当前煤炭市场交易类型主要可分为中长期合同交易、大宗现货交易和期货交易三种类型。

煤炭中长期合同是指供需双方签订的执行期限在一年及以上、有明确数量和价格机制的煤炭购销合同。其中占比最大的电煤中长期合同要求原则上每家煤炭企业任务量不低于自有资源量的80%，发电企业合同签订量不低于签约需求量的80%，并鼓励按照100%签约。中长期合同制度是煤炭供给侧结构性改革的重要成果，对煤炭产运需各方建立长期、稳定、诚信、高效的合作关系，实现煤炭上下游企业互利共赢发展，稳定煤炭市场价格，提高煤炭供应保障能力发挥了至关重要的作用。

煤炭现货交易主要集中在煤炭贸易商之间，以煤炭交易中心或物流集疏节点为依托开展，交易量远低于远期合同交易方式的交易量，多为小规模、小范围的煤炭采购需求所用。交易方式分为现货挂牌交易和现货竞价交易两类。

动力煤期货与焦煤期货的上市，是我国煤炭市场化改革的重要成果。相关期货产品对发现现货市场价格提供重要的引导，为供需企业规避价格风险提供了重要的渠道，有力地促进了煤炭行业高质量发展。

4. 交易价格

根据国家发展改革委《关于进一步完善煤炭市场价格形成机制的通知》（发改价格〔2022〕303号）要求，煤炭价格由市场形成，国家发展改革委会同有关方面综合采取供需衔接、储备吞吐、进出口调节、运输协调等措施，促进煤炭价格在合理区间运行。当煤炭价格显著上涨或者有可能显著上涨时，将根据《价格法》第三十条等规定，按程序及时启动价格干预措施，引导煤炭价格回归合理区间；当煤炭价格出现过度下跌时，综合采取适当措施，引导煤炭价格合理回升。

从多年市场运行情况看，近期阶段秦皇岛港下水煤（5500kcal/kg）中长期交易价格570～770元/t（含税）较为合理。2022年山西、陕西、蒙西、蒙东等重点地区煤炭出矿环节中长期交易价格合理区间见表7-2。

表 7-2　　　　　　2022 年重点地区煤炭出矿环节中长期交易价格合理区间

地区	山西	陕西	蒙西	蒙东
热值（kcal/kg）	5500	5500	5500	5500
价格合理区间（元/t，含税）	370~570	320~520	260~460	200~300

二、石油市场

（一）石油市场基本概况

石油工业是我国战略性支柱产业，石油资源是我国工业生产、经济发展、人民生活与社会进步的基础性资源。2023 年我国原油产量达 2.09 亿 t，为世界第六大产油国；消费量 7.3 亿 t，为世界第二大消费国；原油进口量 5.6 亿 t，为世界第一大进口国；加工量 7.3 亿 t，为世界第二大加工国。我国原油对外依存度高，2018 年以来持续保持在 70% 以上，2023 年达到了 73%。

我国石油消费领域主要为工业、交通运输业、农业、商业和生活消费等，其中，工业消费占全国消费总量的 50% 以上，交通运输消费量仅次于工业，占 25% 左右。石油消费增长情况与宏观经济增速联系紧密，根据 EI《世界能源统计年鉴 2024》数据，2011—2019 年，我国石油消费量增长平稳，由 4.56 亿 t/年增至 6.67 亿 t/年，年复合增长率 4.9%。2020—2022 年，受新冠疫情影响，我国石油消费受到抑制，2020—2022 年石油消费量同比增速分别为 1.3%、2.3% 和 0.5%，2022 消费量为 6.59 亿 t。2023 年，随着中国放宽新冠疫情管控措施，全球经济开始复苏背景下中国出口增长，石油消费同比增长 10.6%，达到 7.69 亿 t。2024 年，随着新能源汽车渗透率快速提升，LNG 重卡对传统燃油消费的替代增强，我国成品油消费 2023 年实现达峰，国内外多家机构预测我国石油消费将在 2027 年前实现达峰。

我国石油资源集中分布在渤海湾、松辽、塔里木、鄂尔多斯、准噶尔、珠江口、柴达木和东海陆架八大盆地。根据《2023 年中国自然资源公报》，截至 2023 年末全国石油剩余技术可采储量 38.5 亿 t，约占全球储量的 1.6%，排名第 13 位。我国大型油气田主要隶属于中国石油天然气集团有限公司、中国石油化工集团有限公司和中国海洋石油集团有限公司等企业。中国石油天然气集团有限公司所属油田包括大庆油田、长庆油田、延长油田、新疆油田、辽河油田、吉林油田、塔里木油田等，中国石油化工集团有限公司所属油田包括胜利油田、中原油田、江汉油田等，中国海洋石油集团有限公司拥有渤海油田、南海东部油田和南海西部油口等。

（二）石油市场交易机制

1. 市场结构

我国石油市场主要由三大国有石油公司，即中国石油天然气集团有限公司、中国石油化工集团有限公司和中国海洋石油集团有限公司，以及地方石油企业和一些民营石油企业构成。按照产业链上下游可划分为上游勘探与开采环节、中游化学品深加工、下游消费品应用。在上游勘探与开采领域，由于行业高投入、高风险等特征，我国主要的探矿权和采矿权长期被中国石油天然气集团有限公司、中国石油化工集团有限公司和中国海洋石油集团有限公司、陕西延长石油（集团）有限责任公司企业集团所掌握。近年来，国家正在积极推动油气勘探开发的市场化改革。2018年中曼石油天然气集团股份有限公司取得新疆温宿区块 1086.26km^2 的探矿权，成为国家推行油气体制改革后首家取得油气探矿权的民营企业。2019 年我国开始全面开放油气勘查开采市场，允许民营企业、外资企业等进入油气勘探开发领域。同年，自然资源部发布的文件中明确指出，要有序放开油气勘查开采市场，并制定更为严格的区块退出和流转管理办法。此外，国家发展改革委、商务部也发布了相关措施，取消了石油天然气勘探开发限于合资、合作的限制，首次对外资全面开放油气上游领域。

油气安全是我国能源安全的关键，和全球多数国家类似，我国石油产业较长一段时期内保持一定程度和领域上的垄断特征。三大石油公司成立之初，中国石油天然气集团有限公司聚焦油气上游勘探开发，同时兼顾炼油化工和油品销售，主要经营领域在北方；中国石油化工集团有限公司聚焦炼油化工领域，同时也拥有胜利油田、中原油田等油气勘探开发资产，经营地域相对靠南；中国海油石油集团有限公司则拥有我国水深 5m 以上的海洋油气勘探开发权。目前，在勘探开发等上游领域，中国石油天然气集团有限公司和中国石油化工集团有限公司已经"下海"，中国海油石油集团有限公司也已经"登陆"，三大石油公司均已在对方的优势地域渗透。炼油化工等下游领域，市场竞争较为激烈，呈低集中竞争特征，形成了中国炼油行业形成了中国石油天然气集团有限公司、中国石油化工集团有限公司、中国海洋石油集团有限公司和其他炼油企业"四分天下"格局。

2. 我国石油贸易结构

我国石油贸易分为国营贸易和非国营贸易，对非国营贸易实行配额管理，范围包括原油进口、燃料油进口、成品油（汽、柴、煤油）出口、低硫燃料油出口等。原油进口在石油贸易中规模最大，配额管理的限制作用最为明显，对产业链中游炼化企业的发展规模起到关键影响。2015 年，国家发展改革委、商务部分别下发《国家发展改革委关于进口原油使用管理有关问题的通知》和《关于原油加工企业申请非国营贸易进口资格有关工作的通知》，明确对符合条件的地方炼厂放开进口原油使用权和原油非国营贸易进口权，非国营企业可分别向国家发展改革委和商务部申请进口原油使用权和进口原油的配额。2010—2015 年，我国原油非国营贸易进口允许量稳定在原油进口总量的 9%～11%，其中 2011—2014 年进口配额均为 2910 万 t。2016—2021 年，进口配额由 8760 万 t 逐渐增至 24300 万 t，在原油进口总量中的占比由 23%提升至 47%。2022 年和 2023 年保持了 2021 年配额总量。2023 年未明确总量，配额向民营大炼化集中，前两批仅 13182 万 t；2024 年前两批合计 18369 万 t；2024 年前两批合计 18369 万 t。2016 年以来，我国原油进口配额量大幅提升，对非国营背景的炼化企业的快速发展起到极大促进作用。

3. 我国石油行业政策环境

近年来，为了促进原油行业的发展，我国陆续发布了许多政策。2021 年 5 月，国家发展改革委发布了《关于"十四五"时期深化价格机制改革行动方案》，明确稳步推进石油天然气价格改革，结合国内外能源市场变化和国内体制机制改革进程，逐步完善成品油定价机制。国务院和国家能源局相继发布了一系列政策文件，对石油天然气消费、油气与新能源融合发展给出了指导性意见，如到 2025 年，国内原油一次加工能力要控制在 10 亿 t 以内，加强油气回收利用，加大原油储备能力建设等。2024 年 5 月国务院发布的《2024—2025 年节能降碳行动方案》进一步强调，要优化油气消费结构，合理调控石油消费，推广先进生物液体燃料、可持续航空燃料。

表 7-3 为石油行业部分相关政策。

表 7-3　　　　　　　　　　　　石油行业部分相关政策

发布时间	部门	名称	主要内容
2021 年 5 月	国家发展改革委	关于"十四五"时期深化价格机制改革行动方案的通知	稳步推进石油天然气价格改革。结合国内外能源市场变化和国内体制机制改革进程，研究完善成品油定价机制
2021 年 10 月	国务院	2030 年前碳达峰行动方案	鼓励企业节能升级改造，推动能量梯级利用、物料循环利用。到 2025 年，国内原油一次加工能力控制在 10 亿 t 以内，主要产品产能利用率提升至 80%以上

续表

发布时间	部门	名称	主要内容
2022 年 1 月	国务院	"十四五"节能减排综合工作方案	加强油船和原油、成品油码头油气回收治理
2022 年 5 月	国务院	关于印发扎实稳住经济一揽子政策措施的通知	加强原油等能源资源储备能力。谋划储备项目并尽早开工。推进政府储备项目建设,已建成项目尽快具备储备能力
2023 年 3 月	国家能源局	加快油气勘探开发与新能源融合发展行动方案(2023—2025 年)	到 2025 年,大力推动油气勘探开发与新能源融合发展,积极扩大油气企业开发利用绿电规模;大力推进油气企业发展新能源产业,持续推动能源生产供应结构转型升级
2023 年 4 月	国家能源局	2023 年能源工作指导意见	抓紧抓实"五油三气"重点盆地及海域的油气增产上产,推动老油气田保持产量稳定,力争在陆地深层、深水、页岩油气勘探开发、CCUS 促进原油绿色低碳开发等方面取得新突破。增强能源储备能力建设
2023 年 10 月	国家发展改革委等四部门	国家发展改革委等部门关于促进炼油行业绿色创新高质量发展的指导意见	炼油企业特别是石油央企要结合自身情况制定实施方案,明确目标任务,坚持创新引领,开发应用先进技术装备,推动自身高质量发展。所在地方政府应积极支持建设为炼油项目配套的石油储备设施
2024 年 5 月	国务院	2024—2025 年节能降碳行动方案	合理调控石油消费,推广先进生物液体燃料、可持续航空燃料。加快页岩油(气)、煤层气、致密油(气)等非常规油气资源规模化开发。除石化企业现有自备机组外,不得采用高硫石油焦作为燃料

4. 价格机制

我国石油价格主要由政府调控,同时参考国际市场价格变化。成品油价格调整机制以国际原油价格为基础,当国际市场原油价格变化超过一定幅度时,国内成品油价格也会相应调整。2016 年 1 月,国家发展改革委发布《石油价格管理办法》,规定原油实行市场调节价,成品油除向国家储备和新疆生产建设兵团供应按政府定价外均实行政府指导价。具体规定为,原油价格低于每桶 40 美元时,按原油价格每桶 40 美元加正常加工利润率计算成品油价格;每桶 40~80 美元时,按正常加工利润率计算成品油价格;每桶 80~130 美元时,开始扣减加工利润率,直至按加工零利润计算成品油价格;高于每桶 130 美元时,按照兼顾生产者、消费者利益,保持国民经济平稳运行的原则,采取适当财税政策保证成品油生产和供应,汽、柴油价格原则上不提或少提。从国家发展改革委国内成品油最高零售价的调整来看,指导价在 2016 年与 2020 年国际油价两次探底时对国内成品油价格限制明显宽松,而在 2022 年国际油价高企时对国内成品油价格限制收紧程度较大。2022 年国际油价由高峰跌落以来,国内加工石油企业利润空间打开。2024 年以来,布伦特原油价格围绕每桶 80 美元宽幅震荡,在现行调价政策下,国内石油企业仍具有合理利润空间,同时伴随较大波动性。

三、天然气市场

（一）天然气市场基本概况

我国是全球第三大天然气消费国，2023 年天然气消费量为 3945 亿 m^3，仅次于美国和俄罗斯。近年来，我国天然气消费快速增长，近十年年均增幅达到 13.1%，我国天然气消费快速增长的原因主要有三个：① 宏观经济回升向好支撑用气需求，工业生产逐步恢复，推动用气需求增长。② 国内 LNG 价格下降，天然气经济性改善。国际气价下行带动国内 LNG 市场价格同比下降 28%，等热值 LNG 与柴油价格比创近 3 年最低，车用 LNG 经济性优势明显，2023 年天然气重卡销量同比增长超过 300%，交通用气快速增长。③ 水电不及预期，气电补位需求增长。2023 年全社会用电量同比增长 6.7%，较上年增长 3.1 个百分点，其中水电同比下降 5.1%，气电需求快速增长。

2023 年我国天然气产量达到 2324 亿 m^3，同比增长 5.7%，连续 7 年增产超 100 亿 m^3。天然气进口量为 1656 亿 m^3，同比增长 9.5%；对外依存度为 42.3%，较上年上涨 1.1 个百分点。中国天然气基础设施建设稳步推进，天然气价格市场化改革持续进行。天然气作为清洁、高效、低碳能源，为大气污染治理和美丽中国建设做出了重要贡献。通过天然气规模利用和"煤改气"工程深入实施，工业和民用散煤用量大幅下降，北方地区清洁取暖率超额完成国家规划目标，南方地区采暖用气需求稳步上升，空气质量得到有效治理。

目前，我国天然气已形成以城市燃气（含交通）、工业燃料、发电、化工为主的四大应用领域。分行业来看，2023 年，我国发电用气增速最快，全年发电用气量为 710 亿 m^3，同比增长 9.6%，较上年增长 11.3 个百分点，气电快速增长与全国电力需求较快增长、煤炭供应持续改善、新能源发电量快速提升、水电出力下降、气电装机快速增长等因素有关。

（二）天然气市场交易机制

1. 市场主体

我国天然气市场的主要参与者包括国家石油天然气管网集团有限公司、生产企业（如中国石油天然气集团有限公司、中国石油化工集团有限公司、中国海洋石油集团有限公司等)、地方能源企业、进口商和销售企业等。不同主体在市场中扮演着不同角色,形成了较为复杂的市场结构。

我国天然气行业可以分为几个主要部分:探测和开采、生产、运输、存储、销售和分销以及使用。随着全球对减少温室气体排放的关注,天然气行业在能源结构中的地位越来越重要。它被视为一种"过渡燃料"或者可再生能源的"最佳伙伴",在全球从依赖煤炭和石油向更可再生的能源来源转变的过程中发挥关键作用。此外,随着技术的进步,如页岩气的开发和 LNG 的运输,天然气的可获得性和经济性都得到了增强,进一步推动了其在全球能源市场中的增长。

2. 相关政策

我国天然气市场由多个政府部门进行监管,包括国家发展改革委、国家能源局和地方政府等。国家发展改革委主要负责价格政策和市场准入,国家能源局则负责资源开发和行业规划。

近年来,天然气行业出台了多项政策推动天然气行业发展。2023 年 3 月,国家能源局印发了《加快油气勘探开发与新能源融合发展行动方案(2023—2025 年)》,围绕推动油气开发企业提高油气商品供应量、新能源开发利用和存储能力,推动能源清洁低碳、安全高效开发利用的指导思想,提出油气供给稳步增长、绿色发展效果显著、行业转型明显加快三大目标,以及统筹推进陆上油气勘探开发与风光发电、海上油气勘探开发与风电建设、提升油气上游新能源存储消纳能力、积极推进绿色油气田示范建设四大举措。2023 年 8 月,国务院安全生产委员会印发《全国城镇燃气安全专项整治工作方案》,开启全国城镇燃气安全专项整治行动,提出要在气源供应、设备管理、管网输配、用气环境、监管执法五大领域集中攻坚,着力在责任落实、设施更新、科技赋能、制度保障、法规标准、宣传教育六个方面综合施策。

2024 年 5 月 29 日,国务院发布《2024—2025 年节能降碳行动方案》,通知强调要有序引导天然气消费,优先保障居民生活和北方地区清洁取暖。多项政策的颁布拓宽了天然气利用领域,优化了利用方向,促进天然气行业高质量发展。

2024 年 5 月 29 日,《天然气利用管理办法》(简称《办法》)发布,并于 8 月 1 日起施行。《办法》共 16 条,明确天然气利用总体原则、适用范围、管理部门及支持方向,进一步引导天然气市场规范有效发展。《办法》指出,天然气利用方向沿用"优先类、限制类、禁止类、允许类",对优先类天然气利用方向予以用气保障;对于限制类天然气利用方向不再新建、扩建相关产能；对于禁止类天然气利用方向上游企业不再满足用气需求。四类天然气利用方向涉及的领域和范围请查阅《办法》。

3. 定价机制

目前我国天然气价格以基准门站价格为核心，即国产气或进口管道气的供应商与下游购买方在天然气所有权交接点的价格，等于井口价格与管道输送费之和。该价格机制历经三个发展阶段：第一阶段是将之前实行的天然气"成本加成"定价改为"市场净回值"定价；第二阶段是将天然气价格管理由出厂环节调整为门站环节，门站价格为政府指导价，实行最高上限价格管理；第三阶段是将天然气最高门站价格管理改为基准门站价格管理，供需双方可以基准门站价格为基础，在上浮20%、下浮不限的范围内协商确定具体门站价格。除了基准门站价格外，还有其他定价机制，如市场形成价格机制，即供需双方协商定价，为市场调节价。协商定价先是用于页岩气、煤层气、煤制气等非常规天然气，后又陆续扩大至液化天然气气源价格、非居民直供用户用气价格、海上气和福建省天然气门站价格。

4. 管道运输体制

按照"管住中间、放开两头"的总体思路，我国改革油气管网运营机制，成立国家石油天然气管网集团有限公司，实现管输和销售业务分离。"全国一张网"正加速完善，西三线湖北段、蒙西管道一期等管道投产，中俄东线、西一线等天然气主干管道实现互联互通，截至2023年底，我国天然气长输管道总里程8.7万km。随着西气东输四线加快建设，川气东送二线以及中俄东线嫩江支线、济宁支线等管线建成，我国天然气长输管道总里程将进一步增加。省级天然气管线加速建设，山东省环网南干线正式供气，湖南省桂阳至临武输气管道投产。储气调峰能力再上新台阶，中国石油天然气股份有限公司长庆油田雷龙湾储气库、吐哈油田温八储气库、中国石油化工集团有限公司文24储气库等相继投产。截至2023年底，我国在役储气库（群）29座，形成储气调峰能力230亿 m^3，同比增长19.8%，占国内天然气消费量的5.9%。截至2023年底，我国LNG接收能力达11610万 t/年，首破1亿t。

四、电力市场

电力工业是国民经济的重要基础行业，是国家经济发展战略中的重点产业和先行产业。它不仅关系国家经济安全，而且对人们的日常生活、社会稳定至关重要。

电力市场化改革的推动有助于还原电力商品属性，优化电力资源配置，实现引导电力行业投资、促进可再生能源消纳、提升电力行业效率、保障电力系统安全可靠经济运行的作用。

电力同时具有一般商品属性和特殊商品属性，一般商品属性体现在电量方面，指买卖电的数量。特殊商品属性体现在电力方面，包括平衡、调节、可靠性三种商品。其中，平衡商品指发用双方按照约定保持生产和消费电量实时相等的能力；调节商品主要指为保证电力系统正常运行，需预留容量、按系统需要调用的服务；可靠性商品指一定周期内（通常1～2年）最大负荷出现时，能正常出力顶峰发电的能力。

相对应地，电力市场的设计主要对电量、平衡、调节和可靠性四者进行定价，从而确定电力的全部价格。具体来说，电力现货市场承担着对电量和平衡进行定价的任务；辅助服务市场承担着对调节商品定价的功能，主要包括调峰、调频、备用等辅助服务；容量市场为可靠性商品定价，主要回收有效容量在电力现货市场中无法回收的固定成本。由于电力现货市场价格随供需快速变化，为规避价格剧烈波动带来的风险，市场主体可以通过中长期交易、期货等金融衍生品进行收益锁定或风险防控。

电力市场的基本特征是：开放性、竞争性、计划性和协调性。与传统垄断的电力系统相比，电力市场最大的特征是具有开放性和竞争性。与普通的商品市场相比，电力市场则具有计划性和协作性。

随着资源配置优化需求持续增长和电网服务范围不断扩展，逐步扩大电力市场交易范围，充分发挥市场在更大范围内的电力资源优化配置能力，已经成为世界各国电力市场发展的共同方向。

（一）电力市场发展历程

20世纪80年代以来，我国的电力体制改革不断推进和完善，先后经历了发电端市场化改革、去垄断化、厂网分离、开放售电侧、电价市场化、全国统一市场建设六个阶段。自2015年新一轮电力体制改革以来，我国从开展发用电直接交易、核定和执行独立输配电价、有序放开发用电计划、煤电上网电量电价市场化、省域电力现货市场试点建设、售电公司进入市场、省间电力交易等方面持续、稳步地推进改革，对利用市场机制优化配置资源进行了初步、有效的探索，促进了可再生能源的消纳和发展，市场价格在一定程度上反映了市场供需及其变化，电力市场已显现出多元化主体竞争的格局。随着新一轮电力体制改革的推进，促进电力资源跨区域优化配置，构建"统一开放，竞争有序"的全国统一的电力市场正成为我国电力市场建设的新目标。

2023 年 9 月，国家发展改革委、国家能源局印发我国首个电力现货市场基本规则《电力现货市场基本规则（试行）》，10 月国家发展改革委办公厅、国家能源局综合司印发《关于进一步加快电力现货市场建设工作的通知》，明确了现货市场建设的目标要求、基本原则、建设路径和运行要求，为加快构建新型电力系统背景下电力现货市场可能的起步模式提供规范统一的文件指引。2023 年 11 月，国家发展改革委、国家能源局印发《关于建立煤电容量电价机制的通知》，提出将现行煤电单一制电价调整为两部制电价，电量电价通过市场化方式形成，容量电价水平根据转型进度等实际情况合理确定并逐步调整，煤电容量电价机制初步建立。

2024 年 2 月，国家发展改革委会同国家能源局联合印发《关于建立健全电力辅助服务市场价格机制的通知》（发改价格〔2024〕196 号），加速推进各地电力辅助服务市场规范统一，凸显电力系统中不同电力商品的价值，激励电力系统灵活调节能力更好地发挥作用，促进清洁能源消纳和绿色低碳转型。2024 年 5 月，国家发展改革委、国家能源局《电力市场运行基本规则》正式出台。由此，我国建设全国统一电力市场"1+N"基础规则体系中的"1"终于落地，为全国统一电力市场体系建设提供了基础制度规则遵循。

图 7-1 为我国统一电力市场"1+N"基础规则体系。

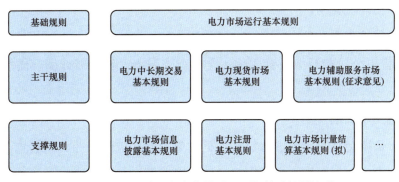

图 7-1　我国统一电力市场"1+N"基础规则体系

电力中长期市场已在我国范围内基本实现常态化运行，中长期交易规模持续增长，2023 年我国中长期交易电量占市场交易电量比重的 90%以上，中长期合同履约率超过 96%，成交价格平稳，充分发挥了电力中长期交易保供稳价的基础作用。中长期市场在省间、省内全覆盖基础上正逐步转入连续运营，近10个省份已实现按工作日连续开市，省间多通道集中优化出清交易转正式运行，跨省跨区交易方式更加灵活。省内中长期市场以年度交易为主、月度交易为辅，月内交易频率逐步提高，部分省份探索开展了D-3或D-2交易。交易时段划分更加精细，多个省份实现了中长期合同按照24时段签约电力曲线，通过分时段的交易机制和价格信号，引导经营主体主动响应系统峰谷变化，提升资源配置效率。

（二）电力市场交易机制

1. 交易类型

电力市场交易类型包括电能量交易、电力辅助服务交易、容量交易等。目前，我国容量交易机制尚未建立，电能量交易和电力辅助服务交易已形成较为完善的交易机制。

电能量交易按照交易周期分为电力中长期交易和电力现货交易。电力中长期交易，是指对未来某一时期内交割电力产品或服务的交易，包含数年、年、月、周、多日等不同时间维度的交易。电力现货交易，是指通过现货交易平台在日前及更短时间内集中开展的次日、日内至实时调度之前电力交易活动的总称。

电力辅助服务交易是指通过市场化方式提供调频、备用和调峰等有偿电力辅助服务，以维护电压、频率稳定和电网故障恢复等。

2. 交易主体

（1）电力现货交易。

电力现货交易参与主体包括各类型发电企业、电力用户（含电网企业代理购电用户）、售电公司和新型经营主体（含分布式发电、负荷聚合商、储能和虚拟电厂等）。

（2）电力中长期交易。

电力中长期交易的市场主体包括各类发电企业、电网企业、配售电企业、电力交易机构、电力调度机构、电力用户、储能企业等。

（3）辅助服务交易。

从提供辅助服务的主体来看，可分为电源侧市场主体、储能侧市场主体、负荷侧市场主体。

电源侧市场主体包括燃煤、燃气、燃油、生物质电站等火电机组、水力发电厂、风力发电场、光伏（含光热）电站、自备电厂等。

储能侧市场主体包括抽水蓄能、独立电化学储能电站、压缩空气、飞轮等独立新型储能电站。

负荷侧市场主体包括传统高载能工业负荷、工商业可中断负荷、电动汽车充电网络等能够响应电力调度指令的直控型可调节负荷。

3. 交易方式

（1）电力现货交易。

现货市场一般包括日前市场、日内市场和实时市场。

在日前市场中，市场运营机构按日组织日前市场，根据经营主体日前交易申报，在考虑电网运行和物理约束的前提下，满足日前市场负荷需求和备用需求，以社会福利最大为目标，进行日前市场集中优化出清，形成日前出清结果。

在日内市场中，市场运营机构在运行日，根据系统运行情况和最新预测信息，滚动优化快速启停机组等灵活调节资源，以满足系统平衡要求。

在实时市场中，市场运营机构在运行日根据经营主体申报，在机组组合基本确定的基础上，考虑电网实际运行状态和物理约束，满足超短期负荷预测和备用需求，以社会福利最大为目标，进行实时市场出清，形成实时市场出清结果。

从功能上看，日内市场和实时市场存在一定的重叠，因此，目前国内大多数省份在开展电力现货市场交易中，主要选择"日前市场＋实时市场"的模式开展。

（2）电力中长期交易。

从交易方式上划分，电能量交易包括集中交易和双边协商交易两种方式。其中，集中交易包括集中竞价交易、滚动撮合交易和挂牌交易三种形式。

集中竞价交易是指设置交易报价提交截止时间，电力交易平台汇总市场主体提交的交易申报信息，按照市场规则进行统一的市场出清，发布市场出清结果。

滚动撮合交易是指在规定的交易起止时间内，市场主体可以随时提交购电或者售电信息，电力交易平台按照时间优先、价格优先的原则进行滚动撮合成交。

挂牌交易是指市场主体通过电力交易平台，将需求电量或者可供电量的数量和价格等信息对外发布要约，由符合资格要求的另一方提出接受该要约的申请。

（3）辅助服务交易。

电力辅助服务交易品种繁多，包括有偿一次调频、二次调频、有偿调峰、旋转备用、有偿无功调节、自动电压控制（AVC）、黑启动、转动惯量、爬坡、稳定切机、稳定切负荷等。不同地区和省份针对自身电力系统的运行需要，还可开展其他不同种类的辅助服务交易。

从交易方式上看，辅助服务交易主要遵循"按需调用"的原则，电力调度机构根据电网运行需要和并网主体调节性能，合理调用辅助服务。同时，对于实际调用的市场主体，对其调节速率、响应时间、调节精度等性能指标进行考核。

不同品种的辅助服务按照不同的交易周期开展。其中，调峰、调频、转动惯量、备用、爬坡等有功平衡类的辅助服务交易以及自动电压控制等无功平衡类的辅助服务交易一般以日为周期开展，在日前组织次日的辅助服务交易。

对于黑启动等事故应急类辅助服务交易，一般以年为周期开展，在上一年底由电力调度机构根据系统安全需要，确定黑启动的并网主体，并与黑启动并网主体所在发电企业签订黑启动服务合同，对提供黑启动机组的改造新增投资成本、运行维护成本、黑启动测试成本和人员培训成本等给予补偿。

4. 价格机制

（1）电力现货交易。

根据电网结构和阻塞等情况，可选择节点边际电价、分区边际电价和系统边际电价等机制。

从目前各省实践来看，大部分省份主要采用节点边际电价模式，对于每个220kV节点，均会生成不同的节点电价。同时，为避免省内不同地区间过大的区域价格差异，用户侧现货电价主要采用基于节点电价的加权统一价格。

（2）电力中长期交易。

电力中长期交易的成交价格由市场主体通过双边协商、集中交易等市场化方式形成，双边交易价格按照双方合同约定执行。集中交易价格机制具体由各地区市场规则确定。其中，集中竞价交易可采用边际出清或者高低匹配等价格形成机制；滚动撮合交易可采用滚动报价、撮合成交的价格形成机制；挂牌交易采用一方挂牌、摘牌成交的价格形成机制。

对于省内电力中长期交易，市场用户的用电价格由电能量交易价格、输配电价格、辅助服务费用、政府性基金及附加等构成。执行峰谷电价的用户，在参加省内市场化交易后应当继续执行峰谷电价。对于跨区跨省交易受电地区落地价格，则由电能量交易价格（送电侧）、输电价格、辅助服务费用、输电损耗构成。

（3）辅助服务交易。

目前，电力辅助服务主要采用固定价格和市场竞价两种不同的价格机制。对于未完全市场化的辅助服务品种，按照各个省份电力辅助服务管理实施细则明确的补偿标准进行结算；对于已开展市场化交易的辅助服务品种，则按照市场交易价格进行结算。

第二节　新型能源体系下的市场机制发展方向

一、煤炭市场

（一）煤炭市场体系存在的问题

改革开放特别是党的十八大以来，我国坚持全面深化改革，极大促进了煤炭行业生产力发展，极大增强了煤炭市场活力。《中共中央、国务院关于新时代加快完善社会主义市场经济体制的意见》指出，中国特色社会主义进入新时代，经济已由高速增长阶段转向高质量发展阶段，要加快规划建设新型能源体系，与这些新形势新要求相比，我国煤炭市场体系还不健全、市场发育还不充分，政府和市场的关系没有完全理顺，还存在市场激励不足、要素流动不畅、资源配置效率不高、微观经济活力不强等问题，推动煤炭行业高质量发展仍存在不少障碍。

1. 中长期交易机制与规则需要完善

中长期合同的认定标准比较宽泛。根据规定，供需双方签订的量质价齐全的、按照"基准价+浮动价"价格机制且具有法律约束力、具有可解决纠纷条款的合同，都可以称为中长期合同。这导致中长期合同签订空间很大，很多煤炭购销合同都可以称为长期合同，需制定更加严格的标准。存在部分区域出于本地用煤考虑，排斥外地外省企业签约，导致跨区域中长期的运力保障与供给质量有所降低，并不利于煤炭供需关系的有效衔接和供给保障，对中长期交易造成一定影响。

2. 行业信用体系建设亟待加强

当前煤炭交易的信用体系建设尚不完善，煤炭市场主体对信用的认识还不深刻，特别是在制度建设、科技创新、风险管控、战略实施、人才保障、安全生产、客户管理、企业文化、信用组织建设、党建等方面的风险依然较高，行业信用应用场景总体较少，资质管理与信用评价质量还需进一步提升，社会对行业整体信用认可度不高。

3. 供需双方煤炭资源匹配有待进一步优化

煤炭、电力企业在此前十几年的长期合作过程中，通过市场资源优化配置已经形成相对稳定的合作关系。近年来部分煤炭企业与指定保供区域或用户签订的中长期合同，在实际执行过程中，发现存在资源品种不匹配、运输流向不合理、运力难以保障等问题，煤炭、电力企业签约自主性有待提高。

（二）煤炭市场机制发展方向

1. 完善煤炭交易规则

由相关政府部门牵头，组织相关行业协会、交易中心、煤炭供需运企业、期货交易所、仓储商、主要煤炭港口等机构参与修订完善煤炭交易规则。明确市场成员，准入与退出，市场注册、变更与注销，交易品种和交易方式，价格机制，交易组织，合同签订与执行，交易结算，信息披露，市场监管和风险防控等交易规则方面主要内容。

2. 加强诚信体系建设

推进信用体系建设，发挥政府部门、行业协会、金融机构、征信机构等作用，建立市场主体信用记录，开展全覆盖、标准化的信用综合评价，推动煤炭交易中心依托交易平台和大数据优势，建立健全市场主体信用记录，与国家公共信用信息中心合作，为政府部门加强信用监管和市场主体降低经营风险提供便利。同时出台煤电企业信用等级评价标准和考核指标，提高监管和诚信水平。

3. 坚持"基础价 + 浮动价"的定价机制

稳定和坚持"基础价 + 浮动价"的电煤中长期合同价格机制。建立有浮动的市场化价格机制，适度扩大煤炭现货交易比重。推动煤炭现货市场价格机制和价格指数正常化、规范化，为非电煤市场提供定价基准，使电煤中长期合同价格与现货市场价格指标挂钩，避免中长期合同价格与现货价格价差过大。加强煤炭市场常态化监管和价格监测，及时查处价格违法违规行为。充分考虑煤炭行业脱困以及公平履约的问题，根据市场变化适时调整价格合理区间。

4. 优化交易中心建设

发挥全国煤炭交易中心的引领作用。创新交易业务，打造引领行业发展的交易平台，赋能产业发展；加强中长期合同签约履约监管，建立健全中长期合同履行监管和利益保障机制；加强大数据中心建设，强化数据监测功能，发挥运行监测预警作用，促进行业高质量发展。

二、石油市场

（一）石油市场体系存在的问题

我国石油严重依赖国际市场，而国际石油市场面临诸多不确定因素。技术革命和地缘政治格局推动世界石油市场加速调整，2023 年国际油价地缘溢价消减但波动明显。2024 年，全球经济和石油消费增长疲态进一步显现，但石油供应充足且持续增加，沙特阿拉伯、俄罗斯等欧佩克＋成员国的减产措施和突发事件的推动导致油价波动加剧。

2024 年 1—7 月，我国成品油消费量 2.26 亿 t，同比下降 1.1%，其中，汽油降1.2%、柴油降 4.1%、煤油增 17.3%。分析原因，汽油消费下降主要受新能源车冲击；柴油消费下降影响因素中，60% 为 LNG 替代、35% 为受建筑业拖累、5% 来自工业影响；煤油消费增长主要是民航需求增加。新能源汽车快速发展，电能替代是造成汽油消费量下降的主因。2024 上半年，我国电动汽车总充电量约为 242.9 亿 kWh，同比增长 54.6%。2024 上半年，我国 LNG 重卡行驶里程已占总里程的 20%，对柴油形成巨大替代。另外，由于房地产行业步入去库存化阶段，建筑施工减少，建设企业生产经营活动放缓，进一步影响了柴油的使用。

石油化工市场面临更加多元化的市场竞争压力。目前石化行业正遭遇原料成本上涨、企业盈利下降、行业产能过剩及市场需求疲软等不利因素，未来石化行业竞争将变得越来越激烈，石油化工面临煤化工等激烈竞争。传统炼油企业必须进行转型升级，大力推进"减油增化"和"减油增特"，由燃料型炼厂向炼化一体型炼厂转变，全面提升"炼化一体化"规模水平，最大限度减油增化，提升化工原料产量，增加精细化工品价值。

（二）石油市场机制发展方向

石油广泛应用于生产、生活各个方面，经济的发展仍需要石油及石油工业发挥动力和支撑作用。新型能源体系建设下，石油发展定位由"交通用能主体"向"交通用能保障＋向经济社会提供原材料"并重转变。推进新型能源体系建设需要石油在不同阶段发挥不同作用。峰值平台期（2021—2030 年），石油仍是交通领域的主体能源，交通用油需求规模较大。稳步回落期（2031—2050 年），交通用油持续下降，化工用油不可或缺。回归原料期（2051—2060 年），石油成为能源系统不可或缺的支撑原料，化工用油成为石油消费的主力。

能源安全系统观的核心是市场化改革，在政府系统化统筹的背景下，充分尊重市场发展的内在规律，切实考虑到新时代背景下能源转型与高质量发展之间所要解决的矛盾，才有可能满足能源安全和发展的客观需要。近年来油气行业所开展的新一轮改革则秉承了这样的一个理念，从制度上进一步放开了竞争性环节，增加油气行业上、下游主体，深化中游管网运营机制，强化监管，扩大市场容量，给市场机制发挥作用的空间。

上游完善并有序放开油气勘查开采体制，提升资源接续保障能力。在确保国家油气安全保供的前提下，完善勘查区块竞争出让制度和更加严格的区块退出机制，加强安全、环保等资质管理，在保护性开发的前提下，允许符合准入要求并获得资质的市场主体参与常规油气勘查开采，逐步形成以大型国有油气公司为主导、多种经济成分共同参与的勘查开采体系。

中游管输领域坚决加快推动第三方准入等相关制度建立。根据"放开两头，管住中间"改革原则，油气管输领域具有天然垄断性，为防止投资方垄断市场阻碍其他从业者介入，应尽快设立第三方公平准入制度，允许具有相应资质企业使用管网富余输送能力，提升整个管网系统负载率。

下游建立石油战略储备、完善成品油定价机制及推动石油期货交易。坚持新发展理念，借鉴国际经验，逐步构建多元主体、多层次的石油储备体系。完善成品油定价机制。进一步考虑缩短成品油价格调整窗口期、降低（或取消）油价波动幅度、增加挂靠种类，以增加成品油低价机制的市场灵活性。推动中国石油期货交易，政策支持石油交易规模扩大及期货市场建设。

三、天然气市场

新型能源体系建设下，天然气成为支撑经济社会全面绿色转型的重要能源，持续替代高污染燃料、支撑新能源规模发展。天然气发展定位由"清洁替代"进一步扩展至"减污降碳协同替代、支撑新能源规模发展"。

天然气作为清洁的化石能源，在各领域得到广泛应用。根据中国工程院预测，预计我国天然气需求将于 2040 年前后达峰，峰值达 6500 亿 m^3 左右，占一次能源的比例约为 13%，达峰后，天然气逐步被快速发展的可再生能源替代，需求稳步下降，到 2060 年预计下降至 4000 亿 m^3 左右，占一次能源的比例约为 9%。

天然气发电调节能力强、布局灵活，是配合可再生能源灵活运行的有效电源，将在应对极端气候、保障我国电力供应安全方面发挥重要作用。天然气发电应用场景多元，可布局于城市负荷侧满足电力热力缺口、大型新能源基地配合风光等打捆外送以及用户侧分布式应用等。2023 年，我国天然气发电装机容量超 1.2 亿 kW，2010—2023 年年均增速超 12%，占电力总装机容量的比重为 4.5%。长期看，气电装机规模将保持较快增长，2040 年前达到 4.0 亿 kW 左右，此后通过配套加装碳捕集、利用与封存（CCUS）装置，推进与新能源深度融合发展。

但是在当前，我国天然气行业依旧面临诸多问题，产供储销体系建设任重道远，绿色低碳转型面临诸多挑战。

（一）天然气市场体系存在的问题

（1）市场化程度不高。虽然我国天然气市场化改革取得了一定进展，但整体市场化程度仍然不高。天然气价格受政府指导较多，市场供需机制作用有限，导致价格机制难以充分发挥资源配置的作用，影响了市场的效率和公平性。同时在天然气领域，市场准入门槛相对较高，限制了新的市场参与者的进入。这可能导致市场缺乏充分竞争，价格难以反映真实供需情况，影响了市场化程度的提高。

（2）管网基础设施不完善。尽管国家石油天然气管网集团有限公司的成立促进了管道资源的共享，但管道网络覆盖不均衡、区域差异大等问题依然存在。我国东部沿海地区由于经济发达、人口密集，管网建设相对完善，能够满足当地能源需求。然而中西部地区以及偏远地区，由于历史、地理和经济等多重因素，管网覆盖不足，能源供应存在短板。这种不均衡的管网布局影响了能源资源的合理配置，同时制约了中西部地区的经济发展。管网运营效率方面，我国管网运输效率低下、能耗较高。一方面，由于管网设计、建设和管理水平参差不齐，部分管道存在老化、破损等问题，运输过程中能源损失较大；另一方面，由于管道网络布局不合理、调度不灵活等原因，能源运输效率低下，难以满足高峰时段的能源需求。这些问题不仅增加了能源运输成本，也影响了能源供应的稳定性和可靠性。

（3）监管体系不健全。当前的监管体系存在多头管理、职能交叉的问题，我国天然气市场的监管体系尚不健全，多个部门之间的职能划分和协调机制需要进一步理顺。监管政策的透明度和执行力度也有待提高。目前我国涉及天然气监管的部门众多，包括国家发展改革委、国家能源局、生态环境部、应急管理部等，这些部门在各自的职责范围内对天然气市场进行监管，但由于缺乏明确的职能划分和协调机制，往往会出现监管重叠或监管空白的情况，不仅增加了企业的运营成本，也降低了监管效率。此外，在天然气市场的监管过程中，政策的透明度和执行力度对于维护市场秩序、保障消费者权益具有重要意义。然而，在实际操作中，一些监管政策往往缺乏明确的法律依据和公开透明的制定过程，导致政策执行过程中存在较大的自由裁量空间。这不仅容易引发市场主体的不满和争议，也影响了监管政策的权威性和有效性。随着天然气市场的不断发展和技术创新的不断涌现，传统的监管方式和手段已经难以满足市场的需求，然而监管体系的建设相对滞后，往往无法及时跟上市场和技术的发展步伐，导致监管效果不佳。

（4）储备能力不足。我国天然气对外依存度较高，进口渠道单一，供应保障能力相对薄弱。我国拥有较为丰富的天然气资源，但相对于庞大的人员群体而言，我国对天然气的需求呈现出快速增长的趋势，这种供需矛盾使得我国不得不大量依赖进口来满足国内市场的需求。我国天然气储备设施的建设相对滞后，无法满足日益增长的天然气需求。尤其是在冬季等用气高峰期，由于储备能力不足，往往会出现天然气供应紧张的情况。从进口渠道来看，我国天然气的进口渠道相对单一，主要集中在中东、俄罗斯等地区。这种依赖单一地区进口的情况使得我国在天然气供应方面面临着较大的地缘政治风险。一旦这些地区发生政治动荡或战争等突发事件，我国的天然气供应将受到严重影响。此外，由于国际能源市场的波动性较大，天然气价格也经常受到各种因素的影响而波动较大。这种价格波动不仅增加了我国进口天然气的成本，也给我国的能源安全带来了不确定性。

（二）天然气市场机制发展方向

（1）进一步推进天然气市场化改革，完善价格形成机制，逐步取消政府对价格的直接干预。建立以市场供需为基础的价格形成机制，可以通过扩大价格浮动范围、缩短调价周期等方式，提高天然气价格的市场化水平。推动建立公开透明的天然气价格体系，及时发布市场价格信息，提高价格透明度和灵活性，增强市场的竞争性和效率性。鼓励多元化市场主体进入天然气市场，降低市场准入门槛，提升市场效率和服务质量，促进公平竞争。

（2）完善管网基础设施。加快管道网络建设，特别是偏远地区和中西部地区的管道基础设施建设，提升全国管网覆盖范围和互联互通能力。推进国家石油天然气管网集团有限公司改革，确保管网公平开放。建立透明的管网使用规则和费用标准，保障各类市场主体平等使用管网资源。

（3）建立健全统一、透明、高效的监管体系，包括监管机构、监管规则、监管手段等，明确各部门的职能和职责，建立高效的协调机制。提高监管政策的透明度和执行力度，确保市场公平有序。完善天然气市场的法律法规，强化市场监管。加强对价格、质量和安全的监管，保障消费者权益和市场稳定。加强对天然气市场的反垄断执法力度，防止企业滥用市场支配地位、进行价格歧视等行为。对于违法违规行为，应依法予以处罚。制定天然气发展规划，明确天然气发展的目标、任务和措施。同时，加强与相关规划和政策的衔接，形成政策合力。给予天然气企业税收优惠和财政支持，降低企业的运营成本，提高市场竞争力。同时，鼓励企业加大研发投入，推动技术创新和产业升级。

（4）提升天然气储备和调节能力。统筹推进地下储气库、液化天然气（LNG）接收站等储气设施建设。构建供气企业、国家管网、城镇燃气企业和地方政府四方协同履约新机制，推动各方落实储气责任。同步提高管存调节能力、地下储气库采气调节能力和 LNG 气化外输调节能力，提升天然气管网保供季调峰水平。全面实行天然气购销合同管理，坚持合同化保供，加强供需市场调节，强化居民用气保障力度，优化天然气使用方向，新增天然气量优先保障居民生活需要和北方地区冬季清洁取暖。建立健全天然气供应应急预案，提高应对突发事件的能力。加强与其他能源的协调，确保在紧急情况下的能源供应安全。天然气和氢作为连通传统能源与可再生能源的载体，促进天然气和氢在上中下游各环节的融合，形成互补、增益、协同的低碳能源互联网络。

（5）重视天然气行业自身生产的清洁化、低碳化、高效化发展，重点攻关碳捕集、利用与封存（CCUS）等技术。天然气生产的清洁化是未来发展的必然趋势，天然气开采、加工和运输的每一个环节都需要进行技术创新和流程优化。开采环节可以采用更为环保的钻井技术和完井液，减少开采过程中的废弃物产生；加工环节可以通过引进先进的脱硫、脱水等技术，进一步净化天然气，确保其作为清洁能源的品质。同时促进天然气行业低碳化发展，在能源消费端推广天然气等清洁能源，以减少煤炭等高碳能源的使用，积极探索碳捕集、利用与封存（CCUS）等技术，为实现低碳化提供有力支持。

四、电力市场

（一）电力市场体系存在的问题

（1）资源优化配置效果有限。一方面，从参与市场主体范围来看，目前尚未形成较为成熟的抽水蓄能电站、压缩空气储能电站等类型市场主体参与交易的机制，省内资源优化配置的范围还较为有限；另一方面，从省内和省间市场协调机制来看，省间市场和省内市场尚未形成顺畅的衔接互动机制，更大地理区域内的资源优化配置目标尚难以实现。

（2）不同类型间的交易品种缺乏有效衔接。一方面，发电主体在签订中长期交易合同时，需考虑固定成本和变动成本的整体回收，在进行现货交易时，仅考虑变动成本的回收，导致现货市场价格与中长期市场价格存在差异。另一方面，目前电力中长期交易的交易时段和价格浮动仍需按照固定的时段和固定的价格系数签订，难以适应现货市场反映出来的价格变化，导致现货市场和中长期市场间存在时段上的价格差异，可能造成市场主体的收益风险。

（3）市场价格信号作用难以发挥。大力发展新能源是我国建设新型电力系统、推动经济社会绿色转型的重要手段，但是受限于我国各省网架结构以及系统调节能力等因素限制，各省份新能源承载能力均不同。由于部分省份现货市场建设进度滞后、新能源未参与现货市场的出清结算因素，市场价格信号未能引导电源的投资规划建设。

（4）部分省份市场集中度高。当前我国电力市场电源侧市场集中度较高，个别省份存在一家发电公司占据 30%市场份额的情况，存在一定的市场操纵力问题，发电商通过改变自身价格，会引起市场价格偏离市场充分竞争情况下所具有的价格水平的情况。

（二）电力市场机制发展方向

（1）完善市场规则。为抽水蓄能、压缩空气电站等新型发电企业制定针对性政策，降低其进入市场的经济成本，增加市场的多样性和灵活性。加强省间市场和省内市场的协调互动，建立全国统一的电力交易平台，实现更大地理区域内的资源优化配置。

（2）优化交易机制。优化中长期交易的时段和价格浮动机制，在中长期合同中引入更灵活的动态定价机制，例如根据季节性和市场需求变化调整电价，以更精确地反映市场供需关系及好地适应现货市场的动态变化，减少两者之间的价格差异和市场主体的收益风险。

（3）推进各省现货市场的建设进度。加大对现货及绿电市场建设的投入和支持力度，确保所有各类电源能够公平参与市场竞争和结算。通过市场价格信号，引导电力企业调整投资策略，增加对清洁能源的投资，推动绿色电力发展。

（4）建立健全市场监管机制。加强对市场主体行为的监测和评估。通过有效的反垄断和反操纵措施，防止发电企业通过操纵价格影响市场。可以借鉴国际上成功的电力市场监管经验，如美国和欧洲的电力市场监管制度，确保市场的公平竞争。

第三节 新型能源体系下的新兴市场

一、绿证市场

随着全球主要国家在应对气候变化问题上逐渐达成共识，并逐步采取控排措施，以及我国提出"双碳"目标，"绿证"被越来越多的人关注。针对绿证种类及市场发展等情况，通过对绿证概念、世界范围内主要绿证类型、认可度标准等问题对绿证市场进行介绍和分析。

（一）绿证市场体系概述

1. 绿证的定义

作为应对全球气候变暖，减少化石燃料使用所产生的温室气体排放的一种措施，部分国家设立可再生能源配额制，对企业消纳可再生能源的电量作出规定。即使在未设立可再生能源配额制的国家，一些企业也从履行社会责任的角度承诺消纳可再生能源，并对供应商提出使用可再生能源的要求。为了表征可再生能源发电项目电量的"身份"，绿色电力证书即作为绿色电力的"身份证"被设计出来，简称绿证。关于绿证，目前尚未有国际条约，因此，国际上也尚未有关于绿证的统一定义。结合国际流行的几种主要绿证的特点、其核发机构的说明或定义：

绿色电力证书是由特定政府机构或第三方组织根据绿电溯源体系和标准核发的用以证明对应电量来自可再生能源发电项目的一种证书，具有证明绿色电力属性的功能。此外，绿证在其制度发展过程中，还可用以履行可再生能源配额义务、作为碳减排证明参与碳市场、满足采购方的清洁能源使用要求、塑造企业绿色低碳形象等。

2. 国内外主流绿证介绍

目前世界上较为常见的绿证主要包括中国绿证（Green Electricity Certificate，GEC）、北美可再生能源证书（Renewable Energy Certificate，RECs）、欧盟来源担保证书（Guarantees of Origins，GO）、国际可再生能源证书（I-REC）和全球可再生能源交易工具（APX TIGRs），各绿证对比分析见表7-4。

（1）中国绿证（GEC）：是国家主要针对集中式风电、光伏发电企业所发绿色电量颁发的"电子身份证"，是非水可再生能源发电量及对2023年1月1日（含）以后新投产的完全市场化常规水电项目发电量的确认和属性证明以及消费绿色电力的唯一凭证。

（2）北美可再生能源证书（RECs）：代表可再生能源的环境和其他非电力属性的可转让商品，也是代表环境属性的法律工具，每张证书代表1MWh可再生能源电量。

（3）欧盟来源担保证书（GO）：每发1MWh电就可以签发一份来源担保证书，包括核能及化石燃料在内的所有类型的能源，均可签发GO。

（4）国际可再生能源证书（I-REC）：是由总部位于荷兰的非盈利基金会I-REC

标准核发的一种可在全球范围内交易的国际通用绿证，一个 I-REC 相当于 1MWh 的电力。

（5）全球可再生能源交易工具（APX TIGRs）：是一种可在世界范围内（除北美外）进行核发和交易的国际绿证。一个 TIGRs 相当于 1MWh 的电力。

表 7-4   国内外绿证对比分析

绿证产品	签发机构	覆盖可再生能源项目	项目所在地区	绿证流通地区	备注
GEC	国家能源局可再生能源信息管理中心（政府机构）	所有可再生能源发电项目	中国		
RECs	美国各州政府（政府机构）	风电、光伏、地热等	美国		
GO	欧盟成员国等国家（政府机构）	核能及化石燃料在内的所有类型的能源	欧盟成员国及欧盟以外认可 GO 的国家（挪威、瑞士）		
I-REC	I-REC Standard（非政府机构）	光伏发电、风电（陆上及海上）、水电、潮汐发电、海浪发电、海洋流发电、海洋压力发电、生物质发电、沼气发电、可再生热力发电（地热、气热、水热）、混合燃料发电（可再生燃料与化石燃料混合）	北美（美国、加拿大、墨西哥）之外地区		GEC 和 I-REC 不能同时获取
TIGRS	APX（非政府机构）	生物质能、地热能、氢能发电、聚光太阳能发电、光伏发电、风电等	北美和欧洲以外的地区	全球	

3. 判定绿证国际认可度的主要标准

虽同为绿证，但具体的核发规则、记载内容、包含的项目范围等又存在差异，目前国际认可度较高的绿证认证标准为 RE100。RE100 是一个全球性的创新项目，由国际非营利组织气候组织（The Climate Group，TCG）与另一个非营利性国际组织碳信息披露项目（Carbon Disclosure Project，CDP）合作发起和管理。RE100 为核实企业是否达到 100%使用绿电，进一步提出了一系列的核查标准，只要符合下列六项要求，则视为 RE100 可接受的可再生电力权属证明：

（1）可准确计量的发电数据（Credible generation data）；

（2）权益集合（Attribution aggregation）；

（3）独家所有权（Exclusive ownership（no doble counting）of attributes）；

（4）独家声明权（Exclusive claims claims（no doble claiming）on attributes）；

（5）地域市场边界（Geographic market boundaries）；

（6）时效限制（Vintage limitations）。

（二）国内绿证市场发展现况

我国的绿证制度于 2017 年开始试行，根据《自愿认购交易制度的通知》和《绿色电力证书核发及自愿认购规则（试行）》，我国绿证全称为可再生能源绿色电力证书（简称中国绿证），其核发对象为列入国家可再生能源电价附加补助目录内的陆上风电和光伏发电项目。截至目前，中国绿证包括带补贴绿证和平价绿证两种。

中国绿证交易的发展可以划分为四个阶段：绿证交易机制的构建、绿证交易机制的完善、绿电绿证双机制并行和绿证交易全覆盖。2023 年 8 月，国家发展改革委、财政部、国家能源局联合印发了《关于做好可再生能源绿色电力证书全覆盖工作促进可再生能源电力消费的通知》（发改能源〔2023〕1044 号），明确提出绿证是我国可再生能源电量环境属性的唯一证明，并将绿证核发交易范围扩大至全国风电（含分散式风电和海上风电）等一系列已建档立卡的可再生能源发电项目所生产的全部电量，实现绿证核发全覆盖。此外，2024 年 1 月，国家发展改革委、国家统计局、国家能源局发布了《关于加强绿色电力证书与节能降碳政策衔接大力促进非化石能源消费的通知》（发改环资〔2024〕113 号），提出将绿证作为可再生能源电力消费的基础凭证，加强绿证与能耗双控政策的有效衔接，将绿证交易对应的电量纳入"十四五"省级人民政府节能目标责任评价考核指标核算，以大力促进非化石能源消费；同时，该 113 号文还明确了绿证交易电量的扣除方式，扩大了绿证交易范围，并将绿证纳入固定资产投资项目节能审查、碳排放评价管理机制，推动绿证的国际互认。2024 年 4 月 26 日，国家能源局发布《可再生能源绿色电力证书核发和交易规则（征求意见稿）》，对绿证交易的相关内容进行了集中统一规定。

不同于绿电交易的证电合一，绿证交易的交易模式是证电分离，可再生能源发电企业通过出售绿证获取环境价值收益，绿证的购买方则获得了声明权，即宣称自身使用了绿色能源。绿证交易并不依托于可再生电力的物理传递，是一种"非捆绑式"的交易方式。

绿证政策的实施，促进了风、光等可再生能源的消纳，推动社会形成了绿色电力消费观念，缓解了国家可再生能源发电补贴的资金压力，起到了较好效果。同时，也存在以下主要问题：① 约束力不够。绿证采用自愿申领和交易的原则，尽管逐步强化了与可再生能源消纳责任权重等强制性指标的衔接，但对市场主体仍缺乏实质性约束。② 秩序性不足。除国家授权的可再生能源信息管理中心外，也还存在其他机构发放类似"绿证"的现象，干扰市场秩序。此外，部分国际组织对我国绿证"纯度"仍有质疑。③ 交易不活跃。由于绿证核发范围有限、关联主体较少，目前参与交易的市场主体主要为有进出口贸易的外向型企业，以及部分有社会责任担当的大型企业，政策的影响力受限。

（三）国内绿证市场发展趋势

1. 绿证自愿认购交易规则日趋完善

随着我国绿证市场的发展，绿证自愿认购交易规则将逐步完善。在经济激励上，进一步明确购买绿证可获得的额外收益，出台对应的优惠政策，实现绿证购买主体除能从绿证购买中展现企业社会责任外，还能够取得具体的经济收益。在绿证管理上，运用区块链等技术，记录绿证生成、交易、有效期、抵消等属性信息，建立可追溯、易核查的绿证认定体系，确保绿证核发的权威性和唯一性。最后是交易机的逐步完善，加强交易机构建设，升级交易平台，出台绿证二级市场的交易规则，开通绿证交易二级市场等交易市场主体关注的交易保障制度。

2. 国内绿证的国际竞争力日趋提高

随着我国绿证制度体系不断完善，国家有关部门授权建立第三方机构开展绿证认证工作，加强认证监督及国际互认机制的建设，国内绿证的国际认证力逐步提高，国际绿色电力消费倡议组织（RE100）已宣布无条件认可中国绿证。中国绿证被 RE100无条件认可，国内国际双循环打通，绿证市场需求打开，并且随着国内非补贴项目绿证的发展，国家绿证强制消费要求的发布，绿证价格上的竞争优势也将逐步提升。

3. 绿证或强制认购

目前我国绿证以自愿认购为原则，虽已出台《可再生能源电力配额及考核办法》，但由于配额制下的绿证交易仅规定了限期整改和列入不良信用记录、予以联合惩戒等较笼统的处罚后果，没有规定具体罚金，绿证交易的强制性较弱，企业与个人缺乏认购绿证的动力，绿证交易率较低。国际经验表明，配额制及绿证交易是促进可再生能源产业持续健康发展的重要手段，因此未来应进一步参考国际经验，发展自愿和强制并行的绿证交易市场，提升配额制与绿证交易结合的紧密程度，明确各地政府与市场主体的可再生能源消费责任，提高绿证交易积极性。

二、氢基能源市场

（一）氢基能源绿色认证概述

1. 氢基能源绿色认证的意义

在全球绿色低碳发展的背景下，氢、氨、甲醇等形式的氢基能源逐渐成为众多行业绿色转型的重要载体。来源于化石燃料的氢基能源已具备成熟的市场，主要是上下游的自由交易，而具有绿色属性的氢基能源现阶段生产规模仍较小，现阶段国际上对于绿色氢基能源的认证或者定义还处于探索的阶段。如何在全球范围内达成绿色氢基能源的共识，并统一认证标准是世界各国关注的焦点。部分国家、地区或组织正在推动绿色氢基能源的认证标准。

绿色氢基燃料的认证标准主要是针对绿色氢基燃料在生产、储运、利用等环节的排放情况进行规范和约束，确保氢基燃料在生产、储运和利用的过程中对环境的影响降到最低，支撑能源体系的转型升级，推动能源的可持续发展。

2. 国内外氢基能源的绿色认证标准

国际可再生能源署、欧盟、美国、日本、中国氢能联盟等对绿色氢基燃料进行了定义，如表7-5所示，但是选用的名词、标准、量化指标等存在显著差异。

表7-5　　　　　部分国家/组织绿色氢基燃料认证标准

项目	国家/组织	定义	参考依据	CO_2当量阈值
绿氢	欧盟	可再生氢整个生命周期的温室气体排放不得超过28.2g CO_2e/MJ	《Renewable Energy Directive》	3.4 $kgCO_2e/kgH_2$
	日本	低碳氢的碳排放强度低于3.4kg CO_2e/kgH_2，境外生产氢的碳排放要涵盖长途运输等全生命周期	《水素基本戦略（案）》	3.4 $kgCO_2e/kgH_2$
	美国	在生产场所每生产1kg氢，产生的二氧化碳当量不高于2kg，全生命周期二氧化碳当量不高于4kgCO_2e/kgH_2	《Clean Hydrogen Production Standard（CHPS）Guidance》	4.0 $kgCO_2e/kgH_2$
	国际可再生能源署	用可再生能源生产的氢能	《Green hydrogen: A guide to policy making》	
	中国氢能联盟	清洁氢和可再生氢的阈值为4.9kgCO_2e/kgH_2，同时可再生氢要求其制氢能源为可再生能源	《低碳氢、清洁氢与可再生能源氢的标准与评价》	4.9 $kgCO_2e/kgH_2$

项目	国家/组织	定义	参考依据	CO_2 当量阈值
绿氨	欧盟	基于可再生氢生产的氨	《Renewable Energy Directive》	
	日本	生产链（含制氢过程）的碳排放强度低于 0.84kgCO2e/kgNH3	《水素基本戦略（案）》	0.84 kgCO2e/kgNH3
	国际绿氢组织	使用绿氢和100%或接近100%的可再生能源生产的氨，温室气体排放量接近于零	《The Global Standard for Green Hydrogen and Green Hydrogen Derivatives》	0.3 kgCO2e/kgNH3
	国际可再生能源署和氨能协会	利用可再生能源生产的氢和空气中分离的氮生产的氨	《Innovation Outlook: Renewable Ammonia》	
绿甲醇	国际可再生能源署	可使用可再生能源和可再生原料通过两种途径生产可再生甲醇：由生物质生产的生物甲醇；使用从可再生资源（碳捕获和存储［BECCS］和直接空气捕获［DAC］的生物能源）中捕获的 CO_2 和绿氢（即可再生能源发电生产的氢气）生产的绿色甲醇	《创新场景：可再生甲醇》	
	欧盟	在短期内，利用已计入欧盟排放交易体系，在工业中捕集获得的二氧化碳制备的甲醇可以暂认为可再生甲醇	《Renewable Energy Directive（REDII）》	3.4 kgCO2e/kgH2

3. 氢基能源的绿色认证主要标准

根据部分国家和组织关于绿色氢基能源的认证标准来看，各国选取的参考依据并不统一，主要有生产原料来源、全生命周期的碳排放阈值等指标。此外，各国对氢基能源的术语也存在多种定义，如可再生氢、低碳氢、清洁氢、绿氢、可再生氨、低碳氨、可再生甲醇等。

（二）国内氢基能源市场发展现况

我国对绿色氢基能源的认证还没有官方机构或者权威组织的统一标准和定义，但是在市场和政策的双重驱动下，我国的氢基能源市场发展前景巨大，亟需制定国家的绿色氢基能源标准，支撑氢基能源产业的发展。

2022年上海市提出了建设全国性氢交易所，印发了《关于支持中国（上海）自由贸易试验区临港新片区氢能产业高质量发展的若干政策》的通知，支持国内氢能龙头企业、碳交易专业平台机构等在临港新片区联合建设氢能交易平台。2024年上海环境能源交易所、上海临港绿创经济发展有限公司、国家能源集团氢能科技有限责任公司、上港集团能源（上海）有限公司联合签署合作备忘录，将在中国（上海）自由贸易试验区临港新片区合作建设上海市氢基绿色能源交易平台，打造集绿氢、绿氨、绿色甲醇等绿色氢基能源交易证书、数据、金融一体化的交易服务平台。该平台首先立足于国内开展绿色氢基能源交易，待交易经验成熟后，将推动全球合作，建成国际化的绿色氢基能源交易中心。

在发展氢基能源的过程中，发挥碳市场价格机制，推动氢基能源与碳市场深度融合，加速推动规模化、经济高效、安全的氢基能源产业发展。在探索建设全国性的氢基能源交易所过程中，也需要加快推进氢基燃料交易的相关标准以及规模氢基能源的交易模式、交割方式、交易主体、准入资格、安全监管等。此外，氢基能源交易也需要与电力交易、碳交易紧密联动，发挥市场机制对能源体系清洁转型的调节与优化作用。

与传统的化石燃料相比，氢基燃料的价格仍比较高，愿意为氢基燃料的绿色溢价买单的用户仍较少。当前绿色氢基燃料的市场主要在欧盟，碳税的力度并不足以让大多数企业自发选择氢基燃料，仅有少数企业通过签署订购协议的方式进行氢基燃料的交易，短期内氢基能源交易市场和平台仍难以建立。

（三）国内氢基能源市场发展趋势

1. 氢基能源认证标准体系将不断完善

未来的绿色氢基能源发展市场前景广阔，当前相关绿色认证标准仍以欧盟标准为主，我国的氢基能源产品全生命周期的碳排放核查、认证标准体系仍不完善。但是，我国是现阶段全球唯一具备绿色氢基能源产业链发展优势，可通过大规模开发应用解决氢基能源技术难题的国家，依托当前在建、规划建设中数量众多的氢基能源项目，氢基能源生产、储运、利用等全产业链环节涉及的相关标准体系将逐步建立和完善。

2. 氢基能源市场与碳市场融合发展

氢基能源具有商品交易与气候金融双重属性，其气候金融属性可以通过碳市场交易价值体现，碳价值的激励有助于降低绿色氢基能源的生产成本，促进其规模化发展。因此，氢基燃料能够助力能源体系脱碳，碳交易又给氢基燃料提供绿色价值，两者的交易市场可融合发展，助力能源体系的清洁转型。

3. 氢基能源市场国际化合作更加广泛

应对气候变化需要全球性的行动，加强与其他国家和地区的交流与合作，共同推动绿色氢基能源认证标准的制定和实施，建立起全球氢基能源交易市场，将有助于全球可持续发展。

三、碳市场

全球气候变化问题日益严峻，各国政府、国际组织和社会各界对于减少温室气体排放、促进低碳经济发展的需求日益迫切。1997 年《京都议定书》达成，在法案框架下，市场机制成为解决温室气体减排问题的新路径，碳权市场逐渐成为实现减排目标的重要政策工具。

（一）碳市场体系概述

1. 碳市场的定义

碳市场指碳排放权交易市场，是为了利用市场手段控制和减少温室气体排放，降低温室气体减排成本，推动绿色低碳发展，应对气候变化，交易主体按照有关规则开展的温室气体排放权（排放配额）和项目减排量及其期货的交易活动。

碳市场通常包括两种类型：① 强制碳配额交易市场。基于法律或政策规定，对温室气体排放总量进行限制，并将其转化为单位排放额分配至受管控的重点排放单位，通过允许重点排放单位间进行交易的方式，企业根据自身排放情况，需要购买或出售排放配额以满足规定的排放限制。② 自愿碳交易市场。企业或个人基于社会责任、品牌建设或对未来环保政策变动的预期，自愿进行温室气体排放量的交易。

碳市场的供给方可能包括项目开发商、减排成本较低的排放实体、国际金融组织、碳基金、各大银行等金融机构、咨询机构、技术开发转让商等；需求方则包括履约买家，即减排成本较高的排放实体，以及出于企业社会责任或准备履约进行碳交易的自愿买家，如企业、政府、非政府组织、个人等。

2. 国内外主流碳市场介绍

截至 2024 年底，全球共有 36 个碳市场体系正在运行，这些地区 GDP 占全球GDP 的 58%，覆盖排放量占全球碳排放总量的 18%，涉及全球将近 1/3 的人口。另有 14 个碳交易系统正处于不同的发展阶段。实施碳交易的地区逐步从发达国家拓展至发展中国家，从欧洲、北美拓展至拉美、东亚等地，对于高质量实现区域减排目标发挥着日益重要的作用。2024 年国际主要碳交易体系发展情况见表 7-6。

表 7-6　　　　　　　2024 年国际主要碳交易体系发展情况

碳交易体系	2024 年配额平均交易价格（美元/t）
欧盟碳市场	65
美国加州碳市场	40
新西兰碳市场	37
韩国碳市场	6.9

（1）欧盟碳市场，于 2005 年启动，是全球建立最早、最成熟、覆盖最多国家、涵盖最多行业的温室气体排放交易体系。减排目标为到 2030 年，在 2005 年的基础上减排 62%，2024—2027 年期间每年减少 4.3%，2028—2030 年期间每年减少 4.4%。覆盖了欧盟约 38% 的温室气体排放，纳入行业包括电力、热力、工业、航空及海上运输等行业。

（2）美国加州碳市场，于 2012 年启动，并于 2014 年 1 月与加拿大魁北克碳市场正式链接，为跨国区域碳市场链接提供了宝贵经验。减排目标为到 2030 年比 1990 年排放水平减少 40%；2045 年实现碳中和，并且比 1990 年排放水平减少 85%。覆盖了加州 75% 的温室气体排放，纳入行业包括工业、电力、建筑、交通等。

（3）新西兰碳市场，于 2008 年启动，是大洋洲唯一正在运行的碳市场，覆盖了新西兰温室气体排放总量的一半左右。减排目标为 2030 年较 2005 年减少 30%，到 2050 年实现碳中和。覆盖行业最广，包含了电力、工业、建筑、交通、国内航空、废物处理、林业以及农业在内的 8 个行业。

（4）韩国碳市场，于 2015 年启动，是东亚首个全国性的强制性排放交易计划，涵盖了韩国全国 GHG 排放量的约 74%。减排目标为 2030 年比 2018 年的排放量至少减少 35%，到 2050 年实现碳中和。覆盖 6 个部门，包括热力和电力、工业、建筑、交通、废物和公共部门。

从全球范围来看，碳交易作为重要的市场化减排工具，受到越来越多的关注，碳市场覆盖的排放体量增长明显，碳价呈现整体上涨趋势。实施碳交易的地区逐步从发达国家拓展至发展中国家，从欧洲、北美拓展至拉美、东亚等地。更多的区域将碳市场减排目标与宏观减排目标绑定，碳市场对于区域减排目标的高质量实现发挥了日益重要的作用。

（二）国内碳市场发展现状

近年来，我国碳排放权交易市场建设稳步推进。2011 年 10 月在北京、天津、上海、重庆、广东、湖北、深圳等地启动地方碳排放权交易市场试点工作。2016 年中共中央办公厅、国务院办公厅印发了《国家生态文明试验区（福建）实施方案》，明确支持福建省深化碳排放权交易试点，出台碳排放权交易实施细则，设立碳排放权交易平台，开展碳排放权交易，福建成为第八个碳排放权交易试点。2017 年 12 月启动全国碳排放权交易市场建设，2020 年全国碳市场正式开始配额分配制度，2021 年 7 月全国碳排放权交易市场正式上线交易，成为覆盖碳排放量最大的交易体系。上线交易以来，全国碳排放权交易市场运行整体平稳，年均覆盖二氧化碳排放量约 51 亿 t，占全国总排放量的比例超过 40%。截至 2024 年 1 月，国家核证资源减排量（CCER）市场重启。截至 2024 年底，全国碳排放权交易市场累计成交量约 6.3 亿 t，成交额约 40.33 亿元。2024 年 1 月，国家核证资源减排量（CCER）市场重启。至此，由全国碳排放权交易市场（强制碳市场）和全国温室气体自愿减排交易市场（自愿碳市场）共同构成完整的全国碳市场体系，已形成全国性市场与 8 家试点市场共存的市场体系。

全国碳市场纳入行业目前只有发电；纳入门槛是年度温室气体排放量达到 2.6 万 t CO_2e；配额分配方式：以免费分配为主，适时引入有偿分配；抵消机制为国家核证自愿减排量（CCER），抵消比例不得超过应清缴碳排放配额的 5%。交易方式包括协议转让、单向竞价或者其他符合规定的方式。其中，协议转让包括挂牌协议交易和大宗协议交易。目前已经顺利完成了两个履约周期，第一个履约周期是 2019—2020 年，第二个履约周期是 2021—2022 年。2023 年全国碳市场碳排放配额（CEA）交易呈现持续活跃的态势，量价齐升，碳市场发现机制作用逐步显现。

地方试点碳市场政策不断推陈出新，整体运行平稳，各市场纳入行业较多。2023

年从价格水平来看，北京碳市场成交均价总体高于其他地方碳市场。广东碳价上半年小幅上升，下半年持续走低。上海、深圳碳市场成交均价稳中有升，年末与广东碳价趋同。湖北碳价缓步下跌。重庆碳价在第四季度显著上涨。天津、福建碳市场碳价相近，天津碳价略高。福建试点成交均价最低，总成交量在八个试点碳市场中最高。广东试点成交金额最高，成交量低于福建、湖北试点。重庆和天津碳市场全年交易并不活跃，但单日交易量相对较大（重庆线下交易量较大，天津竞价交易量较大）。上海碳市场 2023 年成交量及成交金额均低于其他地方碳市场。随着国家碳排放市场的扩大，预计地方试点碳市场将逐步纳入其中。

通过多年的实践，全国已经初步形成了要素完整的全流程制度框架，各责任主体分工进一步明确，支撑平台安全高效运转，碳排放数据质量大幅提高，碳价格发现机制初步形成，碳减排激励约束机制初显，全社会低碳意识大幅提升，共同推动低成本减排目标的实现。但与此同时，也有一些不足有待解决。一是交易活跃度不够、流动性不足。一方面，我国市场主体参与碳市场交易主要以履约为目的，市场化运行通道尚未畅通；另一方面，参与主体较为单一，从覆盖行业来看，试点碳市场以工业为主，全国碳市场初期仅纳入电力行业，尚有占全国碳排放 60% 的其他行业、企业暂未纳入全国碳市场统一管理。二是交易透明度、信息披露存在困境。虽然中国碳排放权交易网和试点网站在一定程度上对碳市场交易信息进行了披露，但是一些关键信息并未完全公开，CCER 交易信息透明度仍然偏低，不利于引导市场预期和市场定价功能的充分发挥，也不利于市场监管。

（三）国内碳市场发展趋势

1. 覆盖范围进一步扩大

未来中国碳市场覆盖的行业将包括石化、化工、建材、钢铁、有色、造纸、电力、民航等主要碳排放行业。2024 年政府工作报告指出，要"扩大全国碳市场行业覆盖范围"，随着水泥、钢铁等其他高碳排行业逐步被纳入全国碳市场，重点排放单位的碳排放量将覆盖我国全部碳排放量的 80% 以上。

2. 配额分配机制进一步优化

配额"事后分配"向"事先分配"转变，碳配额总量缩紧且有偿分配比例扩大。有机构预计全国碳市场将于 2024 年起在发电行业首先引入配额有偿竞拍机制，初期竞拍比例为 5%～8%，并逐步提高该比例。同时完善配套制度标准，明确配额拍卖形式、成交规则、准入规则、实施平台、拍卖频次等要点，并逐步建立基金库将拍卖所得用于支持企业碳减排、碳市场调控和碳市场建设等方面。

3. CCER 需求量将大幅增加

CCER 方法学和项目审批的重启，第一批仅公布的 4 个方法学类型，符合要求的项目类型有限，且新的 CCER 项目开发周期较长，预计短期内 CCER 将处于供不应求状态。2025 年 1 月 3 日生态环境部联合有关部门正式发布低浓度瓦斯和风排瓦斯利用、公路隧道照明温室气体自愿减排（CCER）项目方法学。这成为继首批造林碳汇、并网光热发电、并网海上风力发电、红树林营造等 4 项 CCER 项目方法学之后的第二批发布。碳市场在纳入更多行业和交易主体后，预计会增加对于 CCER 的购买需求，推动 CCER 交易的发展。随着碳价的升高，CCER 价格预计将有上升趋势。

4. 加快与国际碳市场连接

中国将进一步加快与国际碳交易体系间的政策对接，提升碳定价能力，增强在国际碳市场中的活跃度和竞争力。开展企业碳排放的实时监控试验，促进监测、报告与核查、配额分配方法等相关技术、方法、标准与国际规范接轨，实现数据互认互通；此外，还将加强与国际碳市场发展趋势跟踪研究，优化国内温室气体自愿减排管理体系；同时，推动国家核证自愿减排量（CCER）的国际交易，实现与国际碳市场的有效对接。

第八章

新型能源体系下工程建设的市场机遇分析

第一节 发 展 现 状

一、煤炭

（一）煤炭供需基本情况

我国原煤产量自 2017 年以来实现持续增长。2024 年我国原煤产量 47.8 亿 t，同比增长 1.2%。根据 2024 年初统计数据，全国煤矿数量已由 1 万多处减少到 4300 处左右，大型化、现代化、智能化煤矿逐渐成为煤炭生产主体，其中，年产 120 万 t 及以上的大型煤矿产量占比在 85% 以上，比 2020 年提高 5 个百分点。截至 2024 年，已建成年产千万吨级煤矿 82 处，核定产能 13.6 亿 t/年，比 2020 年增加 30 处，增加产能 5.4 亿 t/年；年产 30 万 t 以下小型煤矿产能的比重下降至 1% 以下。国内煤炭自给率超过 90%，为工业和民生用能提供了有力保障。2024 年我国煤炭进口量为 54269.7 万 t，同比增长 14.4%。

自 2017 年以来，我国煤炭消费量逐年上升，但随着国内能源消费结构转型的推进，煤炭消费在能源消费结构中的比重大幅下降。根据国家统计局数据，2024 年全国能源消费总量为 59.6 亿 tce，煤炭消费量 31.7 亿 tce，煤炭消费量同比增长 1.7%，较 2015 年上升 21.3%；2024 年煤炭消费量占能源消费总量比重为 53.2%，同比下降 2.1 个百分点，较 2015 年下降约 10.8 个百分点。2015—2024 年全国煤炭消费情况见图 8-1。

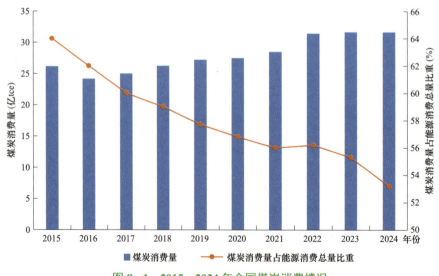

图 8-1 2015—2024 年全国煤炭消费情况

（二）煤炭生产消费布局

1. 煤炭生产布局

我国煤炭资源分布区域极不平衡，生产和消费空间格局存在很大错位，总体上呈西多东少、北富南贫的特点。我国煤炭储量排名前四的省（区）为山西、陕西、内蒙古和新疆，四省（区）煤炭储量之和约占全国的七成。西部越来越成为生产重心，资源丰富，开发潜力大；中部地区和东北部地区开发强度大，接续资源多在深部；东部地区开发历史长，资源面临枯竭。

煤炭生产集中度持续提高。2024 年，全国 23 个产煤省（区）中，原煤产量超亿吨的省（区）共有 8 个，分别为内蒙古、山西、陕西、新疆、贵州、安徽、河南、宁夏，产量合计约为 43.5 亿 t，占全国产量的 90%以上。晋陕蒙新四省（区）作为我国煤炭净调出地区，煤炭产量共计 38.86 亿 t，占比超过 80%。新疆煤炭资源储量丰富，近年来产能规模持续增加，成为我国未来最具开发潜力的地区。

2. 煤炭消费分布

从消费行业分布看，电力、钢铁、建材、化工是主要耗煤行业。2024 年，我国电力行业耗煤占煤炭消费总量的 63%，钢铁行业耗煤占煤炭消费总量的 15%，化工行业耗煤占煤炭消费总量的 8%，建材行业耗煤占煤炭消费总量的 6%。2024 年我国分行业煤炭消费占比见图 8-2。在我国经济增速下降、新能源装机比例持续提高、工业和居民用电需求整体上升等因素的综合影响下，预计电煤消费占比在中短期内仍将维持在六成左右。

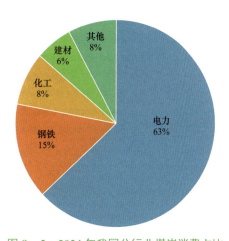

图 8-2　2024 年我国分行业煤炭消费占比

从煤炭消费区域看，近年来我国煤炭消费需求集中在经济较发达的东南沿海地区和工业较发达的北方地区，约占全国煤炭消费总量的 60%。随着大型煤化工、特高压输变电项目以及铝基、硅基新材料制造等项目的建设，西北地区等煤炭主产区煤炭就地转化率提高，煤炭消费比重逐年上升。西南地区受制于水电出力不足情况，煤炭消费比重提高到 8%以上。

（三）煤炭供需匹配情况

我国相对富煤、贫油、少气的资源禀赋条件决定了煤炭在我国的主体能源地位，但我国煤炭开发供给的不均衡性和煤炭需求的不确定性给能源安全和稳定供给带来了巨大挑战，煤炭供需的区域性失衡局面加剧、煤炭需求季节性波动和时段性紧张局面加剧。

根据中国煤炭市场网数据，从煤炭消费时段分布看，我国煤炭消费高峰主要集中在冬季和夏季。以 2024 年为例，我国电力行业商品煤消费存在季节性波动，春秋季消费量较低，夏冬季消费量高，两者商品煤月消费量最高差距 0.8 亿 t。全国冬季供暖、夏季制冷以及经济活动用电是煤炭消费量波动的主要原因。2024 年我国主要耗煤行业商品煤炭消费量见图 8-3。

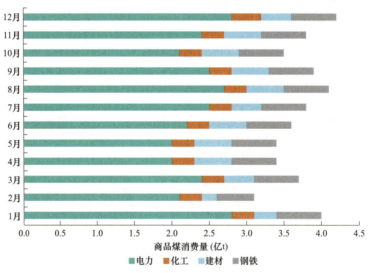

图 8-3　2024 年我国主要耗煤行业商品煤炭消费量

在煤炭运输方面，我国煤炭生产持续向西北地区集中，形成了煤炭消费地远离产地的煤炭供需格局，煤炭运输的重要性愈发突出。当前，我国煤炭运输以铁路运输为主，水路运输为辅，公路运输为补充。铁路运输对我国煤炭供应保障至关重要。水路运输以环渤海、长三角和珠三角为重点区域，三区域占比达到 90% 以上，主要保障东南沿海和长江中游煤炭供应。同时，作为补充和调节，我国从国外进口煤炭作为化工用煤和沿海城市电力用煤。

在煤炭储备方面，为保障国家能源供应安全，我国建立并完善了煤炭储备制度，推进国家、地方、企业三级储备体系建设，近年来在山西、内蒙古、新疆、河北等产煤省（区）以及湖南、湖北、江西等煤炭调入省（区），开展了煤炭储备建设。

未来我国煤炭产量主要集中在晋陕蒙新地区，调运布局将发生以下变化：煤炭调出省份主要集中在晋陕蒙新，煤炭调入省份主要集中在沿海地区、南部地区和东北地区；随着开发重心西移和北移，我国"西煤东运""北煤南运"的调运格局进一步突出，全国煤炭运输需求将逐步增加，长距离、大运量的煤炭运输任务将越来越繁重。

二、油气

（一）油气供需基本情况

近年来，伴随我国经济稳定增长，油气消费需求旺盛。2024年，我国石油消费量7.56亿t；天然气消费量为4261亿m³，同比增长8%。产量方面，围绕老油田硬稳产、新油田快突破、海域油田快上产，持续推动原油产量企稳回升，2022年国内原油产量重上2亿t，2024年增长至2.13亿t；天然气2024年产量达2465亿m³，连续8年保持百亿立方米增长。

我国油气进口量总体呈现递增态势。我国原油对外依存度已由2012年的56%攀升至2018年的70%，近几年一直维持在70%以上；天然气对外依存度也不断提升，由2012年的26%上升至2018年的43%，近几年一直维持在40%以上（见图8-4、图8-5）。随着我国经济持续稳步发展，油气需求量依然旺盛，对外依存度仍将保持高位震荡态势。

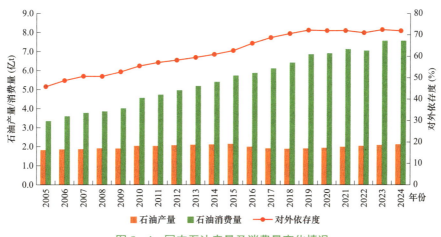

图8-4 国内石油产量及消费量变化情况

图 8-5　国内天然气产量及消费量变化情况

（二）我国油气资源分布及生产消费现状

1. 油气资源量及分布

我国常规石油地质资源量 1080 亿 t，其中，陆上约 792 亿 t，海上约 288 亿 t，此外，页岩油地质资源量约 283 亿 t。常规油主要分布在松辽、渤海湾（陆上）、鄂尔多斯、准噶尔、塔里木盆地及近海海域盆地；页岩油主要分布在松辽、渤海湾（陆上）、鄂尔多斯和准噶尔盆地。我国天然气地质资源量约 210 万亿 m^3，其中，常规天然气 78 万亿 m^3，致密气 22 万亿 m^3，页岩气 80 万亿 m^3，煤层气 30 万亿 m^3。常规气、致密气主要分布在四川、鄂尔多斯、塔里木盆地及近海海域盆地；页岩气主要分布在四川盆地；煤层气主要分布在鄂尔多斯、准噶尔和沁水盆地。

新型油气资源主要包括中低熟页岩油地下原位转化、富油煤地下原位热解、煤炭地下原位气化而形成的油气，这三类油气资源都是经过人工改质（如地下加热、燃烧等方式）使固态有机质发生轻质化转化而形成，是真正意义上的"人造油气藏"。

中低熟页岩油：原位转化的石油技术可采资源量约 700 亿～900 亿 t，天然气技术可采资源量约 65 万亿 m^3。中低熟页岩油资源主要分布在鄂尔多斯盆地和松辽盆地，两大盆地资源量占全国的 95% 以上，其中鄂尔多斯盆地资源量占全国总资源量的 60% 以上。

富油煤：煤炭资源量超过 5000 亿 t，通过热解可以采出石油资源量约 500 亿 t、天然气约 75 万亿 m^3。富油煤资源主要分布在陕西、内蒙古、宁夏、甘肃、新疆等五省（区），西部规划建设 5 处大型煤炭基地，富油煤分布区年产量超过 10 亿 t，占我国煤炭总产量的近 30%。

中深层煤炭气化：煤炭（埋深 1000～3000m）资源量约 3.77 万亿 t，主要分布在鄂尔多斯、准噶尔、塔里木、二连、海拉尔、松辽等含油气盆地中，按气化动用率 40%计算，可采出天然气（折合等热值甲烷测算）资源量 270 万亿～330 万亿 m³（暂不考虑煤阶及地表条件影响），约为常规天然气资源量的 3 倍，与非常规天然气（致密气、煤层气、页岩气、天然气水合物）资源量的总和基本相当，开发潜力巨大。

2. 我国油气生产及消费情况

我国石油天然气生产主要分布在黑龙江、辽宁、山东、陕西、内蒙古、新疆、四川、重庆、天津等省（区、市），油气企业围绕松辽盆地、渤海湾盆地、鄂尔多斯盆地、准噶尔盆地、塔里木盆地、四川盆地、柴达木盆地等主要富油气盆地，已陆续建成大庆油田、胜利油田、长庆油田等油气生产基地 30 余个。2024 年，国内油气产量当量首次超过 4 亿 t，连续 8 年保持千万吨级快速增长势头。全国建成松辽、渤海湾（陆上）、鄂尔多斯、四川、塔里木、准噶尔盆地及渤海、南海近海等多个年产超千万吨级油气产区。

石油消费中，汽油、煤油和柴油等成品油消费占我国石油消费的一半以上，其次是燃料油、液化石油气等；从消费领域看，工业、交通和居民三大领域是我国石油消费的主要构成部分，占石油消费总量的 85%左右。其中，工业、交通运输两大行业消费占比最大。天然气消费中，工业燃料和城镇燃气占比大，工业燃料占 43%、城镇燃气占 33%，其次是发电用气和化工化肥用气，占比分别为 17%、8%。沿海经济发达省份天然气消费基础较好，环渤海、长三角、东南沿海消费量占全国的 50%以上，广东是天然气消费量最大的省份，其次是江苏，此外，四川、山东、河北、北京天然气消费量也较大。

三、电力

（一）电力供需基本情况

1. 全国用电量现状

2024 年，我国全社会用电量为 98521 亿 kWh，同比增长 6.8%。分产业看，第一产业用电量为 1357 亿 kWh，同比增长 6.3%；第二产业用电量为 63874 亿 kWh，同比增长 5.1%；第三产业用电量为 18348 亿 kWh，同比增长 9.9%；城乡居民生活用电量为 14942 亿 kWh，同比增长 10.6%。

近年来，我国全社会用电量呈逐年攀升的态势。2019 年受新冠疫情的影响，全社会用电量放缓，2020 年增速低至 3.8%。随着经济复苏，2021 年全国用电量逐步回升，连创新高，见图 8-6。

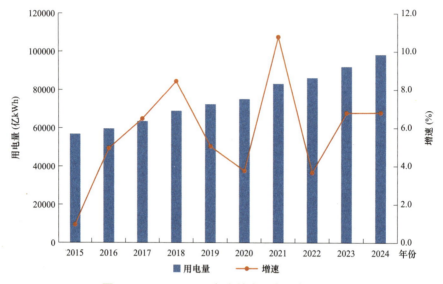

图 8-6　2015—2024 年全社会用电量变化情况

我国深入推进脱贫攻坚和乡村振兴战略，电力企业积极助力乡村振兴，完善乡村电力基础设施，推动农业生产、乡村产业电气化改造，第一产业用电量保持增长态势。自新冠疫情防控结束后，服务经济运行呈稳步恢复态势，第三产业用电量增速大幅上升。中国仍在经历从制造大国向制造强国的转变过程中，工业在国民经济各行业中的基石地位不可撼动，用电量与经济增速之间的相关性依然显著。

2. 全国电力装机现状

截至 2024 年底，全国发电装机容量达 33.5 亿 kW，同比增长 14.6%。从电源装机结构来看，火电装机占比持续下降，2023 年火电（包含天然气发电和生物质发电）装机占比首次低于 50%，风电和太阳能发电装机不断增大。这一变化标志着我国能源结构正在发生重要的转变，即从以煤炭为主的能源结构向更加清洁、可持续的能源结构转变。2015—2024 年全国电源装机变化情况见图 8-7。

2024 年，全国发电量为 99129 亿 kWh，同比增长 6.7%，其中水电、火电、核电、风电、太阳能发电占比分别为 14.7%、61.7%、4.6%、10.3%、8.7%，其中可再生能源电量占比约 33.7%，较 2019 年提高约 6.7 个百分点。2019—2024 年全国发电量结构见图8-8。火电虽然仍是发电量的主体，但近年来火电发电量占比逐年下降，2024年火电利用小时数约为4400h。

图8-7 2015—2024年全国电源装机变化情况

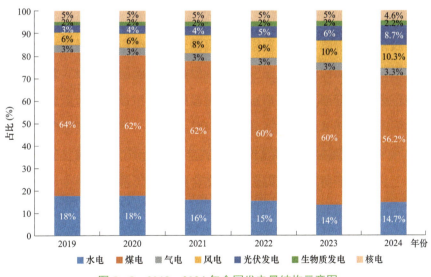

图8-8 2019—2024年全国发电量结构示意图

3. 全国历史电力供需平衡情况

"十三五"期间，我国电力供需形势总体平稳，"十三五"后期，电力供应由相对宽松、局部过剩逐步转向总体平衡、局部偏紧态势，2020年入冬以后，湖南、广西、广东等地在用电高峰时段出现了电力供需紧张的情况。进入"十四五"期间，电力需求保持中速刚性增长，2021—2023 年用电量年均增速 5.22%，电力供需形势总体趋紧，面临系统性硬缺电风险，主要集中在华北、华东、华中、南方等部分地区。

总体来看，从"十三五"到"十四五"期间，我国电力供需平衡面临新的挑战。虽然电力基础设施建设和技术水平不断提升，但随着经济发展和用电需求的增加，特别是在能源转型和低碳发展的背景下，如何协调新能源与传统能源，提升新能源的利用效率，优化电力供应结构，成为实现电力供需平衡的关键。

（二）电力生产和消费布局

1. 分区域电力装机现状

全国水电装机主要分布在南方和西南地区，占全国水电总装机的 52.4%；抽水蓄能电站主要集中在中东部及华南地区，占全国抽水蓄能总装机的 76.3%。风电装机较为集中分布在华北和西北地区。2023 年以来中东部及南方地区新增光伏装机有所提升，除东北和西南地区光伏较少外，其余地区光伏装机分布均匀。全国仅有东北、华东和南方地区存在小比例核电。气电主要集中分布在广东、浙江、江苏、北京、上海等经济发达的地区，装机合计占比 74%；除西南地区主要依靠水电作为电力供应的主要来源外，其他地区以煤电作为主力电源，这些地区煤电装机分布均匀。

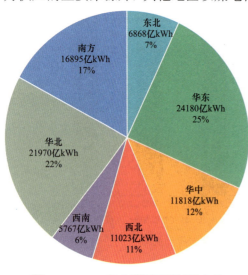

图 8-9　2024 年全国不同区域用电量

2. 分区域用电量现状

2024 年，东北、华东、华中、西北、西南、华北、南方区域全社会用电量分别为 6868 亿、24180 亿、11818 亿、11023 亿、5767 亿、21970 亿、16895 亿 kWh。从占比来看，经济发达的华东和华北地区用电占比最大，分别为 25% 和 22%；南方、华中和西北地区用电量占比分别为 17%、12% 和 11%；东北和西南地区用电量占比最小，分别为 7% 和 6%，如图 8-9 所示。

3. 分区域电力交换现状

目前，全国已形成以华北、东北、西北、华东、华中、西南、南方七大区域电网格局。截至 2023 年底，全国 330kV 及以上跨区跨省交流输电线路约 194 条，线路长度约 34843km；直流输电线路（含背靠背）约 43 条，线路长度约 55900km，直流背靠背工程 3 项。

华北地区已建成"两横三纵一环网"交流特高压主网架，地区内以内蒙古西部电网、山西电网为送端，以京津冀鲁区域为受端负荷中心，形成西电东送、北电南送的送电格局。

东北电网目前已发展成为北与俄罗斯直流背靠背联网、南部和西部分别与华北电网直流背靠背和直流特高压联网、自北向南交直流环网运行的区域性电网，500kV 主网架已经覆盖东北地区的绝大部分电源基地和负荷中心。

西北电网形成了以甘肃电网为中心的坚强 750kV 主网架，新疆、陕西、宁夏电网通过 12 回 750kV 线路与甘肃电网相连，青海电网通过 7 回 750kV 线路与甘肃电网相连。

华东地区围绕长三角形成 1000kV 网架，并向南延伸至福建，省间联络通道电压等级为 1000kV，上海、江苏、浙江、安徽、福建均已形成较强的 500kV 主网架。

华中东四省电网目前已建成以三峡外送通道为中心、覆盖豫鄂湘赣四省的 500kV 骨干网架，河南通过 1000kV 南荆线、4 回 500kV 线路与湖北电网相连，湖南、江西均通过 3 回 500kV 线路与湖北电网相连，湖南通过 2 回 1000kV 长沙至南昌线路与江西电网相连。

西南电网目前已建成以川渝电网为中心，涵盖川渝藏三省（区、市）的 500kV 主干网架，川藏、川渝间分别建成 2 回、6 回 500kV 联络线。

南方电网以云南、贵州为主要送端，广东、广西为主要受端，形成了"八交十一直"的西电东送主干网架，继续维持云南电网与南方电网主网异步运行。

四、储能

（一）市场发展情况

我国储能产业正处于蓬勃发展期，储能作为构建新型电力系统不可或缺的一环，其战略地位日益凸显，技术进步与成本下降的双重利好，正加速储能技术的商业化进程。

从新增装机来看，2024 年全球新增投运电力储能项目装机规模约为 82.7GW，同比增长 59%；其中，我国新增规模最多，占比接近 59.1%。从累计装机规模来看，截至 2024 年底，全球全部投运的电力储能项目累计装机规模达到 372GW，年增长率为 28.6%；其中，我国全部已投运的电力储能项目累计装机规模 137.9GW，占全球市场总规模的 37.1%。我国在全球储能市场的份额越来越大，主要得益于我国在储能技术研发、生产制造、市场推广等全方面的进步。

随着我国储能产业的快速发展和生产工艺日益成熟，相关产业链也在不断完善和优化，使得储能系统的生产成本得以降低。同时，随着我国储能市场规模的不断扩大，规模效应使得单位产品生产成本进一步降低。以全球电化学储能系统成本为例，2024 年全球交钥匙储能系统的容量加权均价为 165 美元/kWh，我国价格比均价低 38.8%。

（二）典型储能类型装机现状

1. 抽水蓄能

抽水蓄能电站建设在我国的发展历程可追溯至 20 世纪六七十年代，以 1968 年冀南电网在岗南水电站加装的 1 台 11MW 进口可逆式抽水蓄能机组为起点，这标志着我国第一座混合式抽水蓄能电站的诞生。随后的 1980—1985 年期间，我国选出了第一批大型抽水蓄能电站站址，并在 20 世纪 90 年代后陆续批准并开工了广州、十三陵等大中型抽水蓄能电站。这些电站的建成投产，代表着我国抽水蓄能电站建设从初期的低水头、小装机、混合式开发，逐步迈向了高水头、大装机、纯抽水蓄能开发的新阶段。

进入 21 世纪，我国抽水蓄能电站建设显著进步。截至 2024 年底，我国抽水蓄能电站的装机容量已达到 58690MW。其中，天荒坪、西龙池、阳江以及丰宁等抽水蓄能电站的建设，不仅展示了我国在高水头、大装机抽水蓄能电站建设方面的实力，更标志着我国在这一领域的设备制造和电站建造已处于世界领先水平。其中，丰宁抽水蓄能电站以其 3600MW 的总装机容量和 38900MWh 的总蓄能量，成为世界规模最大的抽水蓄能电站，进一步彰显了我国在抽水蓄能技术方面的卓越成就。

2. 压缩空气储能

压缩空气储能作为一种重要的储能技术，在我国近年来发展迅速，已走在世界前列。中国科学院工程热物理研究所在 2009 年便提出了超临界压缩空气储能技术，并在随后几年完成了从原理样机到示范系统的建设。2012 年由清华大学牵头，联合中国电力科学研究院和中国科学院理化技术研究所，在国家电网支持下展开工程实践，并于 2014 年在安徽芜湖试点装机了国内首个非补燃技术 500kW 的压缩空气储能电站，该电站同时也是国内首个并网运行的压缩空气储能电站。

进入 2017 年后，我国压缩空气储能技术迎来了重要突破。贵州毕节 10MW 压缩空气储能示范平台的建成与调试，标志着我国在大规模压缩空气储能技术上取得了显著进展。2021 年河北省张家口建成的国际首套百兆瓦先进压缩空气储能国家示范项目，以及 2022 年江苏金坛盐穴压缩空气储能国家试验示范项目的成功商运，都展示了我国在压缩空气储能领域的领先实力。这些项目的系统设计效率高达 70%以上，具有绿色环保、规模大、成本低、效率高等显著优点。

2024 年，我国压缩空气储能实现了跨越式增长，新增投运规模 120MW，累计装机规模 183.5MW，充分显示了我国在压缩空气储能领域的迅猛发展态势。目前，仍有多个压缩空气储能项目正在建设或规划阶段，预示着该领域将持续蓬勃发展。

3. 储热

蓄热储能可以有效缓解可再生能源的间歇性特性，提高能源系统的运行效率，促进节能减排，具有重大的应用价值。熔盐储热技术是目前应用较为广泛的一类长时储能技术，规模有望实现跨越式增长。根据共研产业研究院数据，2024 年我国熔盐储能累计装机容量可达 700MW。目前，熔盐储热技术有 5 大典型应用场景，即光热发电、清洁供热、移动储热供热、火电灵活性改造、综合能源服务（与光伏、风电、核电等配套）。熔盐储能相比于其他储能技术，系统结构简单，初始投资成本较低，熔盐介质盐易扩展、安全性高，具备长时储能优势。2023 年，光热发电配置熔盐储能开始爆发式增长，截至 2024 年，建成光热发电装机 838.2MW，其中熔盐塔式 481MW、熔盐线性菲涅耳式 166MW。

4. 重力储能

重力储能作为一种机械储能方式，以其 80%～85%的高能量转换效率、灵活的建站选址、优越的安全性和稳定性，在发电侧、用户侧、电网侧等多种场景中展现出优势。尽管目前重力储能在全球范围内尚未形成成熟的商业化项目，但其广阔的市场潜力不容忽视。

重力储能的发展历程大致可分为三个阶段。2019 年以前为技术探讨期，这一阶段提出了基于抽水蓄能、构筑物高度差、山体落差、地下竖井等多种技术路线，其中 Energy Vault Holdings，Inc.（简称 EV）率先提出了基于重力的混凝土砌块储能塔储能解决方案。2020—2021 年为技术实验期，这一阶段瑞士 5MW 商业示范单元完工并网，EV 推出二代技术模块和储能管理集成平台，Gravitricity 成功建造并运营了 250kW 的重力势能并网示范项目。2022 年以来，重力储能进入技术商用期，预计 EV 和 Gravitricity 的重力储能项目将率先落地商用，同时中国天楹子公司 Atlas 也获得了 EV 技术授权，用于推进江苏如东 100MWh 的重力储能示范项目建设。

随着储能市场的发展，对重力储能系统装备的需求将保持稳定增长。重力储能作为高端装备制造业的一部分，是高新技术引领的战略性新兴产业，处于价值链高端和产业链核心环节，是全球制造业竞争的焦点。"十四五"期间，我国将全面布局推进新型储能技术转型升级，为重力储能的发展带来了新的机遇。

5. 飞轮储能

我国飞轮储能行业起步较晚，2014 年我国第一台 200kW 工业化磁飞轮调试成功，2019 年我国飞轮储能的项目开始装机，2022 年拥有首台自主知识产权的兆瓦级飞轮储能装置。目前，我国飞轮储能主要集中在工业和电力系统中，用于频率调节、功率平衡和电能质量管理等领域。

近年来，我国新型储能相关政策密集出台，明确支持飞轮储能的产业化发展。2024 年初，国家能源局以公告形式正式发布的 56 个新型储能试点示范项目名单中包含宁夏灵武、山东蓬莱、湖北荆州等 3 个飞轮储能示范项目。

五、氢基能源

截至 2024 年，我国氢能相关企业数量超过 3600 家，相比 2020 年翻了一番。大型企业正在加快布局氢能业务，近半央企（48 家）、88 家上市公司开展氢能相关业务，覆盖制储输用全产业链。一批拥有关键技术的创新型中小企业加快涌现。截至 2024 年我国氢能企业共 70 余家进行了融资，氢能领域股权融资投资超过 100 亿元。从融资方向看，以氢能装备关键材料/零部件开发、氢燃料电池产业化为主。

电解槽市场竞争激烈，价格降幅明显。2024 年第二季度，碱性电解槽成交价格为 1.3～1.8 元/W，比 2022 年下降 15%～20%；PEM 电解槽价格为 7.0～10.0 元/W，比 2022 年下降 20%～30%。燃料电池汽车示范城市群建设推动我国纯氢价格下降，但下降幅度有限，截至 2023 年 12 月底，生产侧指数全国平均水平同比下降 5.0 元/kg，消费侧指数全国平均同比降低 6.0 元/kg。

目前全球绿氨、绿甲醇市场处于发展初期，建成的产能较少，我国仅有几个小规模示范项目建成运营。在"碳达峰、碳中和"战略背景下，我国绿氨、绿甲醇的发展潜力巨大。

六、能源数智化

（一）产业发展历程

推动数字技术与实体经济深度融合，赋能传统产业实现数字化、智能化的转型升级，是抓住新一轮科技革命和产业变革新机遇的战略举措。能源作为经济社会发展的基石，其与数字技术的融合发展，是推动我国能源产业基础高端化、产业链现代化的关键动力。

2002 年，电力市场改革正式启动，数字化技术开始广泛应用于电力生产、传输和分配，提高了能源系统的效率和可靠性。2011 年，国家智能电网示范工程启动，通过在电力系统中应用信息、通信等数字化技术，实现对电力需求、供应和传输的智能化管理与优化。2015 年，能源互联网被确立为战略方向，积极推进能源互联网建设。通过将能源系统与数字化技术相结合，实现能源的高效调度和分配。国内在这一领域进行了多个项目试点，推动能源的清洁生产、高效利用和跨区域交易。2022 年，发布《关于完善能源绿色低碳转型体制机制和政策措施的意见》，提出构建国家能源基础信息及共享平台，整合能源全产业链信息，推动能源领域的数字化发展。同时，各地政府和企业也积极部署数字能源产业的发展。2023年，发布《关于加快推进能源数字化智能化发展的若干意见》，旨在推动数字技术与能源产业的深度融合，加强传统能源与数字化智能化技术相结合的新型基础设施建设，释放能源数据要素的潜力。2024 年，国家能源局印发了《关于进一步加快煤矿智能化建设促进煤炭高质量发展的通知》，推进数智技术与煤炭产业深度融合，促进煤炭产业高质量发展。

目前，能源行业已迈入数字能源时代，信息流和能源流充分融合，形成一个能源云"操作系统"，连接能源生产和消费，促进各能源参与方的互联互通，实现真正意义上的互联网式双向交互。

（二）产业发展规模

党的十八大以来，中国数字经济步入快速成长期，规模由 2012 年的 11.2 万亿元增长至 2023 年的 53.9 万亿元，11 年间规模扩张了 3.8 倍；2024 年中国数字经济发展成效显著，数字经济规模将达 57 万亿元，其核心产业增加值占 GDP 比重达 10% 左右，如图 8−10 所示。近年来，能源重点企业对发展能源数字经济的投入不断增加，数字经济中能源行业的贡献度较高，数字能源行业的市场规模从 2015 年的 6544.2 亿元增长至 2022 年的 11051.5 亿元，年复合增长率达 7.8%，展现出强劲的增长势头。

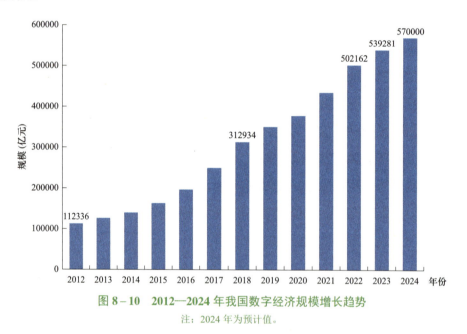

图 8−10　2012—2024 年我国数字经济规模增长趋势
注：2024 年为预计值。

能源数字经济增速预计高于数字经济增速，这主要取决于能源数字经济的发展会随着本行业和其他各行业数字化发展呈现倍增效应。受能源产业自身数字化转型及其他行业数字化转型的双重影响，能源数字经济的发展空间与潜力将大于其他行业。

能源数字化智能化的快速发展离不开国家层面出台的政策促进措施，在数字中国和"双碳"目标等国家战略的政策激励下，我国能源行业的数字化转型已经取得了显著进展。新成立的数字能源相关企业数量快速增长，大型能源企业也在积极推进数字化转型布局，通过引入先进的信息通信技术和智能化管理手段，提高了能源生产和管理的效率。数字能源行业市场规模的持续扩大，成为推动整个能源行业变革的重要力量。

（三）产业结构演进

20 世纪末，新能源革命的兴起推动了分布式发电、可再生能源电力和微电网等能源电力技术的研发，拉开了第三代电网发展建设的序幕。随着电力电子技术、信息通信技术和智能管理技术的发展和成熟，第三代电网为基础的能源互联网开始崛起，并逐渐迈向多元化发展阶段。

能源电力在第三代电网的基础上，不断向能源互联网方向拓展和丰富。能源互联网由智能发电、智能储能、智能电网、智能管理和服务、智能电力市场、智能用电六大板块组成，整体系统架构由电力基础设施、电力通信网络、前后端平台系统软件和智能终端应用四大体系构成。这种组成和结构推动了能源电力产业向智能化、综合化方向发展，同时也促使产业链的不断延伸。

能源电力产业上下游体系庞杂，企业集中度高。上游主要由国有发电集团主导，中游则由两大电网公司组成。两大电网公司不仅在输配售环节起到关键作用，还通过高集中度的网络优势，在创新服务和智能化升级方面进行了大量投入，形成了围绕电网公司为核心的生态服务体系。随着能源电力产业的不断发展，在企业内部创新服务体系的构建和外部生态服务商的支持下，不断衍生出新兴服务体系，主要集中在智能管理和服务、智能电力市场和智能用电等方面。

第二节　需　求　预　测

一、煤炭

（一）煤炭在新型能源体系中的作用

2021 年 12 月 8 日召开的中央经济工作会议提出，传统能源逐步退出要建立在新能源安全可靠的替代基础上；要立足以煤为主的基本国情，抓好煤炭清洁高效利用，增加新能源消纳能力，推动煤炭和新能源优化组合。

基于我国资源禀赋条件、开发难易程度、生产消费成本、运输储存条件等因素，煤炭仍是我国可清洁高效利用的最安全、最经济、最可靠的能源。煤炭占化石能源矿产资源已探明储量的94%以上，自然禀赋条件决定煤炭仍将是我国能源安全的稳定器和压舱石，是建设社会主义现代化强国的重要能源保障。

未来煤炭和非化石能源在能源消费结构中的比重将会呈现此消彼长的趋势。煤炭和非化石能源的战略迭代趋势分为以下四个阶段：

2025—2030年，该阶段非化石能源消费总量及其在能源结构中的占比稳步增加，煤炭消费保持稳定，发挥主体能源作用，但占比逐步下降，能源消费的增量逐步由非化石能源补足。

2031—2050年，非化石能源角色为替代能源，煤炭行业转向煤炭原料属性或多元化的转型发展。煤电加速"让路"新能源发电，非化石能源开始替代存量煤炭等化石能源。

2051—2060年，非化石能源定位为主体能源，煤炭定位转变为支撑能源。该阶段煤炭行业配合全国碳减排进程，完成新能源成为基础能源的"兜底"任务，同时基本实现产业转型。

2060年以后，非化石能源占比提升至80%以上，成为主体能源，煤炭作为应急战略储备能源仍然保持一定的存量，煤炭主要用于高端化工品和煤基新材料的原料。

（二）煤炭需求预测

煤炭需求预测受我国能源资源禀赋条件、经济发展阶段、能源结构调整力度、环保政策、技术进步等多种因素影响。众多科研机构对我国未来煤炭需求进行了预测，具有代表性的研究成果见表8-1。

表8-1　　　　　主要科研机构对煤炭消费预测及比较

来源	情景	单位	2025年	2030年	2035年	2060年
国家能源投资集团有限责任公司《中国能源展望2060》		亿t	32.5	32.7	30.4～31.23	
中石化经济研究院《中国能源展望2060》	安全挑战情景	亿t	30.6	29		3.8
	协调发展情景		30.5	28.75		2.85
	绿色紧迫情景		30.5	28.5		

续表

来源	情景	单位	2025 年	2030 年	2035 年	2060 年
全球能源互联网发展合作组织《中国 2030 年能源电力发展规划研究及 2060 年展望》		亿 t	27.6	25		
国务院发展研究中心资源与环境政策研究所《中国能源革命进展报告》		亿 t	22.5	24		
康红普、谢和平院士《全球产业链与能源供应链重构背景下我国煤炭行业发展策略研究》	煤炭发挥兜底保障作用情景	亿 t	28.6	26.3	24	6.3

　　基于我国能源资源禀赋和新能源的特性，考虑未来 CCUS 等重大绿色低碳技术的突破，煤炭在电力调峰、碳质还原剂、能源安全兜底保障、高端碳材料、特种燃料等方面发挥重要作用，从不同情景下预测煤炭需求。

　　在基准情景下，假设当前政策、经济和能源结构等因素保持不变，我国的煤炭消费量将继续维持高位。具体特征包括：我国经济持续保持较高增长，尤其是工业和电力行业对能源需求的增加，将继续推动煤炭消费；能源结构，尽管我国在努力推进能源转型，但煤炭在短期内仍然是主要能源来源，尤其是在能源安全方面，煤炭的基础性作用依旧存在；环境保护，在环保压力下，虽然会减少散煤使用，但不会对大规模工业用煤产生根本性影响。根据主要部门耗煤法，预测结果见表 8−2。

表 8−2　　　　　　基准情景下基于主要部门耗煤法的煤炭需求预测

行业	单位	2025 年	2030 年	2035 年	2050 年	2060 年
煤电	亿 t	30.2	31.2	26.5	8.4	6.6
钢铁	亿 t	7.4	7.0	6.5	2.8	2.1
建材	亿 t	2.9	2.8	2.1	1.4	0
煤化工	亿 t	4	4.7	4.5	3.6	2.8
其他	亿 t	3.2	1.5	1.4	0	0
合计	亿 t	**47.7**	**47.2**	**41**	**16.2**	**11.5**

　　在加速能源转型情景下，随着全球对气候变化关注加剧，我国能源政策加速向清洁能源转型，新能源发电在电力生产供应中的占比快速上升；同时，随着技术进步，能效提升将减少对传统化石能源的依赖，尤其是重工业和电力部门。我国未来

的电煤消费量预计将逐步减少，随着清洁能源技术的推广，政府对碳排放的管控力度加大。在此情景下，预计煤炭消费在 2030 年前后开始大幅下降至 40 亿 t 左右，到 2035 年有可能降至 35 亿 t 以下，甚至更低。

在应对极端条件情景下，如果国内经济增速明显加快，能源转型进展不顺，极端气候导致风光电供应中断，国际能源市场波动或供应链中断等不确定因素增加，我国可能增加对国内煤炭的依赖，煤炭消费量可能会反弹。煤炭消费在短期内可能回升到 45 亿 t 以上的水平，长期来看，煤炭使用仍会面临逐步减少的压力，但时间将被推迟。

综合来看，未来煤炭消费存在较大的不确定性，各种情景预测显示，煤炭消费将在短期内保持较高水平，但随着政策推动和技术进步，长期将呈现下降趋势。因此，碳中和目标实现进度、科技水平进步程度、经济发展速度等将是影响煤炭消费的关键因素。

（三）煤炭工程建设预测

预计在未来 5～10 年内，煤炭产业工程建设将集中在煤炭集疏运体系建设、煤矿智能化建设、新建煤矿、煤炭洗选建设等方面。

采煤沉陷区改造提升工程。对煤炭开采过程中形成的采煤沉陷区、独立工矿区等实施改造提升工程，改善生产生活条件，增强转型发展内生动力，促进资源枯竭型地区可持续发展。其中，山西晋北采煤沉陷区新能源基地项目于 2024 年 1 月 5 日在大同开工，总投资约 550 亿元。

煤矿智能化建设。推进数智技术与煤炭产业深度融合，进一步提升煤矿智能化建设水平，促进煤炭高质量发展。通过构建 5G＋的支撑技术体系，支撑煤炭产业的数字化转型，建设绿色智能开采、数字孪生的智慧矿山。煤矿智能化按照基于目标导向的煤矿智能化分类、分级建设范式与技术路径，因矿施策，重点推进大型煤矿和灾害严重煤矿智能化改造。

煤与新能源耦合发展。以煤炭绿色开发、新能源发电、智能电网、煤炭清洁转换、先进燃煤发电等领域为重点部署项目。例如，国家能源集团哈密能源集成创新基地基础设施建设项目建设包括煤、油、化、新能源、绿氢、CCS/CCUS 等一体化的现代综合能源项目，总投资 1700 亿元。

预计 2030 年我国煤炭开采与洗选行业的固定资产投资约为 5000 亿元，未来随着煤炭产量逐步下降而逐年下降。

二、油气

（一）油气在新型能源体系中的作用

短期看，油气仍是保障我国能源安全的关键资源。为保障国民经济稳定快速发展，交通和化工原料领域的石油需求量依然较大。近年来，电动车发展迅速，但仍存在电池续航短、充电慢、价格高、安全问题等痛点，短时间内难以完全替代石油。天然气在居民燃气、供暖和工业燃料领域用气量持续上升。未来 10 年，预计化石能源在新型能源体系中仍将占据较高比例，保障国内油气核心需求供应能力是这一时期建设新型能源体系的关键。

中长期看，石油逐步转向基础资源，天然气成为能源转型的过渡性能源。随着国内需求的持续下降，以及产供储销全产业链的清洁化发展、CCUS 等低碳技术发展，结合石油特有的燃料/原料转化属性、自身可储存性和基础设施规模，石油不仅成为新型能源体系中兼具安全高效、清洁低碳属性的基础性能源，也是极端情况下应急保供的关键能源。此外，石油作为原料创造的经济价值是作为燃料的 1.6倍，可以预见，伴随交通运输业电气化程度的不断提升，石油在工业原料和基础材料方面将发挥更大作用。从中长期看，石油将逐步回归原料属性。天然气在新型能源体系中将充分发挥低碳、灵活和高度适配的优势特点，能够加速完善新型能源体系的功能需求。特别是气电较煤电环保优势明显，且具有启停快、爬坡速率快、调节性能好等特点，不仅能改善间歇性、随机性可再生能源大规模接入带来的电网安全问题，也能解决大型煤电机组深度调峰中能效降低和排放增加的问题。从中长期看，天然气将作为支撑电力系统灵活性的"最佳伙伴"，进一步提升能源系统的安全高效运行。

（二）油气需求趋势预测

立足我国基本国情和发展阶段，综合考虑经济发展、能源安全及可再生能源对化石能源的平稳有序替代，对我国油气需求进行预测。我国原油需求达峰早、下降快，天然气需求达峰晚、降速缓，但未来不同发展阶段，油气在我国能源体系中的定位各有侧重。

1. 石油需求趋势预测

石油需求中短期缓慢增长，2030 年达峰后明显回落。中短期内，我国石油消费仍将持续增长，交通用油仍有增长空间，化工用油发展潜力大。未来，随着交通用油减少，石油将回归原料属性，见图 8-11。2021—2030 年，在全球贸易和化工需求的强劲推动下，我国石油消费保持增长，2030 年左右达峰，峰值约 7.8 亿 t；2031—2050 年，交通运输电动化转型不断推进，交通用油持续下降，化工用油保持稳定，2050 年石油消费量约 3.8 亿 t；2060 年石油消费量降至约 2.3 亿 t，化工用油成为消费的主力。

图 8-11 我国石油消费趋势

2. 天然气需求趋势预测

天然气是我国能源体系由高碳向低碳、零碳转型的重要抓手，预测中长期内消费将快速增长，见图 8-12。2035 年天然气消费量约 6000 亿 m^3，2040 年前达峰，峰值近 6500 亿 m^3，2036—2050 年间预计调峰发电用气是主要增长来源。2051—2060

图 8-12 我国天然气消费趋势

年，随着取暖、工业用气电力替代，天然气消费平稳下降，2060 年降至约 4000 亿 m^3。在长时储能技术和经济性未获突破前，气电作为调峰电源，在城市供电安全保障中将起到重要作用。

三、电力

（一）用电量和负荷预测

我国大力推动乡村基础设施建设和现代设施农业，预期第一产业用电量将快速增长。高载能行业在绿色低碳技术改造下用电量将保持低速增长。新型工业化战略将促进非高载能第二产业快速发展。服务业经济的恢复和新型城镇化的推进将带动第三产业和居民生活用电量的快速增长。全社会用电量预计将从 2020 年的 75214 亿 kWh 增加到 2025 年的 104118 亿 kWh、2030 年的 133000 亿 kWh，以及 2035 年的 165000 亿 kWh。2020—2025 年的年均增长率为 6.7% 左右，2025—2030 年为 5.0% 左右，2030—2035 年降至 4.4% 左右，全社会用电量增速逐步放缓，见图 8-13。

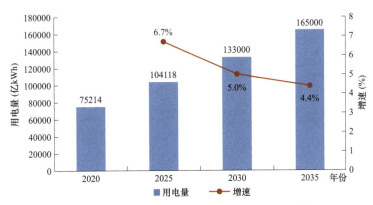

图 8-13　2020—2035 年全社会用电量变化趋势

（二）电源规模预测

预计到 2030 年，我国电源总装机容量 52.3 亿 kW，其中水电、火电、风电和光伏发电装机比例分别为 12.9%、34.3%、19.9% 和 30.6%，风电和光伏发电总装机比例超过 50%；到 2035 年，我国电源总装机容量 64 亿 kW，电源结构进一步优化，水电、火电、风电和光伏发电装机比例分别为 14.1%、29.1%、21.4% 和 32.8%，风电和光伏发电总装机比例增加至 54.2%，形成水火风光储多能协同的格局，见

图 8－14。

图 8－14　2023—2035 年我国电源装机变化趋势

（三）西电东送形势

从全国电力流向可以看出，未来华中、华东、西南和南方地区是我国主要的负荷中心，也是接受外来电力的主要受端。未来我国能源生产重心将进一步西移和北移，需求重心从东中部区域扩大到西南、南方区域，能源流向仍将保持由北向南、由西向东的基本特点。截至 2024 年底，我国共建成投运 42 项特高压工程，其中国家电网建成投运 22 项交流特高压、16 项直流特高压，南方电网建成投运 4 项直流特高压，"西电东送"通道建设稳步推进。

根据《"十四五"电力发展规划中期评估和滚动调整意见》，我国"西电东送"通道将在"三交九直"工程基础上，新增 5 项开工建设项目和 5 项提前储备项目。

为保障中东部地区绿色电力需求，我国积极推进沙漠、戈壁、荒漠大型风电光伏新能源基地项目。随着我国第一批沙戈荒新能源基地顺利推进，库布齐、腾格里等近负荷中心、网架较坚强、开发条件较好的基地已基本开发完毕，后续沙戈荒新能源基地开发重点区域将向巴丹吉林、塔克拉玛干、库木塔格、天山北麓等西部沙漠地区转移。

预计到 2030 年，规划建设风光基地总装机容量约 4.55 亿 kW，其中库布齐、乌兰布和、腾格里、巴丹吉林沙漠基地规划装机容量 2.84 亿 kW，采煤沉陷区规划装机容量 0.37 亿 kW，其他沙漠和戈壁地区规划装机容量 1.34 亿 kW。其中，"十四五"时期规划建设风光基地总装机容量约 2 亿 kW，包括外送 1.5 亿 kW、本地自用 0.5 亿 kW；"十五五"时期规划建设风光基地总装机容量约 2.55 亿 kW，包括外送 1.65 亿 kW、本地自用 0.9 亿 kW。预计"十五五"期间，我国还将新增 10 条以上外送通道。

四、储能

结合全国各省（区、市）储能类电源建设条件，从满足电力系统保供、新能源消纳两个维度，对全国各省（区、市）储能配置需求进行研究分析：

预测 2025 年全国储能总规模 2.21 亿 kW，其中新型储能 1.51 亿 kW、抽水蓄能 0.7 亿 kW，新能源消纳率 88.4%；2030 年全国储能总规模 5.47 亿 kW，其中新型储能 3.03 亿 kW、抽水蓄能 2.44 亿 kW，新能源消纳率 89.8%；2035 年全国储能总规模 8.52 亿 kW，其中新型储能 4.13 亿 kW、抽水蓄能 4.39 亿 kW，新能源消纳率 91.5%；2060 年全国储能总规模将超过 12 亿 kW，其中抽水蓄能受站址资源约束于 2035 年后增速将放缓，新型储能占比将不断增加。

根据中电碳中和发展研究院研究预测，到 2035 年抽水蓄能比例仍将稳定上升，2030 年、2035 年抽水蓄能和新型储能占比如图 8-15 所示。

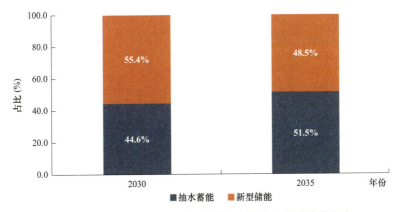

图 8-15 2030 年和 2035 年全国抽水蓄能和新型储能占比

新型储能中，电化学储能占比从 2025 年的 90% 以上逐渐下降到 2035 年的 75%，仍占主导地位；压缩空气储能占比从 2025 年的 5% 提升至 2035 年的 12%，是未来新型储能占比第二高的类型，且可能替代规划外抽水蓄能装机，有进一步提高占比的可能；为满足长周期调峰需求，以新能源制氢为代表的长周期储能占比预计将从2025年的3%提升至2035年的10%以上，详细情况如图8-16所示。

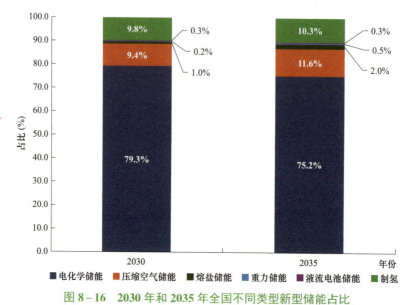

图 8-16　2030 年和 2035 年全国不同类型新型储能占比

结合各类型储能经济性对比及预测，预测未来2030年储能工程建设市场空间将达到约2.8万亿元，见图8-17。

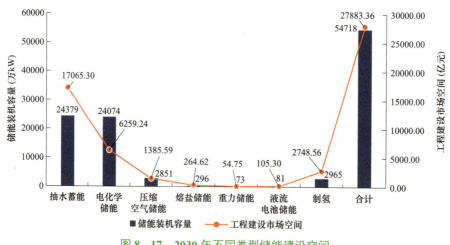

图 8-17　2030 年不同类型储能建设空间

五、氢基能源

目前我国的氢气生产量和需求量居世界首位，并呈逐年上升态势，2024 年氢气年产量超 3650 万 t，年产能超 4000 万 t。截至 2024 年 12 月，全国共建成电解水制氢项目约 90 个，年产能 12.5 万 t，约占全球已建成产能的 60%。目前在建可再生能源制氢项目约 80 个，年产能约 90 万 t，建设速度显著加快。根据相关机构研究数据，国内可再生能源制绿氢的项目正在快速增长，将快速拉动上游电解水制氢设备的出货规模，预计 2030 年我国可再生氢累计装机规模将达到 100GW，合计市场空间超 3000 亿元。

未来氢基能源的应用主要集中在交通、电力、供热与工业等领域，按照国际能源署等研究机构对未来碳中和场景对应的氢基燃料需求预测，折算成绿氢的原料需求，在 2030、2050、2060 年将分别达到 2500 万、9000 万、1.2 亿 t 的规模。

交通领域氢基燃料的需求主要以氢气、甲醇、氨的形式，集中在公路、船舶、航空、铁路等领域，按照绿氢原料折算，预计 2030 年和 2060 年分别为 50 万 t 和 4000 万 t 左右。

电力领域氢基能源的应用形式主要是氢气，主要应用场景包括燃气轮机掺氢、煤电掺氨、燃料电池发电等，折算成绿氢原料的需求，预计在 2030 年和 2060 年将达到 1500 万 t 和 4500 万 t 左右。

供热领域氢气可借助较为完善的天然气管网，以小于 20% 的体积浓度掺入天然气中作为混合燃料，实现低成本输送至用户端。除了依托现有成熟的燃气使用形式，掺氢天然气还可以通过燃料电池实现建筑用能的热电联供。

工业领域氢基能源需求主要集中在传统的工业用氨、甲醇、石油化工、冶金等领域，针对的是传统的氢基能源应用场景，以可再生氢基能源替代化石燃料来源的氢基能源。结合相关行业机构的预算数据，工业领域绿氢原料需求在 2030 年和 2060 年将分别达到 800 万 t 和 4000 万 t 左右。

六、能源数智化

（一）数智赋能产业

进入"十四五"以来，能源系统向数字化智能化方向发展，将以"数智化"先进技术为依托，形成先进信息通信技术、智能控制技术与先进能源技术深度融合应用的技术体系，推动多能转换与利用技术、协调运行与控制技术、灵活响应与互动技术等能源技术的全面升级。通过挖掘和应用多样化场景，"数智化"先进技术将在能源生产、传输、交易和消费等各个环节广泛应用，实现对能源全环节、各领域的全面可观、精确可测、智慧可控和灵活可调，有效推动能源系统的转型与变革。

在能源生产环节，充分应用新一代信息通信技术，不仅能促进化石能源的高效开发利用，而且能有效提升清洁能源的消纳利用水平。数字技术与电力技术的深度融合将成为推动电力企业可持续发展的重要引擎。

在能源传输环节，充分应用工业互联网、智慧能源管理、大数据智能分析、数字孪生和智能交互等技术，建立开放共享的新型能源数字支撑平台，形成服务精准、迭代快速、运转高效的能源数字化服务体系，确保能源能够更高效地输送到需求端。

在能源交易环节，充分利用互联网平台、云计算、区块链和人工智能等技术，构建一个覆盖全面的市场智能决策分析和交易运营支持系统。该系统将实现交易品种的全覆盖、市场主体的全兼容、业务的全集成和风险的全监控，确保市场数据如预测、申报、出清和结算等及时准确披露，支撑供需双方的灵活互动，结合集中式与分散式交易，促进多能互补和综合利用，建立一个更加高效和稳定的能源市场交易体系。

在能源消费环节，广泛运用大数据、云计算和人工智能等先进技术，实现源网荷储各要素的全面监测与智能控制。通过这些技术的应用，可以显著提升能源系统在消费环节的运行效能，充分发挥能源数据的聚合、优化与倍增效应。通过多维度的数据分析，促进电、热、冷、气、氢等多种能源形式的协同互补与高效利用。

（二）创新商业模式

创新商业模式的核心在于构建互动友好、资源高效配置的业态生态。通过打通能源系统的生产、传输、消费和交易全链条，推动源网荷储高度协同，实现多终端、跨区域的智能化联动，全面提升能源系统运行效率。

在能源生产环节，智能监测和大数据分析技术实时优化发电调度，提升设备运行效率。在能源传输环节，数字化平台与物联网技术相结合，实现多能源网络的互联互通，提高输配电系统的可靠性和灵活性。在能源消费环节，用户用能需求得到精准分析和响应，通过人工智能和云平台的深度应用，提供个性化、智慧化的用能解决方案，提升用户体验和能源利用效率。

创新商业模式还通过资源整合与高效配置，推动新能源开发和多能互补。新能源设施可以通过标准化接口实现"即插即用"，进一步降低接入成本，提升清洁能源的消纳能力。对于新能源发电业务，企业可以通过将 5G、AI 等数字技术与风功率预测相结合，提升新能源的发电利用效率，增强其稳定性和安全性，解决弃风弃光等问题。与此同时，能源交易环节的透明化和自动化正在成为现实，能源交易的安全性和效率显著提高，智能合约的应用简化了交易流程，助力形成灵活高效的交易体系。

（三）加快新基建布局

新型能源基础设施作为物理支撑，通过坚强的网架结构和广泛的分布式布局，融合集中式能源、分布式能源、储能设施和用户端系统，实现各类能源系统的友好互联与互通互济，构建高效协同的智慧能源体系与能源互联网，推动能源数字化与智能化发展。

智慧能源体系的建设覆盖点、网、平台三个层面。"点"式升级包括分布式智慧能源、智能矿井、智慧电厂、智慧楼宇等，通过数字技术提高单一能源单元的效率和智能化水平；"网"状互通则涵盖智能电网、智慧管网、智慧热网和智能交通网，通过互联互通提升能源传输和调度的灵活性与可靠性；"平台"建设包括数据中心、业务中台、调度中心和交易中心等，通过数据共享与智能决策实现能源系统的集成优化和动态管理。各组成部分通过有机链接和高效协同，形成相互促进、相互赋能的系统生态。在这一体系中，数字技术与能源技术深度融合，推动能源资源的高效开发与利用，提升系统的灵活性、安全性和稳定性，满足多样化的用能需求。

依托新型能源基础设施的建设，智慧能源体系将实现能源生产、传输、存储、交易和消费全链条的数字化、网络化和智能化，支撑新型能源体系的构建，为能源行业的绿色低碳转型提供坚实基础。

第三节 空 间 分 布

一、煤炭

（一）煤炭生产与供给

未来，我国煤炭产量将进一步向晋陕蒙新等重点产煤省份集中，东部、东北、东南和中部省份煤矿随着资源枯竭逐步退出，西北、西南等主要煤炭生产地区将在一段时间内维持较大煤炭产量。

煤炭智能绿色开发和柔性供给体系逐步建设和完善，产业结构进一步优化，逐步退出安全风险高、生产效益低、开采难度大的落后产能，构建清洁低碳、智能高效的煤炭生产体系。煤炭开发向资源条件好、竞争力强、安全保障程度高的地区和企业集中。煤炭智能化生产水平持续提升，智能化综合管控平台、智能保障系统、高效生产系统、井下无人技术等的技术装备应用等对煤炭生产具有重要作用。

（二）煤炭运输

1. 铁路运输通道

目前，我国已基本形成了以"三西"、蒙东（含东北）、新疆等14个大型煤炭基地为核心，"三西"、东北、西南、西北、华东、中南等六大区际铁路煤运通道为主骨架，"七纵五横"的煤炭运输网络。其中，大秦铁路、朔黄铁路、唐包铁路、瓦日铁路四条西煤东运铁路运力达12亿t/年以上，浩吉铁路作为北煤南运铁路运力为2亿t/年。2024年全国铁路累计发运煤炭28.2亿t，占煤炭产量的比重为58.4%。总体来说，我国横向铁路运力相对充足，纵向铁路运力相对匮乏。

东北地区煤炭铁路运输线路主要承担蒙东煤炭外运、关内煤炭调入、东北地区内部运输和沿海港口集港运输。主要煤运干线包括滨洲、锡乌、通霍、通让、京通、锦赤、沈山、哈大、滨绥、牧佳、大郑、平齐线等线路。从运输功能上分，可以分为进出关通道、蒙东煤运通道和东北地区内部运输通道。

"三西"地区煤炭主要以铁路运输为主，辅以下水港口，负责晋陕蒙宁等产煤基地的煤炭外运。运煤通道分为北通路、中通路、南通路三大横向通路和焦柳、京九、京广、浩吉、包西五大纵向通路。同时，相关线路与秦皇岛港、唐山港、天津港、黄骅港、青岛港、日照港、连云港等 7 个下水港连通。

西南地区煤运通道主要承担云贵煤炭基地向川渝、中南地区调运煤炭的任务。铁路运输通道主要包括沪昆、南昆、渝黔、内昆、成昆、黔桂、宝成、襄渝、渝怀等线路。

西北地区铁路煤运通道主要承担向中南、川渝地区调入新疆、"三西"等地区煤炭的任务。主要包括兰新、兰渝、包兰、宝成、临哈、库格、陇海等线路。

中南地区铁路煤运通道主要承担向河南、湖北、湖南、广东、广西等省区调入晋陕蒙、云贵等地区煤炭的任务。主要包括京广、焦柳、宁西、襄渝—汉丹、沪昆、黔桂、南昆、浩吉等线路。

华东地区铁路煤运通道主要承担向京津冀等东部省份调入"三西"、鲁西、两淮等地区煤炭的任务。主要包括京沪、京九、瓦日、石德、邯济、邯黄、济胶、德龙烟、新菏兖日、陇海、宁西、漯阜、汤台、武九、麻武等线路。

我国主要煤炭铁路通道见表 8-3。

表 8-3　　　　　　　　　　　我国主要煤炭铁路通道

线路分类	输运布局	线路名称	线路起止
北通路	产自平朔、大同、准格尔、东胜、神府、乌达等矿区，运往秦皇岛、天津、京唐、曹妃甸和黄骅港等港口进入铁水联运网络	大秦铁路	山西大同—河北秦皇岛
		朔黄铁路	山西朔州—河北黄骅港
		张唐铁路（蒙冀线）	张家口—唐山曹妃甸
		丰沙大铁路	北京丰台—山西大同
		集通铁路	内蒙古集宁—通辽北
		京原铁路	北京石景山—山西原平
中通路	产自阳泉、西山、吕梁、晋中、潞安、晋城等矿区，与京广、京沪和京九三大主要南北通道交汇，并运往山东沿海等港口	瓦日铁路	山西吕梁—山东日照港
		邯长铁路	河北邯郸—山西长治
		胶济铁路	山东青岛—山东济南
		石太铁路	河北石家庄—山西太原
		太焦铁路	山西太原—河南焦作
		和邢铁路	山西和顺—河北邢台

续表

线路分类	输运布局	线路名称	线路起止
南通路	主要产自陕西,供应两湖等内陆省份	陇海铁路	甘肃兰州—江苏连云港
		侯月铁路	山西侯马—河南月山
		新菏铁路	河南新乡—山东菏泽
		西康铁路	新风镇站—旬阳站
		宁西铁路	西安新丰镇—南京永宁
北煤南运	产自鄂尔多斯、榆林、运城等地区,运往河南、两湖一江等地区	浩吉铁路	内蒙古浩勒报吉—江西吉安
云贵外运通道	沪昆通路	沪昆铁路	上海—云南昆明
	南昆通路	南昆铁路	广西南宁—云南昆明
新疆外运通道	兰新、兰渝通路	兰新铁路	甘肃兰州—新疆乌鲁木齐
		兰渝铁路	甘肃兰州—重庆

我国目前铁路运输能力存在时段性、区域性和结构性紧张,主要表现在夏冬两季、陕北及"两湖一江"煤炭输运和南北通道相对紧张等;部分集疏运配套设施建设滞后,部分路线设施处于超负荷,部分设施建设不完全,亟需加快设施建设推动相关物流产业的发展。预计未来物流枢纽、集疏运配套基础设施的建设和清洁绿色技术装备将成为煤炭运输体系发展的重点。

2. 水路运输通道

煤炭水路运输在我国跨省区煤炭销售中占30%左右,为煤炭外运的第二大运输通道,主要包括海路运输和内河运输两种方式。

在海运方面,我国海运煤炭港口已基本形成了以津冀四港[秦皇岛港、天津港、唐山港(包括曹妃甸港和京唐港)、黄骅港]为主,青岛港、日照港、连云港、锦州港为辅的北煤下水体系,以及以江苏、上海、浙江、福建、广州等沿海地区电厂等大型用煤企业自建的专用码头和公用码头组成的煤炭接卸港。主要接卸港包括上海港、宁波港、广州港等。

我国煤炭的内河运输是海路运输的补充,主要由长江干线和京杭运河承担。长江干线作为长江流域煤炭调运的重要通道,承担了沿江电厂约80%的电煤运输量。

（三）煤炭储备

煤炭是我国的基础能源和重要原材料，保持合理库存是实现煤炭稳定供应、避免价格大幅波动的有力保障。我国煤炭储备分为四类：用煤企业应对耗量和供应的波动，为确保连续正常生产在自有场地的储备；中间物流环节在港口、站台、物流园形成的储备；煤炭经营企业销售前在各场地的储备；政府可调度的煤炭储备。

当前我国在煤炭生产地、消费集中地、煤炭铁路运输枢纽、煤炭接卸港口等一系列关键节点推动建设了一批煤炭储运基地，在应对重大自然灾害和突发事件时，发挥了平抑价格、抑制区域性和季节性供需波动的作用。

为推动煤炭产能保持合理裕度和足够弹性，增强供给保障能力，更好发挥煤炭在能源供应中的兜底保障作用，到 2027 年，我国将初步建立煤炭产能储备制度，有序核准建设一批产能储备煤矿项目，形成一定规模的可调度产能储备。到 2030 年，我国产能储备制度更加健全，产能管理体系更加完善，力争形成 3 亿 t/年左右的可调度产能储备，全国煤炭供应保障能力显著增强，供给弹性和韧性持续提升。

未来，随着煤炭生产向晋陕蒙新的进一步集中，我国东北、东部、东南沿海等地区对煤炭需求量将进一步增大，同时煤炭运输的距离增加导致的滞后性决定了煤炭储备体系及相关设施建设的重要性。随着智能化、数字化技术装备的应用，煤炭储备将在我国能源体系中发挥重要作用。

二、油气

我国油气需求量大，国内产量难以满足需求，未来仍将持续加大国内油气增储上产力度，同时强化天然气管网建设，支撑天然气产业快速发展。油气行业将围绕东北、华北、中西部、西南和近海等区域的重点含油气盆地，持续加大勘探开发力度，相关区域油气工程建设需求强劲，发展潜力大。

东北地区主要围绕松辽盆地原油稳产开展产能建设工作，随着松辽盆地北部中浅层油气勘探程度的不断加深，剩余资源量越来越少，勘探难度逐步提高，松辽盆地油气勘探开发工作正由常规油气向非常规油气迈进。未来主要以"老油区控递减、页岩油快上产"为主线，加大长垣、长垣外围及松辽南部老油田水驱精细挖潜，加强老油田递减率控制，加快页岩油产量探明和规模效益开发，确保松辽地区原油产量稳定。

华北地区主要围绕渤海湾盆地油气稳产开展相关产能建设工作。渤海湾盆地是全球陆相盆地中石油富集程度最高的超级盆地，是目前我国发现石油储量最多的盆地，同时也是我国原油产量最高、累计产油最多的盆地，原油资源量、探明储量和产量均占全国的40%以上。未来渤海湾盆地重点突出胜利济阳坳陷、辽河西部富油气凹陷精细勘探开发，推进潜山内幕、深凹区岩性、盆缘地层等新领域一体化产能建设工作，强化老油田精细注水控递减，攻关推广化学驱、二氧化碳驱等三次采油技术，加大海域和页岩油开发，保障渤海湾盆地原油产量稳定。

中西部地区重点围绕鄂尔多斯盆地、塔里木盆地、准噶尔盆地等油气上产开展相关产能建设工作。鄂尔多斯盆地重点围绕致密油气、页岩油等领域加强产能建设；塔里木盆地深层—超深层油气资源丰富，目前探明率低，是未来重点勘探的开发方向；准噶尔盆地勘探开发工作以老区石油稳产和新区天然气上产为主，近年来盆地南缘天然气勘探开发取得积极进展，是未来潜在产能建设领域。

西南地区主要以支撑四川盆地千亿立方米天然气生产基地为主，四川盆地天然气资源丰富，近年来进入快速发展高峰期，天然气产量一直保持全国前列，未来增储上产潜力巨大，未来在常规气、致密气及页岩气领域均具备进一步增产空间，产能建设需求强劲。

三、电力

"十五五"期间，全国整体电力供需形势持续偏紧，考虑已纳规明确的常规电源和跨区通道全部落实、按期投产，进行电力供需平衡分析后，西北、东北区域电力供需紧平衡；华中、华东、西南、南方区域均存在较大电力缺口，2030年这四个区域的电力缺口分别达到5534万、11921万、3147万、3919万kW。中长期，华中、华东等中东部地区仍是我国主要的电力消纳区域，国家层面需协同加快推动储备煤电和新建跨省跨区输电通道项目落地。2030年和2035年我国潜在受端市场电力空间分析见表8-4。

表 8-4 　　　　　　**2030 年和 2035 年我国潜在受端市场电力空间分析**　　　　　　万 kW

区域电网	省（区、市）	2030 年	2035 年
华中电网	湖北	−1096	−2697
	河南	−1140	−2510
	湖南	−1249	−2704
	江西	−2049	−2998
华东电网	江苏	−3658	−4653
	浙江	−3459	−4890
	安徽	−3897	−5180
	福建	−907	−2081
西南电网	四川	−1900	−2550
	重庆	−951	−1812
	西藏	−296	−395
南方电网	广东	−34	−1073
	广西	−1116	−2112
	云南	−1176	−2200
	贵州	−1630	−2702
	海南	−122	−595

四、储能

我国储能产业发展迅速，地理分布呈现多元化格局，不同地区根据自身资源禀赋、产业基础、政策导向、经济发展水平以及电网结构等因素，形成了各自的发展特点。结合中电碳中和发展研究院研究预测成果，到 2030 年，全国 7 个区域储能发展规模情况如图 8-18 所示。

（一）华东区域：产业聚集度高，抽水蓄能发展最为成熟

以江浙沪为代表的华东沿海区域经济发达，电力负荷集中，资金实力雄厚，人才密集，科研院所众多，产业链完善。华东区域拥有丰富的水电资源，抽水蓄能发展较早，装机容量占比高。截至 2023 年底，华东区域各类型储能装机总容量为 2101万 kW，仅抽水蓄能投产总装机容量达 1791 万 kW，在全国占比为 33%，居各地区

之首；其他各类新型储能装机容量310万kW。预测到2030年，华东区域新型储能装机规模将达2469万kW，全国占比基本保持不变；抽水蓄能规模将达到5183万kW，受资源总量限制，在全国占比预计将下降至21%。

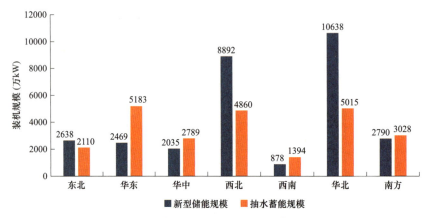

图8-18 2030年全国各区域储能装机规模发展预测

（二）华中区域：经济平稳增长，储能市场稳步发展

华中区域内部发展存在不均衡现象。随着电力市场化改革的推进和峰谷电价差的扩大，工商业储能需求潜力巨大，带动储能市场稳步发展。截至2023年底，华中区域各类型储能装机总容量为1168万kW，其中抽水蓄能649万kW、新型储能519万kW。华中地区省间电源结构不同、负荷特性有所差异，在综合考虑省间互济的情况下，预测到2030年华中区域新型储能将达到2035万kW，抽水蓄能达到2789万kW，发展较为均衡。

（三）西北区域：风光资源丰富，配储项目众多

西北区域风光资源丰富，可再生能源装机规模庞大，因此新能源消纳压力大。目前，西北电网储能装机以建设较快的新型储能为主。截至2023年底，西北区域各类型储能装机总容量为968万kW，其中抽水蓄能仅30万kW，在全国抽水蓄能占比仅1%；其他各类新型储能装机938万kW。未来，随着抽水蓄能建设逐步落地，西北地区抽水蓄能将迎来大发展。预计到2030年，西北区域抽水蓄能将达到4860万kW，在全国抽水蓄能占比20%，大幅增长；新型储能装机规模达到8892万kW，在全国新型储能占比29%，占比保持基本稳定。

（四）西南区域："西电东送""东数西算"带动储能增长

西南区域风电、光伏发电、水电资源均十分丰富，是我国"西电东送"的重要

清洁能源基地；丰富的抽水蓄能资源能够优化电力资源的配置，提高整体电网的稳定性和调节能力。西南地区数据中心等新兴产业快速发展，对电力供应提出更高的稳定性和可靠性要求，带动储能产业快速发展。截至 2023 年底，西南区域各类型储能装机总容量为 145 万 kW，其中抽水蓄能仅 39 万 kW，其他各类新型储能 106 万 kW。未来随着储能快速发展，预计到 2030 年西南区域抽水蓄能将达到 1394 万 kW，新型储能装机规模达到 878 万 kW。

（五）华北区域：结合禀赋特点，大力发展新型储能

为了提升用能安全稳定性满足京津冀及其他华北重要城市用电需求以及新能源消纳需求，未来华北区域将大力发展多元化储能，尤其是新型储能。截至 2023 年底，华北区域各类型储能装机总容量为 2161 万 kW，其中抽水蓄能 1387 万 kW，其他各类新型储能 774 万 kW。未来随着新型储能大力发展，预计到 2030 年，华北区域新型储能装机规模将达到 10638 万 kW，增长约 13.7 倍，在全国新型储能中占比 35%；抽水蓄能将达到 5015 万 kW，在全国抽水蓄能中占比 21%。

（六）南方区域：电力系统调节能力较强，储能发展相对平缓

南方区域负荷体量大，系统调节能力强，一直维持 95% 左右的较高新能源消纳率，显著高于全国平均水平。同时，截至 2023 年底，南方区域新型储能及抽水蓄能装机规模在全国 7 大区域中的占比均高于平均水平（分别为 15% 和 19%），储能基础雄厚，因此南方区域对储能发展紧迫性相对较小。南方区域的储能主要以抽水蓄能和电化学储能为主，广东和广西为储能装机的主力。截至 2023 年底，南方区域各类型储能装机总容量为 1538 万 kW，其中抽水蓄能 1028 万 kW，其他各类新型储能 510 万 kW。预计到 2030 年，南方区域新型储能装机规模将达到 2790 万 kW，抽水蓄能将达到 3028 万 kW。

（七）东北区域：克服环境约束，机遇与挑战并存

东北区域储能产业发展面临着气候条件的挑战，低温环境下电池性能下降、抽水蓄能电站易结冰等问题制约着产业发展。然而，东北区域风光等新能源资源丰富，工业用电量大，为储能发展提供了广阔的市场空间。同时，东北区域在储能技术研发方面具有一定的优势，全钒液流电池、钠离子电池、铅碳电池等储能技术较为领先，为产业发展奠定了基础。截至 2023 年底，东北区域各类型储能装机总容量为 605 万 kW，仅占全国储能装机规模的 6.97%，其中抽水蓄能

440 万 kW，其他各类新型储能 165 万 kW。未来，随着储能技术的不断突破发展，预计到 2030 年，东北区域新型储能装机规模将达到 2638 万 kW，抽水蓄能达到 2110 万 kW。

五、氢基能源

氢基能源产业的布局和区域资源禀赋高度相关，且短期内氢气大规模、长距离储运的技术和成本瓶颈依然存在。从区域分布来看，目前我国的氢基能源生产主要集中在新能源资源丰富的西北、华北、东北地区。工业领域的绿氢替代主要面向合成氨、合成甲醇等场景，主要集中在传统煤化工大省山西、陕西、内蒙古等；交通领域的绿氢消费需求主要集中在京津冀、上海、广东、河南与河北五大燃料电池汽车示范城市群及辐射城市。

在产业发展初期阶段，各地将优先打造区域内产业生态，随着产业发展和成熟，区域间通过输氢管道、液氢、氨醇等大规模氢载体配合加氢基础设施，由近及远连接形成全国氢基能源供应网络。

现阶段，已初步成型的氢能产业生态包括以下五大区域：以上海和江苏为代表的长三角地区、以广州和佛山为代表的粤港澳大湾区、以北京和山东为代表的京津鲁豫地区、以内蒙古为代表的西北地区，以及以四川和云南为代表的西南地区。

六、能源数智化

在数字能源市场中，参与者众多，市场较为分散。许多企业在各自专业化及细分领域深耕多年，形成了较为稳固的市场格局。典型业务场景包括智慧电厂、智慧新能源、智能电网、虚拟电厂、东数西算、企业数字化转型等。

整体来看，电力系统内部的科研院所及专业电力数字化建设厂商在电力行业中的聚焦程度更高。这些企业通过多年的实践，能够更好地满足客户的特定数字化需求。特别是体系内的信息建设单位，在调度自动化和设备管理等核心业务系统的开发方面处于主导地位，具备强大的核心竞争力。

专业电力数字化厂商业务布局全面，拥有聚集的人才优势。这些厂商不仅在技术研发方面具备显著优势，而且还能够提供从设计、开发到实施的全方位服务，满足电力企业的多样化需求。相比之下，综合软件厂商主要聚焦于电力企业的"管理域"，提供包括企业资源计划（ERP）、客户关系管理（CRM）等在内的管理软件解决方案，帮助电力企业优化内部管理流程，提高运营效率。

此外，互联网头部厂商在通用技术沉淀和人才吸纳方面具有显著优势。随着数字能源市场的不断发展，这些厂商逐步加快在电力行业的布局。凭借其在大数据、云计算和人工智能等通用技术方面的积累，这些互联网头部厂商能够为电力企业提供先进的技术支持和解决方案，推动行业的数字化转型。

第四节　面临挑战与发展趋势

一、煤炭

（一）面临的问题和挑战

1. 市场供需平衡不确定因素长期存在，市场调控难度较大

随着煤炭生产向西北、西南等主要煤炭生产区的进一步集中，煤炭调运压力增大，受气候、煤矿安全、环境等不确定因素影响，区域性、时段性、品种性供应偏紧的问题仍有可能出现。煤炭产品的金融属性不断增强，煤炭期货市场与现货市场的相互影响越来越大，随着煤炭市场贸易的持续活跃，市场预期会放大煤炭需求波动，会使短时煤炭供需平衡的矛盾凸显，市场调控难度加大。

2. 煤炭储备能力不足，市场应急调节能力有待加强

我国煤炭资源空间分布不均，煤炭的生产与消费对运输和储备体系的依赖度很高。近年来，我国煤炭物流业快速发展，但煤炭储备和集疏运设施建设相对滞后，功能难以完全发挥。部分煤炭储备基地建设未达到预期效果或满足市场需求，煤炭储备涉及政府、产煤企业、用煤企业，以及港口、铁路等运输企业，环节多，管理难度大，在煤炭储存、环境保护、跨省跨区煤炭调度等方面需进一步加强。

3. 煤炭清洁高效利用技术有待加强

煤炭洗选技术和装备总体可靠性差、分选产品质量不均衡，关键参数检测仪表依赖进口，工艺过程模型及控制算法多处于理论研究阶段，信息化应用差距明显。煤化工产业部分核心技术受国外技术垄断制约，产业技术有待进一步提升和优化，资源综合利用水平有待提高，规模优势和竞争优势不足，同时生态环保要求和碳排放要求逐步提高也对煤化工产业的投资、成本带来较大压力。此外，低阶煤分质利用的技术尚不够成熟，技术问题尚没有得到良好解决。

4. 煤炭运输压力较大

煤炭运输体系存在铁路运输能力结构性紧张、部分集疏运体系配套设施建设滞后、多式联运有效衔接机制不健全、运输成本过高、煤炭发运港口经营主体分散等问题，制约了我国煤炭运输能力。煤炭运输在季节性、突发性调峰协调方面难度大，能源缺口省份集中在中南、东南沿海地区，远离煤炭主要产区，煤炭运输时间长，应急功能有限，煤炭需求的精准预测预警能力有待提高。

（二）发展趋势与展望

在碳达峰碳中和战略下，煤炭消费量占比下降，但在能源体系中的"压舱石"和"稳定器"作用越发凸显。

煤炭生产运输方面，煤炭生产结构逐步优化，优质增量供给持续扩大，煤炭供应保障能力不断增强。随着煤炭行业供给侧结构性改革的深入推进，中部和东部地区落后产能还将继续关闭退出，煤炭生产向晋陕蒙新等煤炭生产省份高度集中，西北地区外的其他区域为煤炭调入区，煤炭运输压力增大。短期内区域性和时段性煤炭供应紧张在相当长一段时间内持续存在。

煤炭科技方面，随着云计算、5G、大数据、物联网、移动互联网、人工智能等新一代信息技术的发展，煤矿地质、煤炭资源开发、煤炭清洁利用和矿山生态环保等领域在精确计算、智能化、少人化等方面将快速发展。预计到2035年，各类煤矿基本实现智能化，构建多产业链、多系统集成的煤矿智能化系统，建成智能感知、智能决策、自动执行的煤矿智能化体系。

煤炭消费方面，煤化工技术的大规模工业化应用，成为保障能源安全的新战略路径。加强煤炭清洁高效低碳利用，切实发挥煤炭的兜底保障作用，确保能源发展主动权，是煤炭未来发展的重要方向。

二、油气

（一）面临的问题和挑战

1. 油气勘探日趋复杂，规模效益增储难度大

从资源品质角度看，我国常规油气藏以陆相为主，与国外海相油气藏相比，地层非均质性强、成藏条件复杂、储层连续性差，勘探难度大周期长。随着我国油气勘探程度不断加深，剩余资源主要以复杂类型、岩性—地层油气藏、深—超深层、非常规油气藏为主，剩余资源埋藏深、层系老、分布散，隐蔽性强，整装规模优质储量获取极为困难。近年来，新增探明储量中低品位储量占比不断加大，且陆上剩余资源也以低品位资源为主。

2. 油气开发受资源劣质化、油田老龄化影响，稳产上产难度大

新增储量劣质化导致新开发油气田开发效果和效益逐年变差。已开发油气田多进入"中老年"阶段，进一步挖潜和稳产难度加大。老油田历经长期注水冲刷且经多次加密调整后，剩余油分布较零散，常规水驱进一步挖潜难度较大。四川盆地、塔里木盆地部分主力气田已经进入递减阶段或稳产末期，苏里格等低品位致密气藏产量递减大，每年新建产能多用于弥补产量递减。

3. 关键领域科技创新及技术装备能力亟待提升

目前，我国油气勘探开发已逐步进入深层、深水、非常规领域和老油气田精细挖潜阶段，深层超深层油气有效储层与目标识别技术、超高温超高压复杂极端环境下钻井工具及测井仪器、压裂设备及配套井下工具等存在不足。海洋油气深水工程重大装备、关键设备和产品等所需的原材料和核心元器件以及水下生产系统、深水钻井关键设备等自主化能力不足。老油气田提高采收率对象逐渐转变为地质条件更差的中高渗透二三类油藏、超稠油藏、低渗透油气藏等，工程工艺技术和装备适应性亟待提高。

4. 与新能源相关产业融合发展面临资源和效益制约

油气行业面临保供和降碳的双重责任，急需加快清洁替代，大力推进新能源和低碳负碳产业发展。二氧化碳驱油（CCUS-EOR）是石油行业最主要的 CCUS 利用方式，但工业化推广面临以下困难：一是我国开展 CCUS-EOR 的油藏品质普遍较差，以低/特/超低渗透砂岩油藏为主，产液能力弱，非均质强、裂缝发育，原油

中轻质组分少，混相较难，油藏规模较小，投资成本相对高；二是 CO_2 气源问题成为制约工业化推广的瓶颈，国内绝大多数油田因 CO_2 气源不落实、不稳定、价格过高等因素造成一批重大试验难以运行；三是目前已建成且在运行的 CCUS 项目，普遍规模小、区块分散，形成不了规模效应和滚动发展，项目经济性差。

5. 新型油气资源面临资源、技术、经济性等多重挑战

新型油气资源量数据目前主要由相关企业及研究机构根据实验室测试及热转化效率估算得出，还缺少针对性的资源评价方法，尚未建立起统一的评价参数和标准，也没有全面开展系统评价，因此现有新型油气资源量数据的可靠性还不高。目前油气行业虽已具备较成熟的精细勘探评价和精准钻完井技术，但地下原位转化机理、产物组分控制与分离、加热或燃烧技术装备、地质与环境影响等方面仍存在诸多难题亟待攻关破解。中低熟页岩油原位转化加热温度高、持续时间长，以往试验项目的能量投入产出比低、成本高。富油煤地下热解、煤炭地下气化同样面临早期能耗高、耗时长、效益差的问题，国外至今没有商业开发的案例。

（二）发展趋势与展望

石油和天然气作为国家能源安全的重要保障资源，在未来发展上要聚焦能源安全和融合发展，重点聚焦国内油气增储上产、油气与新能源融合发展两大方向。

1. 持续加大国内油气供给力度

（1）油气勘探方面。突出风险勘探和预探，主攻海相碳酸盐岩、前陆冲断带、岩性地层、深层超深层、页岩油气、新区等六大领域，力争重大接替领域发现；坚持高效勘探，围绕规模储量区集中勘探和成熟探区精细勘探，集中勘探突出鄂尔多斯、准噶尔、松辽、渤海湾、塔里木五大盆地和渤海等富油气区，精细勘探围绕东部及新疆等老油气田，加强精细滚动勘探，进一步挖掘老区潜力，确保效益增储。全国油气风险勘探重点领域部署见表8-5。

表8-5　　　　　　　全国油气风险勘探重点领域部署

战略部署	重大领域	重点部署
风险勘探	主攻海相碳酸盐岩、前陆冲断带、岩性地层、深层超深层、页岩油气、新区等六大领域	力争在四川盆地川西二叠系火山岩、栖霞—茅口组、四川深层页岩气、川中—川东侏罗系页岩油，塔里木盆地塔西南、台盆区寒武系盐下，渤海湾盆地页岩油，鄂尔多斯盆地中东部奥陶系盐下、长7页岩油，准噶尔盆地南缘、二—三叠系岩性地层，渤海深层等战略接替区取得重大战略突破和发现

续表

战略部署	重大领域	重点部署
集中勘探	突出鄂尔多斯、准噶尔、松辽、渤海湾、塔里木五大盆地和渤海等富油气区	石油集中勘探玛湖、塔北、姬塬、南梁—华池、济阳坳陷、顺北、渤海等领域和区带； 天然气集中勘探神木—米脂、陇东、川中震旦—下古、库车、川西海相等领域和区带
精细勘探	围绕东部及新疆等老油气田，加强精细滚动勘探，进一步挖掘老区潜力	精细勘探围绕渤海湾辽河西部、大民屯、兴隆台、饶阳、文安、华北潜山、仓东—歧口、埕岛、义和庄—大王庄、东营、沾化、车镇北带、松辽盆地南部长岭、扶新，准噶尔西缘、腹部，鄂尔多斯盆地靖边、大牛地，四川盆地川东、蜀南等老区展开

（2）石油开发方面。一是深化东部，以松辽盆地、渤海湾盆地为重点，深化精细勘探开发，积极发展先进采油技术，努力增储挖潜，提高石油采收率；二是发展西部，以鄂尔多斯、准噶尔和塔里木盆地为重点，加大油气资源勘探开发力度，推广应用先进技术，努力探明更多优质储量，加大老油田提高采收率和新区产能建设规模，提高石油产量；三是加快海洋勘探开发，加快近海油气勘探开发，突破深海采油技术和装备自主制造能力，推进深远海合作勘探开发。

（3）天然气开发方面。围绕常规气、致密气和页岩气三大领域，突出鄂尔多斯、四川、塔里木和海域四大生产基地建设，优化产能建设部署，加强重点气田建设，科学制定开发技术政策，加强已开发气田精细调控，提高气田采收率，减缓产量递减，有序稳健推进非常规天然气规模效益开发，加快海域天然气上产。

2. 加强油气与新能源融合发展

（1）发挥油气行业在 CCUS/CCS 领域的资源技术优势，推动"驱油减碳"。CCUS/CCS 是未来最有潜力、最有效的减碳负碳技术。石油行业对 CCUS 过程中的地质评价、捕集、输送、利用和封存等各个环节具有特有优势，项目实施过程中也要依托现有油藏资源和地面工程。因此，油气行业可在 CCUS/CCS 项目中发挥主导作用。初步评价，国内地质封存二氧化碳潜力约为 1.2 万亿～4.1 万亿 t，适宜驱油的低渗储量超过 100 亿 t，具备新增石油可采储量 20 亿 t 的潜力。但与国外相比，我国 CCUS–EOR 还存在基础研究相对薄弱、关键核心技术配套程度低、碳捕集成本高、现场试验规模较小、大规模工程实施经验不足等挑战。下一步应加大二氧化碳高效利用和埋存技术攻关以及现场试验力度，加强示范引领和政策支持，以油气行业为主导，积极发挥 CCUS 在新型能源体系建设中的作用。

（2）加强天然气综合利用，为新型能源体系建设保驾护航。加大天然气在工业、建筑、交通、电力等领域的利用规模，促进天然气与新能源融合协调发展。一方面，加强天然气发电应用，将气电调峰作为构建新能源大比例接入的新型电力系统的重要组成部分。另一方面，加强天然气对高碳能源的替代，工业上加大"气代煤"力度，实现"减污降碳"协同增效；建筑领域加大城镇气人口气化率，根据资源情况精准提升天然气供暖面积，结合分布式可再生能源和能源智能微网等方式，构建多能协同供应平台。全方位加强天然气储备体系建设，近期以满足天然气季节性调峰保供需求为主，中长期为气电发展提供资源保障，确保天然气与可再生能源高效融合发展。

（3）加强油气生产方式转变，加大清洁能源开发利用和生产用能清洁替代。突出绿色发展，加大油气生产环节用能"绿电"替代，在陆上风光资源丰富的重点油气区内积极推动风电、光伏发电开发利用和就近消纳，在海上构建以风电为主、岸电为调节的互补供电模式，并积极开发深远海漂浮式风电，加快推动油气与风、光、地热等新能源融合发展，建设一批低碳或零碳油气田，推动行业绿色低碳转型。

三、电力

（一）面临的问题和挑战

1. 保障电力供应安全面临突出挑战

当前，动力煤、天然气等大宗商品价格大幅上涨；国内煤炭、天然气供应紧张，价格处于阶段高位。另外，近年来，极端天气突发频发造成电力负荷大幅攀升，也影响了可再生能源出力，增加了电力安全供应压力。新能源装机比重持续增加，但未能形成可靠替代能力。

2. 新能源消纳形势依然严峻

新能源占比不断提高，快速消耗电力系统灵活调节资源，其间歇性、随机性、波动性特点使得系统平衡和安全问题更加突出。部分网架薄弱、缺乏同步电源支撑的大型新能源基地，系统支撑能力不足，新能源安全可靠外送受到影响。近年来，虽然全国新能源利用率总体保持较高水平，但局部地区、局部时段弃风弃光问题依然突出。

3. 电力系统安全稳定运行面临较大风险挑战

在当前全球能源结构转型的背景下，电力系统正逐步向高比例可再生能源和高比例电力电子设备的"双高"系统转变。这种转变带来了一系列新的挑战，尤其是在电力系统的稳定性方面。与传统以同步发电机为主的电力系统相比，"双高"系统展现出更为复杂的动态特性，如低惯量、低阻尼以及弱电压支撑等问题，对系统的安全稳定运行构成了潜在的风险。

4. 电力信息网络安全问题不容忽视

电力信息网络安全问题在当前数字化、智能化快速发展的背景下显得尤为突出。随着电力系统的数字化转型，各类调度监控系统、生产信息系统的网络安全边界不断延伸，电力系统网络安全暴露面加大、攻击路径增多。这不仅涉及数据的泄露和篡改，还可能引发物理设备的损坏和运行中断，进而影响电力供应的稳定性和可靠性。

5. 适应新型电力系统的体制机制亟待完善

随着电力行业的快速发展和转型，电力体制的改革已经触及到了更加复杂和深层次的问题。目前，电力市场存在的不均衡和不协调问题变得尤为明显。为了适应新型电力系统的需求，需要进一步完善市场机制和定价体系，使其更加灵活、高效，并便于各方参与互动。

（二）发展趋势与展望

1. 电源发展的机遇

随着能源清洁转型速度的加快，煤电和气电会逐步转向近中期"基础保障性和系统调节性电源并重"，再到远期"系统调节性电源"，为保障电力安全供应兜底，为全额消纳清洁能源服务。在政策、市场、技术、需求等多要素的推动下，"新能源+储能"、共享储能、氢燃料电池、可再生能源制氢、多能互补、源网荷储一体化发展迅速，商业模式日渐清晰。水电、核电、生物质能、海洋能、地热能等在多能互补、源网荷储高度融合发展的背景下，也将获得较大发展机遇。

2. 跨省跨区电力交换的机遇

随着我国经济的快速发展和能源结构的转型升级，跨省跨区电力交换在促进能源资源优化配置、提升电力系统稳定性、推动市场化改革等方面展现出巨大潜力。

通过跨省跨区电力交换，将西部地区丰富的风能、太阳能等新能源电力输送到东部经济发达地区，可以在更大范围内实现供需平衡，提高新能源的利用率。通过建设全国统一的电力市场体系，打破省间壁垒，实现电力资源在更大范围内的共享互济，有助于提高电力行业的整体效率，激发市场活力。跨省跨区电力交换也面临一些挑战，如电网互联的技术难题、省间利益协调等，但总体来看，在新型能源体系下，跨省跨区电力交换的机遇远大于挑战，有望成为推动我国能源转型和绿色低碳发展的重要力量。

四、储能

（一）面临的问题和挑战

1. 市场机制不够完善

当前阶段我国储能产业市场机制远不够完善。一方面，储能市场主体地位不明确，电力市场中辅助服务定价机制不完善，成本分摊与疏导机制也不健全，储能的高额投资难以有效传导至终端用户，储能盈利空间受到挤压，影响储能产业健康发展。另一方面，目前电力市场的机制构建尚处于初级阶段，电力现货市场规则滞后，大部分储能设施的商业模式和经济收益来源单一，盈利水平低，项目市场敏感性和政策敏感性高，抵御风险能力较差。

2. 综合成本有待进一步降低

我国储能产业整体上面临成本偏高、技术经济性有待提升的问题。抽水蓄能虽然度电成本较低，但是选址限制条件多、建设周期长。新型储能虽然适用性广，但技术经济性有待提升。尤其是占新型储能市场份额 97.4%[1]的电化学储能，对上游原材料价格波动十分敏感，市场需求短期快速增长、上下游扩产周期错配、企业利用期现交易囤货套利等都会对储能价格造成明显影响。

3. 产业链技术发展不均衡

我国储能产业链各技术路线发展不均衡。我国在抽水蓄能技术、锂电技术等方面发展全球领先，并已实现规模化应用，但其他技术路线大多还在研发、产业化探

---

[1] 《2024 中国储能技术与产业最新进展与展望》。

索过程中。产业链技术发展不均衡使多时间尺度储能技术无法满足市场、行业发展需求，影响了储能系统成本的进一步降低，也阻碍了储能产业与新能源、智能电网等领域的深度融合。

4. 缺乏全面统一的标准体系

我国储能产业全面统一的标准体系仍在构建过程中。统一技术标准的缺失将导致产品兼容性差，增加系统集成的复杂度和成本；统一安全标准的缺失将使储能项目的风险评估和安全管理缺乏有效依据，威胁公共安全；统一评价与认证体系的缺失将导致市场准入门槛模糊，产品质量参差不齐，阻碍技术创新和产业升级。

5. 部分核心部件有待突破国产化

技术国产化程度极大影响产业规划发展速度。我国储能产业整体处于世界前列，但部分高精尖设备、系统仍依赖进口，有待国产化突破，如锂电池干法电极制备核心技术及关键设备（干法涂布设备、干法成膜设备）、储能变流器（PCS）的核心功率器件（IGBT 模块、SiC MOSFET）等。储能产业要实现高质量发展，亟需加强对核心材料、关键部件以及系统集成的研发突破。

（二）发展趋势与展望

1. 政策上，完善机制引导储能进入电力市场

2023 年，我国近 30 个区域发布了 100 余条与储能相关的电力市场政策，包括电力中长期交易政策、现货市场政策、容量电价政策、辅助服务政策等，鼓励通过市场化方式形成分时价格信号，推动储能在削峰填谷、优化电能质量等方面发挥积极作用，为储能广泛参与各类电力市场奠定了基础。2024 年国家发展改革委发布实施《电力市场运行基本规则》，进一步从顶层设计方面明确了储能、虚拟电厂、负荷聚合商等新型主体作为电力市场主体的独立地位，为储能发展营造良好环境，最大限度地发挥储能综合效用。

2. 产品上，设计理念与发展路径特征清晰

随着物联网、大数据、人工智能技术的融合，储能产品趋向智能化，可实现远程监控、自动调度、故障预警等功能，提高运营效率和响应速度。集成化解决方案成为趋势，将储能产品与可再生能源发电、微电网、智慧建筑等进行深度整合，可提升系统的灵活性和自适应性。可持续性和环境影响成为储能产品发展的重要考量。电池材料的循环利用，减少碳足迹，以及开发无毒、易回收的电池技术，是未来储能行业的重要趋势。同时，从安全性上考虑，标准化储能集装箱是储能电站的主要应用形式。

3. 市场上，出海战略是长期可持续发展的重要方向

从市场需求端看，全球对可再生能源的依赖加深，特别是欧洲、北美及亚太部分国家对储能技术的需求激增，为我国储能企业提供广阔的海外市场空间。2023年我国新型储能新增装机占全球市场近50%的份额，按照全球储能市场的年均复合增长率23%预计，到2030年全球储能市场需求预计将超过900GWh❶。但这一进程也面临贸易保护主义和逆全球化的挑战。

4. 盈利策略上，将提供复合型服务实现利益最大化

随着我国电力市场机制的不断成熟与完善，储能产业正逐渐从单一盈利模式向复合型服务转型，以实现利益最大化，并分散市场风险。除参与各类辅助服务市场外，储能利用现货市场峰谷价差套利成为提升盈利能力的关键；此外，通过容量租赁参与容量市场，获得租赁收入与容量补贴，也是储能盈利策略的重要组成部分。

5. 商业模式上，新型模式不断激发产业创新潜力和增长空间

当前储能新型商业模式不断涌现，且应用推广不断加速。共享储能通过集中建设储能设施为多个用户提供按需付费的储能服务，显著降低了个体用户的初始投资成本，提高了储能资源的整体利用率，有利于解决现阶段新能源配储利用系数低的问题。虚拟电厂可将分布式储能资源通过智能平台集成优化、灵活调度，并作为单一实体参与电力市场交易，有利于储能资源价值的最大化。除能源领域外，储能还与其他行业融合发展出各类新型商业模式，如"光储充"一体化利用光伏储能给车辆充电，有效缓解了电动汽车充电对电网的冲击，车网互动技术（V2G）可以进一步利用电动车电池反向参与电网调峰。

---

❶《储能产业研究白皮书2024》。

五、氢基能源

（一）面临的问题和挑战

1. 氢基能源的产业链成本较高，尚不能突破规模化降成本

我国的可再生能源制氢成本较高，是传统化石燃料制氢的 2 倍以上；氢气储运方面，目前依托长管拖车以压缩氢气的形式运输为主，运输成本高且效率较低；氢气制备、储运和应用等环节涉及的多种零部件和材料尚未实现完全自主可控。

2. 大规模绿氢制备技术需要进一步突破

绿氢是新型能源体系发展的重要方向，也是氨、甲醇、可持续航煤等氢基燃料的主要原料。目前绿氢生产成本仍较高，专用的基础设施不完善，生产过程能耗较大。未来大规模氢气应用场景对氢气的价格敏感度高，亟需突破大规模、低成本的绿氢制备技术。

3. 区域竞争产业同质化现象严重

各地区培育氢能产业链的积极性持续高涨，但是产业发展呈现同质化。截至 2024 年底，我国各地区规划建设的绿氢项目多达 300 余项，规划产能超过 500 万 t；仅 2024 年，各地规划建设的绿氨、绿醇项目的产能规模均超过了 1000 万 t。此外，各地区对氢能关键材料和核心技术的研发攻关缺乏协同，未能形成统一合力，一定程度上造成科技研发投入的重复和浪费。

（二）发展趋势与展望

1. 产业链初步建立并持续完善

目前我国氢基能源生产、储运、利用的产业链已初步建立并不断完善。我国是世界上最大的制氢国，2024 年氢气产量近 3700 万 t，规划、在建的可再生能源制氢项目超过 300 个，已建成项目总产能达到 12.5 万 t，绿氢供应的潜力巨大。随着新能源电价的持续下降，绿氢、绿氨、绿甲醇等氢基燃料的生产成本也在快速下降。应用环节，以交通领域为突破口，氢燃料电池汽车保有量超过 1 万辆，我国已成为全球最大氢燃料电池汽车生产基地和应用市场。天然气掺氢发电、煤炭掺氨燃烧等氢基燃料应用示范不断涌现。

2. 规模化产业集群持续形成

围绕氢基能源生产的西北地区、东北地区与围绕氢能应用的京津冀、长三角和粤港澳大湾区，氢基能源产业集群规模渐显。依托区域资源优势与产业特色，聚焦氢基能源生产、储运、加注、应用等诸多环节，形成了覆盖关键技术研发、核心装备制造等全产业链体系。

3. 供应网络和基础设施持续完善

我国正在持续开展纯氢和天然气管道掺氢输送示范，建成加氢站数量已超过350座，位居世界第一。

4. 关键技术水平持续提升

我国电解水制氢技术日趋成熟，其中碱性电解水技术设备基本实现国产化，实现大规模推广应用，质子交换膜电解水制氢技术也取得重要突破，催化剂和膜电极成本显著降低。已初步掌握催化剂、质子交换膜、碳纸、膜电极组件、双极板等关键材料的制备技术和工艺，基本建立起具有自主知识产权的燃料电池汽车动力系统。

5. 政策支持力度持续加大

2022年国家发展改革委、国家能源局联合印发的《氢能产业发展中长期规划（2021—2035年）》，不仅明确了氢的能源属性，而且明确了氢能是战略性新兴产业的重点方向，是构建绿色低碳产业体系、打造产业转型升级的新增长点。此后，国家层面氢能相关的政策持续出台，大力支持构建氢能制、储、输、用等全产业链技术装备体系，提高氢能技术经济性和产业链完备性。

六、能源数智化

（一）面临的问题和挑战

1. 行业发展规划和协调不足

政府在能源数字化和智能化发展中起到关键指导作用，但在实际执行过程中，部门之间的协调和信息共享存在不足。这种不足可能导致重复建设、资源浪费以及整体效率低下。

2. 数字能源市场机制不完善

市场机制在推动能源数字化转型中发挥重要作用,但目前市场机制的完善程度仍有待提高。数据共享和数据流通方面的合作和信任度较低,传统体制机制的改革阻力较大,市场活力和创新能力受到抑制,政策和法规的制定也需进一步跟进。

3. 能源数字化基础设施建设滞后

能源数字化基础设施整体布局和功能优化还需进一步提升。关键基础设施如能源数据中心、高速宽带和光纤网络的建设进度相对滞后,无法满足快速发展的需求。现阶段各地标准不一,难以形成全国范围的高效协同。

4. 关键技术创新和商业模式不成熟

关键技术和商业模式整体成熟度仍然不高。人工智能、大数据、区块链等技术在能源领域的应用还处于初级阶段,缺乏大规模成功的应用案例。技术研发和市场应用之间存在脱节,导致新技术难以快速落地。商业模式创新也面临类似挑战,许多企业尚未找到有效的盈利模式。

(二)发展趋势与展望

随着"双碳"目标和能源数字化转型的深入推进,数字能源发展方向涵盖从能源生产、传输、交易到消费的全链条数字化,同时以新基建为抓手,通过数字技术与能源技术的深度融合,为构建高效、智能、清洁的能源系统奠定坚实的基础。

能源行业的数字化发展方向主要围绕传感网络建设、数据挖掘分析、提升消费体验、创新商业模式以及共建协作网络五个方面展开,如图 8-19 所示。这些发展方向紧密联系,构成了能源行业迈向数智化和可持续发展的整体战略。

图 8-19　能源行业数字化发展的趋势

1. 传感网络建设

数据从生产经营的副产品转变为核心生产要素，成为能源企业的战略资源。通过构建传感网络，能源企业能够实时监测设备运行状态和客户用能行为，为管理和服务提供有力支持，资产与客户管理成为数据感知能力建设的重点。

2. 数据挖掘分析

数据挖掘驱动了运营决策的精益化。采集到的业务数据经过深度分析后释放出潜在价值，这使得能源企业能够摆脱传统的经验决策模式，依托多维度的数据分析进行科学管理，极大提升了运营效率，优化了决策流程，实现了场景化、个性化的管理模式，从而提高了决策的精确性和敏捷性。

3. 提升消费体验

企业的发展重点从单纯的产品质量优化转向消费体验提升。能源企业通过数字渠道为客户提供全方位服务，开发自助应用程序，使客户能够在线查询、缴费和管理，实现线上线下服务融合，从而提升客户满意度和服务深度。

4. 创新商业模式

数据技术和行业经验的结合为能源企业开辟了新业务领域。随着可再生能源和分布式能源技术成本的下降，越来越多的新型能源商业模式得以实施。这些新模式注重清洁化、高效化和分布化发展，成为推动能源行业创新的重要动力。

5. 共建协作网络

能源企业要注重通过协作网络推动技术创新和应用实施，需要强化市场需求导向，与先进科技公司深度合作，引入新技术和理念，加速技术应用部署。同时，通过内部创新激励机制和灵活的容错机制，持续推动企业数字化转型进程。

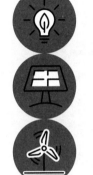

第九章

新型能源体系建设
实践与探索

第一节　新型能源体系规划设计

党的十八大以来，党中央高度重视能源发展，2014 年提出"四个革命、一个合作"能源安全新战略。在这一战略指引下，2015 年党的十八届五中全会提出"建设清洁低碳、安全高效的现代能源体系"；2022 年 10 月，党的二十大提出"深入推进能源革命，加快规划建设新型能源体系"。考虑到新型能源体系的提出，是党中央对新时代新征程能源高质量发展的新部署新要求，开展新型能源体系规划也是开创性的工作，目前尚未有成熟规划案例。本节以与新型能源体系规划密切相关的"十四五"现代能源体系规划、"双碳"指导意见和实施方案为例，探索体会新型能源体系的规划设计。

一、现代能源体系规划

（一）背景介绍

2022 年 1 月，经国务院批复同意，国家发展改革委、国家能源局联合印发实施《"十四五"现代能源体系规划》（以下简称《规划》）。《规划》是《中华人民共和国国民经济和社会发展第十四个五年规划和 2035 年远景目标纲要》在能源领域的延伸和拓展，是"十四五"期间构建现代能源体系的总体蓝图和行动纲领。

《规划》出台之际，我国正处于实现中华民族伟大复兴的关键时期，发展面临的国内外环境发生深刻变化，归纳起来主要集中在四个方面：第一，绿色低碳发展成为重要趋势，"十四五"是我国落实碳达峰目标的关键窗口期，煤炭消费需合理控制，适应新能源大规模发展的能源系统亟待建立，绿色发展方式和生活方式需加快形成。第二，能源安全保障形势依然艰巨，能源安全新旧风险交织，油气资源短板仍然突出，地缘政治事件、国际油价大幅波动等风险因素长期存在，网络安全等非传统安全风险日益突出。第三，全球能源供需版图深度调整，全球产业链供应链面临重塑，俄乌冲突等地缘事件加大国际能源市场波动，能源供应格局多极化趋势进一步凸显，低碳化、分散化、扁平化推动能源供需模式重塑。第四，创新引领能源发展作用更加凸显，"十四五"时期，我国急需推动能源技术装备"补短板、锻长板"，加速突破一批战略性前沿性技术，激发能源创新发展新动能，提升能源产业基础高级化、产业链现代化水平。

（二）规划内容

一是提升能源安全保障能力。《规划》提出：一要提升能源战略安全保障能力。通过加大国内油气勘探开发力度、提升储备能力、加强能源国际合作、建立煤制油气产能和技术储备等途径，多措并举增强油气供应保障能力。二要增强能源系统平稳运行能力。在严格合理控制煤炭消费增长的前提下，发挥煤炭的主体能源作用。研究完善供需平衡预警机制，化解电力、天然气等区域性、时段性供需矛盾，确保能源系统平稳有序运行。三要健全能源安全风险管控体系。针对近年来频发的极端天气等自然灾害，完善应急预案体系。防范化解非传统安全风险，强化网络安全关键技术研究。

二是建设清洁低碳能源生产消费体系。《规划》提出：一要加快实施可再生能源替代。推进建设总规模 4.5 亿 kW 大型风电光伏基地，加快分布式新能源发展。积极稳妥发展水电、核电，开工建设一批重大工程项目。因地制宜发展生物质能、地热能等其他可再生能源。二要抓好煤炭清洁高效利用。根据发展需要合理建设先进煤电，大力实施煤电节能降碳改造、灵活性改造、供热改造。三要大力推动终端能源消费转型升级，控制工业、建筑、交通等高耗能行业化石能源消费，全面推进电能替代。四要积极构建新型电力系统，加快推动电力系统向适应大规模高比例新能源方向演进。

三是推动区域城乡能源协调发展。《规划》提出，"十四五"时期，一要提升中东部地区能源清洁低碳发展水平，加快发展分布式新能源、沿海核电、海上风电等。二要加快西部清洁能源基地建设，重点建设"风光水（储）""风光火（储）"等多能互补的清洁能源基地。三要强化区域间资源优化配置，充分挖掘存量通道的输送潜力。四要提升城乡能源普遍服务水平，要完善城乡供能基础设施，积极推动农村能源变革，支撑新型城镇化和乡村振兴战略实施。

四是提升能源产业科技创新能力。《规划》提出，"十四五"时期，要高度重视能源技术变革的重大作用，坚持创新驱动发展，加快推进能源技术革命，着力提升能源产业链现代化水平。一要努力实现能源科技自立自强。二要巩固提升能源产业链竞争力。三要加快能源产业数字化智能化升级，要加快现代信息技术与能源产业深度融合。

五是提高能源治理效能。《规划》提出，要全面推进能源治理体系和治理能力现代化。一要完善能源法律法规体系，要全力推进能源领域相关法律制定工作。二要深化能源领域"放管服"改革，加大改革力度，持续优化营商环境。三要健全能源转型市场化机制，重点聚焦系统灵活调节能力、综合能源服务等新模式新业态发展等方面，推动体制机制改革取得新突破。

六是开创能源合作共赢新局面。面对能源国际合作呈现出的新趋势新特征，《规划》提出，一要推动"一带一路"能源合作高质量发展，加强与周边国家能源基础设施互联互通，增强开放条件下的能源安全保障能力。二要加强应对气候变化国际合作，巩固和拓展与相关国家绿色发展战略对接，建成一批绿色能源合作项目。三要积极参与全球能源治理体系改革和建设，加强多边框架下加强全球能源治理。

（三）建设成效

一是能源安全基础逐步筑牢。能源产供储销体系建设不断加强，建立了煤、油、气、核、可再生能源多轮驱动的能源供应体系，增加能源供给总量，优化能源供给结构，全面提升可持续发展水平和国际竞争力，新时代十年来能源生产总量增长30%左右、稳居世界首位，能源自给率始终保持在80%以上。

二是能源绿色低碳发展迈出坚实步伐。风电光伏发电连续3年新增装机容量超过1亿kW、年发电量突破1TWh，水电、风电、光伏发电、生物质发电、在建核电装机规模稳居世界第一。2024年，我国非化石能源占能源消费总量的比重达到19.7%，同比提高1.8个百分点。

三是能源创新驱动力持续增强。能源自主创新能力和产业链现代化水平显著提升，新能源先进发电技术国际领先，光伏组件、风力发电机等关键零部件占全球市场份额的70%，大规模储能、氢能、碳捕集利用与封存等研发应用不断取得新进展，形成了全球领先的清洁能源产业体系，科技创新已成为能源高质量发展的主要推动力。

四是能源体制机制保障不断完善。电力、油气体制改革和能源"放管服"改革深入推进，油气"全国一张网"基本形成，全国统一电力市场体系加快构建，逐步破除体制机制制约，现代能源市场日趋完善，已基本建立了能源领域基础性制度框架，不断释放和增强构建现代能源体系的动力和活力。

二、低碳规划方案

（一）背景介绍

2021 年 10 月，习近平总书记在《生物多样性公约》第十五次缔约方大会领导人峰会上首次提出我国碳达峰碳中和政策体系。习近平总书记指出，为推动实现碳达峰、碳中和目标，中国将陆续发布重点领域和行业碳达峰实施方案和一系列支撑保障措施，构建起碳达峰、碳中和"1+N"政策体系。其中，《关于完整准确全面贯彻新发展理念做好碳达峰碳中和工作的意见》（以下简称《指导意见》）和《2030年前碳达峰行动方案》（以下简称《行动方案》）共同构成贯穿碳达峰、碳中和两个阶段的顶层设计，同时与其他一系列文件构建起目标明确、分工合理、措施有力、衔接有序的碳达峰碳中和政策体系。

（二）规划内容

作为推进碳达峰碳中和工作的纲领性文件，《指导意见》和《行动方案》明确提出立足新发展阶段，完整、准确、全面贯彻新发展理念，构建新发展格局，以推动经济社会发展全面绿色转型为引领，对于推动全社会如期实现"双碳"目标具有重要意义。

第一，《指导意见》和《行动方案》共同构成我国实现"双碳"目标的顶层设计。《指导意见》是我国"双碳"目标"1+N"政策体系中的"1"，是 2025—2060 年我国"双碳"工作的系统谋划和总体部署。《行动方案》是"N"中为首的政策文件，聚焦 2030 年前碳达峰目标，相关指标和任务更加细化、实化和具体化。

第二，明确了实现"双碳"目标需重点关注的产业和领域。《指导意见》明确了未来钢铁、有色金属、石油化工等高耗能产业将出台专项碳达峰实施方案。在《行动方案》提出的重点实施的"碳达峰十大行动"中，能源、工业、交通等领域的"双控"执行力度会更强，"两高"（高能耗、高污染）项目也会受到更加严格的限制。

第三，明晰了实现"双碳"目标的首选途径和关键路径是节约能源和优化能源结构。《指导意见》把节约能源资源放在首位，实行全面节约战略；《行动方案》把节能降碳增效列为"碳达峰十大行动"中排名第二的行动，提出全面提升节能管理能力，推进重点用能设备节能增效。

第四，强调了科技创新对实现"双碳"目标的支撑作用。《指导意见》提出将加强基础研究和前沿技术布局，编制碳中和技术发展路线图，推动新能源大规模友好并网、氢能、储能、二氧化碳捕集利用与封存等领域的技术突破。《行动方案》提出了发挥科技创新的支撑引领作用，加强绿色低碳科技革命，制定完善的创新体制机制，加强先进适用技术研发和推动应用等举措。

第五，指出"双碳"目标实现需要政府和市场"双轮驱动"以及全民参与。《指导意见》指出实现"双碳"目标需要政府和市场同时发力；市场机制层面，则主要通过完善全国碳排放权交易市场助力减碳工作。《行动方案》提出增强全民节约意识、环保意识、生态意识，把绿色理念转化为全体人民的自觉行动。

第六，指明后续制定"双碳"目标政策的方向。"双碳"工作两个顶层设计文件出台后，需要加快出台政策体系，推动各方统筹有序做好"双碳"工作。

（三）建设成效

一是能源绿色低碳转型行动成效明显。非化石能源加快开发利用，化石能源清洁高效开发利用取得积极进展，全面实施煤电节能降碳、灵活性和供热改造"三改联动"，终端用能清洁替代加快实施。新型电力系统建设稳步推进。

二是节能降碳增效行动取得积极进展。国家发展改革委等部门出台《关于严格能效约束推动重点领域节能降碳的若干意见》，工业和信息化部印发石化化工、钢铁等行业高质量发展指导意见，国家发展改革委多次组织地方梳理排查"两高一低"项目。

三是工业领域碳达峰行动取得积极进展。发布石化化工行业鼓励推广应用技术产品目录，制定《工业能效提升行动计划》，推进国家工业专项节能监察，督促企业依法依规用能，对6800家企业、园区开展节能诊断服务。

四是绿色低碳全民行动成效明显。生态文明社会教育不断深入，持续开展全国节能宣传周、全国节水宣传周、全国低碳日、全民植树节、世界环境日、国际生物多样性日、世界地球日、美丽中国等主题宣传活动。

第二节 新型能源体系典型工程解决方案

一、大型风电光伏基地

（一）案例概况

陇东至山东直流输电通道配套风电光伏基地项目为供给侧结构绿色低碳转型路

径下的多能互补实践案例。

1. 组织架构

陇东至山东±800kV 特高压直流输电通道配套大型风电光伏基地（简称陇东至山东配套风光基地），由中国华能集团有限公司、山东发展投资控股集团有限公司等投资建设，其中中国华能集团有限公司统筹开发庆阳地区新能源资源，山东发展投资控股集团有限公司统筹开发白银地区新能源资源。陇东至山东通道同步配套有支撑调节煤电及储能，形成风光火储一体化电源外送基地。

中国电力工程顾问集团西北电力设计院有限公司负责基地风光火储一体化配套电源建设方案研究、整体接入方案研究及 50%以上容量电源的勘察设计工作，其他参与设计的单位还有中国能源建设集团甘肃省电力设计院有限公司、山东电力工程咨询院有限公司等。

2. 案例背景

加快建设新型能源体系，需要做大做强一批国家重要能源基地，提升"西电东送"能力。陇东能源基地是国家五大综合能源基地之——鄂尔多斯盆地能源基地的重要组成部分，地处陕甘宁革命老区庆阳市和平凉市，是我国煤炭、石油和新能源较为富集的区域。陇东至山东±800kV 特高压直流输电通道是国家"十四五"重点规划的"三交九直"输电通道之一，输送能力 8000MW，通道依托陇东地区丰富的能源资源优势，优先考虑可再生能源电力的开发消纳，实现大基地规模化开发、远距离输送及高水平利用。

3. 建设内容

陇东至山东配套风光基地建设新能源 10500MW，其中风电 6700MW、光伏 3800MW。庆阳市布局风电 4500MW、光伏 1500MW，白银市布局风电 2200MW、光伏 2300MW。按新能源装机容量的 10%、4h 配置新型储能。为保障基地外送通道送电可靠性及灵活性，同步配套建设煤电机组 4000MW，机组最大调峰能力不低于额定容量的 75%。所发电量通过陇东至山东特高压直流输电工程输送至山东电网消纳。

陇东至山东配套电源基地系统方案示意图如图 9-1 所示。

4. 实施情况

陇东至山东特高压直流输电通道正在建设中，计划 2025 年全面建成投产。基地配套新能源采用分批次核准、分批次建设，已全部完成核准批复，与陇东至山东直流工程同步建成。

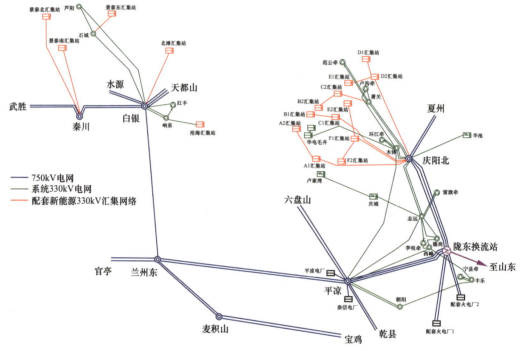

图 9-1　陇东至山东配套电源基地系统方案示意图

（二）做法实践

1. 建立一体化定量评估指标体系

陇东至山东特高压直流输电工程是我国首个"风光火储多能互补一体化"大型综合能源基地外送工程，配套电源包括风电、光伏发电及支撑火电。配套电源方案研究论证过程中，严格落实国家关于两个一体化发展的指导精神，围绕构建清洁低碳、安全高效的新型能源体系宗旨，从绿色低碳、调节能力、经济可行、安全可靠四个方面建立了多能互补一体化定量评估指标体系（见图 9-2），采用 8760h 全时段生产模拟对各方案互补运行效果进行定量评估。

绿色低碳指标量化输电通道配套新能源的送出电量占比，衡量"最大化利用清洁能源"的实现程度。调节能力指标量化电源灵活调节作用，评估多能互补一体化运行方案挖掘电源调峰潜力、减轻送受端调峰压力方面的效果。经济可行指标评价一体化项目的财务可行性及竞争能力。安全可靠指标衡量一体化电源参加受端电力平衡的能力和支撑直流送电的能力。

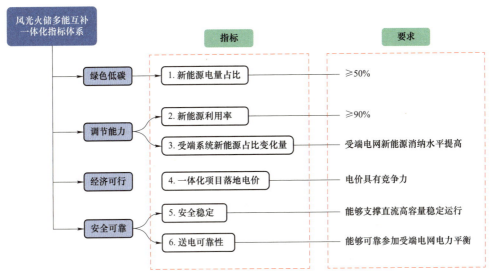

图9-2　风光火储多能互补一体化定量评估指标体系

2. 多样化灵活调节能力建设

柔性灵活是构建新型电力系统的重要支撑，陇东至山东配套电源基地高度重视系统调节能力多样化。一是充分发挥配套火电调峰潜力，将火电调峰深度从常规煤电的60%提高到75%以上；二是在充分挖掘配套火电调峰潜力的基础上，优化配套储能规模，减轻送受端电网调峰压力，提升直流参与受端电力平衡的能力。

3. 创新新能源开发建设模式

采用新能源一体化开发建设模式，对风电、光伏发电、储能项目进行整体开发，避免碎片化建设，优化建设运维成本，创新一体化项目集约化管理模式，应用人工智能、智能化运维、5G通信等前沿技术，全力打造国内领先的平价清洁能源示范基地。部分地区风电、光伏电站优先按照"风光同场"方式建设，提高了土地综合利用率。建设过程中注重提升区域防风固沙、生态修复的能力，使新能源开发与自然环境和谐共生。根据项目的经济性确定梯度开发次序，提高风电、光伏发电的市场竞争力。

（三）成效分析

1. 主要成果

陇东至山东配套风光基地配套新能源10500MW，同步建设1050MW（4h）新型储能。按照陇东至山东直流工程推荐的送电曲线（见图9-3）进行生产模拟分析，直流利用小时数4500h，年送电量360亿kWh，基地新能源年发电量197亿kWh，有效保障了陇东至山东特高压直流输电通道清洁能源电量占比 50% 以上的要求，提高受端山东电网非水可再生能源消纳占比 2.3 个百分点。采用"风多光少"的配置比例，在充分发挥陇东地区资源特点的同时，可有效缓解与受端山东电网"马鞍形"负荷特性的午间消纳矛盾。通过降低配套煤电最小技术出力、配置 10%（4h）新型储能，基地配套新能源利用率 90% 以上，高峰时段参与受端电力平衡的可靠性水平不低于 95%，见表 9-1。

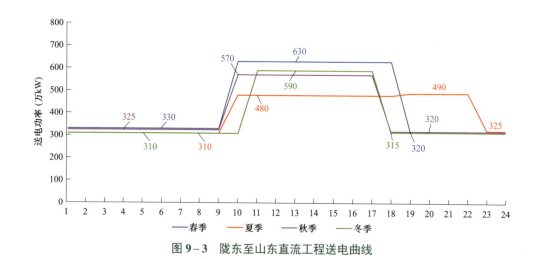

图 9-3　陇东至山东直流工程送电曲线

表 9-1　　　　　　　　　　　风光火储一体化运行指标

指标	数据
年送电量（亿 kWh）	360
直流利用小时数（h）	4500
储能（MW）	1050（4h）
通道新能源电量占比	54.5%
高峰时段可靠运行水平	＞95%
配套新能源利用率	＞90%

2. 经济效益

以项目可行性研究阶段的造价作为参照匡算，按照风光同场建设，基地配套新能源及储能总投资约 570 亿元，可新增就业岗位 500 人以上，配套新能源建成后年发电量约 197 亿 kWh，年上缴利税 10 亿元以上，并同步带动相关上下游产业链投资及就业。

3. 社会效益

陇东至山东配套风光基地项目将有效保障陇东至山东直流安全低碳可靠运行，项目建成后每年向山东电网输送新能源电量 197 亿 kWh，相当于节约煤炭消耗 590 万 tce，减少二氧化碳排放 1570 万 t，绿色及环境效益显著。

（四）典型经验

1. 方案策略选择

（1）风光火储多能互补一体化的电源配置方案思路及指标体系的建立，树立了新型能源体系下高比例新能源输电通道配套综合能源基地的建设模板，为综合能源基地电源结构优化、储能配置规模提供了典型经验。

（2）通过全系统 8760h 全时段生产模拟和配套电源+送电曲线生产模拟，验证了兼顾送电可靠性及新能源消纳的合理送电曲线和新能源利用率选取原则。

2. 配套机制思考

一体化电源开发模式，对于推进煤炭与煤电、煤电与新能源发电"两个联营"、保障大型新能源基地持续可靠送电奠定了基础。需要进一步探索并推进按照利益共享、风险共担、统筹开发、共同推进的原则，以互相参股或者组建合资公司等方式开展配套电源建设及运营的一体化模式。

3. 发展前景分析

新型能源体系建设背景下，以特高压直流输电通道为载体的高比例新能源基地建设前景广阔，陇东至山东配套电源基地的电源配置及开发模式，为后续大量新增通道的电源建设提供了良好的借鉴。

二、煤电清洁高效利用

（一）安徽淮南平圩电厂四期 2×1000MW 超超临界燃煤发电示范工程

1. 案例概况

（1）组织架构。

该项目由中国电力国际发展有限公司和淮河能源控股集团有限责任公司共同组建的项目公司投资建设。中国电力工程顾问集团华东电力设计院有限公司和中能建建筑集团有限公司以联合体 EPC 总承包模式承揽项目建设。安徽淮南平圩发电有限责任公司负责项目运营。

355

（2）案例背景。

从改革开放到党的十八大期间，煤炭行业从煤炭加工洗选、资源综合利用起步，到矿区土地复垦利用、充填开采、保水开采、节能减排，再到推进煤企建设循环经济产业、矿区生态治理，煤炭绿色发展一直稳步前行。2021年9月，习近平总书记在榆林视察时，提出"煤炭作为我国主体能源，要按照绿色低碳的发展方向，对标实现碳达峰、碳中和目标任务，立足国情、控制总量、兜住底线，有序减量替代，推进煤炭消费转型升级"。2022年10月16日，习近平总书记在党的二十大报告中提出"积极稳妥推进碳达峰碳中和，立足我国能源资源禀赋，坚持先立后破，有计划分步骤实施碳达峰行动，深入推进能源革命，加强煤炭清洁高效利用，加快规划建设新型能源体系，积极参与应对气候变化全球治理"，煤炭清洁高效利用是我国实现"双碳"目标、构建新型能源体系和应对全球气候变化的关键措施。

安徽省煤炭资源相对丰富，是华东地区重要的产煤和供煤省份之一，推进深入洗选将从源头提高煤炭质量，降低煤炭利用过程中的碳排放。安徽省"一煤独大"的特征明显，煤炭消费占比达65%以上，同时煤炭消费在工业领域涉及范围较广，除传统的煤电行业外，水泥、钢铁、化工、炼焦、煤化工、石化等省内的重要工业企业均是耗煤大户。"双碳"目标下，煤炭消费将受到严格控制，无论在煤炭生产侧还是消费侧，煤炭清洁高效利用是控煤措施的必然选择。安徽淮南平圩电厂四期项目在区位优势、电网支撑、坑口电站、煤电联营等各方面具有明显优势，是稀缺的煤电项目资源。厂址用地为工业建设用地，不涉及农田和压矿；紧邻淮河和淮沪特高压起点，水源、煤源、运输、送出条件非常优越。项目响应国家提倡提升机组效率、推动产业升级的号召，致力于建设高参数、大容量、高效率、清洁低碳的高效燃煤电站项目，遵循国家关于建设大型煤电基地、优化电力结构和布局的能源开发战略，符合煤电联营、煤电一体化开发产业政策的要求。

（3）建设内容。

安徽淮南平圩发电有限责任公司位于安徽省淮南市以西17km的淮河北岸平圩镇，地处淮南煤矿区域，属于坑口电厂，地理条件优越，煤源充足，运输方便，煤价相对较低，交通便利。

安徽淮南平圩电厂四期扩建工程可以充分利用前期工程的相关公用设施和场地，征地需求较少。前期工程已经为电厂用水、设备运输等方面创造了有利条件，因此该工程建厂条件已经较为完备。同时，借助现有设施，该项目的投资可以相对节省。安徽淮南平圩电厂四期扩建工程计划建设 2×1000MW 超超临界燃煤发电机组。

（4）实施情况。

该项目于 2023 年 12 月 29 日开工，有望在 2025 年底实现投产发电。

2. 做法实践

（1）技术路线。

该期 2×1000MW 超超临界燃煤发电机组位于三期工程扩建端的场地，围墙内建设用地面积 38.8hm^2。电厂燃料利用已建铁路专用线，厂区内新建 2 股铁路卸煤线。该期工程拟采用卸煤沟方式卸煤，开车运输燃料从煤矿直达电厂。该期扩建 1000kV 屋外 GIS 配电装置，主变压器高压侧与升压站之间采用 1000kV GIL（SF$_6$ 管道母线）连接。新建 1 回 1000kV 线路出线，沿厂外出线走廊（三期已预留）接至 1000kV 淮南升压站。该期工程采用淮河水作为地表水源的自然通风冷却塔的循环供水系统。

装机方案，该工程采用二次再热机组，π 型锅炉。为降低机组热耗率，优化指标，主蒸汽压力采用 31MPa，温度采用 605℃，一次、二次再热蒸汽温度采用 623℃，凝汽器设计平均背压取绝对压力 5.1kPa。

（2）商业模式。

该期工程所产生电能采用"全额上网"模式。

3. 成效分析

（1）主要成果。

该期工程规划装机容量 2×1000MW，建成后，安徽淮南平圩电厂总装机容量将达到 6540MW，将是安徽乃至华东电网最大的主力电厂。该工程将有效支撑安徽电网负荷增长需求，推动地区经济和社会的可持续发展。同时，项目与安徽特高压交流电网建设相互促进，进一步展示通过 1000kV 电压等级送电的示范作用。充分利用现有资源，发挥安徽煤电优势，落实"长三角一体化"战略和高质量发展的要求，打造安徽乃至全国煤电基地的示范工程，发挥区位优势，推动企业和当地经济合作共赢，具有重要的战略意义和积极的社会效益。

（2）经济效益。

1）对当地财政收入的影响分析。

该项目建成后年供电量 9639GWh（按 5000h 计）。经测算，该项目建成投产后，年销售收入将达 32.81 亿元，为地方财政收入年可贡献国税、地税合计约 3.23 亿元。

2）对相关产业的影响分析。

该项目的建设将带动上、下游产业链中相关行业的联动发展。如运输业、煤炭业及建材业等，有利于促进经济良性发展。

该期工程除灰系统采用灰渣分除方案，石膏浆液脱水处理，灰渣和脱硫石膏均可综合利用，灰渣可作为混凝土掺合料、水泥混合材料、砖、砌块及新型墙体等的原材料加以利用；脱硫石膏可用于水泥缓凝剂和生产建筑材料，也可用于生产化肥硫酸钾，是一种良好的资源。灰渣及脱硫石膏的综合利用，既有利于环保，又可以促进水泥、建材行业、建筑业及农业的发展。

3）对就业机会的影响分析。

为保证项目建成后的正常运行，除厂内的管理、生产和辅助人员定员 246 人外，还需要为电厂提供运输、检修、加工、后勤服务等方面的外围服务人员。该项目的建设，可促进第三产业的发展，并为当地提供与电厂相关的行业就业机会。

（3）社会效益。

1）该项目的建设是地方政府和项目投资方贯彻落实"节能减排"战略目标的具体体现。

2）该项目的建设能提高安徽电网大容量机组的比例，有利于制约中小容量凝汽式火电机组的盲目建设，从而可以降低单位千瓦机组对环境的污染。

3）电厂厂址地处安徽中部电网，该期工程建成投产后，可满足华东电网电力负荷未来发展的需要，并且可以与华东特高压交流电网建设相互促进，从而进一步发挥安徽煤电优势，促进"皖电东送"战略的实施和发展。

4）该项目按照"节能减排"的要求，严格执行国家环保政策，实现可持续发展。在电厂设计时，对资源综合利用、灰渣综合利用上加大投入力度，工业固废得到综合利用，符合国家循环经济政策要求。

5）该期工程燃煤取自淮南矿区，由淮南矿业（集团）有限责任公司提供，属于典型的矿区坑口电厂，采用煤电联营模式、煤矿—电厂铁路专用线直接运输，运输成本接近煤炭坑口价格。另外，该期工程可以长期、可靠、经济地利用淮南本地煤炭，避免这部分煤炭运往江浙，占用宝贵的运力资源，将有效促进淮南矿区煤炭产业的"保稳定、促增长"，充分发挥其资源优势，增强淮南煤电集群效应，推进淮南煤电基地的建设，形成规模效应，有利于安徽省由能源大省向能源强省跨越的实现。

6）该期工程水源为淮河，采用直流供水系统，该期扩建 2×1000MW 机组年总用水量为 1750 万 m^3，年平均小时用水量 $3047m^3/h$（$0.85m^3/s$），折合年平均百万千瓦耗水指标为 0.423 $m^3/$（$s \cdot GW$）。该期工程耗水指标优于国家对火电厂节水的有关规定，处于同类机组领先水平。项目节水措施已按规范设计，方案经可行性论证具备经济合理性，工艺流程及设备选型便于后续实施运行。该期工程用水不会对当地工业、农业、养殖业生产带来不利影响。

7）项目的实施对上下游产业有积极的拉动作用。如制造业、建筑业、交通运输业等，实现国家提倡的"循环经济"模式，有利于促进经济良性发展。促使当地政府在发展经济、改善公共设施、文化教育、医疗卫生和社会保障等方面的能力进一步得到强化，对推动国民经济继续发展、建设和谐社会、全面实现小康目标具有重要意义。

8）该期工程建成后，将加快产业结构调整，能源优化配置，资源综合利用，促进当地经济加速发展起着积极的推动作用，同时也可解决当地就业问题。

4. 典型经验

（1）方案策略选择。

超超临界燃煤发电技术作为现代电力工业的核心技术之一，其重要性不言而喻。它通过在更高压力和温度条件下运行燃煤发电设备，实现能源利用效率的大幅提升，显著降低煤耗和污染物排放，对于缓解能源压力、改善环境质量具有关键作用。同时，超超临界燃煤发电技术的不断发展与突破，也推动电力行业的技术创新和产业升级，为构建清洁低碳、安全高效的能源体系奠定坚实基础。因此，超超临界燃煤发电技术不仅是电力行业绿色转型的重要支撑，也是实现可持续发展目标的关键技术之一。

综合分析当前国内外大容量超超临界燃煤发电技术的发展趋势，结合当前项目建设的实际情况，从技术成熟度和投资合理性角度出发，选择 620℃等级二次再热超超临界燃煤发电技术作为该项目的装机方案。

620℃等级二次再热超超临界燃煤发电技术，作为当前电力工业节能减排的重要里程碑，展现出卓越的技术成熟度和经济效益。该技术不仅继承超超临界机组高效能、低排放的固有优势，更通过二次再热循环，进一步提升能源转化效率，有效降低煤耗与污染物排放。相较于其他技术路径，620℃二次再热机组在材料应用、制造工艺及运行控制等方面均已实现全面国产化，技术成熟度高，投资成本适中，性价比高。此外，该技术路线还具备较高的可靠性和稳定性，为电力企业的稳定运营提供坚实保障。在当前全球能源转型与环保压力日益增大的背景下，620℃等级二次再热超超临界燃煤发电技术无疑成为推动我国电力行业绿色发展的优选方案，为实现"双碳"目标贡献力量。

（2）配套机制思考。

安徽淮南平圩电厂四期扩建工程计划建设 2×1000MW 超超临界燃煤发电机组，旨在提升电厂的发电能力和效率，满足区域电力需求，促进地方经济发展。为确保项目的顺利实施和长期稳定运行，需要建立一套完善的配套机制。

一是资源保障机制。作为坑口电厂，安徽淮南平圩电厂地处淮南煤矿区域，煤源充足，运输便利，煤价相对较低。为确保煤炭供应的稳定性和可持续性，应与淮南煤矿及其他主要供应商签订长期供煤合同，建立战略合作伙伴关系，确保煤炭供应链的稳定。此外，电厂的运行需要大量水资源，前期工程已经为电厂用水创造条件，需进一步加强与地方政府及相关部门的合作，确保水资源的稳定供应，并采取有效措施节约用水，提高水资源利用效率。

二是技术支持机制。超超临界燃煤发电技术具有高效、低耗、环保等优点，是该工程的核心技术。需使用当前国内先进的技术设备，确保机组的高效运行。同时，建立技术支持团队，进行设备的日常维护和管理，确保设备的长期稳定运行。针对超超临界燃煤发电技术的复杂性，应建立系统的技术培训机制，为员工提供定期培训，提升技术水平。同时，与高校和科研机构合作，培养专业技术人才，为电厂的发展提供人才支持。

三是环境保护机制。超超临界燃煤发电机组在提升发电效率的同时，需严格控制污染物排放。应安装先进的环保设备，如脱硫、脱硝和除尘装置，确保排放物达到国家环保标准。同时，建立排放监测系统，对污染物排放进行实时监测，确保环境保护措施的有效落实。在项目建设过程中，应注重对周边生态环境的保护。制定生态补偿方案，对受影响的生态环境进行补偿和修复，确保生态环境的可持续发展。

四是政策支持机制。安徽淮南平圩电厂四期扩建工程需要政府的大力支持。应积极争取国家和地方政府在政策、资金等方面的支持，享受相关优惠政策。同时，加强与政府部门的沟通与合作，确保项目的顺利推进。

（3）发展前景分析。

从技术创新角度来说，超超临界燃煤发电技术是当前世界上最先进的火电技术之一，具有热效率高、煤耗低等显著优势。相比传统的亚临界和超临界机组，安徽淮南平圩电厂四期超超临界二次再热机组的热效率可提高到 47.6% 左右，煤耗可降低到 254.6g/kWh 左右。这意味着在相同煤炭消耗量下，超超临界燃煤发电机组可以发出更多的电力，能极大地提高资源利用效率。此外，安徽淮南平圩电厂已有多期建设经验，积累了丰富的技术和管理经验，四期工程在技术选择和设备配置上将延续这一优势，采用世界一流的技术设备，并建立完善的技术支持和维护体系，确保机组的长期稳定运行。

从经济效益角度来说，超超临界燃煤发电技术的高效能和低煤耗特点，使得发电成本相对较低，含税上网电价约为 384.4 元/MWh。此外，安徽淮南平圩电厂地处煤矿区域，煤源充足且价格低廉，将会进一步降低发电成本。随着煤电市场的竞争加剧，低成本发电将为安徽淮南平圩电厂在市场中取得竞争优势提供有力支撑。四期工程建成后，安徽淮南平圩电厂的总装机容量将显著提升，总装机容量将达到 6540MW，将是安徽乃至华东电网最大的主力电厂。电厂年发电量也将大幅增加，预计每年可新增发电量约 9639GWh（按 5000h 计）。此外，超超临界燃煤发电机组的高效稳定运行会使设备维修和更换费用减少，将进一步提升电厂的经济收益。

从环境保护角度来说，超超临界燃煤发电技术不仅能提高燃煤效率，而且还显著减少污染物排放。相比传统燃煤机组，超超临界燃煤发电机组的二氧化硫、氮氧化物和粉尘排放量均大幅降低。安徽淮南平圩电厂四期工程将配备先进的脱硫、脱硝和除尘装置，排放量降低幅度达到 10%，确保排放物达到国家环保标准，减少对环境的影响。此外，高效的超超临界燃煤发电技术能够最大限度地利用煤炭资源，减少资源浪费。

从社会发展角度来说，安徽淮南平圩电厂四期工程将带动地方经济的发展。建设期间将创造大量就业机会，带动相关产业的发展，增加地方财政收入。

（二）内蒙古华电包头达茂旗火电机组灵活性改造促进新能源消纳 760MW 风光电试点（竞配）项目

1. 案例概况

（1）组织架构。

该项目由华电内蒙古能源有限公司投资建设，中国电力工程顾问集团中南电力设计院有限公司承担该项目全部的勘察设计工作和其中 400MW 新能源工程的 PC 总承包工作。

（2）案例背景。

2021 年 10 月 25 日，内蒙古自治区能源局印发了《关于印发 2021 年火电灵活性改造促进市场化消纳新能源实施方案可行性论证意见的通知》（内能电力字〔2021〕787 号），该通知将华电内蒙古能源有限公司两个火电机组灵活性改造促进新能源消纳项目纳入试点，合称为内蒙古华电包头达茂旗火电机组灵活性改造促进新能源消纳 760MW 风光电试点（竞配）项目。

（3）建设内容。

该项目以火电灵活性改造促进新能源消纳为核心，以落实消纳市场为前提，结合本地消纳能力，按照就地消纳、存量优先的原则，规划建设大型风光可再生能源基地。主要包括以下两个建设项目：

项目一：通过对华电内蒙古能源有限公司包头发电分公司河西电厂 2006 年投产的 2×600MW 燃煤公用供热机组（1、2 号机组）进行灵活性改造，调峰深度由 50% 调至 30%，新增调节能力 240MW，新建配套新能源 360MW（风电 270MW、光伏发电 90MW）。

项目二：通过华电内蒙古能源有限公司土默特发电分公司土右电厂 2016 年投产的 2×660MW 燃煤公用供热机组（1、2 号机组）进行灵活性改造，调峰深度由 50% 调至 30%，新增调节能力 264MW，新建配套新能源 400MW（风电 300MW、光伏发电 100MW）。

配套建设 1 座 220kV 的升压站，主变压器容量 2×200MVA＋2×180MVA，升压站通过 1 回 220kV 新建线路接入包风Ⅱ 500kV 变电站 220kV 侧。

该工程静态总投资 305151.46 万元（其中火电灵活性改造费 5920 万元），单位静态投资 3943.44 元/kW,动态总投资 311679.28 万元,单位动态投资 4027.80 元/kW。

（4）实施情况。

该项目于 2024 年 6 月实现全容量投产。

2. 做法实践

（1）技术路线。

1）火电机组灵活性改造方案。

河西电厂：在锅炉侧实施一、二次风暖风器改造和 1、2 号锅炉低负荷稳燃燃烧器改造，锅炉最低稳燃负荷可进一步下降至 30%BMCR 左右。在汽机侧实施调节进汽方式改造和低压缸零出力改造，同时实施热工控制改造，以改善一、二次调频性能。在机组运行方式方面，供热高寒期安排两台机组一台切缸供热运行、一台抽凝供热运行，在供热初末寒期安排两台机组均抽凝供热运行。供热期全厂上网电负荷率低至约 30%，有效实现热电解耦。

土右电厂：对机组实施纯凝工况改造，主要涉及汽轮机、锅炉和控制系统等改造，主要包括低压缸鼓风态温度场监测系统改造、空冷岛加装温度监测系统和冷却风机自动封堵装置、低负荷投脱硝改造、低负荷稳燃改造、空气预热器防堵塞改造、水平烟道积灰治理、低负荷防止引风机动叶卡涩改造、水冷壁后墙悬吊管加装壁温测点、发电机定子槽楔结构改造、加装定子绕组端部振动监测装置等。

2）电源优化配置方案。

仅通过煤电机组灵活性改造新增调峰空间消纳新能源电量，以不增加蒙西地区整体弃电率为约束，结合本地各类新能源出力特性设置风光装机配比，采用生产模拟软件进行时序仿真分析来进行电源优化配置，得到如下电源配置方案：

项目一：180MW（风电 135MW、光伏发电 45MW）由河西电厂自建，其余 180MW（风电 135MW、光伏发电 45MW）由包头市电力主管部门组织有关企业通过合建共享、购买调峰资源等方式建设。

项目二：200MW（风电 150MW、光伏发电 50MW）由电厂自建，其余 200MW（风电 150MW、光伏发电 50MW）由包头市电力主管部门组织有关企业通过合建共享、购买调峰资源等方式建设。

（2）商业模式。

该项目由华电内蒙古能源有限公司投资运营。新能源电站独立计量结算，执行平价上网政策，按核定上网电价与电网公司结算。目前该项目未参与电力市场，但未来具备参与市场化交易的潜力。

3. 成效分析

（1）主要成果。

该项目挖掘现役机组灵活性改造能力，完全利用现役火电深度调峰能力增配新能源，不提高系统整体弃电率，符合国家推进多能互补发展的政策方向，为内蒙古地区新能源消纳开辟了新路径，为全国能源转型提供了宝贵经验与实践范例。

（2）经济效益。

在保障项目整体年均收益与改造前年均收益一致的条件下，按照新增调峰空间100%配置给火电厂，资本金内部收益率为9.9%，全投资内部收益率为5.90%；按照新增调峰空间约90%配置给火电厂，资本金内部收益率为8%，全投资内部收益率为5.52%。

（3）社会效益。

1）有利于促进国家"双碳"目标的实现，推动内蒙古自治区电力高质量发展。该项目为清洁能源发电项目，符合国家环保、节能政策，是环境效益最好的能源之一，是国家鼓励和支持开发的可持续发展的新能源。新能源开发建设可有效减少常规能源尤其是煤炭资源的消耗，保护生态环境，风电场建成以后，既可以提供一定的电力，又不增加环境的压力，项目运行过程中不需要消耗其他常规能源，也不排放任何有害气体，水资源消耗量很小。与火电工程相比，该项目在提供能源的同时，不排放烟尘、二氧化硫、氮氧化合物和其他有害物质。

2）为地区新增大工业负荷提供绿色低价电力。该项目就地开发利用优质新能源资源，为当地新增大工业负荷提供绿色低价稳定的电力，保持本地区电价洼地优势，有力支撑地区工业发展，促进经济可持续发展。

3）打造包头市新能源发展产业链。在示范项目建设过程中，除直接带动新能源发电投资外，通过完善配套产业政策，还可聚集国内顶级能源开发与装备制造企业，直接推动风电、光伏发电等新能源与输变电产业以及清洁能源领域上下游产业的发展，可带动包头市风电产业链、光伏发电产业链、稀土永磁材料产业链、硅产业链发展。

4. 典型经验

（1）方案策略选择。

该项目深度整合包头地区能源资源优势，创新构建"存量煤电灵活性改造＋新能源协同开发"的复合型解决方案。通过系统评估区域新能源资源禀赋、现役煤电机组调节能力及电网接入条件，科学制定风电、光伏电源配比方案与多时段消纳技术路径，同步开展涵盖技术可行性、经济竞争力及碳减排效益的三维综合评价。

依托先进新能源发电组件技术与智能化调控体系，重点优化火电机组深度调峰、梯级配置与多能互补运行策略，形成兼顾电网安全稳定运行、可再生能源高效消纳及区域电力可靠供应的工程实施方案，为蒙西电网绿色转型提供兼具实践价值与前瞻性的技术范式。

（2）配套机制思考。

1）政策组织保障机制优化：构建"政策协同＋市场激励"双轮驱动机制，通过火电改造配套新能源指标政策，建立深度调峰补偿机制，并依托全国统一电力市场实现跨省区绿电交易，推动蒙西电网与华北电网绿电互济。

2）技术创新驱动机制优化：重点突破火电深度调峰技术边界，同步构建"风光预测＋边缘计算"智能调控系统，支撑风光电灵活消纳。

3）运行策略优化机制优化：创新"多能互补＋智能调度"模式，开发深度强化学习调度系统提升消纳率，并制定极端天气下电网频率控制策略（偏差≤0.2Hz），保障关键负荷区供电安全。

4）市场机制配套设计优化：试点阶梯式容量补贴，建立新能源企业调节服务费制度，创新"火电调节绿证"交易，支撑绿电直供地区大型用电企业，形成市场化反哺改造的良性循环。

5）评估与动态优化机制优化：建立"技术—经济—环保"三维评估体系，提升改造机组减排标准。

（3）发展前景分析。

内蒙古地区依托全国领先的风能和太阳能资源，通过火电机组灵活性改造释放的深度调峰能力可显著提升蒙西电网新能源消纳空间，预计新增调节能力可支撑超3000万 kW 风光装机。"一体化建设"模式将煤电与新能源物理耦合，优化了系统调峰经济性，有力推动沙戈荒大型风光基地绿电外送，形成煤电转型支撑新能源规模化替代、绿电消纳反哺电网稳定性的良性循环，为全国构建新型电力系统提供"内蒙古样板"。

三、分布式能源开发利用

（一）案例概况

山东枣菏高速全路域交能融合示范工程为"能源＋"融合发展路径下的交能融合实践案例。

1. 组织架构

该项目主要由葛洲坝集团交通投资有限公司作为投资建设主体，葛洲坝（武汉）新能源科技发展有限公司负责项目的建设，山东葛洲坝枣菏高速公路有限公司负责运营管理。

2. 案例背景

交通运输和能源行业是国家战略性、全局性、基础性产业，同时也是践行"双碳"目标的关键领域和主战场。该项目建设目的是深入践行绿色发展理念，充分发挥"交通＋能源"融合业态的独特优势，深度挖掘路域内能源资源潜力，通过路域微电网的智慧调度和大电网之间的互济，全力打造"供能、用能、受能"自主可控的绿色公路，加快形成一批战略性、示范性、引领性交能融合（源网荷储一体化）示范项目，助力构建新型交通能源体系。

3. 建设内容

该项目最大限度地利用山东地区丰富的光照资源，利用高速沿线南侧符合建设条件的护坡，高速沿线服务区、收费站内符合建设条件的建筑物屋面、建（构）筑物周边地面建设分布式光伏电站，总装机容量124MW，其中路域光伏119MW，服务区和收费站光伏约5MW，充电桩32座，智慧路灯16套，风机16套，储能系统15MW/30MWh，智慧能源系统1套，工程系统拓扑图见图9-4。山东枣菏高速管控中心建设集光伏发电、储能、直流配电、柔性用电于一体的"光储直柔"建筑，服务区用电100%"绿电"供应，建设效果图见图9-5。

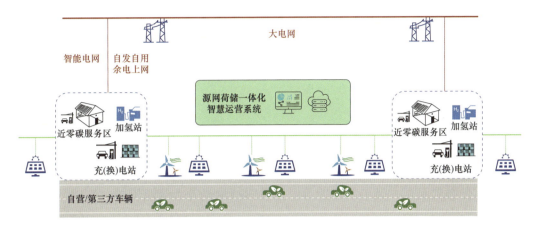

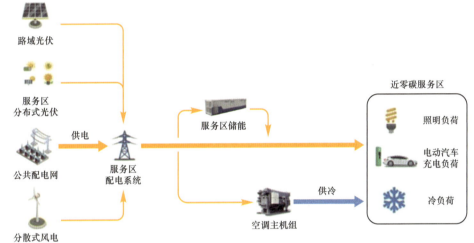

图 9-4　工程系统拓扑图

图 9-5　金乡服务站

4. 实施情况

2023 年 5 月 10 日，完成项目一期示范工程金乡段建设并成功并网发电，目前正在开展项目二期工程建设。

（二）做法实践

1. 技术路线

以枣菏高速公路为依托，利用服务区、边坡、收费站、互通区匝道等可利用空地，设置分布式光伏、风电、储能等，开发沿线风光等新能源资源，构建智能微网系统，为运输车辆提供绿色清洁能源。

聚力打造"一枢纽多场景"绿电储用一体化解决方案，详见图 9-6，以数字能源融合终端为核心枢纽，为新能源车辆用能、公路配套设施用能、服务区园区综合用能、安全救援、工程施工等多种交能融合应用场景。通过交直流混配的"能量池"，把 10kV 交流直接转换为 750V 直流，实现绿色电力（新能源发电）到绿色运力（流动）的高效转换。

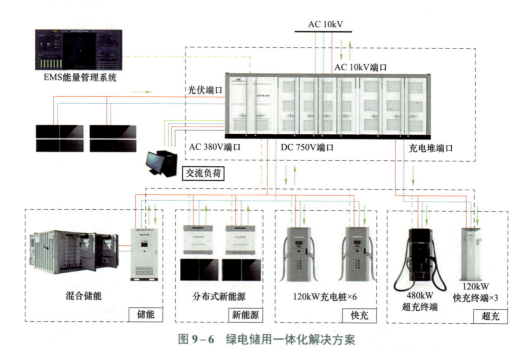

图 9-6 绿电储用一体化解决方案

2. 商业模式

高速沿线服务区、收费站和光伏车棚产生电能"自发自用，余电上网"，高速沿线护坡区域所产生电能采用"全额上网"模式。

（三）成效分析

1. 主要成果

该项目以可再生能源为动力，以路域空间为载体，以建设风光发电、光储充一体化、零碳服务区、综合能源管理系统为手段，通过科学设计、低碳营造、智慧运营，构建新型交通能源系统，项目成功入选全国交通与能源融合管理创新案例，获授"全国公路科普教育基地"。

结合项目实施，围绕路域光伏、配套储能、智慧提升等内容开展综合交通与能源融合关键技术研究应用，发布全国首个《高速公路交能融合标准体系》，填补了高速公路领域交能融合技术标准的空白。

2. 经济效益

根据测算，项目7%的电力用于自治，93%的电力上网。随着新能源车的渗透率逐步提高，以及路沿产业的进一步发展，项目自治率会逐步提高，经济模式将更加合理，能够超过分布式光伏电站的平均收益水平。当自治率达到100%时，项目的投资收益率将超过20%。

3. 社会效益

该项目集约利用高速公路土地资源，不额外征用土地，与同等规模集中式电站相比，可节约用地约4400亩。项目建成后，每年可为电网节约标准煤约4.15万t，每年减排温室效应性气体二氧化碳约11.4万t。将交通基础设施沿线的绿色电力转化为绿色、智慧、经济运力，可实现交通基础设施、运载工具和路衍产业用能成本降低约50%。

（四）典型经验

1. 方案策略选择

边坡光伏是该项目发电的"主力军"，承担着90%以上的发电量。项目采用了只在填方高度20m以上才使用的SS级护栏，加强了对驾乘人员的安全保障；同时，光伏发电板采用了刚性组件和刚性支架，减少了对高速路基结构影响；在高速匝道处，采用了柔性组件和柔性支架的组合，进一步降低潜在安全风险。

2. 配套机制思考

作为全国首个全路域交通与能源融合项目，涉及交通、能源相关行业体制壁垒，需要进一步完善政策机制配套建设。

一是健全建、管、养、运全过程政策协调机制。交能融合项目存在着跨行业、多部门协调的体制壁垒，特别是涉电许可、涉路许可和土地利用政策保障等。下阶段应联合能源、交通等主管部门，健全建、管、养、运全过程的支持政策，落实相关部门管理职责，建立跨部门协调机制，提出项目备案审批流程、并网接入政策和运行管理要求，在土地、资金、消纳指标、电网接入、上网电价等方面明确保障支持政策。

二是构建交能融合标准体系和技术指导。电力行业和交通行业的标准体系已非常健全，但涉及两个行业融合的标准体系尚属空白，对交能融合发展存在较大的制约，导致项目的设计、施工、验收、运维等工作缺乏有效参考与指导。应鼓励相关企业参与或牵头编制涵盖关键设备、建设施工、管理养护等领域的标准规范体系，并升级为地方标准、行业标准乃至国家标准，构建完善的交能融合技术体系。

三是探索建立"电证碳"交易协同体系完善市场环境。积极探索鼓励交通新能源项目作为碳普惠项目纳入交易范围，扩大交易规模，引导有序发展。研究制定绿电交易规则，充分反映可再生能源环境价值，探索构建"电证碳"市场协同体系，通过市场化方式解决分布式新能源开发成本高等问题。需结合新能源产业发展和市场需求，进一步推动分布式发电市场化交易政策探索研究，促进交通领域新能源开发与周边市场消纳多业态深度融合。

3. 发展前景分析

我国正在加快建设交通强国，着力推进交通运输高质量发展支撑中国式现代化发展新格局，综合立体交通布局日趋完善，交通领域绿色低碳发展为能源与交通融合创造了新的机遇。能源与交通的融合致力于打造一个"源网荷储"一体化、人车路能信息协同互动的绿色交通能源系统，成为推进能源、交通两个行业统筹规划、协同建设、一体运营和相互支撑的一项重要举措。

在我国能源消费结构中，交通行业用能约占17%，而在交通行业用能结构中，绿色电力还有非常大的发展潜力。未来，随着多式联运、重卡换电、冷链物流等物流形式的快速发展，交通领域所需用电量将保持持续上涨的趋势，随着"自发自用"的受电设备增加，以及绿色低碳燃料发动机的技术应用，能源与交通融合的发展前景广阔。

四、远距离、大规模能源输送

（一）甘肃—浙江特高压柔性直流输电试验示范工程

1. 案例概况

该工程为输配侧能源安全稳定供应路径下的远距离输电实践案例。

（1）组织架构。

该工程由国家电网有限公司投资和运营，由中国能源建设股份有限公司所属设计院承担换流站设计，由中国能源建设股份有限公司所属设计院、中国电力建设集团有限公司所属设计院等单位承担线路设计。

（2）案例背景。

甘肃—浙江特高压柔性直流输电试验示范工程是纳入国家《"十四五"电力发展规划》的重点项目，主要满足甘肃腾格里沙漠河西新能源基地开发外送需要，送电浙江电网消纳。

甘肃风能、太阳能资源优势突出，武威市北接腾格里沙漠，拥有丰富的风能、太阳能资源，是发展新能源产业的理想之地，受制于本省有限的消纳能力，外送是甘肃新能源消纳的主要途径。甘肃—浙江±800kV 特高压直流输电工程的建设，是推动沙漠、戈壁、荒漠地区风电光伏基地开发的有效手段，也是我国兑现"双碳"目标承诺的重要保障措施。

华东地区是我国经济最为发达的地区，但其一次常规能源资源匮乏，绝大部分靠区外调入，其中，浙江经济增长潜力巨大，电力需求增长旺盛。考虑核准、在建电源后，2025 年浙江最大电力缺口为 600 万 kW，2030 年扩大至 940 万 kW，具备消纳甘浙直流电力的市场空间。通过特高压直流将电力直送华东负荷中心，对于缓解华东地区能源供需矛盾、满足地方经济的发展需要具有重要的战略意义。

（3）建设内容。

新建送端±800kV 甘肃换流站（见图 9-7）；新建受端±800kV 浙江换流站（见图 9-8）；新建±800kV 直流输电线路 2370.1km；新建 GIL 管廊工程 3.55km；新建肥西—繁昌 500kV 线路长江大跨越过渡工程；配套直流改造和交流线路改造工程。

图 9-7 甘肃送端换流站示意图

图 9-8 浙江受端换流站示意图

（4）实施情况。

2024 年 5 月取得可行性研究报告评审意见并上报核准，2024 年 7 月开工建设，预计于 2027 年建成投运。

2. 做法实践

（1）采用送受端全柔性直流技术路线。

该工程送端换流站采用柔性直流技术路线，有利于缓解直流及近区新能源暂态过电压问题，改善西北电网长链式网架结构安全稳定水平，提升多直流接入情况下的送端换流站短路比；受端换流站采用柔性直流技术路线，有利于缓解受端多直流集中馈入情况下连续换相失败引起的安全稳定风险，避免同送同受直流换相失败对送、受端电网的冲击，同时通过低压限流控制措施等可降低对受端电网短路电流超标问题的影响。

（2）建设 500kV GIL 过长江管廊。

由于直流线路安徽段利用已建 500kV 肥繁线大跨越廊道过长江，为减少工程建设时肥繁线停电时间，建设 GIL 管廊工程穿越长江江底，管廊建成后肥繁线改接入管廊内 GIL。

3. 成效分析

（1）主要成果。

甘肃—浙江±800kV 特高压直流输电工程的建设，可以将甘肃河西新能源电量送往浙江负荷中心地区，有效扩大清洁能源消纳范围，显著提高可再生能源在浙江地区能源消费中的比例，是贯彻国家可再生能源消纳政策的具体表现。

（2）经济效益。

以项目可行性研究阶段的造价作为参照匡算，甘肃—浙江±800kV 特高压直流输电工程总投资约 345 亿元，可有效促进当地经济社会发展，增加输变电装备制造业产值提升，直接带动电源等相关产业投资。

（3）社会效益。

甘肃—浙江±800kV 特高压直流输电工程的建设，将构筑起"西电东送"的"高速路"，实现西北综合能源基地电能直供东部地区负荷中心，为实现更大范围内的资源优化配置创造有利条件；同时也是推动沙漠、戈壁、荒漠地区风光基地开发的重要体现，是我国兑现"双碳"目标承诺的重要保障措施。工程的建设可促进甘肃清洁能源开发，对助力西部地区巩固脱贫攻坚成果，从而实现社会稳定和长治久安具有重要的意义；同时可为浙江提供稳定、可靠、持续的电力支撑，是切实推动浙江多元化电力保障体系构建的重要举措，也是促进地区经济社会高质量发展的重要举措，是贯彻国家可再生能源发展政策的具体体现。工程年输送新能源电量不低于 180亿 kWh，相当于节约煤炭消耗 540 万 tce，减少二氧化碳排放 1430 万 t，绿色及环境效益显著。该项目的建设与投产，可以安置一批富余劳动力，增加就业机会，促进劳动力的转移，产生良好的社会效益。

4. 典型经验

（1）方案策略选择。

相比于常规直流，柔性直流可对有功功率和无功功率进行独立快速控制，实现输电功率动态连续调节，具有运行方式灵活、对系统支撑能力强、无换相失败问题等优点。

甘浙直流送端配套新能源装机规模 1100 万 kW，且周边仅有 400 万 kW 支撑火电机组，从电网整体发展趋势看，"双碳"背景下新能源渗透率将进一步提升，对直流短路比、新能源短路比、暂态过电压、无功电压支撑等方面要求提高，需加强交流系统支撑能力，考验直流运行安全。工程设计中对柔性直流输电和常规直流输电方案进行了对比，目前送端拟采用柔性直流输电技术路线。相较常规直流，送端柔性直流方案具有抑制直流及近区新能源暂态过电压、减少分布式调相机配置数量、提高送端直流密集接入的稳定性、避免同送同受直流换相失败对电网冲击、改善西北电网长链式网架结构安全性等优势，能更好适应直流功率频繁调节需求。

柔性直流在负荷中心直流馈入密集地区落点具有技术优势，浙江目前已有 3 回特高压直流馈入，甘浙直流落点的浙中区域已有 1 回灵绍直流落点，考虑甘浙受端采用常规直流接入后，存在安全稳定风险。工程设计中对常规直流配套调相机或柔性直流方案进行了对比，推荐受端采用柔性直流输电技术路线。相较常规直流，受端柔性直流方案具有支撑近区常规直流、提升直流多馈入短路比、改善功率波动、降低换相失败故障范围及数量等优势，并通过优化全桥和半桥比例可实现故障穿越能力和投资经济性的统筹协调。

（2）发展前景分析。

2030 年，以沙漠、戈壁、荒漠地区为重点的大型风电光伏基地规划建设总装机容量预计达到 455GW 以上（其中外送 315GW），而这些新能源装机距离中、东部负荷中心距离遥远，大规模新能源跨区消纳将是国家的重大需求。

"双碳"背景下，大规模新能源通过电力电子变换器接入电网，将面临诸多挑战。柔性直流具有强大的电压无功支撑能力，可避免换相失败，可有效提高系统安全稳定性、运行灵活性，是未来直流技术发展的趋势，是构建新型能源体系和新型电力系统不可或缺的重要技术手段。

"十四五"初期，我国已率先投产 2 回基于柔性直流技术的跨区特高压直流输电工程，其中 2020 年投产的昆柳龙直流（乌东德电站送电广东广西工程）采用的是送端 LCC 常规直流、受端双 VSC 柔性直流换流站并联的多端直流输电方案，送电容量 8000MW，直流电压±800kV，分别送电广东 5000MW、广西 3000MW 电力。2022
年投产的建苏直流（白鹤滩—江苏）送电容量 8000MW，直流电压±800kV，通
过对直流拓扑和控保措施的关键创新，将混合级联技术首次应用于特高压跨区输
电，受端虞城换流站高端为 LCC 常规直流换流阀，低端为 3 组 VSC 柔性直流换
流阀并联。

受限于 IGBT 器件、换流阀、换流变压器等关键设备研发进度和制造能力，以
及运行维护经验的不足，昆柳龙直流工程和建苏直流工程均仅在受端采用柔性直流
技术路线，且拓扑结构较为复杂。甘肃—浙江特高压柔性直流输电试验示范工程首
次采用送、受端全柔性直流技术路线，并采用与常规±800kV 直流类似的直流拓扑
设计方案，可以为送端柔性换流站积累运行经验，引领高电压等级、大输送容量柔
性直流输电技术革新，打造送、受端多直流集中接入情况下大规模清洁能源跨区外
送的新模式，在我国后续沙戈荒外送直流工程中大规模推广应用。

（二）江苏如东海上风电场柔性直流输电工程

1. 案例概况

该工程为输配侧能源安全稳定供应路径下的大规模输电实践案例。

（1）组织架构。

江苏如东海上风电场柔性直流输电工程由中国长江三峡集团有限公司和中国广
核集团有限公司共同投资建设及运营，配套海上风电场由中国长江三峡集团有限公
司（H6、H10）及中国广核集团有限公司（H8）分别建设与运营。设计单位包括中
国电力工程顾问集团中南电力设计院有限公司、国网经济技术研究院有限公司、中
国电建集团华东勘测设计研究院有限公司。施工单位包括中国能源建设集团江苏省
电力建设第三工程有限公司、上海振华重工（集团）股份有限公司等。

（2）案例背景。

在海上风电场容量越来越大和离岸距离越来越远的趋势下，受限于海缆电容相
对大等因素，传统的交流输电并网技术已不能满足输电及并网的需求，海上风电高
压直流输电技术的发展及应用有效解决了深远海海上风电输电及并网问题，有力地
促进了深远海海上风电资源的开发。

（3）建设内容。

江苏如东海上风电场柔性直流输电工程额定直流电压±400kV，输电容量

1100MW，包括一座海上换流站和一座陆上换流站，海上换流站和陆上换流站之间通过 99km 直流海缆及 9km 陆缆连接。陆上换流站通过一回 500kV 交流线路接入江苏电网，工程总投资约 48 亿元。

（4）实施情况。

江苏如东海上风电场柔性直流输电工程于 2019 年 12 月开工，2021 年 10 月柔直系统双端解锁成功，12 月实现全容量并网并投入商业运行。工程建成后成为世界上容量最大、电压等级最高、亚洲首个采用柔性直流输电的海上风电项目。自 2021 年 12 月实现全容量并网以来，工程运行稳定，有效助力地区"双碳"目标的实现，具有重要经济效益、社会效益和生态效益。

2. 做法实践

（1）技术路线。

江苏如东海上风电场柔性直流输电工程采用柔性直流输电技术，在海上汇集如东 H6、H8、H10 三个海上风电场合计 1100MW 的风能，采用柔性直流输电技术输送到陆上。该工程在海上建设一座±400kV 海上换流站，通过基于模块化多电平拓扑（MMC）的柔性直流换流器将 220kV 交流电转换为±400kV 直流电，并经过±400kV 高压直流海缆输送到陆上换流站，在陆上换流站通过 MMC 换流器转换为 500kV 交流电并通过一回 500kV 架空线与陆上电网连接。

（2）商业模式。

江苏如东海上风电场柔性直流输电工程配套海上风电场独立计量、独立结算，按核定上网电价与电网公司结算，未参与电力市场。

3. 成效分析

（1）主要成果。

江苏如东海上风电场柔性直流输电工程是目前世界上已投产的直流电压等级最高、输送容量最大、技术最复杂、亚洲首座海上风电柔性直流输电工程，建设过程中攻克了海上换流站建造、直流海缆研发等多项重大技术难题，主要电气设备均采用国产品牌，填补了国内海洋工程领域多个技术空白，为我国海上风电走向深远海、集中连片规模化开发海上风电奠定坚实基础，发挥示范引领作用。

（2）经济效益。

江苏如东海上风电场柔性直流输电工程采用柔性直流输电技术实现了远海风能

的送出，年上网电量可达 33 亿 kWh，按补贴电价 0.85 元/kWh 计算，每年可为风电业主产生约 28 亿元的清洁能源收入。

（3）社会效益。

江苏如东海上风电柔性直流输电工程的年上网电量将达 33 亿 kWh，可满足约 140 万户家庭年用电量。与同等规模的燃煤电厂相比，每年可节约标准煤约 100 万 t，减排二氧化碳约 250 万 t，显著提升了我国清洁能源电力基础设施水平和服务社会经济发展能力，为我国今后远距离、大容量海上风电场的开发和建设提供宝贵经验，助推我国海上风电大规模集约开发与并网技术发展，为我国打赢低碳转型硬仗提供了关键的技术支撑。

4. 典型经验

（1）方案策略选择。

海上风电电能的送出一般有交流输电和直流输电两种技术路线，其中交流输电技术相对成熟、应用广泛，但受到海缆电容较大、无功补偿需求大等因素限制，输电距离受限。一般而言，当输送容量超过 1000MW、海缆输送距离超过 100km 时，直流输电相较于交流输电经济上更有优势。

（2）配套机制思考。

深远海海上风电集中连片规模化开发不仅需要国家层面政策引领、统一规划，也需要地方政府和电网公司分别在海上风电资源配置、大容量风电场集中统一送出规划方面给予支持，以便更好地支撑深远海海上风电项目开发落地，推动全面发挥深远海海上风电利用小时数高等优势，助力早日实现"双碳"目标。

建设机制方面，目前深远海海上风电集中连片规模化开发没有成熟的模式可以借鉴，由于送出工程容量大，电源业主往往较为多元。柔直送出部分的投资建设界面涉及政府、电网、电源企业等多方协调，需要进一步探索合资公司建设、电网建设、单独建设＋过网费等不同的投资建设模式。

（3）发展前景分析。

海上风电具有风能资源稳定、不占用土地、消纳条件良好等独特优势，我国沿海地区大多经济发达、能源需求大，通过充分利用当地资源禀赋优势，开展海上风电项目的规划和发展，成为此类地区落实"双碳"目标、保障能源供应安全和促进绿色转型的重要抓手。我国海上风电资源丰富，海岸线总长 3.2 万 km，其中大陆海岸线约 1.8 万 km，岛屿海岸线约 1.4 万 km，离岸 200km 范围内，我国近海和深远海风能资源技术开发潜力约 22.5 亿 kW，资源开发利用前景广阔。

随着近海海上风电资源的开发完善，深远海大容量海上风电将成为未来一段时间内国内能源领域的重要投资标的。截至目前，山东、浙江、江苏、福建、广东等地均已规划了深远海海上风电资源，其中广东、山东、浙江均正在开发建设采用柔性直流输电的海上风电资源。该项目技术路线的推广符合目前国内外海上柔直输电工程的发展潮流，对打破国外技术壁垒、推进国内深远海海上风电集中连片规模化开发具有重要的作用。

五、氢基能源一体化开发应用

以下为供给侧结构绿色低碳转型路径下的氢基能源一体化开发应用案例。

（一）中石化新疆库车绿氢项目

中石化新疆库车光伏制氢项目是全国 2022 年招标规模最大的绿氢项目，属于示范项目。项目建设光伏电场 300MW，配置 52 台 1000m³（标况）碱性电解槽，氢气储输包含 10 台 2000m³ 球罐、3 台氢气外输压缩机，以及配套的工艺和热力管网。光伏发电时段，电解槽及其他用电设备采用光伏供电；光伏不发电时段，外购绿电供部分电解槽连续运行。氢气通过管道输送至塔河炼化使用。

该项目电解水制氢规模 20000t/年，折算每年运行时长 4307h。光伏发电时段，电解槽及其他用电设备均采用光伏所发电电源。该项目所属地区 2020/2021 年光伏年利用小时数分别为 1414h 和 1455h，算术平均为 1435h。光伏不发电时段，外购绿电供部分电解槽连续运行。计算得全年电网用电时长 2872h。

该项目的下游应用作为化工原料，制氢装置制得的氢气送至罐区储存，再经氢气外输压缩机升压至 3.2MPa，通过管道输送至塔河炼化使用。

在考虑碳交易的情况下，该项目制氢成本为 12.95 元/kg。依据电价、电耗、设备费用等假设测算该项目的制氢成本为 18 元/kg，其中单位质量电耗成本达 14.05 元/kg，具体假设如下：

参考项目环评报告，在光伏发电时段，电解槽及其他用电设备采用光伏所发电电源，光伏不发电时段，外购绿电供部分电解槽连续运行。因此，电价由 LCOE（平准化度电成本）和电网电价综合决定。

（1）LCOE：参考国家能源局发布的《关于 2021 年度全国可再生能源电力发展监测评价结果的通报》，2021 年新疆 Ⅰ 类、Ⅱ 类区域的光伏年利用小时数分别为1597h、1455h；结合《中国光伏产业发展路线图（2022—2023 年）》，预计库车项目光伏电站的 LCOE 为 0.22 元/kWh。

（2）电网电价：根据新疆自治区发展改革委印发的《关于新疆电网电价调整有关事宜的通知》，大工业目录 110kV 及以上谷价、平价、峰价分别为 0.1215、0.3360、0.5505 元/kWh，按照谷平峰比 3:5:2 的比例分配，预计库车项目综合电网电价为 0.31元/kWh。

（3）综合电价：假设项目分别从光伏电站和电网取电 60%、40%，预计综合电价为 0.256 元/kWh。

库车项目 52 台套电解槽由考克利尔竞立、隆基氢能、中船 718 所三家企业提供，根据三家企业提供的电耗参数，预计库车项目电解槽电耗为 4.3kWh/m³（标况），制氢系统综合电耗为 4.9kWh/m³（标况）。库车项目预计每年减少二氧化碳排放 4.85 万 t。

（二）华电达茂旗 200MW 新能源制氢项目

中国华电包头氢能科技公司开发建设的 200MW 新能源制氢示范项目成功打通氢能项目"制—储—运—用"全产业链，标志着全国规模最大的绿氢交通运输系统投入运营，填补绿氢领域在交通运输系统空白。

该项目是全国首批大规模可再生能源制绿氢示范项目，也是内蒙古首批 7 个风光制氢示范项目之一。项目位于包头市达茂旗巴润钢铁稀土原料加工园及其北侧区域，共建设风电 120MW、光伏发电 80MW、电化学储能 20MWh、电解水制氢12000m³/h（标况），实现 100%绿电制氢。

项目年发电量 5.52 亿 kWh，年制绿氢量 7800t，按替代标准煤耗计算，每年可以减少 CO_2 排放量约 43 万 t、SO_2 排放量约 60t、NO_x 排放量约 84t。其中，制氢设备采用全国领先的大容量碱性电解槽、质子交换膜（PEM）电解技术，包含了 11套 1000m³/h（标况）的碱性电解槽制氢设备和 5 套 200m³/h（标况）的 PEM 制氢设备。项目采用"风光氢储"一体化技术耦合手段，风电机组及光伏组件所发出的绿电送至制氢站，在站内将水电解得到氢气。

该项目每年将产绿氢 7800t，可满足约 1000 辆燃料电池重型卡车需求，有力推动绿氢产业规模化发展，为我国构建零碳、低成本、安全可靠的绿氢供给体系提供可复制、可推广的示范案例。

（三）中能建松原氢能产业园项目

中能建松原氢能产业园（绿色氢氨醇一体化）项目为国家发展改革委"首批绿色低碳先进技术示范项目"，是目前全球规模最大的绿色氢氨醇一体化项目，也是首批"氢动吉林"大型示范项目。该项目位于吉林省松原市前郭县，其中化工项目位于吉林松原石油化学工业循环经济园区。总投资 296 亿元，分三期建设 60 万 t 绿色合成氨/醇和氢能装备产业生产线。建成后预计年产 60 万 t 绿色合成氨和 6 万 t 绿色甲醇，同时配套建设 3000MW 新能源项目、年产 50 台套碱性电解水装备生产线、4 座综合加能站。

项目一期年产 3700t 绿氢和 20 万 t 合成氨及 2 万 t 甲醇。项目产品的生产全程实现零碳排放，不仅为化工行业转型新能源领域起到领跑作用，而且也为我国绿电耦合绿色化工产业发展再添新业绩。

（四）中煤鄂尔多斯 10 万 t/年液态阳光——CO_2 加绿氢制绿色甲醇示范项目

中煤鄂尔多斯能源化工有限公司 10 万 t/年液态阳光项目是全球首个液态阳光技术大规模工业化示范项目。10 万 t 液态阳光项目是利用太阳能、风能等可再生能源产生的电力电解水生产绿氢，并将煤化工生产中产生的二氧化碳同绿氢转化为绿色甲醇。项目建设包括 2100t/年电解水制氢、$10 \times 2000m^3$ 氢气储罐、氢气压缩、CO_2 精制、甲醇合成及精馏、甲醇中间罐区等装置及 $24000m^3/h$ 的循环冷却水站、生产水制备 $135m^3/h$＋冷凝水回收 $100m^3/h$ 的脱盐水站、$425m^3/h$ 的回用水站、膜浓缩及分盐 $68m^3/h$＋蒸发结晶 $15m^3/h$ 的浓盐水站、化工 220kV 降压站等构成配套的公辅设施等。

中煤鄂尔多斯 10 万 t/年液态阳光项目总投资 49 亿元，化工项目的建设总投资约 16.99 亿元。化工项目建设工期计划为 24 个月。二氧化碳加绿氢制绿色甲醇技术由中国科学院大连化学物理研究所与华陆工程科技有限责任公司等单位合作开发，2020 年 10 月成功应用于兰州新区千吨级中试装置，并被中国石油和化学工业联合会组织鉴定为国际领先水平。

六、流域水电基地开发

（一）案例概况

瀑布沟水电站水风光一体化项目为供给侧结构绿色低碳转型路径下的多能互补实践案例。

1. 组织架构

瀑布沟水电站水风光互补项目由国家能源集团大渡河流域水电开发有限公司投资与运营，配套新能源项目由国家能源集团大渡河新能源投资有限公司建设，新能源电站及送出工程施工总承包单位为中国电力工程顾问集团西南电力设计院有限公司。

2. 案例背景

源网荷储一体化和多能互补发展是提升可再生能源开发消纳水平和非化石能源消费比重的必然选择，对于促进我国能源转型和经济社会发展具有重要意义。在"十四五"乃至更长时期内，需大力发展风电和光伏发电，积极发展水电，实现新能源增量主体和化石能源存量替代。同时，水、风、光等可再生能源具有互补特性，实现水风光一体化综合开发是可再生能源未来重要的发展方向。

瀑布沟水电站位于四川省雅安市汉源县和凉山彝族自治州甘洛县交界处，是大渡河流域水电梯级开发的下游控制性水库工程，水库正常蓄水位850m，总库容53.9亿 m³，其中调节库容38.82 亿 m³，具有不完全年调节能力。根据水电站布局，瀑布沟水电站周边有 150MW 风光资源规划接入当地电网，接入水电站可用风光资源规模为1660MW。据初步勘探情况，水电站近区光伏资源丰富，主要位于甘洛县、汉源县和石棉县，光伏技术可开发规模达到 1360MW。近区光伏年特性变化呈冬春季大、夏秋季小的特点，出力特性在季节上具有天然互补优势，可通过水风光一体化多能互补开发将水电站周边的光伏发电、风电就近接入水电站，通过水电站配套的外送线路送出消纳，利用水电优异的调节性能平抑风能、光能出力变化特性，提高电网对风能、光能的接纳能力。

3. 建设内容

瀑布沟水电站总装机容量3600MW，年均发电量147.9 亿 kWh，同时规划建设1810MW 新能源，目前已取得雅安市850MW 风光项目、凉山州甘洛 320MW 光伏项目开发权，其中风电 350MW，光伏发电 820MW，通过汇集站汇集至瀑布沟水电站，利用水电站 500kV 送出线路一体化送出消纳。项目总投资约 89.2 亿元。

4. 实施情况

瀑布沟水电站于 2010 年 12 月全部投产。瀑布沟水电站水风光互补项目中的石棉竹马光伏（装机容量 100MW，年均发电量约 1.44 亿 kWh）已于 2024 年 1 月并网发电；另有甘洛光伏 320MW、汉源光伏 400MW（永利乡光伏 130MW）、竹子坪光伏 100MW 正处于建设中，风电发电项目视后续测风情况而定。预计至 2025 年，瀑布沟水电站水风光一体化项目将全部建成投产。

（二）做法实践

1. 技术路线

如图 9-9 所示，充分利用瀑布沟水电站现有的建设条件及 500kV 送出通道，

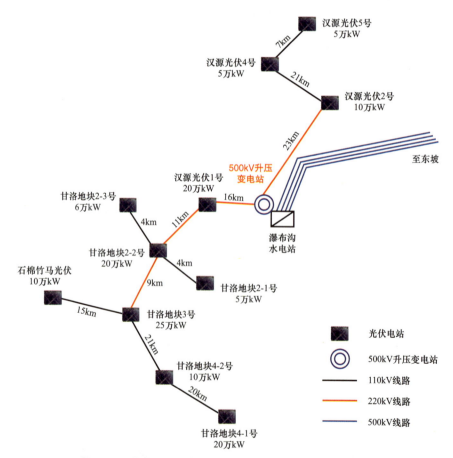

图 9-9　瀑布沟近区水光一体化送出输电规划方案示意图

结合风电和光伏的站址布点，通过在瀑布沟水电站内新建 1 座 500kV 升压变电站、在光伏站址近区规划布点 4 座 220kV 汇集站和 1 座 500kV 升压变电站，将近区的 1360MW 新能源汇集至瀑布沟水电站一体化送出，余下 450MW 风光资源待明确资源布点后再进行开发。瀑布沟水风光互补基地可不新增 500kV 送出线路，极大降低了工程整体的投资。

瀑布沟水电站水风光互补项目新能源电站投运初期与瀑布沟水电站分别按独立调度方式运行，但在瀑布沟水电站上位机系统增加了水光互补调整上限功能，即实现对瀑布沟外送断面总功率实现控制，通过"光约束水不超过 3600MW"，实现瀑布沟外送断面的水光互补。未来计划配备水风光互补调度系统，瀑布沟水电站与接入风电、光伏电站采取水风光互补模式调度运行，即用瀑布沟水电优异的调节性能，平抑配套风电、光伏电站输出功率的波动性。当风电、光伏电站小发时，瀑布沟水电站引水发电，增大水电出力；当风电、光伏电站大发时，瀑布沟水电站将水储存起来，利用水电站进行调节。

2. 商业模式

瀑布沟水电站、配套新能源电站独立计量、独立结算，配套新能源执行平价上网政策，按核定上网电价与电网公司结算，未参与电力市场。未来有可能自愿通过参与市场化交易形成上网电价。

（三）成效分析

1. 主要成果

该项目从技术上一方面解决了新能源并网难的问题，提高了水电送出线路的输送效率，减少了电网投资，另一方面妥善考虑了多方利益诉求，提出契合实际需求的水风光一体化运行策略，顺利推动项目落地实施。基地全部建成后，提升清洁能源年平均发电量超 25 亿 kWh，相当于节约标准煤约 30 万 t、减排二氧化碳 213 万 t，具有良好的经济效益及环保效益，对四川实现"十四五"清洁能源大省的目标具有示范意义。

2. 经济效益

瀑布沟水电站水风光互补项目采用水风光一体化模式开发，利用瀑布沟水电站原有的 500kV 送出通道，可不额外新增 500kV 送出线路，经初步估算可降低约 8 亿元的投资成本。此外，利用该技术可高效匹配水电和光伏风电出力特性，降低新能源和水电弃电，明显提升新能源上网电量，增加企业收益。按照 0.3 元/kWh 电量的上网电价测算，每年可以提高水电企业收入约 7.5 亿元。

3. 社会效益

该项目的建设投资可以有效拉动康甘地区生产总值超百亿元，直接带动就业上万人，项目建成后可继续为当地政府贡献税费上亿元，有力推动民族地区经济发展和乡村振兴战略实施。

（四）典型经验

1. 方案策略选择

水风光一体化基地规划建设宜遵循流域水电调节能力分析、流域风光开发潜力排查、水风光一体化配置方案研究、网源协调及系统方案研究、项目工程建设的步骤进行，在新能源资源获取、水风光规模配比、电源汇集送出方案等工作中要坚持市场导向、绿色低碳、统筹兼顾的原则，制定科学、合理、经济的水风光一体化开发方案，同时要积极探索柔性直流、构网型新能源等新技术的应用。

2. 配套机制思考

水风光一体化建设不仅需要国家层面政策引领、统一规划，也需要地方政府和电网公司分别在新能源资源获取、水风光一体化调度管理方面给予支持，以便更好地支撑水风光一体化运行实践，探索可复制的一体化运行模式，推动全面发挥不同清洁能源的协同作用，助力早日实现"双碳"目标。

目前水风光协同运行没有成熟的模式可以借鉴，除了雅砻江外，其余流域中水电站呈现多元业主开发局面，调度协调、信息共享存在困难，如何结合当前能源结构、用电形势，优化开展梯级水库联合调度，最大化发挥水风光一体化运行效益，仍面临较大的挑战。

在电力消纳方面，需要积极探索水风光电力联合参与电力市场新机制，一方面通过市场机制创新为水风光电力参与中长期交易、电力现货交易、辅助服务市场创造良好条件，另一方面需要积极探索水风光电力参与绿证绿电市场交易模式，充分挖掘 100%清洁能源电力的环境价值，促进电力消纳。项目内部需要充分兼顾不同电源类型的调节特性和电源业主的利益诉求，积极探索合理的分配结算机制。

3. 发展前景分析

未来西南地区大部分新能源将依托流域梯级水电采用风光水一体化模式进行开发（西南地区是中国最大的水电基地，目前存量水电约 1.8 亿 kW，新能源资源可开发量达 3 亿 kW 以上），该项目提出的水光互补容量优化配置技术，具有前瞻性、先进性和实用性，具有良好的推广应用价值。

该项目成果的推广可有效提高发电企业的经济效益，提高新能源在电力系统的消纳水平和电网输电通道的利用率，同时还可进一步降低西南地区碳排放量，实现发电企业、电网公司和能源主管部门的三方共赢。

七、能源系统数字化应用

（一）案例概况

中能建崇左 2×660MW 电厂项目数字化应用案例为能源及碳管理综合服务路径下的能源数字化应用实践案例。

1. 组织架构

中能建崇左 2×660MW 电厂项目由中国电力工程顾问集团有限公司投资，由中国电力工程顾问集团西南电力设计院有限公司、中国能源建设集团广西电力设计研究院有限公司联合总承包建设。

2. 案例背景

该项目位于广西壮族自治区崇左市扶绥县渠旧镇岈沙村附近，处于中泰产业园（崇左市城市工业区）东北角。该项目建设规模为 2×660MW 超超临界、一次中间再热、凝汽式、湿冷燃煤发电机组（见图 9-10），同步建设烟气脱硫、脱硝装置，并预留有再扩建条件。

该项目作为崇左"风光水火储一体化能源基地"的安全保障电源，可满足广西"十四五"及中长期电力负荷增长需要，同时依托该项目的建设，打造清洁能源高比例消纳的综合能源基地，实现各类能源综合高效利用，能在一定程度上优化广西能源结构，增加电力系统调峰能力，缓解调峰、弃水压力，加强边境地区能源供应，巩固能源安全和边防安全。

图 9-10　中能建崇左 2×660MW 电厂

3. 建设内容

该项目通过电厂智能化建设，广泛采用物联网、云计算/平台、大数据分析/人工智能、移动、三维、总线等现代数字化信息处理、建模和通信技术，集成智能传感与执行、智能控制和管理决策等专业技术，融合先进的管理思想，助力项目实现信息采集数字化、信息传输网络化、数据分析软件化、运行控制最优化、安全管理智能化、决策系统科学化，建成一个安全、环保、高效运行且与智能电网相互协调的智慧电厂。通过智能化技术的应用，支撑设备状态的实时监测、生产的自动化控制和电厂的精细化管理，降低生产运营成本，提高管理层的决策效率和准确性，从而全面提升电厂的整体运营水平。

4. 实施情况

（1）数据采集平台。

在智慧电厂系统的实施过程中，数据采集工作是整个平台运行的基础。在项目建设过程中，特别关注数据采集服务的设计，预留相应的通道接口，为现阶段的数据采集提供便利，也为后续相关系统数据的接入做好准备，充分考虑到电厂未来发展的需求。数据采集主要分为三个部分，即实时数据采集、结构化数据采集和非结构化数据采集。

（2）数据存储平台。

数据存储平台是生产数据管理及分析应用的数据中心，集中了生产实时系统、厂站监控系统等生产类业务数据，以及将来新增生产业务系统的数据，具备提供电厂生产类业务当前、历史的全量明细等数据。数据存储实现各类数据的集中存储与统一管理，满足大量、多样化数据的存储需求，并支持后续数据分析、数据挖掘所需数据。

（3）数据分析工具（AI算法）。

平台提供一系列工业级智能应用算法，主要包括工业数据异常清洗算法、设备参数劣化预警与异常定位算法、设备故障诊断算法和工业智能视频分析算法等，不仅提升电厂的数据处理和分析能力，实现对电厂运行状态的实时监控和智能化管理，而且还进一步提升电厂的安全防护水平。

（4）系统平台管理。

平台管理工具可以实现业务监测、平台监测、配置管理、权限管理、账户管理和告警管理等功能。数据资源发布后，可以通过数据应用门户实时监测数据资源在各业务系统的分布情况、各业务部门的数据资源应用情况、数据分析场景的构建情况、热点数据、热点应用排行展示。

（5）工业安全防护。

数据安全管控模块实现全局数据流动态势的把控，全面把握智慧企业管理数据采集、存储、访问、处理、共享等的风险点，实现对数据安全的全面预防与过程管理，提供对数据全流程可配置、可控制、可管理保障能力。

（二）做法实践

1. 技术路线

平台的开发基于多种物联网设备和数据源的快速整合，包括传感器、智能仪表等，实时采集并统一传输数据，通过强大的数据处理能力进行整合，确保系统能够快速、准确地响应实际业务需求。通过引入大数据分析和人工智能技术，用于设备状态预测、故障诊断和优化调度，提高系统的智能化水平和运营效率。通过自主研发平台，打造具有自主知识产权的解决方案，确保技术的独立性和安全性，并开发了多个智慧化场景应用系统，建立了适应火电厂全寿命周期智慧运营需求的智慧管控平台，实现了生产和管理的全面数字化和智能化。

2. 商业模式

从商业模式角度看，智慧电厂整体解决方案主要通过数字化技术为电厂运营带来经济效益和管理优化。智慧电厂整体解决方案以工业互联网平台为基础，通过设备管理、生产控制、经营管理、安全防护、全厂可视化和决策支持等系统建设，实现电厂的全面智能化管理。

（三）成效分析

1. 主要成果

（1）构建基于计算机网络、以数据库为核心的管理信息系统，确保平台能够有效支撑智慧电厂的全面运营。

（2）通过统一的数字平台，实现数据的全面融合与整合，确保各类数据资源能够无缝衔接，并为智慧电厂的长期发展和逐步演进提供坚实的技术基础。

（3）搭建统一的智能分析管理平台，利用先进的 AI 技术进行场景智能识别，主动上报异常和告警信息，进一步丰富和拓展电厂的人工智能应用领域。

（4）实现多维度的智能联动系统，构建全厂的安全管理网络，从传统的人找事模式转变为事找人模式，大幅提升应急响应的效率和准确性。

（5）通过一张图实现全厂的监控，提供全局视图，使得各个部门和系统能够协同运行，支持智能决策，提高电厂的整体运营效率和管理水平。

（6）通过一个综合的数据库，将电厂各类业务数据资源进行汇聚和整合，形成有价值的数据资产，为各业务部门提供强大的数据服务和支持，推动数据驱动的管理和运营方式。

2. 经济效益

（1）通过智能监控和预测性维护，智慧电厂减少了设备故障和停机时间，从而降低了维修和运营成本。

（2）智能优化控制系统提高了燃料利用效率，减少了能源浪费，进一步降低了生产成本。

（3）自动化和智能化的管理系统减少了人工干预，提高了管理效率和决策速度，节省了人力成本。

3. 社会效益

（1）通过优化生产控制和减少排放，有助于减少环境污染，推动绿色发展。

（2）智能监控和风险预警系统提高了电厂的安全管理水平，减少了事故发生率，保障了员工和周边社区的安全。

（3）提高了生产效率和管理水平，减少了资源浪费，为社会节约了宝贵的燃料和原材料。

（四）典型经验

1. 方案策略选择

云计算、大数据、物联网、人工智能等技术在能源领域及发电行业积累多年，市场上有丰富的技术手段可供选用，这为基础信息技术的实现提供了多样的选择。近年来，人工智能技术发展迅速，其在工业和发电场景中的算法应用已经具备理论研究基础和场景化应用条件。因此，火电厂精细化管理的业务需求日益突出，生产运营的数字化转型已经具备实际应用的先决条件，在方案选择时需要考虑其经济价值和社会价值。

2. 配套机制思考

（1）政策配套。

随着新一轮电力市场化改革的推进，电力现货市场建设仍处于探索阶段，各省的规则不断更新和迭代。每次市场规则的变更都会对智慧电厂的研究成果产生较大影响，因此需要持续跟踪政策变化，及时调整和更新系统，以适应新的市场环境。

（2）技术配套。

由于业务和数据量的迅速增长，智慧电厂系统在中后期可能会引入对性能要求更高的新业务和功能，或者存在设计上的疏漏需更正。在系统开发过程中，所采用的系统设备和架构已在类似数据量的系统中经过验证。系统的物理架构和逻辑架构设计需采用集群、多节点和冗余方案，并确保设备和软件能够支持快速扩展新节点，以应对不断增加的业务需求。

（3）管理配套。

在智慧电厂建设项目中，项目经理通常负责编制项目风险管理计划，但可能导致自我检查中的不足，这是管理中的一大挑战。必须正视并解决这些棘手问题，采取有效的管理配套措施，以确保项目顺利推进和成功实施。

3. 发展前景分析

当前国内智慧电厂平台的建设需求通常包括工程智慧基建、现场安全生产、设备智慧运维和大数据驱动的智慧经营决策等方面。目前，尚缺乏能够完整满足火电厂智慧化建设的标准化、行业化平台产品，因此，研发并打造一款适合火电厂的智慧电厂平台（包括基础平台和业务功能应用）来支持智慧生产运营系统的业务，具有重要意义和广阔的市场前景。

八、海洋清洁能源综合开发利用

以下案例为供给侧结构绿色低碳转型路径下的海洋清洁能源综合开发实践案例。

（一）广东粤电湛江外罗海上风电项目

1. 案例概况

（1）组织架构。

广东粤电湛江外罗海上风电项目由湛江市发展和改革局核准批复，广东粤电徐闻风力发电有限公司为项目业主，广东粤电曲界风力发电有限公司为项目投资方，中国能源建设集团广东省电力设计研究院有限公司 EPC 总承包建设。

（2）案例背景。

该项目是贯彻落实国家的可持续发展战略和大力开发风力资源政策的具体行动，对广东省风电事业有积极的推动作用，具有显著的社会效益，对缓解电力供需矛盾和改善电源结构有重要的意义。

广东粤电湛江外罗海上风电项目位于广东省湛江市徐闻县外罗海域，分两期建成，一期场址最近端距离外罗陆岸 10km，最远端距离陆岸 17.5km，场址水深 2～11m，场址涉海面积约 29km²，风功率密度 403W/m²。外罗二期场址在外罗一期风电场址的东侧，场址距离西侧徐闻县陆域的最近距离 15km，最远距离约 20km，与场址南侧人工鱼礁区最近距离约 6.2km，场址水深 3～15m，涉海面积约 23.22km²。

通过此示范项目，掌握和积累了适合广东省海上和我国东南沿海风电场开发相关的海上风能资源评估、微观选址、勘察设计、风机设计制造和安装建设、运行维护等经验，全面评估了广东省海上风电开发建设成本，起到了良好的示范和带动作用，推动了广东省及我国东南沿海海上风电的规模化发展，为建设美丽中国、打赢蓝天保卫战作出积极贡献。

（3）建设内容。

广东粤电湛江外罗海上风电项目分为两期建设，一期装机总容量为 198MW，安装单机容量为 5.5MW 的风力发电机组 36 台，二期装机总容量为 200MW，安装单机容量为 6.25MW 的风力发电机组 32 台，同时配套建设海上测风塔、35kV 集电海缆、220kV 海上升压站、220kV 登陆海缆，以及 220kV 陆上集控中心等设备。风电场集电线路均采用 35kV 电压等级，35kV 集电线路采用 8 回海底电缆，接入 220kV

海上升压站。其中，外罗一期、二期的 220kV 海上升压站分别建设，风电场所发电能汇集至海上升压站 35kV 母线，经海上升压站升压至 220kV 后，各通过 1 回 220kV 海缆登陆，海缆登陆点位于徐闻县锦和镇下海村一片自然砂质岸段，登陆后接入合建的陆上集控站，陆上集控站通过 1 回 220kV 架空线路接入闻涛站。广东粤电湛江外罗海上风电项目系统方案示意图如图 9-11 所示。

项目管理方面，海上升压站采用全国首个自主可控的海陆一体集控中心——湛江风电海陆一体集控中心进行远程实时集控及数据分析管理，由无人值守的方式运行。同时，海上升压站建有海上直升机停机坪，可开展全国首创的海上风电直升机运维管理。

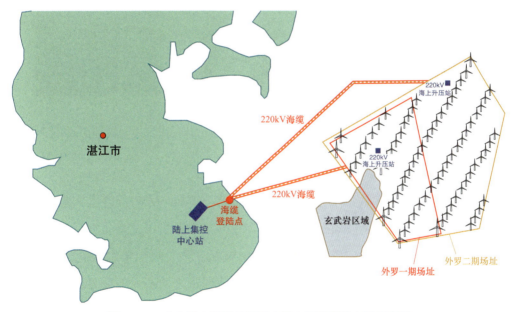

图 9-11 广东粤电湛江外罗海上风电项目系统方案示意图

（4）实施情况。

广东粤电湛江外罗海上风电项目一期开工时间为 2017 年 12 月，2019 年 12 月实现全容量投产。二期开工时间为 2020 年 5 月，2021 年实现全容量投产。广东粤电湛江外罗海上风电项目见图 9-12。

2. 做法实践

广东粤电湛江外罗海上风电项目作为我国南海多台风、多雷电、强冲刷海域建设的首个海上风电工程，首次规模化应用了国产 5.5MW 半直驱型海上风力发电机组，采用了当时国内长度最长（75m）、质量最大（1000t）、施工难度高（垂直度偏差要求小于0.17°）的风机单桩基础方案，建设了广东省第一座220kV海上升压变电站和第一回220kV三芯交联聚乙烯绝缘海底电缆。建设工程全过程数字化应用，首次将设计模型成果和运维数据搭载进广东省海上风电大数据中心，实现风电场数字化建设和运营。

图9-12　广东粤电湛江外罗海上风电项目

3. 成效分析

（1）主要成果。

广东粤电湛江外罗海上风电项目是广东省首个单机5MW级海上风电项目，是广东省首次使用大直径单桩风机基础项目、广东省首座220kV海上升压站、广东省首次使用220kV海底电缆、广东省首台5.5MW抗台风型风电机组，建设质量优异，推动和引领了广东省海上风电项目蓬勃发展，建成带来的环保效益显著，对促进节能减排、优化调整能源结构具有积极意义。2020年，中国能源建设集团广东省电力设计研究院有限公司申报的《广东粤电湛江外罗海上风电场项目数字工程应用》获第四届中国电力数字工程（EIM）大赛新能源工程组第一名；2021年，广东粤电湛江外罗海上风电项目荣获国家优质工程奖、中国电力优质工程奖，入选《国家重大工程档案》，以及获得2021年度广东省重大建设项目档案金册奖等荣誉。该项目的示范效应为广东省推动海上风电大规模建设、优化能源结构、促进节能减排以及保持经济平稳增长、促进产业转型升级具有重要意义。

（2）经济效益。

广东粤电湛江外罗海上风电项目一期工程，根据概算定额、费用标准及设计工程量、施工组织设计所选的施工方法计算，静态投资 354118 万元，单位千瓦静态投资 17706 元/kW；动态投资 382100 万元（其中建设期利息 27982 万元），单位千瓦动态投资 19105 元/kW。在项目资本金内部收益率达到 8%的前提下，测算出含增值税上网电价为 0.949 元/kWh，项目总投资内部收益率 6.94%，总投资回收期 13.71 年。广东粤电湛江外罗海上风电项目二期工程，根据概算定额、费用标准及设计工程量、施工组织设计所选的施工方法计算，静态投资 360930 万元，单位千瓦静态投资 17736 元/kW；动态投资 377131 万元，单位千瓦动态投资 18532 元/kW。按海上风电场标杆上网电价 850 元/MWh 测算，投资财务内部收益率（所得税后）为 5.58%，项目投资回收期（所得税后）为 13.99 年，资本金财务内部收益率为 6.86%，项目经济效益良好。

（3）社会效益。

1）环境效益。与传统化石燃料发电相比，海上风电项目在发电过程中不会产生温室气体和其他污染物，对环境的负面影响较小。同时，海上风电项目还能够减少化石燃料的消耗，降低碳排放量。广东粤电湛江外罗海上风电项目一期总装机容量 200MW，年上网电量约 5 亿 kWh，每年可节省燃煤消耗约 17 万 t，减排二氧化碳约 35 万 t、二氧化硫约 280t，对促进节能减排、应对全球气候变化具有积极意义。

2）区域经济效益。海上风电项目的建设可以带动相关产业的发展和升级，促进区域经济的繁荣。例如，在海上风电设备制造、安装、运维等环节，可以形成完整的产业链和产业集群，提高区域经济的竞争力和影响力。广东粤电湛江外罗海上风电项目将为湛江市提升生态文明创建水平、大力推动绿色低碳循环发展，全面加快建设省域副中心城市、打造现代化沿海经济带重要发展极提供坚强支撑。

4. 典型经验

（1）配套机制思考。

广东粤电湛江外罗海上风电项目 EPC 总承包项目档案管理工作上，中国能源建设集团广东省电力设计研究院有限公司总承包项目部按照"统一领导、分级管理、统一标准"的原则，实行"前期准备、过程控制、同步归档、统一移交"的管理模式，建立了科学、高效的项目文档管理体系，将项目档案工作融入项目建设，与项目建设管理同步。与此同时，广东粤电湛江外罗海上风电项目引进先进的项目文件控制方法，加强在文件资料的过程控制和动态管理，做好项目档案的收集、整理、保管、利用及移交等工作，确保工程项目档案管理组织有序、质量优良、保管安全到位，为项目建设、监督、运行和维护等活动在证据、责任和信息等方面提供强有力支撑。

（2）发展前景分析。

1）市场背景与机遇。随着全球能源结构的转型和可再生能源的发展，海上风电作为清洁能源的重要组成部分，正受到越来越多的关注和投资。特别是在一些沿海地区，海上风电已经成为当地能源供应的重要组成部分。

2）政策支持。我国作为全球风电产业的重要一员，已经出台了一系列支持政策，包括补贴、税收优惠、研发资金支持等，以鼓励海上风电项目的建设和运营。此外，随着"十四五"规划的实施，我国海上风电规模有望大幅提升，以满足对清洁能源的日益增长需求。

3）技术创新与成本降低。随着风电技术的不断创新和突破，海上风电设备的效率和可靠性得到了显著提升。大型化、智能化和模块化成为海上风电装备的主要发展方向，推动了海上风电项目建设成本和运营成本的降低。

综上所述，海上风电EPC总承包项目具有广阔的发展前景。在政策支持、市场需求和技术创新的推动下，海上风电行业将继续保持快速发展的趋势，为新型能源体系建设和可持续发展作出更大的贡献。

（二）潮汐能案例——江厦潮汐电站

1. 案例概况

江厦潮汐电站是我国第一座双向潮汐电站（见图9-13），也是第八批全国重点文物保护单位。电站位于浙江省温岭市乐清湾北端江厦港，共设计安装6台500kW双向灯泡贯流式水轮发电机组，总装机容量3000kW，可昼夜发电14～15h，每年可向电网提供超过1000万kWh清洁电能。

图9-13　中国最大的潮汐电站——江厦潮汐电站

（1）组织架构。

江厦潮汐电站运营单位为龙源电力集团股份有限公司。

（2）案例背景。

江厦潮汐电站是我国第一座双向潮汐电站，是我国潮汐能发电技术发展的重要里程碑。电站始建于 1972 年，投产于 1980 年，是 20 世纪 80 年代我国装机容量最大的潮汐电站，也是世界第三大潮汐电站。电站的建设和运行说明我国潮汐发电技术已趋成熟，为我国潮汐能资源利用提供了科学依据，积累了宝贵经验。

（3）建设内容。

江厦潮汐电站的枢纽工程有水库、堤坝、厂房、泄水闸、渠道。水库面积 1.6km²，设计库容 493 万 m³，发电有效库容 278 万 m³。堤坝于 1973 年 10 月合龙，总体积 50 万 m³，是温岭市工程量最大的人工坝。厂房系钢筋混凝土结构，4 层建筑，其中 2 层在地面以下，建于挖石而成的 45m 宽的渠道中，有 6 个机坑，装有 2 台 0.6MW 机组和 3 台 0.7MW 机组。泄水闸 5 孔，装液压启闭机 5 台，最大泄水能力约 290m³/s。此外，还建有单跨 45m 双曲拱形交通桥和内装自动记录潮位仪器的水位台。

（4）实施情况。

江厦潮汐电站于 1972 年 10 月开工，1980 年 5 月首台机组发电，1985 年 12 月全面建成。电站于 2019 年 10 月 7 日被国务院公布为第八批全国重点文物保护单位。

2. 做法实践

（1）技术路线。

江厦潮汐电站的技术路线是以单库双向发电模式为核心，结合双向灯泡贯流式水轮发电机组和综合利用工程结构，形成了一套高效、可持续的潮汐能开发体系。核心技术要点包括：

1）单库双向运行模式，较单库单向电站发电时长增加 2.4～3.2h/日，年发电量提升 22%～35%，建设成本仅增加 8%～12%；与双库连续发电系统相比，占地面积减少 60%。

2）双向灯泡贯流式水轮发电机组，支持正向/反向发电、正向/反向泄水，适应双向水流。

3）多目标综合利用，在提供清洁能源的同时，形成库区人工湿地生态，提供水产养殖、围垦耕地条件。

（2）商业模式。

江厦潮汐电站的商业模式围绕多能互补发电、资源综合利用与科研价值转化三大核心构建，形成可持续的清洁能源开发体系。具体包括：

1）多能互补发电，以潮汐发电为基础（4100kW），库区水面铺设光伏板（100MW），形成全球首个"潮汐＋光伏"互补电站，通过电网售电获取基础收益。

2）资源综合利用，打造"围垦土地开发+库区水产养殖+生态旅游"三维一体综合利用新格局。

3）科研价值转化，作为国家级潮汐能试验基地，实现科研服务和工程经验输出。

3. 成效分析

（1）主要成果。

江厦潮汐电站所取得的科研成果，有的属国内首创，有的达到或接近国际先进水平。其中，低水头大流量多工况发电机组、潮汐发电水工建筑物、适用于潮汐特性的双调速器、海水防腐防污处理技术以及潮汐规律的电算测报等科技成果都达到了法国朗斯电站的国际先进水平。

（2）主要效益。

江厦潮汐电站总装机容量 3000kW，每年可向电网提供超过 1000 万 kWh 清洁电能。电站从 1980 年投入运行以来，累计发电量超过 2.4 亿 kWh，节约超过 7144tce，减排超过 5924t 碳粉尘、21716t 二氧化碳、653t 二氧化硫、327t 氮氧化物。

此外，研究人员基于江厦潮汐电站开展了多项国家重要研究课题，包括潮汐能特点的研究、海工建筑技术问题、双向潮汐机组和综合利用、泥沙淤积和防腐防污等，取得了众多科技成果。

同时，电站大坝的建成，使江厦港两岸群众可以通过坝顶往来，不再需要摆渡或绕行。电站还成为全国中小学环境教育社会实践基地、浙江省工业旅游示范基地、浙江省新能源综合应用示范点、温岭市爱国主义教育基地等。这些基地通过视频影像、图文展板、实物模型等形式，生动地向参观者宣传潮汐发电过程、课题研究成果、海洋经济发展等内容，持续提高公众对潮汐能发电及海洋能源开发的认识和兴趣。

4. 典型经验

江厦潮汐电站作为我国首座双向潮汐能发电站，帮助积累了丰富的研发、设计、制造、安装和运行经验。电站的建设和运营不仅填补了国内潮汐电站在设计优化及多工况运行方式等方面的技术空白，还推动研发了国际首个在役运行的三叶片六工况双向高效运行的潮汐发电机组转轮。

江厦潮汐电站实现了发电、围垦造田、海水养殖和发展旅游业等多种功能的结合。电站的建设和运营为当地带来了围垦、水产养殖、交通及旅游等综合利用效益。作为清洁的可再生新能源发电站，累计发电量已超 2.4 亿 kWh，节约了大量标准煤，减少了多种污染物的排放，具有显著的社会环境效益。

（三）波浪能案例——南鲲号

1. 案例概况

中国自主研发的首台兆瓦级漂浮式波浪能发电装置——南鲲号见图 9-14。

图 9-14　中国自主研发的首台兆瓦级漂浮式波浪能发电装置——南鲲号

2023 年 6 月，南鲲号在广东珠海投入试运行，标志着中国兆瓦级波浪能发电技术正式进入工程应用阶段。南鲲号整个装置平面面积超过 $3500m^2$，质量达到 6000t，满负荷运行时每天可发 2.4 万 kWh 电量，相当于 3500 户家庭的用电量。南鲲号整体呈现等边三角形，采用半潜船船体。这样的设计可以使南鲲号在 360° 范围内几乎无死角地接受各个地方冲击而来的海浪，做到吸收和利用波浪动能的最大化。

（1）组织架构。

南鲲号由广东电网有限责任公司牵头研制，中国科学院广州能源研究所设计研发，广东中远海运重工有限公司建造施工。

（2）案例背景。

我国波浪能资源丰富，近海海域可利用资源量约为 1.5 亿 kW。因此，我国也成为全球主要的波浪能研究开发国家之一。2000 年，中国科学院广州能源研究所研建首座100kW岸式振荡水柱电站，并成功实现并网发电。历经几十年的发展，我国已生产600多台波浪能发电装置，还出口到了日本等国家。然而，一直以来，波浪能电站少则几十千瓦，多则几百千瓦，难以满足日益增长的电能需求。此次南鲲号试运行，标志着我国波浪能发电技术水平又上了一个大台阶。

（3）建设内容。

南鲲号整套装置包括半潜平台、液压系统、发电系统、控制系统及锚泊系统。利用半潜平台"吸收"波浪，再通过自主研发的电能变换系统实现从波浪能到液压能再到电能的三级能量转换。

（4）实施情况。

2022年6月，南鲲号由广东中远海运重工有限公司开工建造。2023年6月14日，南鲲号在广东珠海投入试运行。

2.做法实践

（1）技术路线。

南鲲号的技术路线以兆瓦级漂浮式波浪能高效转换为核心，通过半潜平台结构优化、三级能量转换系统和抗极端环境技术实现整体突破。核心技术要点包括：

1）设计等边三角构型，通过注水下沉降低重心，减少台风侵袭风险。

2）采用"波浪能—液压能、液压能—机械能、机械能—电能"三级能量转换系统。

3）采用先进防腐设计和抗台风机制，预留充足的系统冗余，提升系统整体安全性。

（2）商业模式。

南鲲号以波浪能发电为核心，通过"移动式电力供应+综合能源服务+技术输出"获取多元化收益。具体包括：

1）电力供应，既可为沿海民生和离岸工业供电，也可为国防战略供电。

2）充分利用其灵活移动的特性，为远海岛礁、海上灾害应急、海洋牧场等提供综合能源服务。

3）通过专利、工程经验等技术输出获取收益。

3.成效分析

（1）主要成果。

南鲲号满负荷运转时每天可发2.4万kWh电量，可满足3500户家庭的用电需求。此外，南鲲号可以在海上自由移动航行，强大的供电能力和优越的灵活性使其可在深远海的淡水制取、科考研究、国防安全等方面发挥至关重要的作用。

（2）主要效益。

南鲲号实现了两大突破。一是发电效率的突破。波浪本身具有较强波动性，且波浪能发电需经过三级能量转换，能量损失较高。因此，之前的波浪能发电装置的效率和容量都比较低。为了提高效率、扩大容量，南鲲号在外形、发电机组、转换系统等方面做了创新突破，将波浪能整体转换效率提升至22%。二是系统可靠性的突破。设备身处海洋，既要抵御台风等恶劣天气，又要应对海洋的强腐蚀环境。南鲲号可以自动向内部注水，增加装置重量使其下沉，从而抵御16级的超强台风。此外，南鲲号还针对海洋环境存在的高温、高湿、高盐雾等挑战做了特殊设计，使其耐久性能满足服役年限要求。

4. 典型经验

从经验上来看，波浪能、潮流能、温差能等新兴海洋可再生能源的开发在早期通常不具有经济优势。发展早期其价值主要体现在技术突破以及解决"有无"的问题等方面。此时，需要政府、企事业单位、高校通力合作，通过产学研用一体化发展模式加快技术迭代。未来，随着技术和产业链的不断进步，波浪能发电的综合成本将逐步降低，最终到达能够大规模商业化应用的阶段。

（四）潮流能案例——LHD 潮流能发电站

1. 案例概况

LHD 潮流能发电站是由我国自主研发的世界上首个实现连续并网运行突破一周年以上的项目，也是获得国际能源署认可的世界首座海洋潮流能发电站（见图9-15）。

图 9-15　世界首座海洋潮流能发电站——LHD 潮流能发电站

（1）组织架构。

LHD 潮流能发电站由杭州林东新能源科技股份有限公司投资建设与运营。

（2）案例背景。

浙江舟山群岛的可利用潮流能资源量占全国总量的 50%以上。早在 1996 年，哈尔滨工程大学就开始在舟山岱山开展潮流能研究。之后，国家部委扶持的 13 个潮流能研究项目都集聚在舟山海域。2016 年，世界首台 3.4MW LHD 模块化大型海洋潮流能首套 1MW 的发电机组在舟山岱山海域正式启动发电。这是由我国自主研发生产、装机功率世界最大的潮流能发电机组。

（3）建设内容。

LHD 潮流能发电站成功研发并下海了世界最大单机容量的潮流能发电机组"奋进号"，该机组总质量 325t，额定功率 1.6MW，设计年发电量 200 万 kWh，每年可减少二氧化碳排放 1994t。电站采用"平台式＋模块化"的科学路径，有效解决了海上安装、运行维护、垃圾防护、电力传输等关键问题，具有装机功率大、资源利用率高、环境友好性强、海域兼容性好、可复制性强等特点。

（4）实施情况。

2016 年 7 月 27 日，LHD 项目首期 1MW 机组顺利下海发电，同年 8 月 26 日成功并入电网，实现了中国海洋潮流能开发与利用进程中大功率发电、稳定发电、并入电网的三大跨越。截至 2024 年 10 月，LHD 电站连续并网运行已突破 7 周年，保持全球第一，累计向电网送电超 705 万 kWh。目前，世界上掌握海洋能发电并网技术的国家只有英国、美国、法国和中国，但在持续稳定发电并网时间上，LHD 潮流能发电站已经领跑世界。

2. 做法实践

（1）技术路线。

LHD 潮流能发电站的技术路线为平台式+模块化涡轮发电。该电站以水轮机涡轮集成模式为潮流能发电设备大型化的突破口，通过平台化的方式，将涡轮放在水下，发电机留在水面上，同时利用平台的水下结构为涡轮导流，保证了发电的效率，有效破解了海上安装、运行维护、垃圾防护、电力输送等关键问题。

（2）商业模式。

LHD 潮流能发电站的商业模式以"高溢价电力销售+技术授权"为核心，通过政策红利与技术迭代实现较高收益。具体包括：

1）高溢价电力销售，执行特许电价 2.58 元/kWh，同时可为离网海岛、海洋牧场等提供高溢价能源服务。

2）技术授权与整机装备输出，如"平台式模块化发电""双向导流技术"授权费，兆瓦级发电平台整机出口。

3. 成效分析

（1）主要成果。

LHD 项目是目前世界上唯一实现连续发电并网运行突破一周年的潮流能发电机组，被权威机构评价为世界首座海洋潮流能发电站，为打开全新的万亿级海洋高端装备产业和发电市场奠定了良好基础。2024 年 10 月，LHD 海洋潮流能发电站成为全国唯一入选全球海洋能 20 大亮点工程项目，且位列海洋潮流能项目榜首。

（2）主要效益。

LHD 潮流能发电站的主要成效体现在以下几个方面：

其一，电站采用"平台式＋模块化"的科学路径，有效解决了海上安装、运行维护等关键问题，提高了发电效率和稳定性。

其二，机组研发与运行：电站成功研发并下海了"奋进号"机组，该机组为第四代单机兆瓦级机组，总重 325t，额定功率 1.6MW，设计年发电量 200 万 kWh，预计每年可减少二氧化碳排放 1994t。

其三，环境影响与清洁能源：LHD 潮流能发电站作为绿色环保的清洁能源项目，其发电过程不产生污染，有利于环境保护和推动能源结构的绿色转型。

其四，累计发电量：截至 2024 年 10 月，LHD 潮流能电站累计发电总量已超过705 万 kWh。

4. 典型经验

LHD 潮流能发电站作为我国海洋潮流能发电的领先项目，具有以下几个典型经验：

其一，技术创新与突破：LHD 电站成功研发了"3.4MW LHD 林东模块化大型海洋潮流能发电机组"系统群，研发并下海了第四代单机兆瓦级"奋进号"机组，实现了大功率发电、稳定发电、并入电网的跨越，其技术成果总体达到国际领先水平。

其二，连续稳定运行：截至 2024 年 10 月，LHD 电站连续并网运行已突破 7 周年，是目前世界上唯一实现连续发电并网运行超过一周年的潮流能发电机组。

其三，知识产权与专利：LHD 电站已获得授权的国际国内专利合计 63 项，其中包括发明专利 30 项、国外发明专利 16 项，在技术创新方面取得了丰硕成果。

LHD 项目的成功实施为海洋清洁能源科技创新提供了重要示范，预计未来 3～5 年会有更大的发展，特别是在小型化和大型化两个方向上，小型化可以为水下航行器等相对低功耗设施提供动力，大型化则可以为远海岛屿、科考研究等提供可持续的电能供应。

（五）温差能案例——20kW 海洋漂浮式温差能发电装置

1. 案例概况

20kW 海洋漂浮式温差能发电装置（见图 9-16）由中国地质调查局广州海洋地质调查局牵头研发，于 2023 年 8 月搭载"海洋地质二号"船在南海 1900m 深海域开展首次海上试验，于 2023 年 9 月成功完成海试。这是我国首次在实际海况条件下实现海洋温差能发电原理性验证和工程化运行。

（1）组织架构。

20kW 海洋漂浮式温差能发电装置是由中国地质调查局广州海洋地质调查局牵头研发，中国地质科学院勘探技术研究所、北京前沿动力科技有限公司等单位参与研制。

图 9-16　20kW 海洋漂浮式温差能发电装置

（2）案例背景。

我国拥有丰富的海洋温差能资源，为温差能的开发提供了天然优势。但国内在该领域的研究主要处于实验室理论研究及陆地试验阶段，缺乏真实海域的测试经验和数据。为进一步开展海洋温差能研究，广州海洋地质调查局联合天然气水合物勘查开发国家工程研究中心、南方海洋科学与工程广东省实验室（广州）、中国地质科学院勘探技术研究所、北京前沿动力科技有限公司等单位，按照南海的实际海况自主研发了国内首套 20kW 海洋漂浮式温差能发电装置，并在真实海域下实施了海洋温差能发电的原理性验证和工程化运行。

（3）建设内容。

20kW 海洋漂浮式温差能发电装置在南海 1900m 深海域进行了首次海上试验，成功完成技术验证，试验发电总时长 4 小时 47 分钟，最大发电功率 16.4kW，有效发电利用率达到 17.7%。该装置的国产化率达到 100%，整机体积只有常规同等规模温差能发电设备的 1/3，具有成本低、机动灵活性强的特点。该装置攻克了小温差宽负荷透平发电、深海保温取水、冷水管路安装工艺等关键核心技术，主要核心技术达到国内领先水平。

（4）实施情况。

2023 年 8 月，20kW 海洋漂浮式温差能发电装置搭载"海洋地质二号"船在南海 1900m 深海域开展首次海上试验。2023 年 9 月，该装置成功完成海试，返回广州南沙。

2. 做法实践

（1）技术路线。

20kW 海洋漂浮式温差能发电装置基于海洋温差能转换原理（表层热水与深层冷水间的热能差驱动热力循环），集成了多项核心技术，包括：

1）小温差宽负荷透平发电技术，针对海洋温差较小（南海表层约 30℃，深层 900m 处约 5℃）的特点，开发了适应低品位热源的高效透平发电系统。

2）研发了深海保温取水管，解决 1900m 深海水输送过程中的热损失问题，确保冷水温度上升控制在 1℃ 以内。

3）紧凑型系统集成设计，通过模块化集成透平机、冷凝器、工质循环泵等部件，将整机体积缩小至传统同规模设备的 1/3，提升机动性和部署灵活性。

（2）商业模式。

目前该装置还处于工程实证期，尚未建立成熟的商业模式。

3. 成效分析

20kW 海洋漂浮式温差能发电装置实现了国内首次实际海况条件下的海洋温差

能发电的原理性验证和工程化运行。海试期间，项目组收集了丰富的测试数据，为系统的进一步优化和研究提供了重要的数据支持。该装置的成功海试标志着我国海洋温差能开发利用从陆地试验向海上工程化应用迈出了关键一步。

4. 典型经验

20kW 海洋漂浮式温差能发电装置的成功海试提供了以下经验：

其一，技术创新经验：突破了小温差宽负荷透平发电技术，实现了在较小温差条件下的有效能量转换。

其二，工程化应用：从理论研究到海上实际应用的转变，展示了将实验室技术转化为实际工程的能力。

其三，国产化与成本效益：装置的高国产化率降低了成本，提高了机动灵活性，为后续大规模应用奠定了经济基础。

其四，海洋能源潜力认识：通过实际海试，进一步确认了海洋温差能作为一种可再生能源的巨大潜力。

九、新型储能技术开发与应用

（一）案例概况

湖北应城 300MW 级压缩空气储能电站示范项目为供给侧结构绿色低碳转型路径下的新型储能技术开发实践案例。

1. 组织架构

湖北应城 300MW 级压缩空气储能电站示范项目由中国能建数字科技集团有限公司和国网湖北综合能源服务有限公司共同投资建设，中国能建数字科技集团有限公司作为建设单位，国网湖北综合能源服务有限公司是投资方并参与项目管理，中国能建数字科技集团有限公司负责后期运维。项目由中国电力工程顾问集团中南电力设计院有限公司和中国能源建设集团江苏省电力设计院有限公司作为联合体 EPC 总承包建设。

2. 案例背景

压缩空气储能系统具有规模大、效率高、成本低、环保等优点，可实现电力调峰、调频、调相、旋转备用、应急响应等储能服务，提升电力系统效率、稳定性、安全性，是目前公认的除了抽水蓄能之外的最为成熟的大容量、超长时物理储能技术之一，也是现今大规模长时储能技术研发的热点。压缩空气储能系统应用场景丰富，涵盖电网侧、发电侧及用户侧，聚焦大规模应用场景，其推广应用将有助于提升可再生能源发电比例，助力新型电力系统建设，有效支撑能源革命。

国内压缩空气储能起步较晚，2021 年之前，国内已建及在建压缩空气储能系统主要由中国科学院工程热物理研究所及清华大学提供系统工艺集成设计。其中，中国科学院工程热物理研究所采用低温热水储热的"低温绝热压缩"技术路线，以"肥城 10MW 盐穴压缩空气储能国家示范电站"和"张北县 100MW 先进压缩空气储能示范项目"为代表；清华大学采用高温导热油储热的"高温绝热压缩"技术路线，以"金坛 60MW 盐穴压缩空气储能国家试验示范项目"为代表。国内已建及在建非补燃式压缩空气储能机组容量等级最大均未突破 100MW，且两种技术路线各有优缺点，其中采用低温热水储热系统电电转换效率相对较低，而采用高温导热油储热系统在电转换效率提高的同时单位造价也大大增加，对于储能电站向大容量推广发展非常不友好。

3. 建设内容

湖北应城 300MW 级压缩空气储能电站示范项目利用湖北云应地区丰富的盐穴资源建设 1 套 300MW/1500MWh 非补燃式压缩空气储能电站，设计每个储能周期压缩运行 8h、发电运行 5h，年发电利用小时数 1660h。项目总投资约 20 亿元。

4. 实施情况

湖北应城 300MW 级压缩空气储能电站示范项目已于 2024 年 4 月 10 日首次并网发电，于 2025 年 1 月 9 日全容量并网发电。

（二）做法实践

1. 技术路线

湖北应城 300MW 级压缩空气储能电站示范项目采用中国电力工程顾问集团中南电力设计院有限公司首次提出的高压水储热中温绝热压缩技术路线，该技术路线目前已成为"中国能建大容量压缩空气储能电站系统解决方案"的核心方案之一。整套系统包括压缩空气系统、储换热系统、膨胀发电系统和储气库系统，其中压缩空气系统采用双系列配置方案，单列压缩空气系统由四台压缩机串联运行；储热系统采用大容量球罐作为储罐、高压水作为储热介质，极大降低了工程总体投资；换热系统采用新型高效低阻翅片管式换热器，有效降低了气侧阻力；膨胀发电系统采用单台出力 300MW 的空气透平发电机组，二次再热技术；储气库采用盐穴型储气库，有效储气容积约 65 万 m^3。电站设计电电转换效率大于 65%。

电站在电网用电低谷期利用电能带动压缩机压缩空气，并将空气储存在储气库内；在用电高峰期，释放储气库的空气推动空气膨胀机做功发电，从而实现电能的储存。

2. 商业模式

湖北应城 300MW 级压缩空气储能电站示范项目，以租赁的方式使用盐穴资源。现阶段压缩空气储能电站暂无明确的电价政策，后期可对标抽水蓄能电站形成两部制电价政策机制。

（三）成效分析

1. 主要成果

该项目作为全球 300MW 级压缩空气储能电站首台套示范项目，应用中国能建大容量压缩空气储能电站系统解决方案，项目建成后将在非补燃式压缩空气储能领域实现单机功率、储能规模、转换效率三项世界领先，具有深刻的引领和示范意义。

2. 经济效益

该项目采用中国能建创新提出的高压水储热的中温绝热压缩技术路线，相比于常规采用导热油储热的高温绝热压缩技术路线，仅储热系统即可降低约 4 亿元投资成本；换热系统采用大容量高效低阻翅片管换热器，相比于常规换热器可降低约 8000 万元投资，经济效益明显。

3. 社会效益

项目作为能源领域的首台（套）重大技术装备，有力推动了湖北省压缩空气储能产业结构优化升级，助力湖北省新型电力系统建设，也为国内压缩空气储能技术向更大规模、更高效率突破打下了坚实基础；同时通过项目的示范引领，可有力推动压缩空气储能电站电价政策和商业模式的不断完善，助力压缩空气储能产业不断向好发展。

（四）典型经验

1. 方案策略选择

快速推进适应性组织建设，聚焦战略引领、市场导向、价值创造，加快储能技术研究及产业布局；成立专项技术研发攻关小组，集中骨干力量对大容量压缩空气储能电站系统进行技术攻关，形成大容量压缩空气储能系统集成与设计优化的技术积累；整合各方优势资源，充分发挥设计院系统集成优势，与主机厂、科研院所等共同研发，形成合力。

2. 配套机制思考

随着可再生能源的大规模应用，储能技术成为关键环节。压缩空气储能技术因其长时储能、高安全性、低成本等优势，成为行业发展的重点。近年来，多个 300MW 等级的压缩空气储能电站示范项目并网发电或开始进入实质性建设阶段，我国压缩空气储能建设由试点示范向商业化应用推广阶段迈进。

目前，压缩空气储能电站发展面临的挑战还有很多，一方面，关于压缩空气储能的标准体系建设仍需进一步完善和优化，确保技术的规范应用和发展；另一方面，压缩空气储能电站效率相比于抽水蓄能仍有一定差距，在提高效率和降低成本方向仍需进一步研究和改进；最重要的是，压缩空气储能电站现阶段仍未形成明确的商业模式和电价政策，项目收益率不明，这是限制压缩空气储能电站规模化发展的最大制约因素。但随着压缩空气储能示范项目逐渐投运，其在电力系统中的作用会逐渐体现，也会反向促进电价政策的出台，进一步提振压缩空气储能项目开发和建设的信心。

3. 发展前景分析

压缩空气储能技术的发展前景非常广阔，有望为构建清洁低碳、安全高效的能源体系提供有力支撑。国家能源局正式发布的 56 个新型储能试点示范项目名单中，有 11 个是压缩空气储能路线，表明政府对这一技术的重视和支持。随着技术不断进步和应用场景的拓展，压缩空气储能将为新型电力系统建设和多元用户侧场景提供更多的技术选择。

随着湖北应城 300MW 级压缩空气储能电站示范项目的并网发电，标志着我国在压缩空气储能系统研发方面取得重大突破，进一步证明了压缩空气储能技术的成熟度和应用潜力，预示着该技术将在未来能源储存领域发挥重要作用。

参 考 文 献

［1］ Kárászová M, Zach B, Petrusová Z, et al. Post-combustion carbon capture by membrane separation, Review[J]. Separation and Purification Technology, 2020, 238: 116448.

［2］ Kong H, Sun Y, Li Z, et al. The development path of direct coal liquefaction system under carbon neutrality target: Coupling green hydrogen or CCUS technology[J]. Applied Energy, 2023, 347: 121451.

［3］ Li W, Zhang F, Pan L, et al. Scenario analysis of carbon emission trajectory on energy system transition model: A case study of Sichuan Province[J]. Energy Strategy Reviews, 2023, 45: 101015.

［4］ Li Z, Du B, Petersen N, et al. Potential of hydrogen and thermal storage in the long-term transition of the power sector: A case study of China[J]. Energy, 2024, 307: 132512.

［5］ Lin Y, Ma L, Li Z, et al. The carbon reduction potential by improving technical efficiency from energy sources to final services in China: An extended Kaya identity analysis[J]. Energy, 2023, 263: 125963.

［6］ Liu Q, Teng F, Nielsen C P, et al. Large methane mitigation potential through prioritized closure of gas-rich coal mines[J]. Nature Climate Change, 2024, 14(6): 652－658.

［7］ Meifang H, Songqi P, Hanlin L. World energy trend and China's oil and gas sustainable development strategies[J]. Natural Gas Industry, 2021, 41(12): 9－16.

［8］ Shi M, Lu X, Craig M T. Climate change will impact the value and optimal adoption of residential rooftop solar[J]. Nature Climate Change, 2024, 14(5): 482－489.

［9］ Yan X, Tong D, Zheng Y, et al. Cost-effectiveness uncertainty may bias the decision of coal power transitions in China[J]. Nature Communications, 2024, 15(1): 2272.

［10］ Yu F, Guo Q, Wu J, et al. Early warning and proactive control strategies for power blackouts caused by gas network malfunctions[J]. Nature Communications, 2024, 15(1): 4714.

［11］ Zhang D, Zhu Z, Chen S, et al. Spatially resolved land and grid model of carbon neutrality in China[J]. Proceedings of the National Academy of Sciences, 2024, 121(10): e2306517121.

［12］ Zhou Y, Chong C H, Ni W, et al. Data Modeling and Synchronization Method to Align Power Trading Rules for Integrated Energy Management Systems[J/OL]2024, 16(20): 10.3390/su16209073

［13］ 罗必雄, 张力, 张炳成, 等. 碳达峰碳中和能源系统解决方案［M］. 北京: 中国电力出版社, 2023.

［14］ 北京正略钧策咨询集团股份有限公司. 能源行业 2023 年度蓝皮书［R］. 2023.

［15］ 戴厚良, 苏义脑, 刘吉臻, 等. 碳中和目标下我国能源发展战略思考［J］. 石油科技论坛, 2022, 41（1）: 1-8.

［16］ 顾大钊, 李阳, 李根生, 等. 面向 2040 年我国碳中和重点领域工程科技发展战略研究［J］. 中国工程科学, 2024, 26（5）: 80-90.

［17］ 郭海涛, 徐东, 王贺, 等. 中国能源政策 2023 年回顾与 2024 年调整研判［J］. 国际石油经济, 2024, 32（2）: 14-21.

［18］ 国家能源局发展规划司. 2023 能源数据分析手册［M］. 2023.

［19］ 侯梅芳. 碳中和目标下中国能源转型和能源安全的现状、挑战与对策［J］. 西南石油大学学报（自然科学版）, 2023, 45（2）: 1-10.

［20］ 匡立春, 邹才能, 黄维和, 等. 碳达峰碳中和愿景下中国能源需求预测与转型发展趋势［J］. 石油科技论坛, 2022, 41（1）: 9-17.

［21］ 宁成浩. 化石能源从燃料向原料转变的战略构想［J］. 中国能源, 2013, 35（8）: 6-8+31.

［22］ 谢克昌. 面向 2035 年我国能源发展的思考与建议［J］. 中国工程科学, 2022, 24（6）: 1-7.

［23］ 长安大学, WTC 交通与能源融合学科委员会. 交通与能源融合技术发展白皮书［M］. 2023.

［24］ 中国政府网. 中国的能源转型［J/OL］. https://www.gov.cn/zhengce/202408/content_6971115.htm.

［25］ 邹才能, 马锋, 潘松圻, 等. 世界能源转型革命与绿色智慧能源体系内涵及路径［J］. 石油勘探与开发, 2023, 50（3）: 633-647.

［26］ 邹才能, 熊波, 李士祥, 等. 碳中和背景下世界能源转型与中国式现代化能源革命［J］. 石油科技论坛, 2024, 43（1）: 1-17.

［27］ 安洪光. 加快规划建设新型能源体系筹推进碳达峰碳中和［J］. 中国电力企业管理, 2022, （34）: 12-16.

［28］ 陈星星, 任羽菲. 新质生产力如何助力能源体系变革? ——兼论新型能源体系构建［J］. 暨南学报（哲学社会科学版）, 2024, 46（6）: 130-148.

［29］ 程松, 周鑫, 任景, 等. 面向新型能源体系的电力市场机制发展趋势研究［J］. 广东电力, 2023, 36（11）: 29-40.

［30］ 国务院发展研究中心, 壳牌国际有限公司. 面向未来 助力增长 构建中国新型能源体系［M］. 北京: 中国发展出版社, 2024.

［31］ 郝宇. 新型能源体系的重要意义和构建路径［J］. 人民论坛, 2022, （21）: 34-37.

[32] 何建坤. 新型能源体系革命是通向生态文明的必由之路——兼评杰里米·里夫金《第三次工业革命》一书 [J]. 中国地质大学学报（社会科学版），2014，14（2）：1-10.

[33] 侯梅芳，梁英波，徐鹏. 中国式现代化目标下构建新型能源体系之路径思考 [J]. 天然气工业，2024，44（1）：177-185.

[34] 景春梅. 以绿色氢能推动新型能源体系建设 [J]. 上海企业，2023，（1）：63-64.

[35] 李金铠，刘守临，张瑾. 加快新型能源体系建设，以绿色化、低碳化、生态化推进中国式现代化 [J]. 生态经济，2023，39（6）：13-17.

[36] 李金泽，张国生，梁英波，等. 中国新型能源体系内涵特征及建设路径探讨 [J]. 国际石油经济，2023，31（9）：21-27.

[37] 李俊彪."双碳"目标下建设新型能源体系的思考与建议 [J]. 煤炭经济研究，2023，43（9）：54-61.

[38] 李岚春，岳芳，陈伟. 国家安全视域下新型能源体系的内涵特征与构建路径 [J]. 智库理论与实践，2023，8（3）：180-191.

[39] 刘文彬. 新能源将在国家新型能源体系建设中发挥关键作用 [J]. 水电与新能源，2023，37（12）：75-78.

[40] 弭辙，胡健祖，郭珍妮，等. 新型电力系统体系下新能源发展态势及市场化消纳研究 [J]. 山东电力技术，2023，50（10）：1-8.

[41] 孙志强，汪觉恒. 新型能源体系系统构建与应用探索 [M]. 北京：中国电力出版社，2024.

[42] 谭忠富，李云峰. 碳中和目标下以新能源为主体的新型电力系统体系构建 [J]. 中国电力企业管理，2021，（34）：52-53.

[43] 王震，李博抒，梁栋. 基于中国式现代化视角的新型能源体系建设研究 [J]. 油气储运，2023，42（9）：961-967.

[44] 魏一鸣. 打造能源新质生产力促进新型能源体系建设 [J]. 煤炭经济研究，2024，44（1）：1.

[45] 谢克昌. 新型能源体系发展背景下煤炭清洁高效转化的挑战及途径 [J]. 煤炭学报，2024，49（1）：47-56.

[46] 辛保安. 新型电力系统构建方法论研究 [J]. 新型电力系统，2023，1（1）：1-18.

[47] 辛保安. 新型电力系统与新型能源体系 [M]. 北京：中国电力出版社，2023.

[48] 辛保安，郭铭群，王绍武，等. 适应大规模新能源友好送出的直流输电技术与工程实践 [J]. 电力系统自动化，2021，45（22）：1-8.

[49] 袁家海，张浩楠. 加快规划建设新型能源体系 [J]. 中国电力企业管理，2022，（28）：54-55.

［50］ 张松. 新型能源体系下我国煤炭清洁高效利用途径研究［J］. 煤炭经济研究，2023，43（9）：71－77.

［51］ 张玉清. 实现"双碳"目标构建新型能源体系的初步思考［J］. 石油科技论坛，2024，43（2）：8－14.

［52］ 赵嫣艳. 加快建设新型能源体系打造数字能源产业共同体［J］. 智慧中国，2023，（12）：41－43.

［53］ 中国核能行业协会，中核战略规划研究总院有限公司，中智科学技术评价研究中心. 中国核能发展报告（2024）［M］. 北京：社会科学文献出版社，2024.

［54］ 中国世界石油理事会国家委员会. 推动能源领域科技创新引领中国新型能源体系建设［J］. 世界石油工业，2024，31（1）：1－5.

［55］ 中能传媒能源安全新战略研究院. 中国能源大数据报告（2024）［R］. 2024.

［56］ 周宏春. 新型能源体系破解能源保供与降碳双重压力研究与探讨［J］. 中国煤炭，2023，49（5）：1－10.

［57］ 周宏春，管永林. 新型能源体系建设的内在逻辑、基本内涵与支撑体系［J］. 能源研究与管理，2023，15（1）：1－11＋25.

［58］ 周淑慧，郝迎鹏，沈鑫，等. 对天然气在新型能源体系中地位和作用的认识［J］. 国际石油经济，2024，32（1）：2－16.

［59］ 朱晔，徐石明，丁孝华，等. 新型能源体系建设的背景形势、策略建议和未来展望［J］. 中国科学院院刊，2023，38（8）：1187－1196.

［60］ 邹才能，李士祥，熊波，等. 新能源新兴产业在推动新质生产力中的地位与作用［J］. 石油学报，2024，45（6）：889－899.

［61］ 樊大磊，王宗礼，李剑，等.2023 年国内外油气资源形势分析及展望［J］. 中国矿业，2024，33（1）：30－37.

［62］ 方瑞瑞，冯连勇，李泽.2023 年中国油气进出口状况分析［J］. 国际石油经济，2024，32（6）：71－79.

［63］ 国家能源局. 中国油气勘探开发发展报告 2024［M］. 北京：石油工业出版社，2024.

［64］ 黄维和，周淑慧，王军. 全球天然气供需格局变化及对中国天然气安全供应的思考［J］. 油气与新能源，2023，35（2）：1－12＋20.

［65］ 贾承造. 中国石油工业上游发展面临的挑战与未来科技攻关方向［J］. 石油学报，2020，41（12）：1445－1464.

[66] 贾承造. 中国石油工业上游科技进展与未来攻关方向 [J]. 石油科技论坛，2021，40（3）：1－10.

[67] 贾承造，王祖纲，姜林，等. 中国油气勘探开发成就与未来潜力：深层、深水与非常规油气——专访中国科学院院士、石油地质与构造地质学家贾承造 [J]. 世界石油工业，2023，30（3）：1－8.

[68] 李航，朱兴珊，孔令峰，等. "双碳"目标下中国天然气行业高质量发展建议 [J]. 国际石油经济，2022，30（8）：16－22.

[69] 刘合，梁坤，张国生，等. 碳达峰、碳中和约束下我国天然气发展策略研究 [J]. 中国工程科学，2021，23（6）：33－42.

[70] 马新华，张国生，唐红君，等. 天然气在构建清洁低碳能源体系中的地位与作用 [J]. 石油科技论坛，2022，41（1）：18－28.

[71] 马永生，蔡勋育，罗大清，等. "双碳"目标下我国油气产业发展的思考 [J]. 地球科学，2022，47（10）：3501－3510.

[72] 潘继平. 中国油气勘探开发新进展与前景展望 [J]. 石油科技论坛，2023，42（1）：23－31＋40.

[73] 潘继平. 中国国产气勘探开发现状与中长期前景研究 [J]. 国际石油经济，2024，32（8）：1－14.

[74] 苏春梅，朱景义，马建国，等. 油气与新能源融合发展路径思考与建议 [J]. 石油科技论坛，2024，43（1）：18－24＋49.

[75] 孙龙德，张鹏程，江航，等. 油气安全与能源转型的新趋势 [J]. 世界石油工业，2024，31（1）：6－15.

[76] 王震，李楠，潘继平. 油气与新能源融合发展的模式与路径 [J]. 天然气与石油，2024，42（1）：1－7.

[77] 严绪朝. 中国能源结构优化和天然气的战略地位与作用 [J]. 国际石油经济，2010，18（3）：62－67.

[78] 杨雷. 绿色低碳背景下中国油气行业转型发展思考与建议 [J]. 国际石油经济，2022，30（12）：1－6.

[79] 赵文智，朱如凯，张婧雅，等. 中国陆相页岩油类型、勘探开发现状与发展趋势 [J]. 中国石油勘探，2023，28（4）：1－13.

[80] 中国石油经济技术研究院. 2023年油气行业发展报告 [M]. 北京：石油工业出版社，2023.

[81] 朱兴珊，白桦，樊慧，等. 天然气在中国构建新型能源体系中的作用及保障供应安全的建议 [J]. 煤炭经济研究，2022，42（9）：12－18.

[82] 邹才能，朱如凯，董大忠，等. 页岩油气科技进步、发展战略及政策建议 [J]. 石油学报，2022，43（12）：1675－1686.

[83] 杜伟，文腾.《"十四五"现代能源体系规划》等多项政策出台布局中国新型能源体系 [J]. 国际石油经济，2023，31（1）：9－10.

[84] 工业和信息化部，国家发展改革委，财政部，等. 工业和信息化部等七部门关于加快推动制造业绿色化发展的指导意见 [Z]. 2024.

[85] 国家发展和改革委员会. 天然气利用政策 [Z]. 2007.

[86] 国家能源局. 天然气利用政策（征求意见稿）[Z]. 2023.

[87] 国家能源局. 国家能源局关于加快推进能源数字化智能化发展的若干意见 [Z]. 2023.

[88] 何增辉，何迎庆. 煤炭政策演变引导下的煤炭工业改革发展研究 [J]. 煤炭经济研究，2018，38（11）：6－10.

[89] 住房和城乡建设部."十四五"建筑节能与绿色建筑发展规划 [Z]. 2022.

[90] 郝然，艾芊，姜子卿. 区域综合能源系统多主体非完全信息下的双层博弈策略 [J]. 电力系统自动化，2018，42（4）：194－201.

[91] 黄伟，葛良军，华亮亮，等. 参与双重市场的区域综合能源系统日前优化调度 [J]. 电力系统自动化，2019，43（12）：68－75.

[92] 刘涤尘，马恒瑞，王波，等. 含冷热电联供及储能的区域综合能源系统运行优化 [J]. 电力系统自动化，2018，42（4）：113－120＋41.

[93] 马恒瑞，王波，高文忠，等. 区域综合能源系统中储能设备参与辅助服务的运行优化 [J]. 电力系统自动化，2019，43（8）：34－40＋68.

[94] 杨挺，赵黎媛，刘亚闯，等. 基于深度强化学习的综合能源系统动态经济调度 [J]. 电力系统自动化，2021，45（5）：39－47.

[95] 张艺，施骞. 基于能源区块链的综合能源系统调度优化模型及其应用 [J]. 系统管理学报，2020，29（6）：1161－1168.

[96] 中华人民共和国自然资源部. 2023 年中国自然资源公报 [Z]. https://gi.mnr.gov.cn/202402/P020240312701247258838.pdf.2024.

[97] 陈皓勇，陈永波，王晓娟，等. 基于 LPWAN 的泛在电力物联网 [J]. 电力系统保护与控制，2019，47（8）：1－8.

[98] 陈皓勇，王锡凡，王秀丽，等. 基于 Java 的电力市场竞价实验平台设计、实现及应用 [J]. 电力系统自动化，2004，（17）：22－26＋44.

[99] 电力规划设计总院. 火电工程限额设计参考造价指标（2023 年水平）[M]. 北京：中国电力出版

社，2024.

[100] 桂顺生，王世涛，须伟平. 基于边缘计算的电网主设备状态实时监测方法 [J]. 集成电路与嵌入式系统，2024，24（6）：18−23.

[101] 郭华璋. 能源行业燃气轮机发展途径思考 [J]. 天然气与石油，2022，40（2）：111−117.

[102] 郭经红，梁云，陈川，等. 电力智能传感技术挑战及应用展望 [J]. 电力信息与通信技术，2020，18（4）：15−24.

[103] 黄畅，张攀，王卫良，等. 燃煤发电产业升级支撑我国节能减排与碳中和国家战略 [J]. 热力发电，2021，50（4）：1−6.

[104] 李达，杨珂，郭庆雷. 面向虚拟电厂电力交易的隐私保护结算模型 [J]. 电网技术，2024，48（9）：3713−3723.

[105] 李晶. 煤电低碳转型技术发展现状及趋势研究 [J]. 煤炭经济研究，2023，43（6）：28−34.

[106] 刘家利，王志超，邓凤娇，等. 大型煤粉电站锅炉直接掺烧生物质研究进展 [J]. 洁净煤技术，2019，25（5）：17−23.

[107] 刘战礼. 影响天然气发电经济性的因素分析 [J]. 华电技术，2015，37（3）：14−17+21+76.

[108] 帅永，赵斌，蒋东方，等. 中国燃煤高效清洁发电技术现状与展望 [J]. 热力发电，2022，51（1）：1−10.

[109] 王飞，张盛，王丽花. 燃煤耦合污泥焚烧发电技术研究进展 [J]. 洁净煤技术，2022，28（3）：82−94.

[110] 王倩，王卫良，刘敏，等. 超（超）临界燃煤发电技术发展与展望 [J]. 热力发电，2021，50（2）：1−9.

[111] 王毅，张宁，康重庆，等. 电力用户行为模型：基本概念与研究框架 [J]. 电工技术学报，2019，34（10）：2056−2068.

[112] 王玉荣，魏萍，李庆昌，等. 电力市场仿真和培训系统的设计及实现 [J]. 电力系统自动化，2007，（12）：96−99+104.

[113] 吴志祥. 超超临界1000MW一次再热机组回热方式设计及其经济性分析 [J]. 节能技术，2024，42（5）：434−438.

[114] 杨庆，孙尚鹏，司马文霞，等. 面向智能电网的先进电压电流传感方法研究进展 [J]. 高电压技术，2019，45（2）：349−367.

[115] 易超，卓伟宏，叶子菀，等. 新型百万级煤电机组造价与经济评价分析 [J]. 中国电力企业管理，

2016,（15）：73－79.

[116] 张宁，杨经纬，王毅，等. 面向泛在电力物联网的5G通信：技术原理与典型应用 [J]. 中国电机工程学报，2019，39（14）：4015－4025.

[117] 曾维刚，梁壮，赵冠一，等. 我国煤炭运输体系现状、问题及对策研究 [J]. 煤炭经济研究，2022，42（1）：17－21.

[118] 古文哲，杨宝贵，顾成进. 煤炭管道输送技术应用前景研究 [J]. 煤炭工程，2023，55（2）：158－163.

[119] 矫阳. "最强大脑" 畅通南北煤运大通道 [N]. 科技日报，2022－02－11.

[120] 廖睿灵. 中国加快煤矿智能化建设 [N]. 人民日报海外版，2024－05－29.

[121] 刘峰，曹文君，张建明，等. 我国煤炭工业科技创新进展及 "十四五" 发展方向 [J]. 煤炭学报，2021，46（1）：1－15.

[122] 刘欣，杨臻，何坐楼，等. 红柳林煤矿火车装车站智能化装车关键技术研发与应用 [J]. 智能矿山，2023，4（3）：73－79.

[123] 史金召，郭菊娥，王树斌，等. 我国煤炭电子交易市场的整合路径研究 [J]. 商业经济与管理，2015，（9）：20－27.

[124] 王震. 改革开放40年煤炭市场发展历程与成就 [J]. 煤炭经济研究，2018，38（11）：17－22.

[125] 武晓娟. 全国煤炭交易平台在京启运 [N]. 中国能源报，2020－11－02.

[126] 谢和平，任世华，谢亚辰，等. 碳中和目标下煤炭行业发展机遇 [J]. 煤炭学报，2021，46（7）：2197－2211.

[127] 杨磊. 煤炭交易机制及交易规则优化研究 [J]. 煤炭经济研究，2021，41（11）：22－26.

[128] 祖秉辉，李长松. "双碳" 战略下煤炭公路运输智能化方案研究 [J]. 中国煤炭，2023，49（5）：30－34.

[129] 曹善军，王金雷，吴小钊，等. 海上风电送出技术研究浅述 [J]. 电工电气，2020，（9）：66－69.

[130] 杜剑强，李木盛，付小军，等. 海上风电建设成本趋势分析及石化行业投资建议 [J]. 工程造价管理，2022，（6）：85－91.

[131] 谷树朋，刘永江，魏鹏. 生物质直燃发电机组装机方案分析 [J]. 电站系统工程，2024，40（2）：71－72.

[132] 国家太阳能光热产业技术创新战略联盟，中国可再生能源学会太阳能热发电专业委员会. 中国太阳能热发电行业蓝皮书2023 [R]. 北京，2024.

[133] 金长营. 海上风电项目全寿命周期的成本构成及其敏感性分析 [J]. 太阳能，2022，（3）：10－16.

[134] 林东，姜芳，陈海波. 海洋潮流能示范应用与展望 [J]. 中国电业，2021，（1）：48-49.

[135] 路晴，史宏达. 中国波浪能技术进展与未来趋势 [J]. 海岸工程，2022，41（1）：1-12.

[136] 清华大学碳中和研究院，清华大学环境学院，能源基金会. 中国碳中和目标下的风光技术展望 [R]. 北京，2024.

[137] 王冀. 驶上发展快车道的潮流能应用 [N]. 中国海洋报，2016-08-09.

[138] 王秀丽，赵勃扬，黄明煌，等. 大规模深远海风电送出方式比较及集成设计关键技术研究[J]. 全球能源互联网，2019，2（2）：138-145.

[139] 徐政. 海上风电送出主要方案及其关键技术问题 [J]. 电力系统自动化，2022，46（21）：1-10.

[140] 游亚戈，李伟，刘伟民，等. 海洋能发电技术的发展现状与前景 [J]. 电力系统自动化，2010，34（14）：1-12.

[141] 郑洁，杨淑涵，柳存根，等. 海洋可再生能源装备技术发展研究 [J]. 中国工程科学，2023，25（3）：22-32.

[142] 中国光伏行业协会. 中国光伏产业发展路线图（2023—2024年）[R]. 北京，2024.

[143] 陈阿小，冉真真，马双忱，等. 火电厂碳捕集技术：现状、应用与发展 [J]. 洁净煤技术，2024，30（S1）：52-64.

[144] 董文亮，袁天祥，李海波，等. 炼钢厂废气中二氧化碳的资源化利用技术及工业实践[J]. 钢铁，2024，59（9）：236-248.

[145] 冯骁，邓泽，郭红光，等. 地质封存二氧化碳微生物转化研究进展 [J]. 生物工程学报，2024，40（9）：2884-2898.

[146] 高宁博，王明晨，杨天华，等. 有机燃料燃烧烟气的二氧化碳捕集技术研究 [J]. 洁净煤技术，2024，30（S2）：562-572.

[147] 龚杰松，王宇宁，周嘉斌，等. 用于燃煤电厂烟气 CO_2 捕集的新型节能工艺 [J]. 化学反应工程与工艺，2024，40（5）：436-444.

[148] 黄晶. 中国碳捕集利用与封存技术评估报告 [M]. 北京：科学出版社，2021.

[149] 李超跃，李新林，贾铎，等. CO_2 地质封存盖层封闭性研究现状与展望 [J]. 石化技术，2024，31（11）：279-281.

[150] 李华洋，邓金根，谭强，等. 基于知识图谱的中国碳捕集、利用与封存领域研究历程 [J]. 中国电机工程学报，2024，44（13）：5219-5235.

[151] 李珂，韩小俊，张晓斌，等. CO_2 地质封存选址关键要素评估 [J]. 天然气勘探与开发，2024，

47（5）：95－102.

[152] 李琳，方波. 绿色经济下 CO_2 捕集、利用与封存技术的发展［J］. 节能，2024，43（9）：91－93.

[153] 李阳. 碳中和与碳捕集利用封存技术进展［M］. 北京：中国石化出版社，2021.

[154] 廖志伟，羊俊敏，钟翔宇，等. 二氧化碳地质封存技术研究进展综述［J］. 地下空间与工程学报，2024，20（S1）：497－507.

[155] 马馨蕊，梁杰，李清，等. 咸水层 CO_2 地质封存研究进展及前景展望［J］. 海洋地质前沿，2024，40（10）：1－18.

[156] 宋珂琛，崔希利，邢华斌. 二氧化碳直接空气捕集材料与技术研究进展［J］. 化工进展，2022，41（3）：1152－1162.

[157] 王涛，董昊，侯成龙，等. 直接空气捕集 CO_2 吸附剂综述［J］. 浙江大学学报（工学版），2022，56（3）：462－475.

[158] 王震，张晓舟，周彦希. 碳中和目标下 CCUS 产业特征和趋势及支持政策分析［J］. 天然气与石油，2024，42（5）：1－7.

[159] 吴春丽，陈哲，夏勇，等. 工业固废矿化封存 CO_2 的研究进展及固碳潜力评估［J］. 广东建材，2024，40（11）：174－178.

[160] 谢启红，褚程程，邵先杰，等. 基于不同地质体封存二氧化碳机理的泄漏路径分析［J］. 煤炭技术，2024，43（11）：152－156.

[161] 张杰，郭伟，张博，等. 空气中直接捕集 CO_2 技术研究进展［J］. 洁净煤技术，2021，27（2）：57－68.

[162] 张贤，李阳，马乔，等. 我国碳捕集利用与封存技术发展研究［J］. 中国工程科学，2021，23（6）：70－80.

[163] 中国 21 世纪议程管理中心，全球碳捕集与封存研究院，清华大学环境学院. 中国二氧化碳捕集利用与封存年度报告（2023）［R］. 2023.

[164] 朱炫灿，葛天舒，吴俊晖，等. 吸附法碳捕集技术的规模化应用和挑战［J］. 科学通报，2021，66（22）：2861－2877.

[165] 赛迪智库. 区块链助力能源产业数字化转型［J］. 软件和集成电路，2022，（8）：86－88＋90.

[166] 艾瑞咨询. 中国电力产业数字化研究报告［R］. 2022.

[167] 艾崧溥，胡殿凯，张桐，等. 能源互联网电力交易区块链中的关键技术［J］. 电力建设，2021，42（6）：44－57.

[168] 蔡文军，朱艳. 应用于能源系统的区块链技术研究进展 [J]. 智能电网（汉斯），2018，8（3）：8.

[169] 董朝阳，赵俊华，文福拴，等. 从智能电网到能源互联网：基本概念与研究框架 [J]. 电力系统自动化，2014，38（15）：1-11.

[170] 李林哲，周佩雷，程鹏，等. 边缘计算的架构、挑战与应用 [J]. 大数据，2019，5（2）：3-16.

[171] 柳文轩，赵俊华，黄杰，等. 面向能源领域信息物理社会系统的行为仿真建模分析——以现货电力市场为例 [J]. 电力系统自动化，2020，44（4）：8-15.

[172] 深圳市发展和改革委员会，广东省能源咨询规划研究中心. 2023 深圳数字能源白皮书 [R]. 2023.

[173] 施巍松，张星洲，王一帆，等. 边缘计算：现状与展望 [J]. 计算机研究与发展，2019，56（1）：69-89.

[174] 数字能源高质量发展课题组. 以数赋"能"：数字能源发展现状与趋势（上）[J]. 智慧中国，2023，（9）：44-46.

[175] 数字能源高质量发展课题组. 以数赋"能"：数字能源发展现状与趋势（下）[J]. 智慧中国，2023，（10）：36-39.

[176] 王国法. 分类分级推进智能化矿山建设——祝贺《智能矿山》创刊 [J]. 智能矿山，2020，1（1）：4-20.

[177] 王继业，蒲天骄，仝杰，等. 能源互联网智能感知技术框架与应用布局 [J]. 电力信息与通信技术，2020，18（4）：1-14.

[178] 杨德昌，赵肖余，徐梓潇，等. 区块链在能源互联网中应用现状分析和前景展望 [J]. 中国电机工程学报，2017，37（13）：3664-3671.

[179] 张宁，王毅，康重庆，等. 能源互联网中的区块链技术：研究框架与典型应用初探 [J]. 中国电机工程学报，2016，36（15）：4011-4023.

[180] 赵日晓，闫冬，周翔，等. 人工智能支撑新型电力系统能源供给及消纳 [J]. 全球能源互联网，2023，6（2）：186-195.

[181] 中国能源研究会能源互联网专委会，山西复兴能源研究院. 数字能源发展白皮书 2023 [R]. 2023.

[182] 中国信息通信研究院. 中国数字经济发展研究报告（2024 年）[R]. 2024.

[183] 中国政府网. 从 11.2 万亿元到 53.9 万亿元——数字经济发展动能强劲 [J/OL]. https://www.gov.cn/yaowen/liebiao/202409/content_6976033.htm.

[184] 仲新源. 万亿级市场当前，携手步入数字能源新时代 [J/OL]. http://www.cnenergynews.cn/

jinrong/2024/02/21/detail_20240221148348.html.

[185] 周洪益，钱苇航，柏晶晶，等．能源区块链的典型应用场景分析及项目实践［J］．电力建设，2020，41（2）：11－20．

[186] 周鑫，赵鹏．新能源融合的智能化和数字化策略分析［J］．集成电路应用，2024，41（5）：352－353．

[187] 国网区块链科技公司．国家电网发力区块链技术和应用领域的十大场景［J/OL］．https://www.chinanews.com.cn/cj/2019/12－19/9038133.shtml.

[188] 郝华．朔黄铁路攻克重载移动闭塞技术难题［N］．中国煤炭报，2021－06－26．

[189] 李振山，韩海锦，蔡宁生．化学链燃烧的研究现状及进展［J］．动力工程，2006，（4）：538－543．

[190] 李振山，李维成，刘海洋，等．中国化学链燃烧技术研发进展与展望［J］．中国电机工程学报，2024，44（18）：7200－7221．

[191] 肖世杰，胡列翔，周自强，等．交联聚乙烯绝缘海底电缆应用及试验监测技术评述［J］．绝缘材料，2018，51（1）：1－9．

[192] 徐銤，杨红义．钠冷快堆及其安全特性［J］．物理，2016，45（9）：561－568．

[193] 姚君，蔺琪蒙，施刚夜，等．高效灵活"汽电双驱"引风机技术及工程应用［J］．电力勘测设计，2020，（4）：11－14＋50．

[194] 余文科，程媛，李芳，等．物联网技术发展分析与建议［J］．物联网学报，2020，4（4）：105－109．